»Ich denke, also bin ich« – dieser Satz von Descartes ist wohl der berühmteste in der Geschichte der Philosophie. Ihm liegt die Vorstellung einer abgrundtiefen Trennung von Körper und Geist zugrunde, ein Dualismus, der im Denken der Menschen bis heute eine große Rolle spielt, auch wenn längst bekannt ist, daß die Tätigkeit des Geistes in direkter Beziehung zu den Aktivitäten des Gehirns steht. Die neuesten Ergebnisse der Forschung führen allerdings noch weit darüber hinaus. Sie bestätigen, was uns seit jeher der Alltag lehrt: Nicht Geist, Vernunft, Ratio allein machen den ganzen Menschen aus, sondern Geist und Gefühl. Und Geist und Gefühl sind mit den Funktionen des gesamten Organismus, nicht nur des Gehirns, aufs engste verknüpft. Ein Mensch, dessen emotionales und soziales Verhalten durch Hirnverletzungen gestört ist, vermag auch sogenannte rationale Entscheidungen nicht mehr zu treffen.

Antonio R. Damasio ist Professor der Neurologie und leitet die Neurologische Abteilung des University of Iowa College of Medicine. Seine Forschungen zur Neuropsychologie von Sehen, Gedächtnis und Sprache haben ihn zu einer international anerkannten Autorität gemacht. Er ist Träger des Beaumont-Preises und zusammen mit seiner Frau, der Neurologin Hanna Damasio, des Pessoa-Preises.

Antonio R. Damasio

Descartes' Irrtum

Fühlen, Denken und das menschliche Gehirn

Aus dem Englischen von Hainer Kober

Deutscher Taschenbuch Verlag

Für Hanna

Februar 1997
2. Auflage Juni 1997
Deutscher Taschenbuch Verlag GmbH & Co. KG, München

Titel der amerikanischen Originalausgabe:
Descartes' Error. Emotion, Reason and the Human Brain
(G. P. Putnam's Son, New York)

Wissenschaftliche Beratung: Dr. Ulrich Müller, Max-Planck-Institut
für neuropsychologische Forschung, Leipzig
Umschlagkonzept: Balk & Brumshagen
Umschlagbild: Toni McKeveny
Satz: Franzis-Druck GmbH, München
Druck und Bindung: C. H. Beck'sche Buchdruckerei, Nördlingen
Gedruckt auf säurefreiem, clorfrei gebleichtem Papier
Printed in Germany · ISBN 3-423-30587-8

Inhalt

Zweiter Teil

5. KAPITEL

6. KAPITEL

7. KAPITEL

Einleitung

Zwar kann ich nicht genau sagen, wie es zu meinem Interesse an den neuronalen Grundlagen der Vernunft kam, aber ich weiß noch genau, wann ich die Überzeugung gewann, daß die traditionellen Auffassungen über das Wesen der Rationalität nicht stimmen könnten. Schon früh hatte man mich gelehrt, daß vernünftige Entscheidungen mit einem kühlen Kopf getroffen werden und daß Gefühle und Vernunft wie Feuer und Wasser sind. Ich bin mit der Vorstellung aufgewachsen, daß sich die Mechanismen der Vernunft in einer eigenen Domäne des Geistes befänden, zu der man dem Gefühl keinen Zutritt gewähren dürfe. Wenn ich an das Gehirn hinter diesem Geist dachte, dann stellte ich mir separate neuronale Systeme für Vernunft und Gefühl vor. Das war eine gängige Auffassung von der Beziehung zwischen Vernunft und Gefühl – sowohl was ihre geistige wie ihre neuronale Struktur anbelangte.

Doch dann hatte ich einen denkbar gelassenen, emotionslosen, intelligenten Menschen vor Augen, und doch war sein praktischer Verstand so beeinträchtigt, daß er in den ganz alltäglichen Situationen seines Lebens eine ununterbrochene Folge von Fehlern beging, ständig dem zuwiderhandelte, was sozial angemessen und persönlich von Vorteil gewesen wäre. Er war geistig vollkommen gesund gewesen, bis ihm eine neurologische Krankheit einen bestimmten Bereich des Gehirns zerstörte und von einem Tag auf den anderen die Prozesse seiner Entscheidungsfindung tiefgreifend störte. Die Instrumente, die im allgemeinen als notwendig und hinreichend für rationales Verhalten gelten, waren intakt geblieben. Wissen, Aufmerksamkeit und Gedächtnis waren nicht beeinträchtigt. Er drückte sich einwandfrei aus, führte komplizierte Rechnungen aus und ging abstrakte Probleme logisch an. Die Störung seiner Entscheidungsfähigkeit wies nur eine einzige auffällige Begleiterscheinung auf: eine deutliche Beeinträchtigung seiner Fähigkeit, Gefühle zu empfinden. Gemeinsam bildeten Vernunftmängel und defektes Gefühlsleben die Folgen einer spezifischen Hirnschädigung, und dieser Zusammenhang brachte mich zu der Annahme, daß das Gefühl ein integraler Bestandteil der Verstandesmechanismen sei. In zwanzig Jahren klinischer und experimenteller Arbeit mit einer großen Zahl neurologischer Patienten hatte ich Gelegenheit, diese Beobachtungen viele Male zu wiederholen und eine vage Vermutung in eine überprüfbare Hypothese zu verwandeln.[1]

Mit diesem Buch möchte ich darlegen, daß die Vernunft möglicherweise nicht so rein ist, wie die meisten Menschen denken oder wünschen, daß Gefühle und Empfindungen vielleicht keine Eindringlinge im Reich der Vernunft sind, sondern, zu unserem Nach- *und* Vorteil, in ihre Netze verflochten sein könnten. Weder im Verlauf der Evolution noch in irgendeinem Individuum dürften sich die Strategien der menschlichen Vernunft unabhängig vom bestimmenden Einfluß der biologischen Regulationsmechanismen entwickelt haben, zu deren Ausdrucksformen Gefühl und Empfindung wesentlich gehören. Mehr noch, sogar wenn sich die Vernunftstrategien in den Entwicklungsjahren ausgebildet haben, hängt ihre wirksame Anwendung wahrscheinlich in beträchtlichem Maße von der steten Fähigkeit ab, Gefühle zu empfinden.

Damit will ich nicht in Abrede stellen, daß sich Gefühle und Empfindungen unter bestimmten Umständen verheerend auf Denkprozesse auswirken können. Das entspricht nicht nur der herkömmlichen Auffassung, sondern auch neueren Untersuchungen des normalen Denkprozesses, die gezeigt haben, wie nachteilig sich emotionale Voreingenommenheit auswirken kann. Hingegen ist überraschend und neu, daß das *Fehlen* von Gefühl und Empfindung nicht weniger schädlich ist, nicht in geringerem Maße dazu angetan, jene Rationalität zu gefährden, der wir unsere spezifisch menschlichen Züge verdanken und die uns ermöglicht, uns mit Rücksicht auf unsere persönliche Zukunft, auf soziale Konventionen und moralische Grundsätze zu entscheiden.

Auch soll das nicht heißen, daß unsere Gefühle, da sie diese positive Wirkung haben, uns unsere Entscheidungen abnähmen oder wir keine vernunftbestimmten Wesen wären. Ich möchte nur zeigen, daß bestimmte Aspekte von Gefühl und Empfindung unentbehrlich für rationales Verhalten sind. Im Idealfall lenken uns Gefühle in die richtige Richtung, führen uns in einem Entscheidungsraum an den Ort, wo wir die Instrumente der Logik am besten nutzen können. Ungewißheit befällt uns, wenn wir vor der Aufgabe stehen, ein moralisches Urteil zu fällen, über die weitere Entwicklung einer persönlichen Beziehung zu entscheiden, die richtigen Maßnahmen zur Altersversorgung auszuwählen oder das vor uns liegende Leben zu planen. Gefühl und Empfindung nebst den verborgenen physiologischen Mechanismen, die ihnen zugrunde liegen, helfen uns bei der einschüchternden Aufgabe, eine ungewisse Zukunft vorherzusagen und unser Handeln entsprechend zu planen.

Nach einer Analyse des Falles von Phineas Gage, der im 19. Jahrhundert großes Aufsehen erregte, weil er zum erstenmal einen Zusammenhang zwischen beeinträchtigter Rationalität und einer spezifischen Hirnschädigung erkennen ließ, wende ich mich neueren Untersuchungen an seinen modernen Leidensgenossen zu und berichte über einschlägige Daten aus neuropsychologischen Forschungsarbeiten an Menschen und Tieren. Im weiteren Verlauf lege ich meine Auffassung dar, daß die menschliche Vernunft nicht von einem Hirnzentrum, sondern von mehreren Gehirnsystemen abhängt und aus dem Zusammenwirken vieler Ebenen neuronaler Organisation erwächst. Sowohl »höhere« wie »niedere« Gehirnzentren – von präfrontalen Rindenabschnitten bis zum Hypothalamus und Hirnstamm – kooperieren zur Herstellung der Vernunft.

Die unteren Stockwerke des neuronalen Vernunftgebäudes steuern zugleich die Verarbeitung von Gefühlen und Empfindungen sowie die Körperfunktionen, die fürs Überleben des Organismus notwendig sind. Dabei unterhalten diese unteren Ebenen eine direkte und wechselseitige Beziehung zu praktisch jedem Körperorgan, so daß der Körper unmittelbar in die Kette jener Vorgänge einbezogen ist, die die höchsten Ausformungen des Denkens *, der Entscheidungsfindung und im weiteren Sinne des Sozialverhaltens und der Kreativität hervorbringen. Die unteren Organisationsstufen unseres Organismus sind also entscheidend an den höheren Vernunftmechanismen beteiligt.

So machen wir die faszinierende Entdeckung, daß der Schatten unserer entwicklungsgeschichtlichen Vergangenheit noch auf die höchsten und spezifisch menschlichen Ebenen geistiger Aktivität fällt. Allerdings hat Charles Darwin die Essenz dieser Erkenntnis schon vorweggenommen, als er von dem unauslöschlichen Stempel schrieb, den die niederen Ursprünge in der Körpergestalt des Menschen hinterlassen hätten.[2] Und doch verwandelt die Abhängigkeit von niederen Gehirnbereichen die höhere Vernunft nicht in niedere Vernunft. Daß das Handeln nach einem ethischen Grundsatz auf die Beteiligung einfacher Schaltkreise im Inneren des Gehirns angewiesen ist, tut dem ethischen Grundsatz keinen Abbruch. Die Wertordnung bricht nicht zusammen, die Moral ist nicht bedroht, und der Wille des Menschen bleibt sein Wille, sofern wir es mit einem normalen Individuum zu tun haben. Allenfalls ändert sich unsere Auffassung vom Beitrag der Biologie zur Entstehung bestimmter ethischer Grundsätze in einem gesellschaftlichen Kontext, in dem viele Individuen mit ähnlicher biologischer Disposition unter bestimmten Bedingungen interagieren.

Empfindungen sind das zweite und zentrale Thema dieses Buches, nur daß ich mir das nicht ausgesucht habe, sondern daß es mir aufgezwungen wurde, als ich versuchte, die kognitiven

* Unter Denken (*reasoning*) ist hier und im folgenden, vor allem in dem häufig vorkommenden Doppelbegriff Denken und Entscheidungsfindung (*reasoning and decision making*), stets zielgerichtetes, das heißt schlußfolgerndes und urteilendes Denken zu verstehen.

Der englische Begriff *emotion* wird durchweg mit Gefühl wiedergegeben, *feeling* mit Empfindung. (A.d.Ü.)

und neuronalen Mechanismen zu verstehen, die Denken und Entscheidungsfindung zugrunde liegen. So ist also eine zweite Idee des vorliegenden Buches, daß das Wesen einer Empfindung möglicherweise nicht eine schwer faßbare psychische Eigenschaft ist, die einem Objekt zugeschrieben wird, sondern vielmehr die direkte Wahrnehmung einer bestimmten Landschaft: der des Körpers.

Meine Untersuchungen an neurologischen Patienten, bei denen Hirnläsionen die Empfindungsfähigkeit beeinträchtigten, haben mich zu der Überzeugung gebracht, daß Empfindungen gar nicht so schwer greifbar sind, wie ihnen nachgesagt wird. Man kann sie auf der mentalen Ebene dingfest machen und möglicherweise sogar ihr neuonrales Substrat entdecken. In Abweichung vom herrschenden neurobiologischen Denken vertrete ich die Auffassung, daß die Netze, auf denen Empfindungen vor allem beruhen, nicht nur das limbische System umfassen, also jene Gehirnstrukturen, denen man diese Aufgabe traditionell zuschreibt, sondern auch einige präfrontale Rindenabschnitte und, vor allem, jene Hirnbereiche, in denen Signale aus dem Körper kartiert und integriert werden.

Im wesentlichen verstehe ich Empfindungen als Phänomene, die Sie und ich durch ein Fenster betrachten können – ein Fenster, das sich direkt auf ein immer wieder aktualisiertes Bild von der Struktur und dem Zustand unseres Körpers öffnet. Wenn Sie sich den Blick aus diesem Fenster als Landschaft vorstellen, entspricht die »Körperstruktur« dreidimensionalen Objekten im Raum, während der »Körperzustand« dem Licht und dem Schatten, den Bewegungen und den Lauten der Objekte im Raum gleicht. In der Landschaft Ihres Körpers sind die Objekte die inneren Organe (Herz, Lunge, Darm, Muskeln), während Licht und Schatten, Bewegungen und Laute einen Punkt im Funktionsbereich dieser Organe zu einem bestimmten Zeitpunkt darstellen. Im großen und ganzen ist eine *Empfindung* ein momentaner »Blick« auf einen Teil dieser Körperlandschaft. Sie hat einen spezifischen Inhalt – den Zustand des Körpers – und spezifische neurale Systeme, auf denen sie beruht – das periphere Nervensystem und die Hirnregionen, die die Signale der Körperstruktur und der Körperregulation integrieren. Da der Eindruck von dieser Körperlandschaft zeitlich mit der Wahrnehmung von oder der Erinnerung an Dinge verknüpft ist, die kein Teil des Körpers sind – ein Gesicht, eine Melodie, einen Duft –, werden Empfindungen am Ende zu »Merkmalen« dieser Dinge. Doch eine Empfindung umfaßt noch mehr als nur diesen zentralen Aspekt. Wie ich erläutern werde, wird der als – positives oder negatives – Merkmal fungierende Körperzustand von einer entsprechenden Denkweise begleitet und ergänzt: rasch und ideenreich, wenn sich der Körperzustand im positiven und angenehmen Bereich des Spektrums befindet, langsam und repetitiv, wenn er in den unangenehmen Bereich driftet.

So gesehen, sind Empfindungen Sensoren für die Kongruenz oder die fehlende Kongruenz zwischen Natur und Umständen. Und unter Natur verstehe ich sowohl die Natur, die wir als Paket genetisch vermittelter Anpassungsfertigkeiten geerbt haben, als auch die Natur, die wir im Zuge unserer individuellen Entwicklung durch bewußte und gewollte, aber auch unbewußte und unbeabsichtigte Interaktionen mit unserer sozialen Umwelt erworben haben. Empfindungen sind kein Luxus, sowenig wie die Gefühle, von denen sie sich herleiten. Sie dienen der inneren Orientierung, und sie stellen eine Verbindung zwischen uns und anderen Signalen her, die ebenfalls richtungweisend sein können. Und Empfindungen sind weder unbegreifbar noch undefinierbar. Im Gegensatz zur herkömmlichen wissenschaftlichen Auffassung sind Empfindungen ebenso kognitiv wie andere Wahrnehmungsinhalte. Sie sind das Ergebnis eines höchst merkwürdigen physiologischen Arrangements, welches das Gehirn in das faszinierte Auditorium des Körpers verwandelt hat.

Dank den Empfindungen können wir einen Blick auf den Organismus in voller biologischer Aktion, auf die Lebensmechanismen bei der Arbeit werfen. Hätte der Mensch nicht die Möglichkeit, Körperzustände zu empfinden, die genetisch als unangenehm oder angenehm definiert sind, gäbe es in seinem Leben kein Leid und keine Seligkeit, keine Sehnsucht und kein Erbarmen, keine Tragödie und keinen Ruhm.

Auf den ersten Blick mag diese Auffassung von der menschlichen Seele nicht unmittelbar einleuchtend oder tröstlich erscheinen. Bei dem Versuch, Licht auf die komplexen Phänomene des menschlichen Geistes zu werfen, laufen wir Gefahr, sie lediglich zu banalisieren und fortzuerklären. Allerdings wird das nur geschehen, wenn wir ein Phänomen selbst mit den einzelnen Bestandteilen und Operationen verwechseln, die wir hinter dem Erscheinungsbild entdecken können. Das liegt keineswegs in meiner Absicht.

Die Entdeckung, daß eine bestimmte Empfindung von der Aktivität zahlreicher spezifischer Gehirnsysteme abhängt, die mit einer Reihe von Körperorganen interagieren, tut dieser Empfindung in ihrem Rang als menschlichem Phänomen keinen Abbruch. Weder die Seelenpein noch die Hochstimmung, die Liebe oder Kunst in uns wachzurufen vermögen, werden gemindert, wenn wir einige der unzähligen biologischen Prozesse verstehen, die sie zu dem machen, was sie sind. Genau das Gegenteil sollte der Fall sein: Angesichts der komplizierten Mechanismen, die dies magische Geschehen ermöglichen, müßte sich unser Staunen vertiefen. Empfindungen bilden die Grundlage dessen, was Menschen seit Jahrtausenden als Seele bezeichnen.

Noch ein drittes und verwandtes Thema hat dieses Buch: daß der Körper, wie er im Gehirn repräsentiert ist, möglicherweise das unentbehrliche Bezugssystem für die neuronalen Prozesse bildet, die wir als Bewußtsein erleben; daß unser eigener Organismus und nicht irgendeine absolute äußere Realität den Orientierungsrahmen abgibt für die Konstruktionen, die wir von unserer Umgebung anfertigen, und für die Konstruktion der allgegenwärtigen Subjektivität, die wesentlicher Bestandteil unserer Erfahrung ist; daß sich unsere erhabensten Gedanken und größten Taten, unsere höchsten Freuden und tiefsten Verzweiflungen den Körper als Maßstab nehmen.

So überraschend es klingen mag, unser Geist existiert in und für einen integrierten Organismus. Er wäre nicht, was er ist, erwüchse er nicht aus der Wechselbeziehung zwischen Körper und Gehirn während der Evolution, während der individuellen Entwicklung und im gegenwärtigen Augenblick. Um überhaupt zu existieren, mußte es dem Geist zuerst um den Körper gehen. Nur dank des Orientierungsrahmens, den der Körper fortwährend liefert, kann sich der Geist dann auch anderen Dingen zuwenden, realen und imaginären.

Dieser Gedanke findet seinen Niederschlag in folgenden Aussagen: 1. Das menschliche Gehirn und der restliche Körper bilden einen unauflöslichen Organismus, integriert durch wechselseitig aufeinander einwirkende biochemische und neuronale Regelkreise (zu denen unter anderem das Hormon-, das Immun- und das autonome Nervensystem gehören). 2. Der Organismus befindet sich als Ganzes in Wechselwirkung mit seiner Umwelt, in einem Prozeß, den weder der Körper allein noch das Gehirn allein bestimmt. 3. Die physiologischen Operationen, die wir Geist nennen, entstammen der Gesamtheit der strukturellen und funktionellen Organisation und nicht dem Gehirn allein: Geistige Phänomene lassen sich nur dann ganz verstehen, wenn wir die Wechselwirkung des Organismus mit seiner Umwelt einbeziehen. Daß die Umwelt zum Teil erst aus der Aktivität des Organismus entsteht, unterstreicht nur, wie komplex die Wechselwirkungen sind, die wir berücksichtigen müssen.

Es ist nicht üblich, von Organismen zu reden, wenn es um Gehirn und Geist geht. Geist erwächst so offenkundig aus der Aktivität von Neuronen, daß man nur das Verhalten von Neuronen erörtert, als vollziehe es sich unabhängig vom Rest des Organismus. Nun habe ich aber bei der Untersuchung von Gedächtnis-, Sprach- und Denkstörungen zahlreicher hirngeschädigter Personen die feste Überzeugung gewonnen, daß geistige Aktivität in ihren einfachsten und höchsten Ausprägungen nicht nur auf das Gehirn, sondern auch auf den restlichen Körper angewiesen ist. Ich glaube, daß der Restkörper für das Gehirn mehr leistet als nur Unterstützung und Modulation: Er ist ein Grundthema für Repräsentationen im Gehirn.

Es gibt Daten, die für diese Annahme sprechen, Gründe, die sie plausibel erscheinen lassen, und Gründe, die wünschenswert machen, daß sich die Dinge tatsächlich so verhielten. Zu letzteren gehört vor allem, daß die hier vorgeschlagene Priorität des Körpers eine der schwierigsten Fragen erhellen könnte, mit denen sich der Mensch herumschlägt, seit er angefangen hat, über sich selbst nachzudenken: Wie kommt es, daß wir uns der Welt um uns her bewußt sind, daß wir wissen, was wir wissen, und daß wir wissen, daß wir etwas wissen?

Aus Sicht der oben dargelegten Hypothese beruhen Liebe, Haß und Schmerz, Eigenschaften wie Freundlichkeit und Grausamkeit, die planvolle Lösung eines wissenschaftlichen Problems oder die Entwicklung eines neuen Gebrauchsgegenstands alle auf neuronalen Ereignissen im Gehirn, vorausgesetzt, das Gehirn stand und steht in Wechselbeziehung zum Körper. Die Seele atmet durch den Körper, und Leiden findet im Fleisch statt, egal, ob es in der Haut oder in der Vorstellung beginnt.

Das vorliegende Buch schrieb ich als Beitrag zu einem Gespräch mit einem wißbegierigen, intelligenten und wachen imaginären Freund, der wenig über Neurowissenschaft, aber viel über das Leben wußte. Wir hatten eine Vereinbarung getroffen: Von dem Gespräch wollten wir beide profitieren. Mein Freund sollte etwas übers Gehirn und die geheimnisvollen geistigen Vorgänge erfahren, und ich sollte tiefere Einsicht gewinnen, während ich mich zu erklären bemühte, was es nach meiner Auffassung mit Körper, Gehirn und Geist auf sich hat. Wir waren übereingekommen, das Gespräch nicht zu einem langweiligen Vortrag ausarten zu lassen, uns nicht zu streiten und nicht zuviel zu behandeln. Über bewiesene Tatsachen wollte ich sprechen, über Daten, an denen noch Zweifel bestanden, und über Hypothesen, auch wenn ich nur vage Anhaltspunkte für sie ins Feld zu führen vermochte. Ich wollte ihm Einblick in meine gegenwärtige Arbeit gewähren, in einige Forschungsprojekte, die damals gerade durchgeführt wurden, und in Arbeiten, die erst in Angriff genommen werden sollten, lange nachdem unser Gespräch vorüber war. Auch waren wir uns darüber einig, daß es, wie es sich für ein Gespräch geziemt, Umwege und Abschweifungen geben würde, auch Abschnitte, die beim erstenmal unklar bleiben würden und auf die man deshalb würde zurückkommen müssen. Aus diesem Grund werden Sie es hin und wieder erleben, daß ich einige Themen aus veränderter Sicht wieder aufgreife.

Von Anfang an machte ich meine Auffassung über die Grenzen der Wissenschaft klar: Ich bin skeptisch in bezug auf ihren Objektivitätsanspruch. Mir fällt es schwer, in wissenschaftlichen Ergebnissen, vor allem auf dem Gebiet der Neurobiologie, etwas anderes als vorläufige Annäherungen zu sehen, an denen wir uns eine Zeitlang erfreuen können, die wir aber aufgeben müssen, sobald bessere Erklärungen zur Verfügung stehen. Doch Skepsis gegenüber dem augenblicklichen Stand wissenschaftlicher Erkenntnis schmälert nicht die Begeisterung für den Versuch, die vorläufigen Annäherungen zu verbessern.

Vielleicht ist der menschliche Geist so komplex, daß wir das Problem infolge der uns angeborenen Grenzen nie lösen können. Vielleicht sollten wir gar nicht von einem Problem sprechen, sondern von einem Geheimnis, und damit eine Unterscheidung vornehmen zwischen Fragen, die sich wissenschaftlich klären lassen, und Fragen, die dem wissenschaftlichen Zugriff wahrscheinlich für immer entzogen bleiben.[3] Doch sosehr ich auch mit denen sympathisiere, die sich nicht vorstellen können, daß das Geheimnis jemals gelöst wird (»Mysterianer« – *mysterians* – hat man sie genannt[4]), und soviel Verständnis ich für alle habe, die zwar meinen, daß das Problem unserer Erkenntnis zugänglich ist, aber enttäuscht wären, wenn die Erklärung auf bereits bekannte Dinge zurückgriffe, bin ich doch – meistens jedenfalls – davon überzeugt, daß wir das Rätsel lösen werden.

Mittlerweile sind Sie wahrscheinlich zu dem Schluß gelangt, daß es in unserem Gespräch zwar um Geist, Gehirn und Körper ging, aber weder um Descartes noch um die Philosophie. Mein Freund machte den Vorschlag, es unter dem Patronat des französischen Philosophen zu führen, da es keine Möglichkeit gäbe, sich mit diesen Themen auseinanderzusetzen, ohne die Symbolfigur zu beschwören, der wir die bekannteste Auffassung über das Verhältnis von Geist und Körper verdanken. Da wurde mir klar, daß dieses Buch auf eine merkwürdige Weise von Descartes' Irrtum handeln würde. Natürlich möchten Sie wissen, was es mit diesem Irrtum auf sich hat, doch im Augenblick bin ich noch zu Stillschweigen verpflichtet. Aber keine Sorge, Sie werden es erfahren.

Damit begann sich unser Gespräch seinem eigentlichen Thema zuzuwenden, zunächst dem seltsamen Leben und Tun des Phineas Gage.

Erster Teil

1. KAPITEL

Verhängnis in Vermont

Phineas P. Gage

Es ist Sommer 1848. Wir befinden uns in Neuengland. Aus heiterem Himmel schickt sich das Verhängnis an, Phineas P. Gage, einen vielversprechenden jungen Mann von fünfundzwanzig Jahren, Vorarbeiter bei einer Eisenbahngesellschaft, zugrunde zu richten. Anderthalb Jahrhunderte später wird sein Schicksal die Menschen immer noch beschäftigen.

Gage arbeitet für Rutland & Burlington Railroad und trägt die Verantwortung für einen großen Bautrupp, »Gang« genannt, der die Aufgabe hat, neue Bahngleise durch Vermont zu verlegen. Während der letzten zwei Wochen haben sich die Männer langsam auf die Stadt Cavendish zubewegt und sind nun ans Ufer des Black River gelangt. Die Arbeit ist keineswegs einfach, da das Gelände von harten Gesteinsschichten durchzogen ist. Statt die Schienen in Windungen und Kurven um jede Anhebung herumzuführen, sprengt man den Fels, wo es für eine gerade und ebene Trassenführung erforderlich ist. Diese Arbeiten beaufsichtigt Gage, eine Aufgabe, der er bestens gewachsen ist. Die Bewegungen des ein Meter siebzig großen und athletisch gebauten Mannes sind rasch und exakt. Er sieht aus wie der junge Jimmy Cagney, ein Yankee Doodle Dandy, der in Stepschuhen über Schwellen und Schienen tanzt, kraftvoll und anmutig in seinen Bewegungen.

In den Augen seiner Vorgesetzten ist Gage jedoch mehr als nur ein brauchbarer Vorarbeiter. Nach ihrer Einschätzung ist er der »tüchtigste und fähigste Mann« ihres Unternehmens.[1] Und das ist gut so, denn er braucht für seine Aufgabe ein hohes Maß an körperlicher Gewandtheit und Geistesgegenwart, besonders wenn Sprengungen vorzubereiten sind. Dabei müssen einige Maßnahmen in strenger Reihenfolge ausgeführt werden. Zuerst bohrt man ein Loch in den Fels. Das wird zur Hälfte mit Sprengpulver gefüllt, mit einer Zündschnur versehen und mit Sand zugestopft. Dazu wird der Sand mit kräftigen Stößen einer Eisenstange »festgestampft«. Schließlich muß die Zündschnur in Brand gesetzt werden. Wenn alles wie geplant verläuft, explodiert das Pulver in den Fels hinein. Der Sand ist wichtig, weil die Explosionsenergie ohne seinen Schutz vom Felsen fortstreben würde. Auch die Form der Eisenstange und ihre Handhabung spielen dabei eine Rolle. Gage führt seinen Eisenstab, den er sich nach eigenen Angaben hat anfertigen lassen, mit virtuoser Fertigkeit.

Doch wenden wir uns nun dem eigentlichen Geschehen zu. Halb fünf ist es, ein heißer Nachmittag. Gerade hat Gage Pulver und Zündschnur in einem Bohrloch verstaut und seinen Helfer aufgefordert, das Ganze mit Sand abzudecken. Da ruft jemand von hinten, und Gage blickt einen Augenblick lang über seine rechte Schulter zurück. Dadurch abgelenkt, beginnt er, noch bevor sein Helfer Sand eingefüllt hat, den Sprengstoff direkt mit der Eisenstange zu bearbeiten. Augenblicklich schlägt er Funken aus dem Felsen, und die Sprengladung explodiert ihm ins Gesicht.[2]

So gewaltig ist die Explosion, daß der gesamte Bautrupp schreckensstarr verharrt. Deshalb brauchen die Leute ein paar Sekunden, um zu erfassen, was vor sich gegangen ist. Der Knall war ungewöhnlich, und der Fels ist unversehrt geblieben. Ungewöhnlich ist auch das pfeifende Geräusch, wie von einer Rakete, die in den Himmel geschossen wird. Doch das hier ist mehr als Feuerwerk. Es ist Gewalt und schwerste Körperverletzung. Die Eisenstange tritt durch Gages linke Wange ein, durchbohrt die Schädelbasis, durchquert den vorderen Teil seines Gehirns und tritt mit hoher Geschwindigkeit aus dem Schädeldach aus. In einer Entfernung von mehr als dreißig Metern fällt die Stange herunter, mit Blut und Hirngewebe bedeckt. Phineas Gage ist zu Boden geworfen worden. Da liegt er in der Nachmittagshitze, benommen und stumm, aber wach. Und benommen und stumm sind wir alle, die hilflosen Beobachter.

»Schrecklicher Unfall« lautet eine Woche später, am 20. September, die wenig originelle Schlagzeile in den Bostoner Zeitungen *Daily Courier* und *Daily Journal*. Etwas merkwürdig titelt der *Vermont Mercury* am 22. September: »Wunderbarer Unfall«, während es im *Boston Medical and Surgical Journal* schlicht und sachlich heißt: »Kopf von Eisenstange durchschlagen«. Liest man, wie nüchtern die Berichterstatter den Vorgang schildern, so könnte man meinen, sie wären mit Edgar Allan Poes absonderlichen und schrecklichen Erzählungen vertraut gewesen. Und vielleicht waren sie es auch, obwohl es nicht sehr wahrscheinlich ist. Seine schauerlich-romantischen Geschichten sind noch nicht sehr bekannt. Erst im folgenden Jahr wird Poe unbekannt und mittellos sterben. Möglicherweise liegt das Schreckliche einfach in der Luft.

Nachdem der Verfasser des medizinischen Artikels erwähnt hat, wie überrascht die Augenzeugen waren, daß Gage nicht auf der Stelle getötet wurde, schildert er, daß »der Patient unmittelbar nach der Explosion auf den Rücken geschleudert wurde«, daß er kurz darauf »ein paar konvulsive Bewegungen der Extremitäten« zeigte und »nach ein paar Minuten sprach«, »daß seine Männer [bei denen er sehr beliebt war] ihn hochhoben und zur Straße trugen, die nur einige Rod entfernt war [ein Rod entspricht $5\,^1/_2$ Yard oder $16\,^1/_2$ Fuß, also fünf Metern], daß sie ihn auf einen Ochsenwagen hoben, auf dem er, aufrecht sitzend, mehr als einen Kilometer zum Hotel von Mr. Joseph Adams zurücklegte«, und daß Gage »selbst vom Wagen herunterstieg, nur ein wenig gestützt von seinen Männern«.

Ich möchte Ihnen Mr. Adams vorstellen. Er ist Friedensrichter von Cavendish und Besitzer des einzigen Hotels und Gasthauses der Stadt. Ich stelle ihn mir größer als Gage vor und doppelt so dick; er ist so ängstlich besorgt, wie seine Falstaffschen Formen vermuten lassen. Nach einem Blick auf Gage schickt er sofort nach Dr. John Harlow, einem der Ärzte der Stadt. Ich stelle mir vor, daß er, während sie warten, sagt: »Oh, oh, Mr. Gage, was haben wir denn da bloß?« Und vielleicht: »Nein, nein, wie ist das alles furchtbar.« In ungläubigem Entsetzen schüttelt er den Kopf und führt Gage in den Schatten der Hotelveranda, die einer der Zeugen als *piazza* bezeichnen wird, was im Amerikanischen zwar auch »Veranda« heißt, aber doch den Eindruck eines geräumigen und offenen Platzes vermittelt. Geräumig und groß ist sie vielleicht, aber nicht offen, eben eine ganz gewöhnliche Veranda. Und dort bekommt Phineas Gage jetzt von Mr. Adams Limonade oder vielleicht auch kalten Apfelwein vorgesetzt.

Seit der Explosion ist eine Stunde vergangen. Die Sonne steht inzwischen tiefer, und die Hitze ist erträglicher geworden. Bald darauf trifft Dr. Edward Williams ein, ein jüngerer Kollege von Dr. Harlow. Jahre später wird Dr. Williams den Anblick beschreiben, der sich ihm bietet: »Bei meinem Eintreffen saß er auf einem Stuhl auf der *piazza* von Mr. Adams' Hotel in Cavendish. Als ich vorfuhr, sagte er: ›Hier gibt es reichlich für Sie zu tun, Doktor.‹ Bevor ich von meiner Kutsche stieg, bemerkte ich die Wunde auf dem Kopf und sah deutlich das Pulsieren des Gehirns. Außerdem nahm ich ein Phänomen wahr, das ich mir nicht erklären konnte, bevor ich den Kopf untersucht hatte: Das Schädeldach hatte eine gewisse Ähnlichkeit mit einem umgekehrten Trichter. Wie ich später entdeckte, hing das damit zusammen, daß der Knochen rund um die Öffnung auf eine Entfernung von fünf Zentimetern in alle Richtungen gebrochen war. Ich hätte erwähnen sollen, daß die Öffnung im Schädelknochen und den umgebenden Schichten fast vier Zentimeter im Durchmesser betrug. Die Ränder der Öffnung waren nach außen gestülpt, und die ganze Wunde sah aus, als sei ein keilförmiger Körper von unten nach oben hindurchgegangen. Während ich seine Wunde untersuchte, berichtete Mr. Gage den Umstehenden, wie es zu der Verletzung gekommen war. Er äußerte sich so vernünftig und antwortete so bereitwillig, daß ich meine Fragen an ihn richtete statt an die Männer, die dem Unfall beigewohnt hatten und noch zugegen waren. Daraufhin schilderte mir Mr. G. einige der Umstände, wie er es seither öfter getan hat. Und ich darf getrost behaupten, daß er auf mich weder zu diesem noch zu einem späteren Zeitpunkt, von einem einzigen Mal abgesehen, anders als vollkommen vernünftig wirkte. Der eine Vorfall, auf den ich anspiele, ereignete sich etwa vierzehn Tage nach dem Unfall. Da bestand er darauf, mich John Kirwin zu nennen, beantwortete aber alle meine Fragen zutreffend.«[3]

Wie erstaunlich es war, daß Gage überlebte, wird klar, wenn man sich Form und Gewicht der Eisenstange vergegenwärtigt. Der Chirurgieprofessor Henry Bigelow von der Harvard University beschreibt das Eisen wie folgt: »Das Eisen, das den Schädel dergestalt durchquert hat, wiegt sechs Kilogramm und zehn Gramm. Es ist einen Meter achtundneunzig Zentimeter lang und hat einen Durchmesser von dreieinachtel Zentimetern. Das zuerst eingedrungene Ende verläuft spitz. Die Verjüngung ist achtzehn Zentimeter lang und die Spitze sechs Millimeter im Durchmesser – Umstände, denen der Patient möglicherweise sein Leben verdankt. Das Eisen weist eine ganz eigene Form auf und wurde von einem Schmied in der Gegend nach den Wünschen des Besitzers angefertigt.«[4] Gage nimmt seinen Beruf sehr ernst und wendet große Sorgfalt auf sein Handwerkszeug.

Daß er die Explosion mit einer so gewaltigen Kopfwunde überlebt hat, daß er unmittelbar danach in der Lage war, zu reden, zu gehen und sich vernünftig zu verhalten – das alles ist erstaunlich. Doch ebenso erstaunlich ist, daß er die unvermeidliche Infektion überleben wird, die von seiner Wunde Besitz ergreifen muß. Sein Arzt John Harlow weiß sehr wohl, wie wichtig eine gründliche Desinfektion ist. Zwar stehen ihm keine Antibiotika zur Verfügung, doch unter Zuhilfenahme aller chemischen Stoffe, die in Frage kommen, reinigt er die Wunde gründlich und regelmäßig, wobei er den Patienten eine halb liegende Position einnehmen läßt, so daß die Drainage natürlich und mühelos vonstatten geht. Trotzdem bekommt Gage hohes Fieber und mindestens einen Abszeß, den Harlow sofort mit dem Skalpell entfernt. Am Ende gewinnen Gages Jugend und kräftige Natur gegen alle Wahrscheinlichkeit die Oberhand, unterstützt, wie Harlow es ausdrücken wird, von göttlichem Wirken: »Ich habe ihn behandelt, Gott hat ihn geheilt.«

In weniger als zwei Monaten wird Phineas Gage für geheilt erklärt. Doch dieser erstaunliche Vorgang verblaßt vor dem Hintergrund der erstaunlichen Wandlung, die Gages Persönlichkeit erleben wird. Seine ganze Veranlagung, seine Vorlieben und Abneigungen, seine Träume und Hoffnungen – alles wird sich verändern. Gages Körper mag lebendig und wohlauf sein, aber er wird von einem neuen Geist belebt.

Gage war nicht mehr Gage

Was im einzelnen passierte, können wir uns heute aus dem Bericht zusammenreimen, den Dr. Harlow zwanzig Jahre nach dem Unfall anfertigte.[5] Es handelt sich um einen zuverlässigen Text mit einer Fülle von Fakten und einem Minimum an Interpretation. Menschlich und neurologisch macht er einen plausiblen Eindruck, und wir gewinnen aus ihm nicht nur eine Vorstellung von Gage, sondern auch von seinem Arzt. John Harlow war Lehrer gewesen, bevor er ans Jefferson Medical College in Philadelphia ging, und er übte den Arztberuf erst wenige Jahre aus, als Gage sein Patient wurde. Der Fall nahm sein ganzes Interesse in Anspruch und weckte in Harlow, wie ich vermute, den Wunsch nach wissenschaftlicher Betätigung – was nicht unbedingt in seiner Absicht gelegen haben wird, als er seine ärztliche Praxis in Vermont eröffnete. Daß er Gage erfolgreich behandelt hatte und seinen Bostoner Kollegen von diesem Ergebnis berichten konnte, dürfte zu den glanzvollsten Höhepunkten seiner Laufbahn gezählt haben. Um so mehr wird es ihn betrübt haben, daß Gages Heilung von einer dunklen Wolke überschattet war.

In seinem Bericht schildert Harlow, wie Gage wieder zu Kräften kam und wie vollständig seine physische Genesung war. Gage konnte fühlen, hören und sehen und litt unter keinerlei Lähmung der Gliedmaßen oder der Zunge. Zwar konnte er mit dem linken Auge nicht mehr sehen, dafür aber war das rechte vollkommen in Ordnung. Sein Gang war sicher, die Bewegung der Hände geschickt, und er hatte keine erkennbaren Schwierigkeiten mit Artikulation und Sprache. Und doch war gewissermaßen, wie Harlow berichtet, das »Gleichgewicht zwischen seinen geistigen Fähigkeiten und seinen animalischen Neigungen« gestört. Sichtbar wurden diese Veränderungen, sobald die akute Phase seiner Hirnverletzung abklang. Er ist jetzt »launisch, respektlos, flucht manchmal auf abscheulichste Weise, was früher nicht zu seinen Gewohnheiten gehörte, erweist seinen Mitmenschen wenig Achtung, reagiert ungeduldig auf Einschränkungen und Ratschläge, wenn sie seinen Wünschen zuwiderlaufen, ist gelegentlich entsetzlich halsstarrig, und doch launenhaft und wankelmütig, macht ständig Zukunftspläne, die er, kaum gefaßt, schon wieder fallenläßt ... Während er sich in seinen geistigen Fähigkeiten und Äußerungen auf der Entwicklungsstufe eines Kindes befindet, hat er doch die animalischen Leidenschaften eines starken Mannes.« Seine Ausdrucksweise war so gemein und abscheulich, daß man Frauen aus Rücksicht auf ihr Feingefühl riet, nicht zu lange in seiner Gegenwart zu verweilen. Auch die strengsten Vorhaltungen von Dr. Harlow vermochten unser Unfallopfer nicht zu einem besseren Benehmen zu bekehren.

Diese neuen Persönlichkeitszüge standen in krassem Gegensatz zur »Mäßigung« und »auffallenden Charakterstärke«, die man vor dem Unfall an Phineas Gage beobachtet hatte. Damals hatte er sich durch »besonnene Wesensart ausgezeichnet und galt bei den Menschen, die ihn kannten, als gerissener, kluger Geschäftsmann, der alle seine Pläne energisch und ausdauernd in die Tat umsetzte«. Zweifellos durfte er, gemessen an seiner Stellung und seiner Zeit, als erfolgreich gelten. Die

Wandlung, die er erfuhr, war so tiefgreifend, daß ihn Freunde und Bekannte kaum wiedererkannten. Traurig stellten sie fest, daß »Gage nicht mehr Gage war«. Der Mann hatte sich so grundlegend verändert, daß ihn die Eisenbahngesellschaft nicht weiterbeschäftigte, als er seine Arbeit wiederaufnehmen wollte. Dort hielt man nämlich »seine Wesensveränderung für so ausgeprägt, daß man ihn nicht in seiner Stellung belassen konnte«. Also lag das Problem dabei nicht in seiner körperlichen Verfassung oder Fertigkeit, sondern in seinem neuen Charakter.

Rapide setzte sich der Abstieg fort. Da Gage für die Arbeit als Vorarbeiter nicht mehr taugte, nahm er Stellungen auf Pferdefarmen an. Man muß annehmen, daß er immer wieder aus einer Laune heraus kündigte oder wegen Disziplinlosigkeit entlassen wurde. Wie Harlow anmerkt, besaß er eine besondere Begabung, »stets Stellungen zu finden, für die er sich nicht eignete«. Dann begann seine Laufbahn als Zirkusattraktion. Gage trat in Barnums Museum in New York City auf, wo er prahlerisch seine Narben und das Stopfeisen zur Schau stellte. (Harlow berichtet, von der Eisenstange habe er sich nie mehr getrennt, und weist in diesem Zusammenhang darauf hin, daß er eine große Anhänglichkeit gegenüber Gegenständen und Tieren bewies – ein neuer und etwas ungewöhnlicher Zug. Dieses Merkmal, man könnte es »Sammlerverhalten« nennen, habe ich öfter an Patienten mit ähnlichen Verletzungen und an Autisten beobachtet.)

In weit höherem Maße als heute machte sich der Zirkus damals die Grausamkeiten der Natur zunutze. Zu den endokrinen Sensationen zählten Zwerge, die dickste Frau der Erde, der größte Mann, der Mensch mit dem größten Kiefer, zu den neurologischen Schauobjekten Jugendliche mit Elefantenhaut, Opfer der Neurofibromatose – und jetzt Gage. Unschwer kann man ihn sich in solch Fellinischer Gesellschaft vorstellen, bemüht, sein Elend zu Geld zu machen.

Zehn Jahre nach dem Unfall folgte der nächste Theatercoup. Gage ging nach Südamerika. Zunächst arbeitete er wieder auf Pferdegütern, dann wurde er Postkutscher in Santiago de Chile und Valparaíso. Von seinem Leben in der Fremde ist wenig bekannt, nur daß sich 1859 sein Gesundheitszustand verschlechterte.

1860 kehrte Gage in die Vereinigten Staaten zurück und lebte bei Mutter und Schwester, die inzwischen nach San Francisco gezogen waren. Anfangs bekam er eine Anstellung auf einer Farm in Santa Clara, hielt es dort aber nicht lange aus. Er zog viel umher und fand schließlich eine Beschäftigung als Arbeiter in der weiteren Umgebung von San Francisco. Zweifellos hatte er seine Unabhängigkeit verloren und war nicht mehr in der Lage, den Anforderungen einer so langfristigen und gutbezahlten Stellung gerecht zu werden, wie er sie einst gehabt hatte. Das Ende der traurigen Geschichte kündigte sich an.

Das San Francisco in den sechziger Jahren des vorigen Jahrhunderts stelle ich mir als überaus geschäftige Stadt vor, voller waghalsiger Unternehmer, die ihr Glück im Bergbau, in der Landwirtschaft und in der Schiffahrt versuchten. Dort finden wir Gages Mutter und Schwester, letztere mit einem wohlhabenden Kaufmann am Ort verheiratet (D. D. Shattuck, Esq.), und dort hätte wohl auch der gute Phineas Gage hingehört. Doch antreffen würden wir ihn ganz woanders, wenn wir in der Zeit zurückreisen könnten. Trinkend und krakeelend würden wir ihm in einem übel beleumdeten Viertel begegnen, wo er nicht gerade mit den Wirtschaftskapitänen verkehrt, die genauso überrascht sind wie alle anderen, als die Erde sich auftut und bedrohlich erschüttert wird. Er hat sich jener Schar von Gestrandeten angeschlossen, die, wie Nathanael West es Jahrzehnte später und ein paar hundert Kilometer weiter südlich ausdrücken sollte, »nach Kalifornien gekommen waren, um zu sterben«.[6]

Aus den wenigen Zeugnissen, die vorliegen, geht hervor, daß Gage epileptische Anfälle bekam. Der Tod ereilte ihn am 21. Mai 1861 nach einer Krankheit, die wenig mehr als einen Tag dauerte. Gage hat einen heftigen Krampfanfall, bei dem er das Bewußtsein verlor. Darauf folgten eine Reihe von weiteren Krämpfen unmittelbar nacheinander. Er kam nicht wieder zu sich. Nach meiner Ansicht fiel er einem *Status epilepticus* zum

Opfer, bei dem Dauerkrämpfe zum Tode führen. Achtunddreißig Jahre war er alt. In den Zeitungen von San Francisco wurde sein Tod nicht erwähnt.

Warum Phineas Gage?

Was macht diese traurige Geschichte erzählenswert? Welche Bedeutung kann das seltsame Geschehen für uns haben? Die Antwort ist einfach. Während andere Fälle neurologischer Schädigung, die sich etwa zur gleichen Zeit ereigneten, deutlich machten, daß das Gehirn für Sprache, Wahrnehmung und motorische Funktionen verantwortlich ist, und während sie aufschlußreichere Einzelheiten lieferten, ließ Gages Geschichte einen erstaunlichen Umstand erkennen: Offenbar gibt es Systeme im menschlichen Gehirn, die mehr mit dem Denken, vor allem mit seinen persönlichen und sozialen Dimensionen, befaßt sind als mit anderen Tätigkeiten. Wie dieser Fall zeigt, können infolge einer Hirnschädigung soziale Konventionen und moralische Regeln ihre Verbindlichkeit verlieren, ohne daß allem Anschein nach grundlegende geistige und sprachliche Fertigkeiten beeinträchtigt sind. Gages Beispiel zeigte, daß Teile des Gehirns für spezifisch menschliche Eigenschaften zuständig sind, unter anderem für die Fähigkeit, die Zukunft vorwegzunehmen und sie in einem komplexen sozialen Umfeld angemessen zu planen, für das Verantwortungsgefühl sich selbst und anderen gegenüber und für das Vermögen, das eigene Überleben nach Maßgabe des freien Willens zu organisieren.

Der auffälligste Aspekt an dieser unerfreulichen Geschichte ist das Mißverhältnis zwischen der normalen Persönlichkeitsstruktur, die Gage vor dem Unfall gezeigt hatte, und den unschönen Persönlichkeitszügen, die danach zutage traten und wohl auch für den Rest seines Lebens erhalten blieben. Einst hatte Gage alle Voraussetzungen besessen, um Entscheidungen zu treffen, die seinem Fortkommen dienlich waren. In persönlichen und sozialen Belangen zeigte er Verantwortungsgefühl. Das bewiesen seine beruflichen Erfolge, die Sorgfalt, mit der er seine Arbeit erledigte, und die Anerkennung, die ihm von Vorgesetzten und Kollegen entgegengebracht wurde. Er hielt sich an die sozialen Spielregeln und scheint sich moralischen Grundsätzen verpflichtet gefühlt zu haben. Nach dem Unfall kümmerten ihn keine sozialen Konventionen mehr, er verstieß gegen moralische Prinzipien, traf Entscheidungen, die seinen Interessen zuwiderliefen, und verbreitete Geschichten, »die, allein seiner Phantasie entsprungen, jeder Grundlage entbehrten«, wie Harlow es ausdrückte. Gage ließ durch nichts erkennen, daß er sich um die Zukunft sorgte oder vorausplante.

Die Veränderungen seiner Persönlichkeit waren keineswegs unauffällig. Er konnte keine vernünftigen Entscheidungen mehr treffen, und diejenigen, die er traf, waren nicht einfach neutral. Es waren nicht die zurückhaltenden oder vorsichtigen Entscheidungen eines Menschen, dessen geistige Fähigkeiten beeinträchtigt sind und der sich nicht zum Handeln aufraffen kann, sondern es waren Entscheidungen, die sich für ihn eindeutig nachteilig auswirkten. Man könnte vermuten, daß sich sein Wertsystem entweder verändert hatte oder, wenn es unverändert geblieben war, seine Entscheidungen nicht mehr beeinflussen konnte. Zwar gibt es keine Anhaltspunkte, die zeigen, welche Vermutung richtig ist, doch aufgrund meiner Untersuchungen an Patienten mit ähnlicher Hirnschädigung bin ich überzeugt, daß keine Erklärung erfaßt, was unter solchen Umständen tatsächlich geschieht. Ein Teil des Wertsystems bleibt erhalten und läßt sich in abstrakten Begriffen aktivieren, hat aber keine Verbindung zu realen Lebenssituationen. Wenn die Phineas Gages dieser Welt handeln müssen, wird der Entscheidungsprozeß von altem Wissen nur minimal beeinflußt.

Ein zweiter wichtiger Aspekt in Gages Geschichte ist das Mißverhältnis zwischen dem Verfall seines Charakters und der scheinbaren Unversehrtheit zahlreicher geistiger Fähigkeiten – Aufmerksamkeit, Wahrnehmung, Gedächtnis, Sprache, Intelligenz. Bei einem Mißverhältnis solcher Art, das man in der

Neuropsychologie als *Dissoziation* bezeichnet, befinden sich eine oder mehr Leistungen eines allgemeinen psychologischen Aktivitätsprofils im Widerspruch zu den übrigen. In Gages Fall war der beeinträchtigte Charakter von ansonsten gut erhaltenen Kognitions- und Verhaltensmerkmalen abgespalten. Bei Patienten, deren Läsionen in anderen Gehirnregionen liegen, kann die Sprache der beeinträchtigte Aspekt sein, während der Charakter und alle anderen kognitiven Aspekte intakt bleiben. Dann ist die Sprache die »dissoziierte« Fähigkeit. Spätere Untersuchungen an Patienten mit ähnlichen Schädigungen wie Gage haben bestätigt, daß sein spezifisches Dissoziationsprofil typisch ist.

Man wird sich wohl nur schwer zu der Überzeugung durchgerungen haben, daß die Charakterveränderung irreversibel war, und selbst Dr. Harlow hat zunächst nicht glauben wollen, daß es sich um eine dauerhafte Veränderung handelte. Das ist verständlich, denn es gab in Gages Geschichte viel dramatischere Elemente: zunächst einmal, daß er überhaupt überlebte, und dann, daß er es ohne eine augenfälligere Beeinträchtigung tat – eine Lähmung etwa, eine Sprachbehinderung oder Gedächtnisverlust. Irgendwie hätte es undankbar gewirkt, undankbar dem Schicksal und der Medizin gegenüber, hätte man Gages neuerdings zutage tretendem sozialem Fehlverhalten zuviel Wert beigemessen. Doch 1868 war Dr. Harlow bereit, die Persönlichkeitsveränderung seines Patienten in ihrem ganzen Ausmaß anzuerkennen.

Die Tatsache, daß Gage überlebte, wurde gebührend gewürdigt, aber doch mit den Vorbehalten, mit denen man absonderlichen Erscheinungen begegnet. Die Bedeutung seiner Verhaltensveränderungen blieb weitgehend unbeachtet. Es gab gute Gründe für diese Vernachlässigung. Obwohl die Welt der Gehirnwissenschaft damals noch klein war, begannen sich doch schon zwei Lager zu bilden. In dem einen vertrat man die Auffassung, daß sich psychologische Funktionen wie Sprache oder Gedächtnis auf keinen Fall einer bestimmten Gehirnregion zuordnen ließen. Wenn man auch widerstrebend anerkennen mußte, daß das Gehirn den Geist hervorbringt, so bestand man zumindest darauf, daß es dies als Ganzes leiste und nicht als Konglomerat von Teilen mit speziellen Funktionen. In dem anderen Lager war man dagegen der Meinung, das Gehirn bestehe durchaus aus spezialisierten Teilen und diese Teile seien für separate geistige Funktionen verantwortlich. An der Kluft zwischen beiden Lagern kann nicht allein der Umstand schuld gewesen sein, daß die Hirnforschung noch in den Kinderschuhen steckte, denn der Streit hat ein weiteres Jahrhundert überdauert, und ganz haben wir ihn selbst heute noch nicht überwunden.

In jeder wissenschaftlichen Debatte, die sich am Fall von Phineas Gage entzündete, ging es um die Frage, wo Sprache und Gehirn im Gehirn lokalisiert sind. Nie befaßte sich die Diskussion mit dem Zusammenhang zwischen beeinträchtigtem Sozialverhalten und Stirnhirnschädigung. Das erinnert mich an Warren McCulloch, der immer sagte: »Wenn ich zeige, dann blicken Sie dorthin, wohin ich zeige, nicht auf meinen Finger.« (McCulloch, ein legendärer Neurophysiologe und Pionier auf dem Gebiet, das sich heute als Computer-Neurowissenschaft etabliert hat, war außerdem ein Poet und Prophet. Diese Äußerung erfolgte gewöhnlich im Zusammenhang mit einer Prophezeiung.) Wenige Forscher haben dorthin geblickt, wohin Gage unwissentlich zeigte. Natürlich ist schwer vorstellbar, daß irgend jemand zu Gages Zeiten das Wissen *und* den Mut gehabt hätte, in die richtige Richtung zu blicken. Gut, die Hirnabschnitte, deren Schädigung Gages Herz und Lunge zum Stillstand gebracht hätte, waren von der Eisenstange nicht berührt worden. Akzeptieren konnte man auch, daß die Hirnabschnitte, die den Wachzustand steuern, weit entfernt vom Weg der Stange lagen und deshalb verschont geblieben waren. Man konnte sogar akzeptieren, daß die Verletzung keine längere Bewußtlosigkeit bewirkt hatte. (Das Ereignis nahm vorweg, was wir heute aus der Untersuchung von Hirnverletzungen wissen: Die Art der Verletzung ist von entscheidender Bedeutung. Ein heftiger Schlag gegen den Kopf kann eine tiefe und lange Unterbrechung des Wachzustands bewirken, auch wenn kein Knochen gebrochen und keine Waffe in das Gehirn eingedrungen ist. Die Kraft, die der Schlag freisetzt, führt zu einer tiefen Störung der Gehirnfunktion. Eine Penetrationsverletzung, bei der die Kräfte sich auf einen schmalen, begrenzten Weg konzentrieren, statt sich auszubreiten und das Gehirn gegen den Schädel zu pressen, ruft unter Umständen nur dort Funktionsstörungen hervor, wo tatsächlich Gehirngewebe zerstört wird, während die Funktionen anderer Regionen verschont bleiben.) Doch um Gages Verhaltensveränderung zu verstehen, hätte man sich zu der Auffassung durchringen müssen, daß normales Sozialverhalten auf eine bestimmte Gehirnregion angewiesen ist, und an ein solches Konzept mochte man weit weniger glauben als an eine entsprechende Lokalisierung der Bewegung, der Sinneswahrnehmungen oder auch der Sprache.

Tatsächlich beriefen sich jene Vertreter der Neurowissenschaft auf Gages Fall, die nicht der Meinung waren, man könne geistige Funktionen mit bestimmten Gehirnregionen verbinden. Nach einem flüchtigen Blick auf die medizinischen Fakten behaupteten sie, wenn Gage eine solche Verletzung erlitten habe, ohne Lähmungserscheinungen oder Sprachbeeinträchtigungen davongetragen zu haben, dann gehe daraus eindeutig hervor, daß sich weder Bewegungskontrolle noch Sprache auf die relativ kleinen Hirnregionen zurückführen ließen, die Neurologen als Bewegungs- und Sprachzentrum ausgemacht hätten. Sie meinten – völlig zu Unrecht, wie wir sehen werden –, Gages Wunde habe diese Zentren direkt geschädigt.[7]

Der englische Physiologe David Ferrier gehörte zu den wenigen Wissenschaftlern, die sich die Mühe machten, die Daten mit Sach- und gesundem Menschenverstand zu analysieren.[8] Ferrier hatte sich schon mit anderen Fällen von Verhaltensveränderung durch Hirnschädigung beschäftigt und wegweisende Tierexperimente durchgeführt, bei denen er die Großhirnrinde elektrisch stimuliert beziehungsweise entfernt hatte. Das alles befähigte ihn in besonderer Weise, Harlows Ergebnisse zu würdigen. Er gelangte zu dem Schluß, die Verletzung habe die Bewegungs- und Sprach-»Zentren« verschont und statt dessen den Teil des Gehirns geschädigt, dem er selbst den Namen präfrontaler Cortex gegeben hat. Diese Schädigung könne, so

Ferrier, mit Gages merkwürdiger Persönlichkeitsveränderung in Zusammenhang gestanden haben, die er sehr plastisch als »geistige Entartung« bezeichnete. Die einzige Unterstützung, die Harlow und Ferrier in ihrer sehr isolierten Position erhielten, kam von den Anhängern der Phrenologie.

Ein Exkurs über Phrenologie

Die Lehre, die später als Phrenologie bekannt wurde, hieß zunächst »Organologie« und wurde von Franz Joseph Gall Ende des 18. Jahrhunderts begründet. Sie lebte fort als merkwürdige Mischung aus früher Psychologie, früher Neurowissenschaft und praktischer Philosophie – zunächst in Europa, wo sie skandalumwitterte Erfolge in den intellektuellen Zirkeln von Wien, Weimar und Paris feierte, und dann in Amerika, wo sie Galls Schüler und einstiger Freund Johann Caspar Spurzheim einführte. Bis weit ins 19. Jahrhundert hinein übte sie bemerkenswerten Einfluß auf die Natur- und Geisteswissenschaften aus, obwohl diese Einflüsse nur in seltenen Fällen erkannt wurden und die Beeinflußten sich von der Bewegung distanzierten.

Einige von Galls Ideen sind in der Tat recht erstaunlich für ihre Zeit. Unmißverständlich erklärte er, daß das Gehirn das Organ der Seele sei. Mit gleicher Gewißheit behauptete er, das Gehirn sei ein Aggregat aus vielen Organen, deren jedes eine bestimmte psychologische Fähigkeit besitze. Damit wandte er sich nicht nur gegen das vorherrschende dualistische Denken, das zwischen Biologie und Geist vollkommen trennte, sondern gelangte auch zu der richtigen intuitiven Erkenntnis, daß das Gehirn aus vielen Teilen besteht und daß diese spezielle Funktionen wahrnehmen.[9] Letzterer Gedanke war eine fabelhafte Intuition, denn heute ist die funktionelle Gehirnspezialisierung eine gründlich bewiesene Tatsache. Allerdings blieb ihm verständlicherweise verborgen, daß die Funktion jedes einzelnen Gehirnteils nicht unabhängig ist, sondern zur Funktion größerer Systeme beiträgt, die sich aus diesen separaten Teilen zusammensetzen. Daraus kann man Gall aber kaum einen Vorwurf machen. Schließlich hat es fast zweihundert Jahre gedauert, bis sich die »moderne« Auffassung einigermaßen durchgesetzt hat. Heute können wir mit Gewißheit sagen, daß keine einzelnen »Zentren« für Sehen und Sprache oder auch Vernunft und Sozialverhalten existieren. Vielmehr gibt es »Systeme«, die aus mehreren untereinander verbundenen Gehirnabschnitten bestehen. Anatomisch, aber nicht funktionell, sind diese Gehirnabschnitte nichts anderes als die alten »Zentren« der phrenologisch geprägten Theorie. Und tatsächlich sind diese Systeme mit relativ unterscheidbaren Operationen befaßt, welche die Grundlage der geistigen Funktionen bilden. Richtig ist auch, daß diese separaten Einheiten aufgrund ihrer Lokalisation im System unterschiedliche Komponenten zur Operation des Systems beisteuern und aus diesem Grund nicht austauschbar sind. Dies ist der wichtigste Aspekt: Der Beitrag, den eine gegebene Gehirneinheit zur Operation des sie enthaltenden Systems leistet, wird nicht nur durch die Struktur der Einheit, sondern auch durch ihren Ort im System bestimmt.

Die topographische Lage einer Einheit ist von höchster Bedeutung. Deshalb werde ich in diesem Buch viel von Neuro- oder Hirnanatomie reden, bestimmte Gehirnregionen bezeichnen und dem Leser sogar deren Namen und die anderer mit ihnen verknüpfter Regionen nicht ersparen. Des öfteren werde ich auch auf die mutmaßlichen Funktionen bestimmter Gehirnregionen zu sprechen kommen. Solche Verweise sind aber im Kontext der Systeme zu sehen, zu denen die Regionen gehören. Ich habe nicht die Absicht, in die phrenologische Falle zu tappen. Um es einfach zu sagen: Die geistigen Funktionen resultieren aus der Operation jeder der separaten Komponenten und aus der konzertierten Aktion der vielfältigen Systeme, die sich aus diesen separaten Komponenten zusammensetzen.

Während Gall Anerkennung für das Konzept der Gehirnspezialisierung verdient – eine beeindruckende Idee, berücksichtigt man, wie spärlich das Wissen seiner Zeit war –, so ist ihm doch die Bezeichnung »Gehirnzentren« vorzuwerfen, die unter seinem Einfluß geprägt wurde. In den Arbeiten der Neurologen und Physiologen des 19. Jahrhunderts gingen die Gehirnzentren eine unauflösliche Verbindung mit den »geistigen Funktionen« ein. Kritisch zu betrachten sind auch die verschiedenen wilden Behauptungen der Phrenologie, so die Vorstellung, daß jedes separate »Hirnorgan« geistige Fähigkeiten hervorbringe, die seiner Größe entsprächen, oder daß alle Organe und Fähigkeiten angeboren seien. Der Gedanke, daß die Größe ein Hinweis für die »Kraft« oder »Energie« der betreffenden geistigen Fähigkeit liefere, ist geradezu bizarr, und doch scheuen sich selbst einige zeitgenössische Neurowissenschaftler nicht, ihren Arbeiten genau diese Auffassung zugrunde zu legen. In letzter Konsequenz führte diese Behauptung bei Gall zu der Ansicht, daß man die Organe anhand auffälliger Höcker im Schädel identifizieren könne – eine Ansicht, die der Phrenologie am meisten geschadet hat und die sich für viele Menschen noch heute mit dem Wort verbindet. Was die Vorstellung anbelangt, daß Organe und Fähigkeiten angeboren sind, so läßt sich ihr Einfluß das ganze 19. Jahrhundert hindurch beobachten – in der Literatur wie in anderen Zeugnissen. Auf die Tragweite dieses Irrtums werde ich im fünften Kapitel eingehen.

Einer besonderen Erwähnung bedarf der Zusammenhang zwischen der Phrenologie und der Geschichte des Phineas Gage. Auf der Suche nach Daten über Gage entdeckte der Psychologe M. B. MacMillan[10] einen Hinweis auf einen gewissen Nelson Sizer, der in den phrenologischen Kreisen des 19. Jahrhunderts eine bescheidene Rolle spielte, in Neuengland Vorträge hielt und Vermont Anfang der vierziger Jahre, also vor Gages Unfall, besuchte. In seinem ansonsten ziemlich langweiligen Buch beschreibt Sizer, daß »Dr. Harlow damals ein junger Arzt war und uns 1842 als Mitglied des Komitees bei unseren Vorträgen über Phrenologie unterstützte«. An den medizinischen Hochschulen im Osten der Vereinigten Staaten gab es damals nicht wenige Anhänger der Phrenologie, so daß Harlow mit ihren Ideen wohlvertraut war. Vielleicht hat er sie in Philadelphia, einer Hochburg der Phrenologie, gehört, vielleicht in New Haven oder Boston, wohin Spurzheim sich 1932, kurz nach Galls Tod, gewandt hatte und wo man ihn als wissenschaftliche Koryphäe und gesellschaftliches Ereignis begeistert empfangen hatte. Leider nahm Neuengland den unglücklichen Spurzheim so gastfreundlich auf, daß er sich bald zu Tode aß und trank. Sein frühzeitiger Tod erfolgte schon nach wenigen Wochen, aber immerhin zollte man ihm Dank: Noch am Abend des Begräbnisses wurde die Bostoner Phrenologiegesellschaft gegründet.

Gleichgültig, ob Harlow je einen Vortrag von Spurzheim gehört hat oder nicht, mit Sicherheit wissen wir, daß er mindestens eine Phrenologielektion direkt von Nelson Sizer erhielt, als dieser Cavendish besuchte (und in Mr. Adams' Hotel – wo sonst – abstieg). Dieser Einfluß könnte durchaus Harlows kühne Schlußfolgerung erklären, daß Gages Verhaltensveränderung an einer bestimmten Gehirnläsion lag und nicht an einer allgemeinen Reaktion auf den Unfall. Interessanterweise berief Harlow sich aber nicht auf die Phrenologie, um seine Deutungen zu belegen.

Später kehrte Sizer noch einmal nach Cavendish zurück (wo er abermals in Mr. Adams' Hotel wohnte – in Gages Genesungszimmer natürlich) und zeigte sich eingehend über Gages Geschichte informiert. Als Sizer 1882 sein Buch über Phrenologie schrieb, erwähnte er Phineas Gage: »Mit lebhaftem Interesse und großer Anteilnahme haben wir [Harlows] Bericht über den Fall aus dem Jahr 1848 gelesen und dabei auch nicht übersehen, daß der arme Patient im selben Hotel und im selben Zimmer untergebracht war.«[11] Sizer gelangte zu dem Schluß, die Eisenstange sei »durch die unmittelbare Nachbarschaft von *benevolentia* und durch den vorderen Teil von *veneratio* gedrungen«. Benevolentia und Veneratio – Wohlwollen und Verehrung? Nein, Benevolentia und Veneratio waren nicht die Schwestern eines Karmeliterklosters, sondern phrenologische »Zentren«, »Hirnorgane«. Wohlwollen und Verehrung ermöglichen dem Menschen nach phrenologischer Auffassung rechtes Benehmen, Freundlichkeit und Achtung für andere. So gesehen, läßt sich Sizers abschließendes Urteil natürlich verstehen: »Da das Organ für Veneratio verletzt zu sein schien, kann seine lästerliche Sprache nicht überraschen.« Wie wahr!

Aus der Rückschau ein denkwürdiges Ereignis

Zweifellos wurde Gages Persönlichkeitsveränderung durch eine umschriebene Gehirnläsion in einem bestimmten Bereich verursacht. Dennoch dauerte es zwei Jahrzehnte, bis diese Erklärung erstmals vorgebracht wurde, und erst in unserem Jahrhundert zeigte man sich überhaupt bereit, sie zu akzeptieren. Lange Zeit waren die meisten Fachleute – unter ihnen auch John Harlow – der Ansicht, »daß der durchbohrte Gehirnbereich aus mehreren Gründen der Teil der Hirnsubstanz war, der die Verletzung am besten verkraften konnte.«[12] Mit anderen Worten, es handelt sich um eine Gehirnregion, die nichts Besonderes leistet und deshalb entbehrlich ist. Nichts konnte falscher sein, und Harlow selbst erkannte es. 1868 schrieb er, Gage sei geistig »nur teilweise genesen. Seine intellektuellen Fähigkeiten waren entschieden beeinträchtigt, wenn auch nicht vollständig verloren. Zwar konnte von Demenz keine Rede sein, aber seine Fähigkeiten waren doch in ihren Manifestationen geschwächt, seine geistigen Operationen wohl ihrer Natur nach unbeschadet, nicht aber nach Ausmaß und Quantität.« Die unbeabsichtigte Botschaft, die Gages Fall übermittelte, lautete, daß die Befolgung sozialer Konventionen, moralisches Verhalten und eine Entscheidungsfindung, die für das eigene Überleben und Fortkommen vorteilhaft ist, einerseits die Kenntnis von Regeln und Strategien *und andererseits* die Unversehrtheit bestimmter Gehirnsysteme voraussetzen. Das Problem dieser Botschaft bestand darin, daß sie nicht mit den

Beweisen aufwarten konnte, die sie verständlich und überzeugend gemacht hätten. Statt dessen wurde sie zu einem Geheimnis und erreichte uns als das »Rätsel«, das die Funktion des Stirnhirns umgibt. Die Wissenschaft verdankt Gage mehr Fragen als Antworten.

Zunächst einmal wußten wir lediglich, daß Gages Verletzung wahrscheinlich im Stirnhirn lag. Genausogut könnte man sagen, daß Chicago wahrscheinlich in den Vereinigten Staaten liegt – zutreffend, aber nicht sehr genau und nützlich. Wenn wir einmal davon ausgehen, daß die Läsion wahrscheinlich den Frontallappen betraf, wo genau war sie innerhalb dieser Region lokalisiert? Im linken Lappen? Im rechten? In beiden? Auch in einer anderen Region? Wie Sie im nächsten Kapitel sehen werden, haben neue bildgebende Verfahren uns ermöglicht, die Antwort auf dieses Rätsel zu finden.

Dann war da die besondere Natur von Gages Charaktermangel. Wie hat sich die Auffälligkeit entwickelt? Natürlich war die Hauptursache ein Loch im Kopf, aber das erklärt nur, warum die Persönlichkeitsdeformation entstand, nicht wie. Hätte ein Loch an jeder beliebigen Stelle des Stirnhirns zum gleichen Ergebnis geführt? Egal, wie die Antwort lautet, wie läßt sich plausibel machen, daß die Zerstörung einer Gehirnregion die Persönlichkeit verändern kann? Wenn es bestimmte Regionen im Stirnhirn gibt, woraus bestehen sie und welche Aufgaben nehmen sie in einem intakten Gehirn wahr? Bilden sie eine Art »Zentrum« für Sozialverhalten? Sind sie Module, die die Evolution selektiert und mit Problemlösungsalgorithmen gefüllt hat, damit wir mit ihrer Hilfe denken und Entscheidungen treffen können? Wie interagieren diese Module, wenn es sie denn gibt, im Zuge der Entwicklung mit der Umwelt, so daß wir zu normalen Denk- und Entscheidungsprozessen fähig sind? Oder gibt es solche Module gar nicht?

Was für Mechanismen waren für Gages Unfähigkeit zur Entscheidungsfindung verantwortlich? Vielleicht war das Wissen, das er brauchte, um ein Problem zu durchdenken, zerstört worden oder unzugänglich geworden, so daß er keine angemessenen Entscheidungen mehr treffen konnte. Möglicherweise war aber auch das erforderliche Wissen intakt und zugänglich geblieben, während ihm die Denkstrategien abhanden gekommen waren. Wenn das der Fall war, welche Denkschritte fehlten ihm? Grundsätzlicher: Über welche Schritte verfügen die Menschen, die angeblich normal sind? Und wenn es uns tatsächlich gelingen sollte, Licht auf einige dieser Schritte zu werfen, wie sehen ihre neuralen Grundlagen aus?

So faszinierend alle diese Fragen auch sind, sie dürften an Bedeutung hinter denen zurücktreten, die das menschliche Problem betreffen. Kann man Gage einen freien Willen zuschreiben? Vermochte er Recht und Unrecht zu unterscheiden, oder war er ein Opfer seiner neuen Gehirnstruktur, dergestalt, daß ihm seine Entscheidungen aufgezwungen wurden und unvermeidlich waren? War er für seine Handlungen verantwortlich? Wenn wir zu dem Ergebnis kommen, daß er es nicht war, läßt das dann irgendwelche Rückschlüsse grundsätzlicher Art auf das Problem der Verantwortlichkeit zu? Es gibt viele Gages unter uns, die einen sozialen Abstieg von bestürzender Ähnlichkeit erleben. Bei einigen liegen Hirnschädigungen durch Tumoren, Kopfverletzungen oder andere neurologische Erkrankungen vor. Doch andere haben keine erkennbare neurologische Krankheit und verhalten sich trotzdem wie Gage. Die Gründe mögen in ihrem Gehirn liegen oder in der Gesellschaft, in die sie hineingeboren wurden. Wenn wir die Probleme, die sie aufwerfen, human lösen wollen, müssen wir diese Menschen verstehen, denn ihr Handeln kann für sie selbst und andere zerstörerisch sein. Weder das Wegsperren noch die Todesstrafe – um zwei der häufigsten Reaktionen zu nennen, mit denen die Gesellschaft solchen Individuen begegnet – trägt zum besseren Verständnis bei oder löst das Problem. Vielmehr sollten wir die Frage prinzipieller betrachten und überlegen, wie es mit unserer eigenen Verantwortlichkeit steht, wenn wir als »normale« Menschen die gleiche Unvernunft zeigen, die Phineas Gages tiefen Fall kennzeichnete.

Gage büßte eine spezifisch menschliche Eigenschaft ein, die Fähigkeit, seine Zukunft als soziales Wesen zu planen. Wie sehr war er sich dieses Verlustes bewußt? Kann man davon ausgehen, daß er sich seiner selbst genauso bewußt war wie Sie oder ich? Darf man sagen, daß seine Seele beeinträchtigt war oder daß er sie verloren hatte? Und falls es so ist, was hätte Descartes davon gehalten, wenn er von Gage gewußt und über unser heutiges neurobiologisches Wissen verfügt hätte? Hätte er nach Gages Zirbeldrüse gefragt?

2. KAPITEL

Ein Blick in Gages Gehirn

Das Problem

Etwa zur gleichen Zeit, als Phineas Gage seinen Unfall erlitt, erregten die Neurologen Paul Broca in Frankreich und Carl Wernicke in Deutschland die Aufmerksamkeit der medizinischen Welt durch ihre Studien an neurologischen Patienten mit Gehirnläsionen. Unabhängig voneinander äußerten Broca und Wernicke die Hypothese, daß Schäden in einem genau umschriebenen Bereich des Gehirns die Ursache für frisch aufgetretene Sprachstörungen bei diesen Patienten seien.[1] Wissenschaftlich bezeichnete man die Sprachbeeinträchtigung als Aphasie. Nach Auffassung von Broca und Wernicke ließen die Läsionen also auf die neuralen Grundlagen zweier verschiedener Aspekte der Sprachverarbeitung beim normalen Individuum schließen. Ihre Vorschläge waren umstritten und wurden keineswegs begeistert aufgenommen. Man hörte sie sich zunächst einmal an. Doch dann wurden sie, widerstrebend und vielfach abgeändert, allmählich akzeptiert. Im Gegensatz dazu fanden Harlows Arbeit über Gage und David Ferriers Kommentare dazu nie eine ähnliche Aufmerksamkeit und vermochten die Phantasie ihrer Kollegen nicht in gleicher Weise zu beflügeln.

Dafür gab es verschiedene Gründe. Selbst wenn man aus philosophischen Überlegungen zu der Auffassung neigte, daß das Gehirn die Grundlage des Geistes bilde, war schwer zu akzeptieren, daß eine Fähigkeit, die so eng mit der menschlichen Seele verknüpft ist wie das moralische Urteil, oder ein Merkmal, das der Kultur so verhaftet ist wie das Sozialverhalten, entscheidend von einer bestimmten Gehirnregion abhängen sollte. Ferner war Harlow im Vergleich zu den Professoren Broca und Wernicke ein Amateur und konnte nicht die überzeugenden Beweise beibringen, die erforderlich gewesen wären, um seiner Sache zum Sieg zu verhelfen. Nirgends zeigte sich das deutlicher als in der Unfähigkeit, die Hirnschädigung exakt zu lokalisieren. Broca konnte exakt angeben, an welcher Stelle des Gehirns sich die Schädigung befand, die die Sprachstörung oder Aphasie seiner Patienten verursacht hatte. Er hatte ihre Gehirne auf dem Autopsietisch untersucht. Ganz ähnlich Wernicke, der nach dem Tod von Patienten, die eine Sprachstörung zeigten, festgestellt hatte, daß ihr linker Temporallappen teilweise zerstört war – wobei er anmerkte, daß andere Sprachfähigkeiten betroffen waren, als Broca sie beobachtet hatte. Mit solchen Beobachtungen konnte Harlow nicht aufwarten. Er war auf Vermutungen angewiesen – nicht nur bei der Beziehung zwischen Gages Hirnschädigung und seinen Verhaltensstörungen, sondern schon bei der Lokalisierung der Verletzung. Einen befriedigenden Nachweis, daß er in irgendeinem Punkt recht hatte, konnte er nicht liefern.

Verschlimmert wurde Harlows mißliche Lage noch dadurch, daß Broca seine Ergebnisse unlängst veröffentlicht hatte. Broca hatte gezeigt, daß Läsionen im linken Frontallappen, dritte Stirnhirnwindung, bei seinen Patienten Sprachstörungen hervorriefen. Ein- und Austritt der Eisenstange ließen darauf schließen, daß Gages Hirnschädigung im linken Frontallappen liegen könnte. Trotzdem litt Gage nicht unter Sprachstörungen, während Brocas Patienten keine Charaktermängel erkennen ließen. Wie waren so unterschiedliche Ergebnisse möglich? Da damals die Erkenntnisse auf dem Gebiet der funktionalen Neuroanatomie noch spärlich waren, glaubten einige Wissenschaftler, die Läsionen lägen ungefähr an der glei-

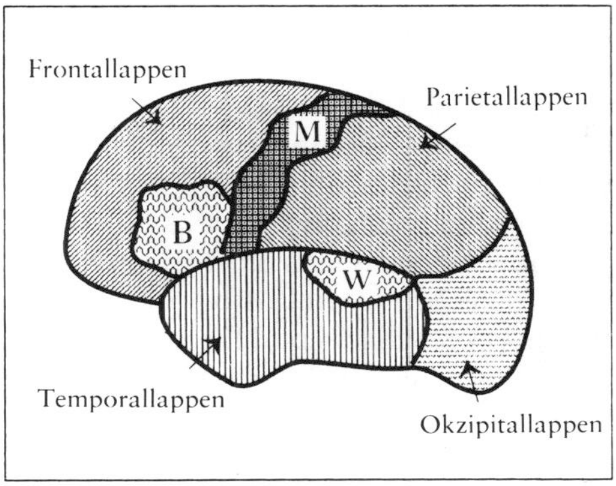

Abbildung 2.1 *B = Broca-Region; M = motorischer Cortex; W = Wernicke-Region. Auf der Abbildung sind die vier Lappen gekennzeichnet. Harlows Kritiker brachten vor, Gages Verletzung habe die Broca-Region oder den motorischen Cortex oder sogar beide in Mitleidenschaft gezogen, und bestritten aufgrund dieser Behauptung, daß es eine funktionelle Spezialisierung im menschlichen Gehirn gebe.*

chen Stelle. Das veranlaßte sie zu dem Schluß, die unterschiedlichen Ergebnisse seien lediglich ein Beweis für die Torheit jener, die funktionelle Spezialisierungen im Gehirn zu erkennen meinten.

Als Gage 1861 starb, wurde keine Autopsie vorgenommen. Harlow selbst erfuhr erst fünf Jahre später von Gages Tod. In der Zwischenzeit hatte der Sezessionskrieg gewütet, und Nachrichten dieser Art verbreiteten sich nur langsam. Sicherlich war Harlow bekümmert über Gages Tod und tief traurig über die verpaßte Gelegenheit, Gages Gehirn zu untersuchen. So traurig, daß er Gages Schwester einen Brief schrieb und ihr eine höchst ungewöhnliche Bitte unterbreitete: Der Leichnam sollte exhumiert, der Schädel geborgen und als Zeugnis dieses Falles aufbewahrt werden.

Abermals wurde Phineas Gage ohne sein Zutun zum Mittelpunkt eines makabren Geschehens. Seine Schwester, ihr Mann D. D. Shattuck, ein gewisser Dr. Coon (damals Bürgermeister von San Francisco) und der Hausarzt waren anwesend, als ein Leichenbestatter Gages Sarg öffnete und den Schädel entfernte. Das Stopfeisen, das man neben Gages Leichnam gelegt hatte, wurde ebenfalls entnommen und zusammen mit dem Schädel an Dr. Harlow in den Osten der Vereinigten Staaten geschickt, dorthin, wo das Unglück begonnen hatte. Seither werden Schädel und Eisenstange Seite an Seite im Warren Medical Museum der Harvard Medical School in Boston aufbewahrt.

Die Ausstellung von Schädel und Eisenstange war das Äußerste, was Harlow zum Beweis dafür anführen konnte, daß sein Fall keine Erfindung war und daß es einen Mann mit einer solchen Wunde tatsächlich gegeben hatte. Für Hanna Damasio wurde Gages Schädel rund einhundertzwanzig Jahre später zum Ausgangspunkt einer Detektivarbeit, die Harlows unvollendete Bemühungen abschloß und eine Brücke zwischen Gages und der modernen Forschung über die Stirnhirnfunktion schlug.

Zunächst verfolgte sie die Bahn, die die Eisenstange genommen hatte, was schon an sich eine merkwürdige Aufgabe war. Nachdem das Gerät durch die linke Wange nach oben in den Schädel eingedrungen war, durchbrach es die Hinterwand der unmittelbar darüber liegenden Augenhöhle. Auf seinem weiteren Weg nach oben muß es den vorderen Teil des Gehirns nahe der Mittellinie durchquert haben, obwohl sich der exakte Weg schwer bestimmen ließ. Da die Stange offenbar nach rechts abgebogen war, hat sie wohl die linke Seite zuerst getroffen, später auch Teile der rechten. Zunächst war offenbar der unmittelbar über den Augenhöhlen gelegene orbitofrontale Cortex von der Verletzung betroffen. Auf ihrem Weg durch das Gehirn wird die Eisenstange einen Teil der Innenfläche des linken Stirn- oder Frontallappens und vielleicht auch des rechten Frontallappens zerstört haben. Bei ihrem Austritt schließlich wird sie Bereiche der dorsalen (oder rückwärtigen) Region des Stirnlappens geschädigt haben – links mit Sicherheit, aber vielleicht auch rechts.

Wie ungewiß diese Mutmaßungen waren, lag auf der Hand. Es gab eine ganze Reihe potentieller Bahnen, die die Stange in

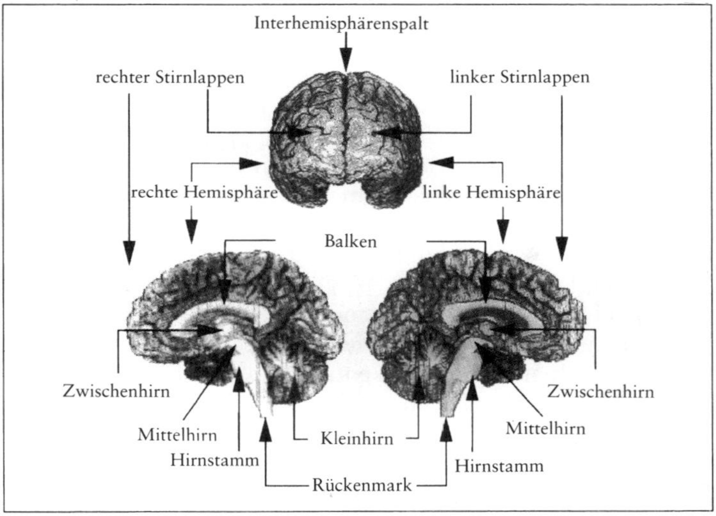

Abbildung 2.2 Dreidimensionale Rekonstruktion eines lebenden menschlichen Gehirns. Das Bild in der Mitte oben zeigt die Vorderansicht. Der Balken ist unter dem Interhemisphärenspalt verborgen. Die Bilder darunter zeigen die beiden Hemisphären eines Gehirns wie bei einer Split-brain-Operation. Die wichtigsten anatomischen Strukturen sind auf der Abbildung angegeben. Die gefältelte Bedeckung der Hirnhälften ist die Großhirnrinde.

einem idealisierten »Standardgehirn« hätte beschrieben haben können, aber keine Möglichkeit festzustellen, ob und inwieweit Gages Gehirn diesem Standard entsprochen hat. Erschwert wurde das Problem noch durch den Umstand, daß die Neuroanatomie die topologischen Beziehungen zwischen ihren Komponenten zwar exakt festlegt, daß es aber erhebliche individuelle Abweichungen in der Topographie gibt, so daß unsere Gehirne weit unterschiedlicher ausfallen als beispielsweise verschiedene Autos einer Marke. Das läßt sich am besten an der paradoxen Ähnlichkeit und Verschiedenheit menschlicher Gesichter verdeutlichen: Gesichter haben eine unveränderliche

Zahl von Bestandteilen und eine unveränderliche räumliche Anordnung (in allen menschlichen Gesichtern sind die topologischen Beziehungen gleich). Trotzdem sind sie unendlich verschieden und individuell unterscheidbar, weil sie kleine anatomische Abweichungen in Größe, Umriß und Stellung der unveränderlichen Teile und Konfigurationen aufweisen (die Topographie verändert sich im Detail von Gesicht zu Gesicht). Diese individuelle Unterschiedlichkeit des Gehirns erhöhte also die Wahrscheinlichkeit, daß die oben beschriebene Vermutung falsch war.

Hanna Damasio nutzte die moderne Neuroanatomie und die neuesten neurowissenschaftlichen Bildtechniken.[2] Vor allem stützte sie sich auf ein von ihr entwickeltes Verfahren zur dreidimensionalen Rekonstruktion von Hirnbildern lebender Menschen. Die Technik – unter der Bezeichnung Brainvox[3] bekannt – beruht auf der elektronischen Verarbeitung von Rohdaten, die hochauflösende Magnetresonanz-Scans des Gehirns liefern. Bei lebenden Normalpersonen und neurologischen Patienten erhält man auf diese Weise ein Bild des Gehirns, das sich in nichts von dem Bild unterscheidet, das sich auf dem Autopsietisch böte. Es ist ein grausiges, beunruhigendes Erlebnis. Malen Sie sich aus, was Hamlet getan hätte, wenn er anstelle des leeren Schädels, den ihm der Totengräber gegeben hatte, die drei Pfund wabernder, träger Masse seines eigenen Gehirns hätte betrachten dürfen.

Ein Exkurs über die Anatomie des Nervensystems

Vielleicht empfiehlt es sich an dieser Stelle, die Anatomie des menschlichen Nervensystems kurz zu skizzieren. Was es nützt, sich diese Zeit zu nehmen? Als ich im vorigen Kapitel auf die Phrenologie und den Zusammenhang zwischen Gehirnstruktur und Funktion zu sprechen kam, habe ich auf die Bedeutung der Neuroanatomie, der Anatomie des Gehirns, hingewiesen. Ich möchte das noch einmal unterstreichen, denn die Neuroanatomie ist die grundlegende Disziplin der Neurowissenschaft – auf der mikroskopischen Ebene des einzelnen Neurons (der einzelnen Nervenzelle) wie auf der makroskopischen der Systeme, die das ganze Gehirn umfassen. Wir haben keine Chance, die vielen Ebenen der Gehirnfunktionen zu verstehen, wenn wir nicht über eine detaillierte Kenntnis der Gehirngeographie in verschiedenen Größendimensionen verfügen.

Wenn wir das Nervensystem in seiner Gesamtheit betrachten, können wir leicht zwischen seinen zentralen und peripheren Bereichen unterscheiden. Die dreidimensionale Rekonstruktion in Abbildung 2.2 stellt das Cerebrum oder Großhirn dar, den Hauptteil des Zentralnervensystems. Neben dem Großhirn mit der linken und rechten Großhirnhemisphäre und dem Balken (einer dichten Ansammlung von Nervenfasern, die die linke und rechte Hälfte in beiden Richtungen verbinden) gehören zum Zentralnervensystem noch das Zwischenhirn (eine unter den Hemisphären verborgene, an der Mittellinie gelegene Häufung von Kernen, zu denen auch Thalamus und Hypothalamus zählen), das Mittelhirn, der Hirnstamm, das Kleinhirn und das Rückenmark.

Das Zentralnervensystem ist mit fast jedem Winkel des restlichen Körpers »neuronal« verknüpft, und zwar durch Nerven, die in ihrer Gesamtheit das periphere Nervensystem bilden. Nerven übertragen Impulse vom Gehirn an den Körper und vom Körper ans Gehirn. Wie ich im fünften Kapitel zeigen werde, sind Gehirn und Körper jedoch auch chemisch miteinander verbunden – durch Stoffe wie Hormone und Peptide, die im einen System ausgeschüttet werden und das andere über den Blutkreislauf erreichen.

Wenn wir das Zentralnervensystem sezieren, können wir den Unterschied zwischen seinen dunklen und hellen Abschnitten leicht erkennen (Abb. 2.3). Die dunklen Abschnitte bezeichnet man als graue Substanz, obwohl ihre tatsächliche Farbe gewöhnlich braun und nicht grau ist. Die hellen Abschnitte heißen

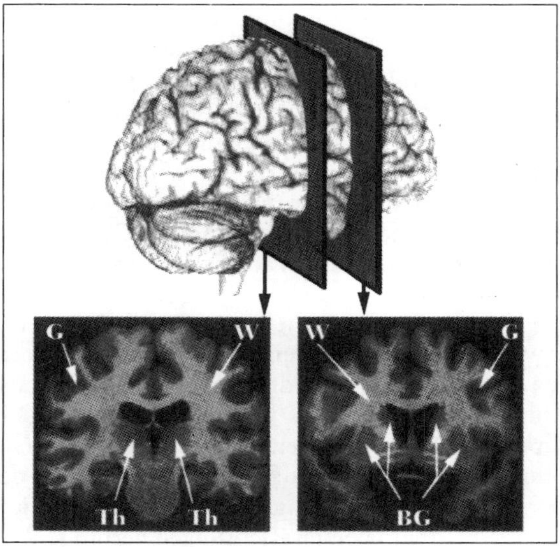

Abbildung 2.3 Zwei Schnitte durch das rekonstruierte Gehirn eines lebenden Menschen mit Hilfe der Magnetresonanz-Tomographie (MRT) und der Brainvox-Technik. Auf dem Bild oben Mitte sind die Schnittebenen gekennzeichnet. Der Unterschied zwischen grauer (G) und weißer (W) Substanz ist leicht zu erkennen. Graue Substanz tritt in der Großhirnrinde auf, dem grauen Band, aus dem jeder Vorsprung und jede Bucht dieses Abschnitts besteht, außerdem in tiefen Kerngebieten wie den Basalganglien (BG) und dem Thalamus (Th).

weiße Substanz. Die graue Substanz entspricht in der Regel Häufungen von Nervenzellkörpern, während die weiße Substanz meist aus Axonen oder Nervenfasern besteht, die den Zellkörpern der grauen Substanz entspringen.

Die graue Substanz kommt in zwei Varianten vor. Im einen Falle sind die Neuronen wie in einer Torte geschichtet und bilden einen *Cortex*, eine Rinde. Beispiele sind die Großhirnrinde, die die Hemisphären bedeckt, und die Kleinhirnrinde, die das Kleinhirn umhüllt. In der zweiten Variante der grauen Substanz

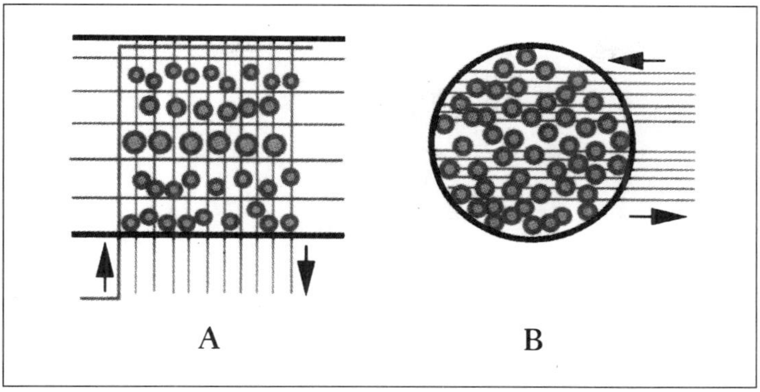

Abbildung 2.4 *A = Zytoarchitektur der Großhirnrinde mit charakteristischer Schichtstruktur; B = Zellarchitektur eines Kerns.*

sind die Neuronen nicht geschichtet, sondern wie Cashewnüsse in einer Dose gelagert. Sie bilden einen *Nucleus* oder *Kern*. Es gibt große Kerne wie Nucleus caudatus, Putamen und Pallidum, tief verborgen in beiden Hemisphären, oder die Amygdala im Temporal- oder Schläfenlappen. Ferner gibt es große Ansammlungen kleinerer Kerne, zum Beispiel diejenigen, die den Thalamus bilden, und kleine Einzelkerne, etwa die Substantia nigra oder den Locus caeruleus im Hirnstamm.

Am intensivsten hat sich die Neurowissenschaft mit der Großhirnrinde befaßt. Man kann sie sich als vollständige Ummantelung des Großhirns vorstellen, die seine gesamte Oberfläche bedeckt, auch dort, wo sie die tiefen Einschnitte, Fissuren und Sulci genannt, aufweist, die für das charakteristische faltige Aussehen des Gehirns sorgen (vgl. Abb. 2.2). Diese vielschichtige Hülle ist etwa drei Millimeter dick, und die Schichten liegen parallel zueinander und zur Oberfläche des Gehirns (vgl. Abb. 2.4). Die gesamte graue Substanz unterhalb der Großhirnrinde (große und kleine Kerne sowie die Kleinhirnrinde) bezeichnet man als subkortikal. Der evolutionär jüngste Teil der Großhirnrinde heißt Neocortex. Der größte

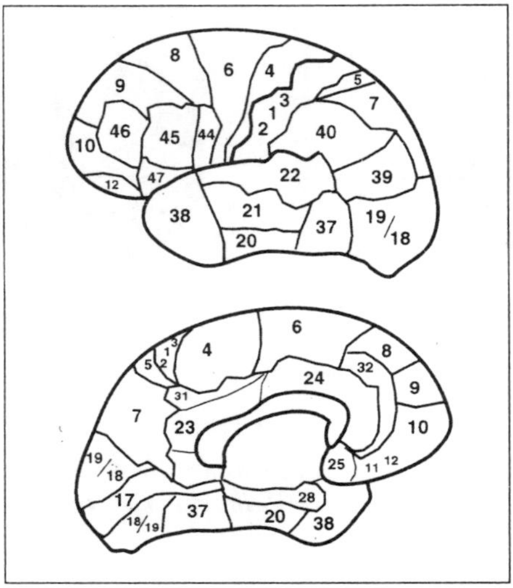

Abbildung 2.5 *Eine Karte der wichtigsten Gehirnfelder, die Brodmann in seinen Studien zur Zellarchitektur (Zytoarchitektonik) ermittelt hat. Hier handelt es sich weder um eine phrenologische Karte noch um eine zeitgenössische Karte der Gehirnfunktionen. Sie ist einfach ein bequemes anatomisches Bezugssystem. Einige Felder sind zu klein, um hier abgebildet werden zu können, oder sie liegen in den Tiefen der Sulci und Fissuren verborgen. Das obere Bild zeigt die linke Hemisphäre von außen, das untere zeigt sie von innen.*

Teil des evolutionär älteren Cortex trägt die Bezeichnung limbischer Cortex (vgl. unten). Im Fortgang dieses Buches spreche ich entweder von der Großhirnrinde (womit ich den Neocortex meine) oder vom limbischen Cortex und seinen Teilen.

Abbildung 2.5 zeigt eine häufig verwendete Karte der Großhirnrinde, die in verschiedene zytoarchitektonische Felder (Regionen mit unterschiedlicher Zellarchitektur) unterteilt ist. Sie heißt Brodmann-Karte, und ihre Felder werden durch Zahlen bezeichnet.

Häufig wird in meinen Ausführungen von einem Bereich die

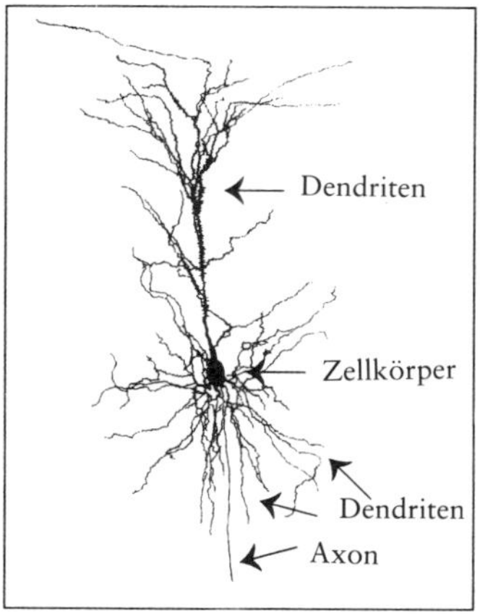

Abbildung 2.6 Darstellung eines Neurons mit seinen Hauptbestandteilen: Zellkörper, Axon und Dendriten.

Rede sein, der sowohl kortikal wie subkortikal ist und limbisches System genannt wird. (Das ist eine Art Sammelbezeichnung für zahlreiche evolutionär ältere Strukturen, und obwohl der Name von vielen Neurowissenschaftlern abgelehnt wird, erweist er sich oft als bequem.) Die wichtigsten Strukturen des limbischen Systems sind der Gyrus cinguli in der Großhirnrinde sowie die Amygdala und das basale Vorderhirn, zwei subkortikale Kerngebiete.

Das Nervengewebe (oder neurale Gewebe) besteht aus Nervenzellen (Neuronen), die durch Gliazellen gestützt werden. Neuronen sind die entscheidenden Zellen für die Hirnaktivität. In unserem Gehirn gibt es Milliarden solcher Neuronen, die zu lokalen Schaltkreisen organisiert sind, welche ihrerseits Rindenregionen bilden (wenn sie in Schichten angeordnet sind) oder zu Kernen zusammentreten (wenn sie sich zu nichtgeschichteten Haufen sammeln). Schließlich sind die Rindenregionen und Kerne untereinander zu Systemen und zu Systemen aus Systemen von immer höheren Komplexitätsstufen verknüpft. Was die Größenordnung anbelangt, so sind alle Neuronen und lokalen Schaltkreise mikroskopischer, die Rindenregionen, Kerne und Systeme dagegen makroskopischer Natur.

Drei wichtige Bestandteile haben Neuronen: einen Zellkörper, eine Haupt-Ausgangsfaser, das Axon, und Eingangsfasern oder Dendriten (vgl. Abb. 2.6). Neuronen sind miteinander in Schaltkreisen verbunden, in denen es Entsprechungen zu Leitungsdrähten (die Axonenfasern der Neuronen) und zu Steckern gibt (Synapsen, das heißt die Punkte, an denen Axonen Kontakt zu den Dendriten anderer Neuronen herstellen).

Wenn Neuronen aktiv werden (ein Zustand, den man im neurowissenschaftlichen Jargon als »Feuern« oder »Entladung« bezeichnet), läuft ein elektrischer Strom vom Zellkörper aus das Axon entlang. Dieser Strom ist das Aktionspotential. Wenn er eine Synapse erreicht, löst er die Ausschüttung chemischer Stoffe aus, die man als Neurotransmitter bezeichnet (Glutamat ist ein solcher Transmitter). Die Neurotransmitter wirken ihrerseits auf Rezeptoren ein. In einem exzitatorischen Neuron entscheidet die kooperative Wechselbeziehung zu vielen anderen Neuronen, deren Synapsen angrenzen und ihre eigenen Transmitter ausschütten oder nicht, ob das nächste Neuron feuert, das heißt, ob es selbst ein Aktionspotential erzeugt, das dann die Ausschüttung des eigenen Neurotransmitters bewirkt und so fort.

Synapsen können stark oder schwach sein. Die synaptische Stärke entscheidet darüber, ob und wie leicht Impulse ins nächste Neuron gelangen. In einem exzitatorischen Neuron unterstützt eine starke Synapse im allgemeinen die Impulsausbreitung, während eine schwache sie hemmt oder abblockt.[4]

Bevor ich diesen Exkurs beende, muß ich noch auf einen neuroanatomischen Aspekt eingehen, der mit dem Wesen der Neuronenkonnektivität, der komplexen Neuronenvernetzung, zu tun hat. Nicht selten verzweifeln Wissenschaftler, wenn sie sehen, wie kompliziert Neuronen geschaltet sind. Einige Forscher verstecken sich dann hinter der Aussage, daß alles mit allem verknüpft sei und daß Bewußtsein und Verhalten in einer Weise aus dieser wilden Konnektivität erwachse, der die Neuroanatomie niemals auf die Schliche kommen werde. Glücklicherweise irren sie. Betrachten wir die folgenden Zahlen: Im

Durchschnitt bildet jedes Neuron ungefähr 1000 Synapsen, obwohl manche auch bis zu 5000 oder 6000 aufweisen können. Diese Zahl mag gewaltig erscheinen, doch wenn wir bedenken, daß es mehr als zehn Milliarden Neuronen und mehr als zehn *Billionen* Synapsen gibt, dann wird uns klar, daß jedes Neuron bestenfalls bescheiden vernetzt ist. Greifen Sie sich einige Neuronen in der Großhirnrinde oder in Kernen heraus – zufällig oder nach Maßgabe Ihrer anatomischen Vorlieben –, und Sie werden feststellen, daß jedes Neuron einige andere anspricht, aber nie die meisten oder gar alle anderen. Viele Neuronen wenden sich nur an Neuronen in der Nähe, in relativ lokalen Schaltkreisen kortikaler Regionen und Kerne, und andere Neuronen schicken ihre Axonen zwar mehrere Millimeter oder gar Zentimeter weit durchs Gehirn, nehmen aber trotzdem nur zu einer relativ kleinen Zahl anderer Neuronen Kontakt auf. Aus dieser Situation ergeben sich folgende wichtige Konsequenzen: 1. Was Neuronen tun, hängt von dem angrenzenden Neuronenkomplex ab, zu dem sie gehören; 2. was Systeme tun, hängt davon ab, wie Komplexe andere Komplexe in einer Architektur vernetzter Komplexe beeinflussen; 3. in welcher Weise jeder Komplex zur Funktion des Systems beiträgt, zu dem er gehört, hängt von seinem Ort in diesem System ab. Mit anderen Worten, die Gehirnspezialisierung, die im phrenologischen Exkurs des ersten Kapitels erwähnt wird, ergibt sich aus dem Ort, den Komplexe spärlich verknüpfter Neuronen in einem großräumigen System einnehmen.

Mit einem Wort, das Gehirn ist ein Supersystem aus Systemen. Dabei setzt sich jedes System aus einer komplizierten Verknüpfung kleiner, aber makroskopischer Rindenregionen und subkortikaler Kerne zusammen, die aus mikroskopischen lokalen Schaltkreisen bestehen. Die sind aus Neuronen aufgebaut, welche alle durch Synapsen verbunden sind. (Nicht selten werden die Bezeichnungen »Schaltkreis« oder »Netzwerk« als Synonyme von »System« gebraucht. Um Unklarheiten zu vermeiden, ist stets anzugeben, ob von mikroskopischen oder makroskopischen Größenverhältnissen die Rede ist. Wenn nicht anders vermerkt, sind in diesem Buch unter Systemen makroskopische und unter Schaltkreisen mikroskopische Gebilde zu verstehen.)

Ebenen der neuronalen Architektur
Neuronen
Lokale Schaltkreise
Subkortikale Kerne
Rindenregionen
Systeme
Systeme von Systemen

Die Lösung

Da Phineas Gage nicht mehr für eine Durchleuchtung zur Verfügung stand, suchte Hanna Damasio nach einem indirekten Zugang zu seinem Gehirn.[5] Sie bat Albert Galaburda, einen Neurologen der Harvard Medical School, um Hilfe. Dieser ging ins Warren Medical Museum, fotografierte Gages Schädel sorgfältig aus verschiedenen Blickwinkeln und vermaß die Abstände zwischen den verletzten Knochenregionen und einer Vielzahl markanter Schädelpunkte.

Durch eine Analyse dieser Fotografien und die Beschreibungen der Wunde ließen sich die möglichen Bahnen der Eisenstange einengen. Dank der Fotografien waren Hanna Damasio und ihr Fachkollege Thomas Grabowski in der Lage, Gages Schädel in einem dreidimensionalen Koordinatensystem zu rekonstruieren und daraus die Koordinaten für das Gehirn abzuleiten, das am besten in solch einen Schädel paßte. Mit Hilfe des Ingenieurs Randall Frank führte Damasio dann eine Simulation auf einer Workstation, einem sehr leistungsfähigen Arbeitsplatzrechner, durch. Sie rekonstruierten eine dreidimensionale Eisenstange genau mit den Ausmaßen von

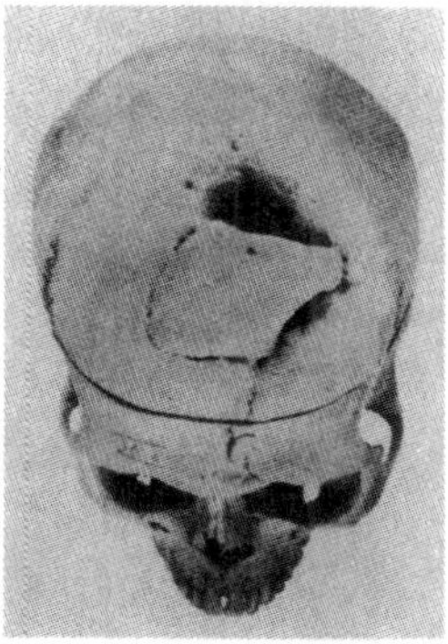

Abbildung 2.7 Fotografie von Gages Schädel aus dem Jahr 1992.

Gages Stopfstange und »bohrten« sie dann durch ein Gehirn, das in Form und Größe dem von Phineas Gage glich. Dabei hielten sie sich an den engen Bereich möglicher Bahnen, denen die Eisenstange bei dem Unfall gefolgt sein könnte. Die Ergebnisse sind in der Abbildung 2.8 wiedergegeben.

Nun sind wir in der Lage, David Ferriers Behauptung zu bestätigen, daß die Stange, obwohl sie erhebliche Teile des Gehirns zerstört hatte, keine Gehirnregionen in Mitleidenschaft gezogen hatte, die für motorische Funktionen oder Sprache erforderlich sind. (Die intakt gebliebenen Felder beider Hemisphären umfaßten die motorische und prämotorische Rinde sowie das frontale Operculum, das man linksseitig als Broca-Region bezeichnet.) Mit Gewißheit läßt sich sagen, daß die linke Hemisphäre umfassender als die rechte geschädigt war und die vorderen Abschnitte der Frontalregion insgesamt stärker gelitten hatten als die hinteren. Die Schädigungen betrafen den präfrontalen Cortex, insbesondere an den ventralen und den medialen Oberflächen beider Hemisphären, während sie die lateralen oder äußeren Seiten des präfrontalen Cortex weitgehend verschonten.

In neueren Forschungsarbeiten haben wir nachgewiesen, daß eine bestimmte Region, die ventromediale präfrontale Region,

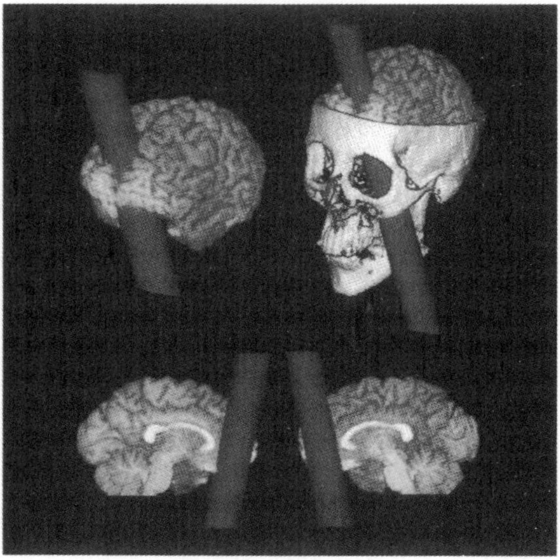

Abbildung 2.8 Oben: Rekonstruktion von Gages Gehirn und Schädel, wobei die wahrscheinliche Bahn der Eisenstange dunkelgrau wiedergegeben ist.
Unten: Blick auf die linke und rechte Hemisphäre von innen, der zeigt, daß das Eisen Stirnhirnstrukturen auf beiden Seiten geschädigt hat.

eine wichtige Rolle in normalen Entscheidungsprozessen spielt, und in der Tat wurde ein Teil dieser Region bei Gage verletzt. (In der neuroanatomischen Terminologie wird die Orbitalregion auch als *ventromediale* Region des Stirnlappens bezeichnet. Dieser Ausdrucksweise möchte ich mich im vorliegenden Buch anschließen. »Ventral« und »ventro-« kommt von *venter*, dem lateinischen Wort für »Bauch«; diese Region ist also sozusagen der Bauch des Stirnlappens. »Medial« bezeichnet die Nähe zur Mittellinie oder der Innenfläche einer Struktur.) Aus der Rekonstruktion ging hervor, daß Regionen, die als unentbehrlich für andere Aspekte der neuropsychologischen Funktion gelten, bei Gage nicht geschädigt waren. So waren die Rindenabschnitte im lateralen Bereich des Stirnlappens intakt geblieben, deren Schädigung die Aufmerksamkeitsleistung und Rechenfertigkeit beeinträchtigt und die Fähigkeit mindert, sich angemessen von einem Reiz auf einen anderen umzustellen.

Dank dieser mit modernsten Mitteln durchgeführten Untersuchung waren bestimmte Schlußfolgerungen möglich. Hanna Damasio und ihre Kollegen durften mit einer gewissen Berechtigung behaupten, daß die selektiven Schädigungen in den präfrontalen Rindenabschnitten von Phineas Gages Gehirn schuld daran waren, daß er weitgehend die Fähigkeit verloren hatte, seine Zukunft zu planen, sich nach den sozialen Regeln zu richten, die er einst gelernt hatte, und die Handlungsabläufe zu wählen, die letztlich für sein Überleben am günstigsten waren. Allerdings galt es noch in Erfahrung zu bringen, wie Gages Verstand gearbeitet haben mochte, als er sich so armselig aufführte. Dazu mußten wir die modernen Leidensgenossen von Phineas Gage untersuchen.

3. KAPITEL

Ein moderner Phineas Gage

Nicht lange nachdem ich – vor gut zwanzig Jahren – mit der Behandlung von Patienten begonnen hatte, die Gage im Verhalten ähnelten, und mein Interesse an den Folgen präfrontaler Schädigungen geweckt worden war, bat man mich um die Untersuchung eines Patienten, bei dem dieser Zustand in besonders reiner Form vorlag. Wie man mir mitteilte, hatte der Patient eine radikale Persönlichkeitsveränderung erlebt, wobei die überweisenden Ärzte ein besonderes Anliegen hatten: Sie wollten wissen, ob es sich bei dieser Wandlung, die sich so gar nicht mit dem vorhergehenden Verhalten des Patienten vertrug, um eine echte Krankheit handelte. Elliot, wie ich ihn nennen werde, war damals zwischen dreißig und vierzig.[1] Da er zu keiner Berufstätigkeit mehr fähig war, lebte er in der Obhut eines Geschwisters. Das Problem dabei war, daß man ihm die Invaliditätsrente verweigerte. Für jedermann war ersichtlich, daß Elliot intelligent, geschickt und in guter körperlicher Verfassung war. Er mußte lediglich wieder zur Vernunft kommen und seine Arbeit wiederaufnehmen. Mehrere Ärzte hatten ihm einen einwandfreien Geisteszustand bescheinigt – was im Klartext hieß, daß Elliot im besten Fall faul und im schlechtesten ein Simulant war.

Schnellstmöglich machte ich einen Termin mit Elliot aus und erlebte ihn als freundlich, interessiert, sehr charmant, aber emotional zurückhaltend. Er verhielt sich respektvoll und diplomatisch, mit einem ironischen Lächeln, das Überlegenheit und einen Anflug von Verachtung für die Torheiten der Welt signalisierte. Er war gelassen, distanziert und selbst durch möglicherweise peinliche Erörterungen persönlicher Ereignisse nicht aus der Ruhe zu bringen. Ein bißchen erinnerte er mich an Addison DeWitt, die Figur, die George Sanders in *All about Eve* spielt.

Nicht nur vernünftig und klug war Elliot, sondern ganz offensichtlich wußte er auch, was in der Welt um ihn her vorging. Daten, Namen und Einzelheiten aus den Nachrichten waren ihm geläufig. Über politische Angelegenheiten äußerte er sich mit jener Prise von Humor, die sie häufig verdienen, und er schien eine klare Vorstellung von der wirtschaftlichen Situation zu haben. Noch immer wußte er genau über den Wirtschaftsbereich Bescheid, in dem er gearbeitet hatte. Man hatte mir berichtet, seine beruflichen Fertigkeiten hätten nicht gelitten, und das erschien mir glaubhaft. Lückenlos erinnerte er sich an seine Lebensgeschichte, auch an die jüngsten, seltsamen Ereignisse. Und da hatten sich in der Tat höchst merkwürdige Dinge ereignet.

Elliot war ein guter Ehemann und Vater gewesen, hatte zuvor einen guten Posten in einem Wirtschaftsunternehmen innegehabt und war ein Vorbild für jüngere Geschwister und Kollegen gewesen. So hatte er sich eine beneidenswerte Stellung in seinem persönlichen, beruflichen und gesellschaftlichen Leben erworben. Doch dann begann sich sein Leben gewissermaßen aufzulösen. Er begann unter schlimmen Kopfschmerzen und Konzentrationsschwierigkeiten zu leiden. Als sich sein Zustand verschlechterte, schien er sein Verantwortungsgefühl zu verlieren, so daß seine Arbeit durch andere beendet oder korrigiert werden mußte. Der Hausarzt vermutete, daß Elliot einen Gehirntumor hatte. Unglücklicherweise bestätigte sich sein Verdacht.

Der Tumor war groß und wuchs rasch. Als er diagnostiziert wurde, hatte er die Größe einer kleinen Apfelsine. Es handelte sich um ein Meningiom, das seinen Namen dem Umstand verdankt, daß es sich aus den Meningen entwickelt, den Häuten, die das Gehirn umhüllen. Später erfuhr ich, daß Elliots Tumor im Bereich der Mittellinie entstanden war, unmittelbar über der Nasenhöhle, oberhalb der Ebene, die von dem Dach der Augenhöhle gebildet wird. Als der Tumor wuchs, drückte er beide Stirnlappen von unten zusammen.

Soweit es das Tumorgewebe selbst angeht, sind Meningiome im allgemeinen gutartig, aber wenn sie nicht chirurgisch entfernt werden, können sie genauso schlimm sein wie Tumoren, die wir als bösartig bezeichnen. Infolge des Drucks, den sie bei ihrem Wachstum auf das Hirngewebe ausüben, stirbt dieses schließlich ab. Deshalb war eine Operation erforderlich, wenn Elliot überleben sollte.

Der Eingriff wurde von einem ausgezeichneten medizinischen Team vorgenommen und der Tumor entfernt. Wie meist in solchen Fällen mußte auch das Gewebe des Stirnlappens, das von dem Tumor in Mitleidenschaft gezogen worden war, entfernt werden. Die Operation war in jeder Hinsicht ein Erfolg, und insoweit solche Tumoren in der Regel nicht wiederkehren, waren die Aussichten ausgezeichnet. Als weniger glücklich erwies sich indessen Elliots Persönlichkeitswandel. Die Veränderungen, die bei seiner körperlichen Rekonvaleszenz einsetzten, erstaunten Angehörige und Freunde. Gewiß, in seiner Intelligenz und seiner Fähigkeit, sich zu bewegen und sich der Sprache zu bedienen, war Elliot unbeeinträchtigt. Doch in vielerlei Hinsicht war Elliot nicht mehr Elliot.

Das begann schon am Morgen: Man mußte ihn drängen, damit er aufstand und zur Arbeit ging. Am Arbeitsplatz konnte er sich die Zeit nicht einteilen. Er war unfähig, einen Zeitplan einzuhalten. Wenn er eine Tätigkeit abbrechen und sich einer anderen zuwenden mußte, blieb er oft bei der ersten und schien sein eigentliches Ziel aus den Augen zu verlieren. Manchmal unterbrach er auch eine bestimmte Tätigkeit, weil ihn in diesem Augenblick etwas anderes mehr interessierte. Stellen wir uns vor, daß er die Unterlagen eines Kunden lesen und einordnen sollte. Die Papiere zu lesen und ihre Bedeutung zu erfassen machte Elliot keine Schwierigkeiten, und gewiß vermochte er solche Dokumente auch nach der Ähnlichkeit oder Unterschiedlichkeit ihres Inhalts einzuordnen. Das Problem bestand darin, daß er dazu neigte, plötzlich das Sortieren zu vergessen, um sich in die Lektüre dieser Papiere zu vertiefen – eine Tätigkeit, der er sorgfältig und intelligent nachging und mit der er einen ganzen Tag verbrachte. Oder er überlegte den ganzen Nachmittag, welches Ordnungsprinzip er dem Sortiervorgang zugrunde legen sollte: das Datum, die Größe des Dokuments, seine Bedeutung für den Fall? So geriet der Arbeitsfluß ins Stocken. Man könnte sagen, daß Elliot den Arbeitsschritt, an dem er hängenblieb, *zu sorgfältig* ausführte, und zwar auf Kosten des übergeordneten Ziels. Und man könnte sagen, daß er sich, gemessen am umfassenderen Bezugssystem seines Verhaltens – an der übergeordneten Priorität –, irrational aufführte, während er in den kleineren Bezugssystemen seines Verhaltens, die Teilaufgaben betrafen, eine übermäßige Detailversessenheit an den Tag legte.

Seine Kenntnisse schienen überdauert zu haben, und er konnte viele Einzeltätigkeiten genausogut wie vorher ausführen. Ihm war aber nicht mehr zuzutrauen, daß er eine bestimmte Tätigkeit auf angemessene Weise zu dem Zeitpunkt durchführte, da man sie von ihm erwartete. Nachdem sich wiederholte Hinweise und Ermahnungen von Kollegen und Vorgesetzten als fruchtlos erwiesen hatten, wurde Elliot verständlicherweise gekündigt. Es folgten weitere Stellungen – und weitere Entlassungen. Elliots Leben veränderte sich von Grund auf.

Nicht mehr an eine regelmäßige Berufstätigkeit gebunden, stürzte er sich in neue Beschäftigungen und geschäftliche Abenteuer. Er begann intensiv zu sammeln – an sich ja keine schlechte Angewohnheit, aber ziemlich unpraktisch, wenn dabei wertloser Schund zusammengetragen wird. Seine neuen Geschäftsinteressen reichten vom Bauwesen bis zur Investmentberatung. Dann tat er sich mit einem Partner von zweifelhaftem Ruf zusammen, schlug die Warnungen von Freunden in den Wind und bezahlte seine Gutgläubigkeit prompt mit einem Bankrott. Bei dieser Pleite verlor er alle seine Ersparnisse. Es war schon sehr überraschend, daß ein Mann mit Elliots Erfahrung so kurzsichtige geschäftliche und finanzielle Entscheidungen traf.

Frau, Kinder und Freunde konnten einfach nicht begreifen, wie ein verständiger Mann, den man hinreichend gewarnt hatte, so töricht handeln konnte, und einige fühlten sich der Situation nicht mehr gewachsen. Es kam zur ersten Scheidung. Dann folgten eine kurze Ehe mit einer Frau, mit der weder die Freunde noch die Angehörigen einverstanden waren, und die zweite Scheidung. Elliot ließ sich endgültig treiben, hatte kein Einkommen mehr und empfing den letzten Schicksalsschlag: die Aussetzung der Invaliditätsrente – schmerzlich vor allem für die Menschen, die sich noch um ihn sorgten und hilflos zusehen mußten.

Elliot erhielt schließlich seine Rente. Ich erklärte, daß seine Störungen tatsächlich durch eine neurologische Erkrankung verursacht worden seien. Zwar war er körperlich gesund und in den meisten seiner geistigen Fertigkeiten unbeeinträchtigt, aber seine Fähigkeit, Entscheidungen zu treffen und die nächsten Stunden zu planen – von Monaten oder Jahren ganz zu schweigen –, war empfindlich gestört. Diese Veränderungen waren in keiner Weise mit den kleinen Trübungen unserer Urteilsfähigkeit zu vergleichen, die uns alle von Zeit zu Zeit heimsuchen. Auch normale und intelligente Individuen mit vergleichbarem Bildungshintergrund treffen fehlerhafte und unzulängliche Entscheidungen, aber nicht mit so durchgehend verhängnisvollen Konsequenzen. Elliots Persönlichkeitsveränderung war tiefgreifend und ließ auf eine Erkrankung schließen. Auch war dieser Wandlung keine entsprechende Charakterschwäche vorangegangen, und ganz gewiß führte der Patient sie nicht absichtlich herbei; ihre primäre Ursache war ganz einfach die Schädigung eines bestimmten Gehirnabschnitts. Überdies handelte es sich um eine chronische Läsion: Elliots Zustand war nicht vorübergehend, sondern von Dauer.

Die Tragödie dieses ansonsten gesunden und intelligenten Mannes lag darin, daß er weder dumm noch unwissend war und sich trotzdem oft so verhielt, als wäre er es. Die Mechanismen seiner Entscheidungsfindung waren so beeinträchtigt, daß er nicht mehr als verläßliches Mitglied der Gesellschaft handeln konnte. Obwohl er sich den katastrophalen Folgen seiner Entscheidungen gegenübersah, schien er aus seinen Fehlern nicht zu lernen. Offenbar war er ein hoffnungsloser Fall, wie der Gewohnheitstäter, der aufrichtig Besserung gelobt, aber wenig später bereits die nächste Straftat begeht. Insofern darf man sagen, daß Elliots freier Wille beeinträchtigt war, und wohl auch – in Beantwortung der Frage, die ich in Gages Fall gestellt habe –, daß der verunglückte Bahnarbeiter über keinen freien Willen mehr verfügt hatte.

In mancherlei Hinsicht war Elliot ein neuer Phineas Gage – seiner Fähigkeiten zum sozialen Überleben beraubt, unfähig, Schlußfolgerungen zu ziehen und Entscheidungen zu treffen, die dem Erhalt und dem Fortkommen seiner Person und seiner Familie dienlich waren, nicht mehr in der Lage, als unabhängige Person erfolgversprechend zu handeln. Noch eine weitere Parallele zu Gage gab es: die neu entdeckte Sammelleidenschaft. Doch in bezug auf andere Aspekte gab es Unterschiede. Er war weniger heftig, als es von Gage überliefert wird, und er hat nie geflucht. Welchen Grund diese Unterschiede haben – leichte Abweichungen in der Lage der Schädigungen, Unterschiede der soziokulturellen Herkunft, die prämorbide Persönlichkeit oder das Alter –, das ist eine empirische Frage, auf die ich noch keine Antwort weiß.

Noch bevor ich Elliots Gehirn mit modernen bildgebenden Verfahren untersuchte, wußte ich, daß die Schädigung das Stirnhirn betreffen mußte. Sein neuropsychologisches Profil ließ keine andere Region in Frage kommen. Wie wir im vierten Kapitel sehen werden, kann die Schädigung anderer Bereiche (etwa der rechtsseitigen somatosensiblen Rindenfelder) die Entscheidungsfindung zwar beeinträchtigen, aber in diesen Fällen gibt es andere gravierende Begleiterscheinungen (schwere Lähmungen, Störungen bei der Verarbeitung von Sinneseindrücken).

Bei Elliot ergaben Computertomographie und Magnetresonanztomographie, daß sowohl der rechte wie der linke Stirnlappen in Mitleidenschaft gezogen worden war und daß die Schädigung im rechten weit größer war als im linken. Tatsächlich war die äußere Oberfläche des linken Stirnlappens intakt geblieben. Alle Läsionen auf der linken Seite lagen im orbitalen und medialen Bereich. Auf der rechten Seite waren diese Abschnitte ähnlich geschädigt, außerdem war aber noch das Innere des Hirnlappens (die weiße Substanz unter der Großhirnrinde) zerstört. Infolgedessen fiel ein großer Teilbereich der rechten Frontalregionen funktional aus.

Auf beiden Seiten waren die Teile des Stirnlappens, die für die Bewegungssteuerung zuständig sind (die motorische und die prämotorische Region), unversehrt geblieben. Das war keine Überraschung, da sich Elliot völlig normal bewegte. Auch daß die frontalen Sprachfelder (die Broca-Region und ihre Umgebung) keinen Schaden erlitten hatten, war zu erwarten gewesen. Genauso intakt war die Region unmittelbar hinter der Basis des Stirnlappens, das basale Vorderhirn. Dieser Bereich ist mit einer Reihe anderer Regionen für Lernen und Gedächtnis zuständig. Hätte er Schaden erlitten, wäre Elliots Gedächtnis beeinträchtigt gewesen.

Gab es Hinweise auf andere Schädigungen in Elliots Gehirn? Die Antwort ist ein entschiedenes Nein. In der linken wie der rechten Hemisphäre waren Schläfen-, Hinterhaupt- und Scheitellappen unversehrt. Gleiches galt für die großen Kerne aus grauer Substanz unterhalb des Cortex, die Basalganglien und den Thalamus. Mithin war die Läsion auf die präfrontale Rinde beschränkt. Wie in Gages Fall hatte der ventromediale Abschnitt dieser Rindenbereiche den Löwenanteil der Schädigung abbekommen. Allerdings hatte Elliots Hirn auf der rechten Seite umfassender gelitten als auf der linken.

So könnte man denken, daß wenig Hirnmasse zerstört wurde und daß der größte Teil unverletzt blieb. Doch in Hinblick auf die Folgen einer Hirnschädigung ist das rein quantitative Ausmaß der Zerstörung oft nicht entscheidend. Wir dürfen uns das Gehirn nicht als einen großen Klumpen von Neuronen vorstellen, die überall, wo sie sind, das gleiche tun. Bei Gage wie bei Elliot sind zufällig die Strukturen zerstört worden, die für die der Entscheidungsfindung zugrundeliegenden Denkprozesse erforderlich sind.

Ich weiß noch, daß ich von Elliots intellektuellen Fähigkeiten beeindruckt war, daß ich mich aber auch erinnerte, bereits andere Patienten mit Stirnhirnschädigungen erlebt zu haben, die vernünftig *erschienen*, tatsächlich aber winzige intellektuelle Veränderungen erlitten hatten, die sich nur durch spezielle neuropsychologische Tests feststellen ließen. Häufig hatte man ihr verändertes Verhalten Gedächtnis- oder Aufmerksamkeitsstörungen zugeschrieben. Elliot sollte mich eines Besseren belehren.

Er war zuvor in einem anderen Krankenhaus untersucht worden, wo man zu dem Ergebnis gekommen war, daß er kein Anzeichen eines »hirnorganischen Psychosyndroms« erkennen lasse. Mit anderen Worten, er hatte bei den üblichen Intelligenztests nicht die geringste Beeinträchtigung gezeigt. Sein Intelligenzquotient (der sogenannte IQ) lag im oberen Bereich, und seine Ergebnisse beim Wechsler-Intelligenztest für Erwachsene ergaben keinen Hinweis auf eine Anomalie. Nach den Ergebnissen dieser Untersuchung ergaben sich seine Probleme nicht aus einer »organischen Erkrankung« oder einer »neurologischen Funktionsstörung« – mit anderen Worten, einer Gehirnkrankheit –, sondern aus »emotionalen« und »psychischen« Anpassungsschwierigkeiten – also einer seelischen Problematik –, und waren folglich psychotherapeutisch zu behandeln. Erst als sich eine Reihe von Therapiesitzungen als erfolglos erwiesen, wurde Elliot an unser Institut überwiesen. (Die Unterscheidung zwischen Erkrankungen des »Gehirns« und des »Geistes«, zwischen »neurologischen« Leiden und »psychischen« und »psychiatrischen« Problemen ist ein unglückliches kulturelles Erbe, das tief in Gesellschaft und Medizin verwurzelt ist. Sie offenbart eine fundamentale Unkenntnis der Beziehung zwischen Gehirn und Geist. Gehirnerkrankungen werden als Tragödien begriffen – sie suchen Menschen heim, denen man keinen Vorwurf daraus machen kann –, während Geisteskrankheiten, vor allem solche, die Verhalten und Emotion in Mitleidenschaft ziehen, als soziale Verfehlungen verstanden werden, für die die Betroffenen weitgehend selbst verantwortlich sind. Man gibt ihnen die Schuld an Charaktermängeln, emotionaler Unausgeglichenheit und dergleichen, wobei man ihnen vor allem mangelnde Willenskraft vorwirft.)

Vielleicht fragt sich der Leser, ob die geschilderten Ergebnisse der medizinischen Untersuchungen nicht falsch waren. Kann denn jemand, der so beeinträchtigt ist wie Elliot, in psychologischen Tests gut abschneiden? Er kann: Patienten mit ausgeprägten Anomalien des Sozialverhaltens sind fähig, in vielen oder sogar den meisten Intelligenztests normale Werte zu erzielen. Mit dieser frustrierenden Realität schlagen sich Kliniker und Forscher seit Jahrzehnten herum. Unter Umständen liegt eine Gehirnerkrankung vor, ohne daß sich in Labortests signifikante Beeinträchtigungen zeigen. Natürlich sind die Tests daran schuld und nicht die Patienten. Es ist einfach so, daß die Tests die gestörten Funktionen nicht einwandfrei erfassen und damit eine entsprechende Beeinträchtigung nicht messen. Sobald ich Elliots Krankheit und Läsionen kannte, sagte ich voraus, daß er bei den meisten psychologischen Tests normal abschneiden und Auffälligkeiten nur bei der kleinen Gruppe von Tests erkennen lassen werde, die Funktionsstörungen des Stirnhirns erfassen. Wie Sie gleich sehen werden, hat Elliot mich überrascht.

Die standardisierten psychologischen und neuropsychologischen Tests ließen auf überdurchschnittliche Intelligenz schließen.[2] In jedem Untertest des Wechsler-Intelligenztests für Erwachsene zeigte Elliot Fähigkeiten, die entweder überdurchschnittlich oder durchschnittlich waren. Sein kurzzeitiges Zahlen- und Wortgedächtnis war ebenso ungewöhnlich wie sein visuelles Gedächtnis für geometrische Muster. Die verzögerte Erinnerung der Reyschen Wörterliste und komplexer Figuren lag im Normalbereich. Bei der Multilingual Aphasia Examination, einer amerikanischen Testbatterie, die verschiedene Aspekte des Sprachverstehens und -verhaltens erfaßt, schnitt er normal ab. Normale visuelle Wahrnehmungs- und

Vorstellungsfähigkeiten bewies er in den standardisierten Benton-Tests zur Gesichterkennung und -unterscheidung, Beurteilung von Linienausrichtung in geographischen Orientierungstests sowie zwei- und dreidimensionalen Würfeltests. Auch die Wiedergabe der komplexen Rey-Osterrieth-Figur war normal.

Elliots Leistungen in Gedächtnistests mit Störinterferenzen fielen ebenfalls nicht aus dem Rahmen. In einem dieser Tests mußte er Dreierkombinationen von Konsonanten mit Verzögerungen von drei, neun und achtzehn Sekunden erinnern, wobei er außerdem durch Rückwärtszählen abgelenkt wurde, in einem anderen wurde er nach fünfzehn Sekunden Kopfrechnen aufgefordert, eine Reihe von Items zu reproduzieren. Hier zeigen die meisten Patienten mit Stirnhirnschädigung Anomalien. Elliot dagegen schnitt in beiden Aufgaben gut ab mit einem Punktwert von 100 beziehungsweise 95 Prozent.

Kurzum, Wahrnehmungsfähigkeit, Lang- und Kurzzeitgedächtnis, Lernfähigkeit sowie Sprach- und Rechenfertigkeit waren nicht gestört. Gleiches galt für das Arbeitsgedächtnis, die Fähigkeit, Informationen über einen Zeitraum von vielen Sekunden im Bewußtsein zu halten und mit ihnen geistige Operationen durchzuführen. Gewöhnlich wird das Arbeitsgedächtnis im Bereich von Wörtern oder Zahlen, Gegenständen oder ihren Merkmalen getestet. Beispielsweise nennt man der Versuchsperson eine Telefonnummer und fordert sie unmittelbar anschließend auf, die Nummer zu wiederholen, dabei aber die ungeraden Ziffern wegzulassen.

Meine Vorhersage, daß Elliot in Tests versagen werde, die erfahrungsgemäß Stirnhirnstörungen offenbaren, erwies sich als falsch. Sein Verstand arbeitete so einwandfrei, daß ihm sogar Spezialtests keine Schwierigkeiten bereiteten. So wurde er dem Wisconsin Card Sorting Test unterzogen, dem wichtigsten aus der kleinen Gruppe der sogenannten Stirnhirntests, bei dem die Versuchsperson eine lange Reihe von Karten ordnen muß, deren Bilder sich nach Farben (z. B. rot oder grün), Form (Sterne, Kreise, Quadrate) und Zahlen (ein, zwei oder drei Elemente) einteilen lassen. Wenn der Versuchsleiter das Kriterium verändert, nach dem die Versuchsperson ordnet, muß diese sich den

Wechsel rasch vergegenwärtigen und sich nach dem neuen Kriterium richten. In den sechziger Jahren hat die Psychologin Brenda Milner gezeigt, daß Patienten mit Schädigungen des präfrontalen Cortex bei dieser Aufgabe häufig versagen – ein Ergebnis, das andere Forscher wiederholt bestätigt haben.[3] In der Regel halten Patienten an einem Kriterium fest, statt es der Aufgabe entsprechend zu wechseln. Elliot schaffte sechs Kategorien bei siebzig Karten – eine Leistung, zu der die meisten Patienten mit Stirnhirnschädigung nicht in der Lage sind. Mühelos entledigte er sich dieser Aufgabe und wies offenbar keinen Unterschied zu Menschen ohne seine Schädigung auf. Die Leistung beim Wisconsin-Card-Sorting-Test und ähnlichen Aufgaben hat sich im Laufe der Jahre nicht verschlechtert. Die Grundlage für Elliots normales Abschneiden in diesem Test bildete seine Fähigkeit, die Aufmerksamkeit zu halten und mit dem Arbeitsgedächtnis zu operieren, logisch zu denken und auf wechselnde Anforderungen geistig flexibel zu reagieren.

Ein weiterer Index für höhere geistige Funktionen, die bei Patienten mit Stirnhirnschädigung häufig beeinträchtigt sind, ist die Fähigkeit, auf der Grundlage von lückenhaften Kenntnissen Schätzungen abzugeben. Die beiden Wissenschaftler Tim Shallice und M. Evans haben einen Test zur Bewertung dieser Fähigkeit entwickelt. Dabei werden eine Reihe von Fragen gestellt, deren exakte Antworten eine normale Versuchsperson nicht kennt (es sei denn, sie hätte ein übermäßiges Interesse an Nebensächlichkeiten). Dabei muß sich die Versuchsperson eine Vielzahl unzusammenhängender Fakten vergegenwärtigen und logisch verknüpfen, um zu einem vernünftigen Schluß zu gelangen.[4] Stellen Sie sich beispielsweise vor, Sie würden gefragt, wie viele Giraffen es in New York oder wie viele Elefanten es in Iowa gibt. Zunächst müßten Sie sich klarmachen, daß beide Arten in Nordamerika nicht heimisch sind und daß sie deshalb nur in Zoos oder Safariparks anzutreffen sind. Dann müßten Sie sich eine ungefähre Karte von New York oder Iowa vergegenwärtigen und schätzen, wie viele derartige Einrichtungen es wohl in diesen Bundesstaaten gibt. Aus einem anderen Gedächtnisbereich müßten Sie abrufen, wie viele Giraffen und Elefanten es in *jeder* dieser Einrichtungen gibt, und alle diese Zahlen addieren, um mit dem Ergebnis aufwarten zu können. Ich hoffe, daß Ihre Anwort ein vernünftiger Schätzwert wäre, denn ich wäre überrascht – und besorgt –, wenn Sie die genaue Zahl kennen würden. Im wesentlichen müssen Sie aus unzusammenhängenden Wissensfragmenten einen akzeptablen Schätzwert entwickeln können, und dazu sind Sie auf eine normale logische Kompetenz, normale Aufmerksamkeit und ein normales Arbeitsgedächtnis angewiesen. Insofern ist es interessant, daß der häufig unvernünftig handelnde Elliot kognitive Schätzwerte im normalen Bereich abgab.

Mittlerweile hatte Elliot die meisten Aufgaben bewältigt, die wir für ihn vorgesehen hatten. Allerdings hatten wir ihn noch keinem Persönlichkeitstest unterzogen – und da würde es passieren, dachte ich. Welche Aussichten hatte er schon, beim wichtigsten Persönlichkeitstest, dem Minnesota Multiphasic Personality Inventory,[5] auch unter der Abkürzung MMPI bekannt, normal abzuschneiden? Sie vermuten richtig: Auch hier fielen Elliots Ergebnisse nicht aus dem Rahmen. Er wartete mit einem normalen Profil und angemessenen Leistungen auf.

Nach all diesen Tests präsentierte sich Elliot also als Mensch mit normalem Verstand, der nicht in der Lage war, angemessene Entscheidungen zu treffen, besonders wenn es um persönliche oder soziale Fragen ging. Waren Logik und Entscheidungsfindung im persönlichen und sozialen Bereich möglicherweise etwas anderes als Logik und Denken in Bereichen, die mit Gegenständen, räumlichen Verhältnissen, Zahlen und Wörtern zu tun hatten? Beruhten sie unter Umständen auf anderen neuralen Systemen und Prozessen? Ich mußte mich mit der Tatsache abfinden, daß trotz der tiefgreifenden Veränderungen, die sich durch seine Hirnschädigung ergeben hatten, mit den traditionellen neuropsychologischen Instrumenten wenig Greifbares zu messen war. Zwar hatten schon andere Patienten diese Art von Dissoziation gezeigt, aber – soweit es unsere Forschung anging – noch nie in diesem Umfang. Wenn wir irgendeine Beeinträchtigung messen wollten, mußten wir neue Methoden entwickeln. Und wenn wir Elliots Verhaltensstörungen befriedigend erklären wollten, mußten wir auf die traditionellen Ansätze verzichten. Aus Elliots einwandfreien Leistungen ging hervor, daß man die üblichen Sündenböcke nicht verantwortlich machen konnte.

Ein neuer Ansatz

Wenn Sie mit einem geistigen Problem nicht weiterkommen, wirken sich wenige Maßnahmen so vorteilhaft aus wie die Entscheidung, sich eine Zeitlang mit anderen Dingen zu beschäftigen. Deshalb dachte ich eine Zeitlang nicht mehr an Elliots Problem, und als ich mich ihm wieder zuwandte, wurde mir klar, daß sich meine Einstellung zu diesem Fall verändert hatte. Ich erkannte, daß ich mich allzusehr mit dem Zustand von Elliots Intelligenz und den Werkzeugen seiner Rationalität beschäftigt, seinen Emotionen dagegen aus verschiedenen Gründen zuwenig Aufmerksamkeit geschenkt hatte. Auf den ersten Blick gab es nichts Ungewöhnliches an Elliots Emotionen. Wie gesagt, er war emotional zurückhaltend, aber viele hervorragende und gesellschaftlich sehr verdienstvolle Menschen sind emotional zurückhaltend. Natürlich war er nicht übermäßig gefühlsbetont; er lachte oder weinte nicht zum falschen Zeitpunkt und wirkte weder fröhlich noch traurig. Er war nicht komisch, sondern von stillem Humor (seine Ironie war weit ansprechender und gesellschaftlich akzeptabler als die vieler Menschen, die ich kenne). Doch bei genauerer Analyse fehlte etwas, und ich hatte viele aufschlußreiche Anzeichen dafür übersehen: Elliot war in der Lage, die Tragödie seines Lebens mit einer Distanz zu erzählen, die in keinem Verhältnis zur Bedeutung der Ereignisse stand. Nie verlor er die Beherrschung, stets beschrieb er die Vorgänge aus der Sicht eines leidenschaftslosen, unbeteiligten Zuschauers. Nirgends war ein Empfinden für sein Leiden zu bemerken, obwohl er doch der Protagonist des Ganzen war. Wohlgemerkt, eine Zurückhaltung dieser Art ist aus der Sicht eines ärztlichen Zuhörers häufig höchst willkommen, weil sie wenig emotionale Anforderungen an ihn stellt. Doch als ich mich dann wieder stundenlang mit Elliot unterhielt, wurde mir klar, daß er ungewöhnlich distanziert war. Er war ruhig, entspannt, und mühelos floß seine Erzählung dahin. Dabei unterdrückte er nicht etwa den Ausdruck innerer Beteiligung oder Turbulenz – es gab einfach nichts, was er hätte unterdrücken müssen. Das war kein kulturell erworbenes, gesellschaftliches Wohlverhalten, vielmehr verursachte ihm die Erzählung seiner Tragödie aufgrund einer merkwürdigen, unbewußt schützenden Haltung keinerlei schmerzliche Gefühle. Offenbar litt ich beim Anhören dieser Geschichten mehr als Elliot selbst. Ja, ich hatte das Gefühl, daß ich schon mehr litt, wenn ich nur an die Geschichten *dachte*.

Stück um Stück setzte sich das Bild dieses Gefühlsmangels zusammen, teils durch meine Beobachtungen, teils durch die Berichte des Patienten und teils durch die Zeugnisse seiner Verwandten. Elliot war weit gemäßigter in seinem Gefühlsausdruck als vor seiner Krankheit. Stets schien er das Leben in der gleichen neutralen Gestimmtheit an sich vorüberziehen zu lassen. In den vielen Stunden unserer Unterhaltung erlebte ich bei ihm nie einen Anflug von Emotion: keine Traurigkeit, keine Ungeduld, keinen Überdruß angesichts meiner endlosen und sich wiederholenden Fragerei. Wie ich erfuhr, verhielt er sich auch in seinem Alltag nicht anders. In der Regel zeigte er keinen Zorn, und bei den seltenen Gelegenheiten, wo es doch geschah, ging der Ausbruch rasch vorüber. Im Handumdrehen war er wieder sein neues Selbst: ruhig und ohne Groll.

Später und ganz spontan lieferte er mir selbst die Information, die ich brauchte. Mein Kollege Daniel Tranel führte damals ein psychophysiologisches Experiment durch, in dem er Versuchspersonen emotional besetzte visuelle Stimuli zeigte – beispielsweise Bilder von Gebäuden, die bei Erdbeben zusammenstürzen, von brennenden Häusern, Opfern grauenhafter Verkehrsunfälle oder Menschen, die in Überschwemmungen zu ertrinken drohen. Nach einer von vielen Sitzungen, in denen wir ihm diese Bilder gezeigt hatten, erklärte er sehr bestimmt, seine Gefühle hätten sich seit seiner Krankheit verändert. Er merke, daß Themen, die ihn einst sehr erregt hätten, jetzt keinerlei Reaktionen, weder positive noch negative, hervorriefen.

Das war erstaunlich. Versuchen Sie, sich das vorzustellen! Versuchen Sie, sich vorzustellen, daß Sie keine Freude empfinden, wenn Sie ein Bild betrachten, das Sie schätzen, oder wenn Sie eines Ihrer Lieblingsstücke hören. Versuchen Sie, sich vorzustellen, daß Ihnen diese Möglichkeit auf immer genommen ist, daß Sie sich der geistigen Inhalte des visuellen oder musikalischen Stimulus dennoch bewußt sind und daß Sie sich auch noch an die Freude erinnern können, die er Ihnen einst bereitet hat. *Wissen, ohne zu fühlen* – so könnte man Elliots mißliche Situation vielleicht zusammenfassen.

Fasziniert erwog ich die Möglichkeit, daß diese Reduzierung des Gefühlslebens für Elliots gestörte Entscheidungsprozesse verantwortlich sein könnte. Allerdings waren weitere Untersuchungen an Elliot und anderen Patienten erforderlich, um diese Idee zu bestätigen. Zuallererst mußte ich zweifelsfrei ausschließen, daß ich keinen grundlegenden Intelligenzdefekt übersehen hatte, der Elliots Probleme möglicherweise unabhängig von irgendwelchen anderen Mängeln erklärte.

Denken und Entscheiden

Viele Arbeitsgänge waren erforderlich, um jede Möglichkeit versteckter Intelligenzdefekte auszuschließen. Ich mußte wissen, ob Elliot die Verhaltensprinzipien noch kannte, über die er sich Tag für Tag hinwegsetzte. Mit anderen Worten, war ihm sein Wissen über die Regeln des Sozialverhaltens abhanden gekommen, so daß er auch mit normalen Denkmechanismen nicht in der Lage war, ein Problem zu lösen? Oder besaß er dieses Wissen noch, war aber nicht fähig, es zu vergegenwärtigen und zu aktivieren? Oder hatte er zwar Zugang zu dem Wissen, vermochte aber nicht, es anzuwenden und eine Entscheidung zu treffen?

Bei dieser Untersuchung half mir mein damaliger Student Paul Eslinger. Zunächst stellten wir Elliot eine Reihe von Aufgaben, in denen es um moralische Probleme und finanzielle Fragen ging. Nehmen wir an, er brauchte Geld: Würde er es stehlen, wenn er die Gelegenheit dazu und die Garantie hatte, nicht entdeckt zu werden? Oder: Würde er angesichts der Aktienkurse, die das Unternehmen X im letzten Monat verzeichnete, Aktien aus seinem Besitz verkaufen oder neue erwerben? Elliot reagierte nicht anders, als viele von uns es in einer solchen Laborsituation getan hätten. In seinen moralischen Entscheidungen folgte er Grundsätzen, die wir alle teilen. Ihm war klar, welche sozialen Konventionen auf die Probleme anzuwenden waren. Seine finanziellen Entscheidungen erschienen vernünftig. Zwar waren die Aufgaben, die wir ihm stellten, nicht besonders kompliziert, trotzdem war es bemerkenswert, daß Elliot dabei keinerlei Anomalien erkennen ließ. Schließlich war sein wirkliches Leben eine einzige Kette von Verstößen gegen die Regeln, die wir in unseren Aufgaben thematisierten. Diese Dissoziation zwischen Versagen im wirklichen Leben und Normalität im Labor stellte uns vor ein weiteres Problem.

Mit ihm befaßte sich mein Kollege Jeffrey Saver, indem er Elliots Verhalten in einer Reihe von kontrollierten Labortests untersuchte, die soziale Konventionen und moralische Werte betrafen. Lassen Sie mich diese Aufgaben beschreiben.

In der ersten ging es um den Entwurf verschiedener Handlungsmöglichkeiten. Mit diesem Instrument wollte Saver die Fähigkeit messen, alternative Lösungen für hypothetische soziale Probleme zu entwickeln. In dem Test werden vier soziale Situationen (mißliche Situationen) beschrieben, und die Versuchsperson hat die Aufgabe, verschiedene Möglichkeiten einer verbalen Reaktion zu entwickeln (die sie sprachlich erläutern soll). In einer Situation zerbricht der Protagonist den Blumentopf der Ehefrau. Die Versuchsperson wird aufgefordert, Handlungen zu nennen, durch die der Protagonist verhindern könnte, daß die Ehefrau ärgerlich wird. Durch eine Reihe standardisierter Fragen wie etwa »Was kann er noch tun?« veranlaßt man die Versuchsperson zum Entwurf alternativer Lösungen. Man hält fest, wie viele relevante und unterschiedliche Lösungen die Versuchsperson vor und nach den Denkanstößen entwickelt. Im Vergleich zu einer Kontrollgruppe zeigte Elliots Leistung kein Defizit in Hinblick auf die Zahl relevanter Lösungen, die er vor den Denkanstößen nannte, die Gesamtzahl relevanter Lösungen oder den Relevanzwert.

In der zweiten Aufgabe ging es um das Bewußtsein für Konsequenzen. Hier soll gemessen werden, wie sehr eine Versuchsperson spontan geneigt ist, Handlungskonsequenzen zu berücksichtigen. Der Versuchsperson werden vier hypothetische Situationen geschildert, in denen sie versucht ist, gegen normale soziale Konventionen zu verstoßen. In der einen löst der Protagonist auf der Bank einen Scheck ein und erhält von dem Kassierer zuviel Geld. Die Versuchsperson soll beschreiben, wie sich die Situation weiter entwickeln könnte, wobei auch die Gedanken des Protagonisten vor jeder Handlung und alle nachfolgenden Gedanken und Ereignisse zu schildern sind. Bewertet wird die Leistung der Versuchsperson nach der Häufigkeit, mit der sie in ihren Antworten die Folgen einer bestimmten Handlungsmöglichkeit berücksichtigte. Bei dieser Aufgabe lag Elliots Leistung sogar noch über der der Kontrollgruppe.

Die dritte Aufgabe – Mean-Ends Problem-Solving Procedure – betraf die Fähigkeit, wirksame Mittel zur Erreichung eines sozialen Ziels zu ersinnen. Der Versuchsperson werden zehn verschiedene Szenarien genannt, woraufhin sie sich angemessene und wirksame Maßnahmen einfallen lassen soll, um ein bestimmtes Ziel zu erreichen, das der Befriedigung eines sozialen Bedürfnisses dient – etwa eine Freundschaft zu knüpfen, eine Liebesbeziehung zu retten oder ein Problem am Arbeitsplatz zu lösen. Man erzählt der Versuchsperson beispielsweise von jemandem, der an einen neuen Ort zieht, viele Freunde gewinnt und sich dort zu Hause fühlt. Anschließend bittet man die Versuchsperson, in einer Geschichte die Ereignisse zu beschreiben, die zu diesem erfolgreichen Ausgang geführt haben. Die Punktwertung richtet sich nach der Anzahl wirksamer Handlungen, die das Ergebnis vorbereiten. Elliot schnitt einwandfrei ab.

Die vierte Aufgabe befaßte sich mit der Fähigkeit, die sozialen Konsequenzen von Ereignissen vorherzusagen. Bei jedem der dreißig Einzeltests erblickt die Versuchsperson ein Pappbild, das eine zwischenmenschliche Situation zeigt, und wird aufgefordert, unter drei anderen Bildern dasjenige auszuwählen, welches das wahrscheinlichste Ergebnis des ersten Bildes darstellt. Der Punktwert gibt die Zahl richtig gewählter Bilder wieder. Auch hier unterschied Elliot sich nicht von normalen Kontrollpersonen.

Die fünfte und letzte Aufgabe, das Standard Issue Moral Judgment Interview (eine abgeänderte Fassung des von L. Kohlberg und Kollegen entwickelten Heinz-Dilemmas),[6] betraf das Entwicklungsstadium des moralischen Denkens. Angesichts einer sozialen Situation, die einen Konflikt zwischen zwei moralischen Imperativen heraufbeschwört, bittet man die Versuchsperson, eine Lösung des Dilemmas vorzuschlagen und diese Lösung in allen Einzelheiten ethisch zu rechtfertigen. In einer dieser Situationen muß die Versuchsperson beispielsweise entscheiden und erklären, ob jemand ein bestimmtes Medikament stehlen soll, um seiner Frau das Leben zu retten, oder nicht. Bei der Testauswertung wird mit Hilfe expliziter Kriterien das Urteil jedes Interviews einer bestimmten Stufe der moralischen Entwicklung zugewiesen.

Die Punktwerte der Standardversion des Issue Moral Judgment Interview ordnen die Versuchsperson in eine von fünf immer komplexer werdenden Stufen des moralischen Urteils ein. Dazu gehören präkonventionelle Ebenen (Stufe 1, Orientierung an Gehorsam und Strafe; Stufe 2, an instrumentellen Zwecken und Austausch); konventionelle Ebenen (Stufe 3, Orientierung an interpersoneller Übereinkunft und Konformität; Stufe 4, an sozialer Übereinkunft und Systemerhaltung) und eine postkonventionelle Ebene (Stufe 5, an Gesellschaftsvertrag, Gemeinnützigkeit und individuellen Rechten orientiert). Aus entsprechenden Untersuchungen geht hervor, daß in den Vereinigten Staaten im Alter von sechsunddreißig Jahren 89 Prozent der Mittelschichtsangehörigen die konventionelle Stufe des moralischen Urteils und 11 Prozent die postkonventionelle Stufe erreicht haben. Elliot erhielt einen Gesamtwert von 4/5, was auf eine moralische Denkweise von spätkonventionellem, frühpostkonventionellem Zuschnitt schließen läßt. Ein ausgezeichnetes Ergebnis.

Kurzum, Elliots Fähigkeit, angemessene Reaktionsweisen auf soziale Situationen zu entwerfen und die Konsequenzen bestimmter Reaktionsweisen spontan zu berücksichtigen, war normal. Er war auch in der Lage, die Mittel zur Verwirklichung sozialer Ziele zu ersinnen, die wahrscheinlichen Ergebnisse von sozialen Situationen vorherzusagen und moralische Urteile auf einer hohen Entwicklungsstufe zu fällen. Die Ergebnisse ließen deutlich erkennen, daß eine Schädigung der ventromedialen Abschnitte des Stirnlappens den Speicherbereich des sozialen Wissens nicht zerstört, denn es konnte unter den Experimentalbedingungen abgerufen werden.

Während Elliots unbeeinträchtigte Leistung mit seinen überdurchschnittlichen Ergebnissen in konventionellen Gedächtnis- und Intelligenztests in Einklang stand, bildete sie einen scharfen Gegensatz zur gestörten Entscheidungsfindung, die er im wirklichen Leben offenbarte. Wie ließ sich das erklären? Für diese auffällige Dissoziation machten wir einige Unterschiede zwischen den Bedingungen und Anforderungen dieser Aufgaben auf der einen Seite und den Bedingungen und Anforderungen der Realität auf der anderen Seite verantwortlich. Betrachten wir die Unterschiede etwas genauer.

Von der letzten Aufgabe abgesehen, mußte sich Elliot nicht für eine von verschiedenen Möglichkeiten entscheiden. Es genügte, wenn er sich solche Möglichkeiten und ihre wahrscheinlichen Konsequenzen vergegenwärtigte. Mit anderen Worten, es genügte, daß er das Problem durchdachte, aber diese Überlegungen mußten nicht zu einer Entscheidung führen. Die normalen Leistungen bei dieser Aufgabe bewiesen, daß er das soziale Wissen besaß und daß er Zugang dazu hatte, sie sagten aber nichts über den Entscheidungsprozeß selbst aus. Dagegen zwingt uns das wirkliche Leben solche Entscheidungen auf. Wenn wir uns dem Zwang nicht fügen wollen, sind wir unter Umständen genauso unentschlossen wie Elliot.

Am besten läßt sich diese Unterscheidung mit Elliots eigenen Worten beschreiben. Am Ende einer Sitzung, nachdem er eine Vielzahl von Handlungsmöglichkeiten genannt hatte, die alle vernünftig und durchführbar waren, lächelte er, offensichtlich zufrieden mit seiner Phantasie, fügte dann aber hinzu: »Und trotzdem wüßte ich nicht, was ich tun sollte!«

Doch selbst wenn wir Tests verwendet hätten, in denen Elliot bei jeder Einzelaufgabe eine Entscheidung hätte treffen müssen, wären die Bedingungen trotzdem von denen des wirklichen Lebens noch höchst verschieden gewesen. Er hätte es nur mit den ursprünglichen Zwängen zu tun gehabt, und nicht mit neuen Einschränkungen, die sich aus einer ersten Reaktion ergeben hätten. Im »wirklichen Leben« hätte jede Handlungsmöglichkeit, die Elliot in einer gegebenen Situation realisiert hätte, eine Reaktion der anderen Seite hervorgerufen, die die Situation verändert und von Elliot verlangt hätte, eine Reihe weiterer Handlungsmöglichkeiten zu entwickeln, die zu einer erneuten Reaktion geführt hätten, was ihn wiederum gezwungen hätte, sich neue Handlungsmöglichkeiten einfallen zu lassen, und so fort. Mit anderen Worten, die fortlaufende, offene, ungewisse Entwicklung realer Situationen fehlte den Laboraufgaben. Nun hatte aber Jeffrey Savers Studie die Aufgabe, den Zustand und die Zugänglichkeit des Wissensbestands zu bewerten, nicht die Denk- und Entscheidungsprozesse.

An dieser Stelle ist noch auf andere Unterschiede zwischen der Realität und Laboraufgaben hinzuweisen. Der zeitliche Rahmen der in den Aufgaben behandelten Ereignisse war gegenüber der Wirklichkeit verkürzt. In einigen Fällen könnte das Echtzeit-Geschehen erforderlich machen, daß man bestimmte Informationen – die Vorstellung von Personen, Objekten oder Szenen beispielsweise – über längere Zeiträume im Bewußtsein verfügbar hält, besonders wenn neue Möglichkeiten oder Konsequenzen auftauchen und Vergleiche verlangen. Ferner wurden in unseren Aufgaben die Situationen und die sie betreffenden Fragen fast ausschließlich sprachlich dargeboten. Dagegen präsentiert uns das wirkliche Leben Bild- und Sprachmaterial meist stärker gemischt. Wir werden mit Menschen und Gegenständen konfrontiert, mit Bildern, Geräuschen, Gerüchen und so fort, mit Ereignissen von unterschiedlicher Einprägsamkeit und mit all den Erzählungen sprachlicher und bildhafter Natur, die wir hervorbringen, um sie zu begleiten.

Von diesen Mängeln abgesehen, hatten wir aber doch Fortschritte erzielt. Aus den Ergebnissen ließ sich mit einiger Sicherheit darauf schließen, daß wir Elliots Entscheidungsdefekt keinem Mangel an sozialem Wissen, keinem unzulänglichen Zugriff zu diesem Wissen und keiner elementaren Beeinträchtigung des logischen Denkens zuschreiben durften – und noch weniger einer fundamentalen Schwäche seiner Aufmerksamkeit oder seines Arbeitsgedächtnisses bei der Verarbeitung des Faktenwissens, das er für Entscheidungen im persönlichen und sozialen Bereich brauchte. Der Defekt schien in den Spätphasen des schlußfolgernden Denkens aufzutreten – nahe oder genau an dem Punkt, wo Entscheidungen getroffen oder Reaktionen ausgewählt werden müssen. Mit anderen Worten, alles, was während dieses Prozesses schiefging, ging zu einem späten Zeitpunkt schief. Elliot vermochte sich nicht wirksam, gar nicht oder nur schlecht zu entscheiden. Erinnern wir uns daran, daß er seine Aufgabe oft aus den Augen verlor und sich stundenlang mit Nebensächlichkeiten beschäftigte. Wenn wir uns vor eine Aufgabe gestellt sehen, eröffnen sich uns eine Reihe von Möglichkeiten, unter denen wir den richtigen Weg auswählen müssen, Schritt für Schritt, wenn wir unser Ziel im Auge behalten wollen. Elliot war nicht mehr in der Lage, diesen Weg auszuwählen. Warum er das nicht konnte, mußten wir noch herausfinden.

Ich war mir jetzt sicher, daß Elliot viel mit Phineas Gage gemein hatte. Beide zeigten sie Störungen im Sozialverhalten und in der Entscheidungsfindung, obwohl ihr soziales Wissen nicht gemindert war und obwohl ihnen die höheren neuropsychologischen Funktionen – konventionelles Gedächtnis, allgemeine

Aufmerksamkeit, allgemeines Arbeitsgedächtnis und allgemeines Denken – erhalten geblieben waren. Außerdem war ich mir sicher, daß der Defekt bei Elliot von Gefühlsarmut und einem Mangel an emotionaler Reaktionsbereitschaft begleitet war. (Aller Wahrscheinlichkeit nach hatte auch Gage unter diesem emotionalen Defekt gelitten, aber die Berichte lassen keine sicheren Rückschlüsse zu. Zumindest können wir angesichts seiner zotigen Sprache und seines zur Schau gestellten Selbstmitleids davon ausgehen, daß ihm das Gespür für Peinlichkeit fehlte.) Ferner hatte ich den starken Verdacht, daß der Mangel an Gefühl und Empfindung nicht losgelöst von der Störung des Sozialverhaltens betrachtet werden durfte. Verwirrte Emotionen trugen wahrscheinlich zu dem Problem bei. In mir wuchs die Überzeugung, daß die Gefühllosigkeit seines Denkens Elliot daran hinderte, verschiedenen Handlungsmöglichkeiten unterschiedliche Werte zuzuordnen, so daß seine Entscheidungslandschaft völlig abflachte. Möglicherweise machte die gleiche Gefühllosigkeit seine geistige Landschaft so unbeständig, daß nicht genügend Zeit für die Auswahl von Reaktionen blieb, mit anderen Worten, eine leichte und keine tiefgreifende Störung des Arbeitsgedächtnisses, die möglicherweise den Rest des Denkprozesses veränderte, der erforderlich war, um zu einer Entscheidung zu gelangen. Wie dem auch sei, der Versuch, sowohl Elliot als auch Gage zu verstehen, versprach einen Zugang zur Neurobiologie der Rationalität.

4. KAPITEL

Gefühlsärmer

Nie hat man daran gezweifelt, daß unter bestimmten Umständen die Emotion das Denken stört. Dafür gibt es Beweise genug, und deshalb hat man bei unserer Erziehung auch nicht mit entsprechenden Ratschlägen gegeizt: Bewahre einen kühlen Kopf und beherrsche deine Gefühle! Laß deine Leidenschaften nicht in dein Urteil einfließen! So betrachten wir unsere Gefühle gewöhnlich als eine überflüssige geistige Fähigkeit, als eine unerwünschte, naturwüchsige Begleiterscheinung unseres rationalen Denkens. Wenn das Gefühl angenehm ist, empfinden wir es als Luxus, ist es unangenehm, so erleiden wir es als unerwünschten Eindringling. In jedem Falle wird uns der Weise raten, Emotionen und Gefühle auf ein kluges Maß zu beschränken, mit einem Wort, vernünftig zu sein.

An dieser weitverbreiteten Überzeugung ist viel Richtiges, und ich will keinesfalls leugnen, daß unbeherrschte oder fehlgeleitete Gefühle wesentlich zu irrationalem Verhalten beitragen können. Ich will auch nicht in Abrede stellen, daß scheinbar normales Denken durch versteckte Vorurteile gestört werden kann, die in Emotionen wurzeln. Beispielsweise wird sich ein Patient eher zu einer Behandlung entschließen, wenn man ihm sagt, daß 90 Prozent der Behandelten fünf Jahre später noch am Leben sind, als wenn man ihm mitteilt, 10 Prozent seien nach fünf Jahren tot.[1] Obwohl das Ergebnis haargenau dasselbe ist, führen wahrscheinlich die Gefühle, die durch die Vorstellung des Todes geweckt werden, zur Ablehnung einer Wahlmöglichkeit, die in der anderen Formulierung durchaus attraktiv erscheint. Wir haben es also mit einer widersprüchlichen und irrationalen Schlußfolgerung zu tun. Daß die Irrationalität nicht auf mangelnde Kenntnis zurückzuführen ist, zeigt der Umstand, daß Ärzte nicht anders reagierten als ihre nichtärztlichen Mitpatienten. Indessen, die traditionelle Weisheit läßt einen Gesichtspunkt außer acht, der sich aus der Untersuchung von Patienten wie Elliot und aus anderen, noch zu erörternden Beobachtungen ergibt: *Mangel an Gefühlen kann eine genauso wichtige Ursache für irrationales Verhalten sein.* Die nicht unmittelbar einleuchtende Verbindung zwischen fehlender Emotionalität und gestörtem Verhalten könnte uns etwas über die biologischen Mechanismen des Denkens mitteilen.

Diese Idee begann ich mit den Instrumenten der experimentellen Neuropsychologie zu untersuchen.[2] Im großen und ganzen beruht das Verfahren auf folgenden Schritten: Man muß systematische Zusammenhänge zwischen der Schädigung bestimmter Gehirnregionen und Störungen des Verhaltens und der Kognition finden; man muß die Ergebnisse validieren, indem man ein Phänomen nachweist, das als doppelte Dissoziation bezeichnet wird – Schädigung von Region A ruft Störung X, aber nicht Störung Y hervor, während Schädigung von Region B Störung Y, aber nicht Störung X verursacht; man muß allgemeine wie besondere Hypothesen formulieren, nach denen ein normales neurales System, das aus verschiedenen Elementen besteht (zum Beispiel Rindenregionen und subkortikalen Kernen), eine normale kognitive/verhaltensbestimmte Operation mit Komponenten von unterschiedlicher Feinstruktur durchführt; und man muß schließlich diese Hypothesen in neuen Fällen von Hirnschädigung überprüfen, indem man die Läsion einer bestimmten Region als *Testfall* wertet, der zeigt, ob die Schädigung die vermutete Wirkung hervorruft.

Die klinische Neuropsychologie möchte also erklären, in welcher Beziehung bestimmte kognitive Operationen und ihre Teilelemente zu neuralen Systemen und ihren Teilelementen stehen. Ziel der Neuropsychologie ist es nicht – oder sollte es nicht sein –, die »Lokalisation« eines »Symptoms« oder »Syndroms« im Gehirn zu finden.

Zunächst wollte ich verifizieren, daß die Beobachtungen, die wir an Elliot gemacht hatten, auch für andere Patienten gelten. Das erwies sich als zutreffend. Bislang haben wir zwölf Patienten untersucht, die ähnliche präfrontale Schädigungen aufwiesen wie Elliot, und es war nicht einer darunter, der nicht unter einer Störung der Entscheidungsfindung und unter Gefühlsarmut litt. Verstand und Gefühlsleben sind gleichermaßen beeinträchtigt, und ihre Störung zeigt sich deutlich in einem neuropsychologischen Profil, in dem allgemeine Aufmerksamkeit, Gedächtnis, Intelligenz und Sprache so intakt erscheinen, daß sie auf keinen Fall zur Erklärung des verminderten Urteilsvermögens herangezogen werden können.

Allerdings tritt die auffällige parallele Beeinträchtigung von Denken und Fühlen nicht nur nach präfrontaler Schädigung auf. In diesem Kapitel möchte ich zeigen, daß diese kombinierte Störung auch aus Schädigungen anderer Gehirnregionen resultieren kann und daß solche Zusammenhänge auf ein Zusammenwirken der Systeme schließen lassen, die den normalen Prozessen von Gefühl, Empfinden, Vernunft und Entscheidungsfindung zugrunde liegen.

Anhaltspunkte aus anderen Fällen präfrontaler Schädigung

Bei der Erörterung von Fällen präfrontaler Schädigung möchte ich die historische Perspektive nicht unterschlagen. Phineas Gages Fall ist nicht die einzige wichtige historische Quelle zum Verständnis der neuralen Grundlage von Denken und Entscheiden. Ich kann mit vier weiteren Fällen zur Abrundung des Grundmusters aufwarten.

Den ersten hat im Jahre 1932 der Neurologe Brickner von der Columbia University untersucht und als »Patient A« bezeichnet. Es handelte sich um einen neununddreißigjährigen New Yorker Börsenmakler, der im Privat- und Berufsleben Erfolg hatte, bis er einen Gehirntumor bekam, ein Meningiom wie Elliot.[3] Der Tumor wuchs von oben nach unten und drückte auf die Stirnlappen – mit einem ähnlichen Ergebnis wie bei Elliot. Der Neurochirurg Walter Dandy, der damals ganz neue Wege beschritt, war in der Lage, den lebensbedrohenden Tumor zu entfernen, doch die Masse hatte bereits in der Großhirnrinde des linken und des rechten Schläfenlappens umfangreiche Schädigungen hervorgerufen. Die betroffenen Gebiete umfaßten alle Regionen, die auch bei Elliot und Gage verlorengegangen waren, und noch ein bißchen mehr. Links wurden alle vor den Sprachfeldern gelegenen Rindenregionen entfernt. Auf der rechten Seite war die Exzision noch größer und schloß den gesamten Cortex vor den Bereichen ein, die für die Bewegung zuständig sind. Die Rindenfelder an der ventralen (orbitalen) und am unteren Teil der inneren (medialen) Fläche beider Stirnlappen wurden ebenfalls entfernt. Der Gyrus cinguli blieb verschont. (Die gesamte chirurgische Beschreibung wurde zwanzig Jahre später bei einer Autopsie bestätigt.)

Die Wahrnehmung von Patient A war normal. Normal waren auch seine Orientierung in bezug auf Personen, Ort und Zeit sowie sein normales Gedächtnis für neue und ältere Fakten. Sprach- und Bewegungsvermögen hatten nicht gelitten, und auch seine Intelligenz schien – soweit die damals verfügbaren Tests eine Aussage zulassen – unbeeinträchtigt. Man machte viel Aufhebens davon, daß er rechnen und recht ordentlich Dame spielen konnte. Doch trotz eindrucksvoller körperlicher Gesundheit und annehmbarer geistiger Fähigkeiten nahm Patient A seine Berufstätigkeit nie wieder auf. Er blieb zu Hause und machte Pläne für seine berufliche Zukunft, setzte aber selbst den einfachsten Plan nie in die Tat um. Auch hier zerfiel ein Leben.

As Persönlichkeit hatte sich grundlegend verändert. Von seiner einstigen Bescheidenheit war nichts mehr übriggeblieben.

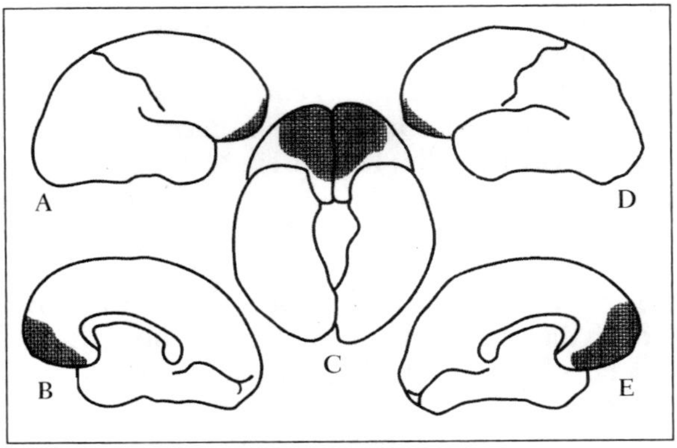

Abbildung 4.1 *Die schraffierten Felder stellen den ventralen und den medialen Abschnitt des Stirnlappens dar, die bei Patienten mit der »Gage-Matrix« stets in Mitleidenschaft gezogen sind. Interessant ist, daß der dorsolaterale Sektor der Stirnlappen nicht betroffen ist.*

A: Rechte Hemisphäre, externe (laterale) Ansicht.
B: Rechte Hemisphäre, innere (mediale) Ansicht.
C: Das Gehirn von unten gesehen (ventrale oder orbitale Ansicht).
D: Linke Hemisphäre, Außenansicht.
E: Linke Hemisphäre, Innenansicht.

Vor seiner Krankheit war er höflich und zurückhaltend gewesen, doch jetzt konnte er höchst peinlich aus dem Rahmen fallen. Seine Bemerkungen über andere Menschen, einschließlich seiner Frau, waren lieblos und gelegentlich ausgesprochen grausam. Er prahlte mit seinen beruflichen, körperlichen und sexuellen Leistungen, obwohl er nicht mehr arbeitete, keinen Sport mehr trieb und weder mit seiner Frau noch mit jemand anderem ins Bett ging. Meist ging es in seinen Erzählungen um erdachte Heldentaten, die er, in der Regel auf Kosten anderer, mit witzigen Randbemerkungen schmückte. Wenn er schlechte Laune hatte, wurde er gelegentlich sehr ausfallend, aber nie gewalttätig.

Das Gefühlsleben des Patienten A war offenbar verarmt. Hin und wieder kam es zu einem kurzen Gefühlsausbruch, doch meist fehlten Äußerungen dieser Art. Es gab kein Anzeichen dafür, daß er für andere etwas empfand, und er ließ nie erkennen, daß er angesichts der tragischen Wendung, die sein Leben genommen hatte, Verlegenheit, Traurigkeit oder Kummer verspürte. Sein allgemeiner Gemütszustand läßt sich am besten als »oberflächlich« beschreiben. Im großen und ganzen war Patient A passiv und abhängig geworden. Den Rest seines Lebens verbrachte er in der Obhut seiner Familie. Man brachte ihm bei, eine Druckmaschine zu bedienen, auf der er Visitenkarten herstellte. Das war seine einzige produktive Tätigkeit.

Ganz offenbar zeigte Patient A die kognitiven und verhaltensbestimmten Merkmale, die ich unter der Bezeichnung Phineas-Gage-Matrix zusammenfassen möchte: Nach bleibender Schädigung des frontalen Cortex verlor er trotz ansonsten intakter geistiger Funktionen die Fähigkeit, sich für den günstigsten Handlungsverlauf zu entscheiden; seine Gefühle und Empfindungen waren beeinträchtigt. Vor dem Hintergrund dieser Matrix sind natürlich unterschiedliche Persönlichkeitsprofile zu erkennen, wenn man verschiedene Fälle vergleicht. Doch es gehört untrennbar zum Wesen eines Syndroms, daß es eine Matrix mit gemeinsamen Kernsymptomen hat und daß sich an den Rändern dieses Kerns unterschiedliche Symptome zeigen. Wie ich bei der Erörterung der oberflächlichen Unterschiede zwischen Gage und Elliot gesagt habe: Es wäre verfrüht, jetzt schon die Ursache dieser Unterschiede bestimmen zu wollen. Hier möchte ich lediglich darauf hinweisen, daß die Erkrankung in beiden Fällen einen gemeinsamen Kern von typischen Erscheinungen zeigt.

Die zweite historische Quelle stammt aus dem Jahr 1940.[4] Donald Hebb und Wilder Penfield von der McGill University in Kanada beschrieben einen Patienten, der mit sechzehn Jahren einen schweren Unfall erlitt, und sprachen dabei einen ganz wichtigen Punkt an. Phineas Gage, Patient A und ihre modernen Leidensgenossen waren normale Erwachsene und hatten eine reife Persönlichkeitsstufe erreicht, als sie ihre Stirnhirnschädigung erlitten und Anzeichen abnormen Verhaltens erkennen ließen. Doch was ist, wenn die Schädigung während der Entwicklung, in Kindheit oder Jugend, eintritt? Man möchte vorhersagen, daß derart beeinträchtigte Kinder oder Jugendliche nie eine normale Persönlichkeit entwickeln können und daß sich ihr soziales Empfinden nicht zur Reife entfaltet. Und genau das hat man in solchen Fällen festgestellt. Der Hebb-Penfield-Patient hatte einen komplizierten Bruch der frontalen Schädelknochen, die auf beiden Seiten den frontalen Cortex zusammenpreßten und zerstörten. Bis dahin war er ein normales Kind und normaler Jugendlicher gewesen. Doch nach der Verletzung kam seine soziale Entwicklung nicht nur zum Stillstand, sondern zeigte sogar eine negative Tendenz.

Noch aufschlußreicher ist möglicherweise der dritte Fall, den S.S. Ackerly und A.L. Benton 1948 beschrieben haben.[5] Ihr Patient erlitt die Stirnhirnschädigung praktisch mit der Geburt und durchlebte deshalb Kindheit und Jugend ohne viele der Gehirnsysteme, die meiner Meinung nach für eine normale menschliche Persönlichkeitsentwicklung notwendig sind. So war sein Verhalten auch nie normal. Obwohl der Patient kein dummes Kind war und seine grundlegenden geistigen Instrumente intakt zu sein schienen, war er nie zu normalem Sozialverhalten in der Lage. Bei einer neurochirurgischen Exploration im Alter von neunzehn stellte sich heraus, daß der linke Stirnlappen kaum mehr als ein Hohlraum war, während der rechte völlig atrophiert war. Etwa zur Zeit der Geburt hatte eine schwere Schädigung den größten Teil des frontalen Cortex unwiderruflich zerstört.

Der Patient war nie in der Lage, eine Stellung zu behalten. Nachdem er sich einige Tage Mühe gegeben hatte, verlor er das Interesse an der Tätigkeit, manchmal stahl er sogar oder zeigte sich aufsässig. Jede Abkehr von der Routine reizte ihn und konnte zu Wutausbrüchen führen, obwohl er sich im allgemeinen gefügig und höflich verhielt. (Man sagte ihm jene verbindlichen Umgangsformen nach, die in den Vereinigten Staaten als »englische Lakaienhöflichkeit« bezeichnet werden.) Seine sexuellen Interessen waren mäßig, und nie gab es eine engere emotionale Beziehung zu einer Partnerin. Sein Verhalten war stereotyp, phantasielos, ohne Initiative. Nie hat er sich berufliche Fertigkeiten angeeignet oder Hobbys zugelegt. Belohnung oder Bestrafung schienen sein Verhalten nicht zu beeinflussen. Sein Gedächtnis war sprunghaft: In Fällen, wo man erwartete, daß er etwas gelernt hatte, versagte es, um dann plötzlich bei irgendeinem nebensächlichen Thema, etwa der Bauweise von Autos, detailliert und vorzüglich zu arbeiten. Glücklich oder traurig war der Patient nie, und auch Lust und Unlust waren offenbar nur von kurzer Dauer.

Den Patienten von Hebb/Penfield und Ackerly/Benton waren zahlreiche Persönlichkeitsmerkmale gemeinsam. Rigid und monoton in ihrer Lebenseinstellung, waren sie beide nicht in der Lage, ihre künftigen Tätigkeiten zu organisieren und sich längere Zeit in einer einträglichen beruflichen Stellung zu halten. Es mangelte ihnen an Originalität und Kreativität, sie neigten dazu, aufzuschneiden und sich in einem günstigen Licht darzustellen, ihre Umgangsformen waren im allgemeinen korrekt, aber stereotyp, sie waren nicht im gleichen Maße wie andere Menschen dazu fähig, Lust und Unlust zu empfinden, Sexualtrieb und Neugier waren reduziert, dabei wiesen sie aber keine Beeinträchtigungen im motorischen, sensorischen oder kommunikativen Bereich auf, und ihre Intelligenz bewegte sich, gemessen an ihrem soziokulturellen Hintergrund, im erwarteten Rahmen. Moderne Leidensgenossen bieten ein ganz ähnliches Bild, und bei denen, die ich beobachten konnte, stellten sich die gleichen Folgen ein. In Krankengeschichte und Sozialverhalten haben diese Patienten große Ähnlichkeit mit dem von Ackerly und Benton. Zur Kennzeichnung ihrer mißlichen Lage ließe sich sagen, daß sie nie eine angemessene Theorie der eigenen Person oder von deren Rolle in Vergangenheit und Zukunft entwickeln. Und was sie nicht für sich selbst entwerfen können, das entwickeln sie auch nicht für andere. Ihnen fehlt es an einer Theorie des eigenen Geistes und des Geistes derer, mit denen sie interagieren.[6]

Die vierte Quelle historischer Daten entdecken wir an unerwarteter Stelle: Es handelt sich um die Literatur über die Leukotomie. 1936 hat der portugiesische Neurologe Egas Moniz diesen chirurgischen Eingriff entwickelt, um die Angst und Erregung zu behandeln, die als Begleiterscheinungen von psychiatrischen Erkrankungen wie Zwangsstörung und Schizophrenie auftreten.[7] So, wie Moniz die Operation entwickelt und wie sein Mitarbeiter, der Neurochirurg Almeida Lima, sie durchgeführt hat, verursachte sie kleine Läsionen tief in der weißen Substanz beider Stirnlappen. (Der Name des Verfahrens ist denkbar einfach: *leukos* ist das griechische Wort für »weiß« und *tomos* das griechische Wort für »Schneiden, Schnitt«.) Wie im zweiten Kapitel erörtert, besteht die weiße Substanz unterhalb der Großhirnrinde aus Bündeln von Axonen oder Nervenfasern, deren jede der Fortsatz eines Neurons ist. Mit Hilfe des Axons stellt ein Neuron den Kontakt zu einem anderen Neuron her. Kreuz und quer ziehen sich die Axonenbündel durch die weiße Hirnsubstanz und verbinden auf diese Weise verschiedene Regionen der Großhirnrinde miteinander. Einige Verbindungen sind lokal, das heißt, sie verknüpfen Rindenregionen, die nur wenige Millimeter voneinander entfernt sind, während andere Axonen Kontakte zwischen Regionen herstellen, die sehr viel weiter auseinander liegen, beispielsweise zwischen Rindenfeldern in einer Großhirnhälfte und Feldern in der anderen. Auch zwischen Rindenregionen und subkortikalen Kernen, den Neuronenhäufungen unter der Großhirnrinde, gibt es Verbindungen in die eine oder andere Richtung. Ein Neuronenbündel, das von einem bekannten Ausgangs- zu einem gegebenen Zielpunkt führt, wird häufig als »Projektion« bezeichnet, weil die Axonen den Nervenimpuls auf ein bestimmtes Neuronenaggregat »projizieren« oder »werfen«. Eine Sequenz von Projektionen, die sich über mehrere Zielstationen erstreckt, heißt »Bahn«.

Neu an der Methode von Moniz war die Idee, daß bei Patienten mit pathologischen Angst- und Erregungszuständen die Projektionen und Bahnen der weißen Stirnhirnsubstanz abnorm repetitive und aktive Schaltkreise bilden würden. Für diese Hypothese gab es überhaupt keine Beweise, obschon neuere Untersuchungen über die Aktivität der Orbitalregion bei obsessiven und depressiven Patienten darauf schließen lassen, daß Moniz zumindest teilweise recht gehabt haben könnte, auch wenn die Einzelheiten falsch sind. Doch mochte Moniz' Idee auch noch so kühn sein und den konkreten Erkenntnissen der Zeit noch so sehr vorgreifen, sie war geradezu harmlos im Vergleich zu der Behandlung, die der portugiesische Neurologe vorschlug. Ausgehend vom Fall des Patienten A und von Tierversuchen, auf deren Ergebnisse ich unten noch zu sprechen kommen werde, sagte Moniz vorher, die operative Durchtrennung dieser Verbindungen werde die Angst und Erregung beseitigen, ohne die intellektuellen Fähigkeiten zu mindern. Nach seiner Auffassung würde die Operation das Leiden der Patienten heilen und ihnen ermöglichen, ein normales geistiges Leben zu führen. Unter dem Eindruck des verzweifelten Zustands, in dem sich viele unbehandelte Patienten befanden, entwarf und erprobte Moniz die Operation.

Die Ergebnisse der ersten Leukotomien schienen Moniz' Vorhersagen zu bestätigen. Die Angst und Erregung der Patienten verschwand, während Funktionen wie Sprache und konventionelles Gedächtnis weitgehend erhalten blieben. Daraus darf man jedoch nicht schließen, die Operation hätte die Patienten nicht in anderer Hinsicht in Mitleidenschaft gezogen. Ihr Verhalten, das nie normal gewesen war, wich jetzt auf andere Weise von der Norm ab. An die Stelle extremer Angst trat extreme Ruhe. Ihre Emotionen schienen abzuflachen. Offenbar litten sie nicht mehr. Ihr überaktiver Verstand, der unablässig Zwangsvorstellungen oder phantastische Wahnvorstellungen hervorgebracht hatte, verfiel in einen Ruhezustand. Der – sicherlich fehlgeleitete – Drang der Patienten, zu reagieren und zu agieren, wurde erstickt.

Die Berichte über diese ersten Eingriffe sind keineswegs befriedigend. Man hat sie vor langer Zeit mit den begrenzten neuropsychologischen Kenntnissen und Instrumenten der Epoche zusammengestellt – und sie sind nicht frei von Vorurteilen, positiven oder negativen, je nach Standpunkt des Betrachters. An dieser Behandlungsform hat sich eine heftige Kontroverse entzündet. Doch aus den vorliegenden Studien scheinen sich folgende Fakten zu ergeben: Erstens, die Schädigung der weißen Substanz unterhalb der orbitalen und der medialen Regionen des Stirnlappens modifizierte Gefühl und Empfinden, und zwar dergestalt, daß sie beide drastisch reduzierte. Zweitens, die fundamentalen Instrumente von Wahrnehmung, Gedächtnis, Sprache und Bewegung wurden nicht in Mitleidenschaft gezogen. Und drittens, in dem Maße, wie man die neuen Verhaltensmerkmale von denen trennen kann, die zu dem Eingriff führten, waren die Leukotomiepatienten offenbar weniger kreativ und entscheidungsfreudig als vorher.

Aus Gründen der Fairneß gegenüber Moniz und der ursprünglichen Leukotomiemethode ist festzuhalten, daß die Patienten zweifellos einen begrenzten Nutzen aus der Operation zogen. Ein gewisses Maß an Entscheidungsunfähigkeit war, gemessen an ihrer psychiatrischen Primärerkrankung, möglicherweise leichter zu ertragen als die frühere unkontrollierte Angst. Gewiß, eine solche chirurgische Hirnverstümmelung ist völlig unannehmbar, dennoch ist daran zu erinnern, daß in den dreißiger Jahren die übliche Behandlung solcher Patienten darin bestand, sie in eine psychiatrische Anstalt einzuweisen und/oder ihnen massive Dosen von Sedativa zu verabreichen, die die Angst nur dämpfen konnten, wenn man die Patienten so betäubte, daß sie sich praktisch im Dauerschlaf befanden. Die wenigen Alternativen zur Leukotomie waren unter anderem die Zwangsjacke und der Elektroschock. Erst Ende der fünfziger Jahre begann man Psychopharmaka wie das Chlorpromazin zu entwickeln. In diesem Zusammenhang ist daran zu erinnern, daß wir noch gar nicht wissen, ob die langfristigen Auswirkungen solcher Medikamente auf das Gehirn weniger schädlich sind als ein selektiver chirurgischer Eingriff. Wir müssen da mit unserem Urteil sehr vorsichtig sein.

Auf eine derartige Vorsicht können wir allerdings verzichten, wenn wir die weit destruktivere Spielart des Monizschen Eingriffs, die sogenannte frontale Lobotomie, betrachten. Die von Moniz entwickelte Operation rief eine begrenzte Hirnschädigung hervor. Dagegen war die frontale Lobotomie eine brutale Angelegenheit, die umfangreiche Läsionen verursachte. Die fragwürdige Art ihrer Anwendung und die überflüssigen Verstümmelungen, die sie hervorrief, brachten die Methode weltweit in Verruf.[8]

Anhand der historischen Dokumentationen und der Daten, die wir in unserem Labor gewonnen haben, sind wir zu den folgenden vorläufigen Schlußfolgerungen gelangt:

1. Wenn die Läsion sich auch auf den ventromedialen Abschnitt erstreckt, sind Schädigungen des präfrontalen Cortex stets mit Beeinträchtigungen von Denken/Entscheiden und Gefühl/Empfindung verknüpft.
2. Wenn sich Beeinträchtigungen von Denken/Entscheiden und Gefühl/Empfindung gegen ein ansonsten weitgehend intaktes neuropsychologisches Profil abheben, ist die Schädigung im ventromedialen Abschnitt am umfangreichsten. Außerdem ist der persönlich-soziale Bereich am stärksten betroffen.
3. In Fällen präfrontaler Schädigung, in denen die dorsalen und die lateralen Abschnitte mindestens genauso extensiv, wenn nicht sogar stärker in Mitleidenschaft gezogen sind als der ventromediale Abschnitt, beschränken sich die Denk- und Entscheidungsmängel nicht mehr auf den persönlich-sozialen Bereich. Diese Beeinträchtigungen sind, wie die Schwächen im Bereich Gefühl/Empfindung, von Mängeln der Aufmerksamkeit und des Arbeitsgedächtnisses begleitet, die sich in Tests mit Gegenständen, Wörtern oder Zahlen feststellen lassen.

Nun galt es herauszufinden, ob die seltsamen Bundesgenossen – Beeinträchtigung von Denken/Entscheiden und Beeinträchtigung von Gefühl/Empfindung – sich bei Schädigungen anderer Hirnregionen ebenfalls zeigen, allein oder in anderer neuropsychologischer Begleitung.

Sie tun es. Auch bei Schädigung anderer Abschnitte treten sie deutlich zutage. Einer dieser Bereiche liegt auf der rechten (aber nicht der linken) Großhirnhälfte. Dort gibt es mehrere Rindenfelder, die Signale vom Körper verarbeiten. Ein anderer umfaßt Strukturen des limbischen Systems, etwa die Amygdale, den Mandelkern.

Anhaltspunkte von Schädigungen außerhalb des präfrontalen Cortex

Es gibt noch eine weitere neurologische Erkrankung, bei der die Phineas-Gage-Matrix auftritt, obwohl die betroffenen Patienten oberflächlich betrachtet keine Ähnlichkeit mit Gage haben. Die Anosognosie – so der Name – bietet eines der merkwürdigsten neuropsychologischen Krankheitsbilder, die bekannt sind. Die Bezeichnung – die sich aus den griechischen Wörtern *nosos*, »Krankheit«, und *gnosis*, »Erkenntnis«, zusammensetzt – beschreibt die Unfähigkeit, eine Krankheit an sich selbst zu erkennen. Stellen Sie sich das Opfer eines schweren Schlaganfalls vor, linksseitig völlig gelähmt, unfähig, Hand und Arm, Bein und Fuß zu bewegen, die Hälfte des Gesichts unbeweglich, nicht in der Lage, zu stehen oder zu gehen. Und nun malen Sie sich aus, daß dieser Mensch das ganze Problem nicht zur Kenntnis nimmt, berichtet, daß ihm nichts fehle, und auf die Frage, wie er sich *fühle*, mit einem ehrlich gemeinten »gut« antwortet. (Mit dem Terminus *Anosognosie* wird gelegentlich auch das Nicht-Wahrnehmen einer Blindheit oder Aphasie bezeichnet. In meinen Ausführungen beziehe ich mich nur auf die prototypische Form der Krankheit, wie ich sie oben erläutert habe und wie sie zuerst von Babinski beschrieben wurde.[9])

Wer mit der Anosognosie nicht vertraut ist, könnte denken, diese »Krankheitsverleugnung« könnte »psychologisch« motiviert sein, ein Versuch, sich der Situation anzupassen. Ich kann mit Gewißheit sagen, daß dies nicht der Fall ist. Nehmen wir die spiegelbildliche Tragödie: Die *rechte* und nicht die linke Körperseite ist gelähmt. Solche Patienten haben in der Regel keine Anosognosie. Obwohl sie häufig beim Sprechen sehr behindert sind und möglicherweise unter einer Aphasie leiden, haben sie volle Einsicht in ihre Erkrankung. Im übrigen können manche Patienten mit einer schweren linksseitigen Lähmung normal in ihrem Denken und Verhalten sein und sich ihre Behinderung bewußtmachen. In diesen Fällen liegt eine Schädigung von anderem Muster vor als die Läsion, die Lähmung *und* Anosognosie verursacht. Mit einem Wort, eine linksseitige Lähmung, die durch eine Hirnschädigung eines bestimmten Musters verursacht wird, ist von Anosognosie begleitet. Bei einer rechtsseitigen Lähmung, die durch eine spiegelbildliche Hirnläsion bewirkt wird, tritt keine Anosognosie als Begleiterscheinung auf. Wenn linksseitige Lähmung durch Hirnschädigungen mit anderem Muster hervorgerufen wird, als es bei Anosognosie zu beobachten ist, ist die Krankheitseinsicht normal. Mithin tritt Anosognosie systematisch bei Schädigung einer bestimmten Hirnregion – und nur dieser Region – auf. Diese Patienten mögen Beobachtern, die mit neurologischen Sachverhalten nicht sehr vertraut sind, glücklicher erscheinen als diejenigen, die halbseitig gelähmt und sprachbehindert sind. Die »Krankheitsverleugnung« resultiert aus dem Verlust einer bestimmten kognitiven Funktion. Dieser Verlust wiederum hängt von einem bestimmten Gehirnsystem ab, das durch einen Schlaganfall oder verschiedene andere neurologische Erkrankungen geschädigt werden kann.

Typischen Anosognostikern muß man ihre unübersehbare Behinderung vor Augen führen, damit sie erkennen, daß ihnen etwas fehlt. Immer wenn ich meine Patientin DJ nach ihrer linksseitigen Lähmung fragte, antwortete sie zunächst, daß ihre Bewegungen völlig normal seien, daß sie vielleicht früher einmal behindert gewesen sei, daß das aber nun vorbei sei. Wenn ich sie aufforderte, ihren linken Arm zu bewegen, dann suchte sie nach ihm und fragte, nachdem sie das bewegungslose Glied betrachtet hatte, ob ich wirklich wolle, daß »es« sich »von selbst« bewege. Bejahte ich das, so nahm sie *visuell* zur Kenntnis, daß der Arm völlig bewegungslos war, und teilte mir mit: »Er scheint nicht viel von selbst zu tun.« Als Zeichen ihrer Kooperationsbereitschaft bot sie mir an, den beeinträchtigten Arm mit der gesunden Hand zu bewegen: »Ich kann ihn mit der rechten Hand bewegen.«

Diese Unfähigkeit, die Behinderung automatisch, rasch und innerlich durch das sensorische System des Körpers zu erfassen, ist in schweren Fällen von Anosognosie irreparabel, während es sich in leichten Fällen maskieren läßt. Beispielsweise kann ein Patient über die visuelle Erinnerung an die bewegungslosen Gliedmaßen verfügen und daraus den Schluß ziehen, daß mit diesem Teil des Körpers etwas nicht stimmt. Oder ein Patient erinnert sich an die zahllosen Äußerungen von Verwandten, Ärzten und Schwestern, daß er gelähmt, daß er krank und daß seine Situation keinesfalls normal ist. Solche externen Informationen nutzend, erklärt einer unserer intelligentesten Anosognostiker ständig: »*Früher* hatte ich das Problem« oder »*Früher* habe ich es nicht zur Kenntnis genommen«. Natürlich hat er das Problem noch immer. Der Mangel an direkten Informationen über den aktuellen Zustand des Körpers und der Person ist schon sehr befremdlich. (Leider wird dieser feine Unterschied zwischen dem direkten und dem indirekten Krankheitsbewußtsein in den Kommentaren zur Anosognosie häufig übersehen oder mißdeutet. Eine der seltenen Ausnahmen ist A. Marcel.[10])

Nicht weniger auffällig als die Mißachtung, mit der anosognostische Patienten ihren kranken Gliedmaßen begegnen, ist die Sorglosigkeit, mit der sie ihre Situation beurteilen, der Gefühlsmangel, den sie erkennen lassen, und die Empfindungslosigkeit, von der sie berichten, wenn sie danach gefragt werden. Die Nachricht, daß sie einen schweren Schlaganfall erlitten hätten, daß die Gefahr weiterer Hirn- oder Herzschäden groß sei, oder die Mitteilung, daß sie an einer progressiven Krebserkrankung litten, die jetzt auf das Gehirn übergegriffen habe – kurz, die Nachricht, daß das Leben wahrscheinlich nie wieder sein wird, was es vorher war –, wird gewöhnlich mit Gleichmut oder sogar Galgenhumor aufgenommen, aber nie mit Angst oder Trauer, Tränen oder Wut, Verzweiflung oder Panik. In diesem Zusammenhang ist anzumerken, daß ein Patient mit spiegelbildlicher Schädigung in der linken Hemisphäre völlig normal reagiert, wenn man ihm derart niederschmetternde Mitteilungen macht. Gefühl und Empfindung sind bei anosognostischen Patienten überhaupt nicht zu beobachten, und das ist vielleicht der einzige glückliche Aspekt ihres ansonsten so tragischen Leidens. Vielleicht ist es für Sie keine Überraschung mehr, wenn ich Ihnen mitteile, daß bei diesen Patienten die Zukunftsplanung und die persönliche wie soziale Entscheidungsfindung stark behindert ist. Die Lähmung ist vielleicht das kleinste ihrer Übel.

In einer systematischen Untersuchung an anosognostischen Patienten hat der Neuropsychologe Steven Anderson bestätigt, wie umfangreich die Defekte sind, und nachgewiesen, daß die Patienten ihre Situation und deren Folgen genausowenig zur Kenntnis nehmen wie ihre Lähmung.[11] Viele scheinen nicht erkennen zu können, wie wahrscheinlich schicksalhafte Folgen sind. Und wenn sie sie doch antizipieren, dann leiden sie offenbar nicht so darunter, wie es zu erwarten wäre. Augenscheinlich können sie keine angemessene Theorie für das entwickeln, was ihnen in der Zukunft zustoßen könnte, und für das, was andere von ihnen denken. Außerdem sind sie sich, was genauso wichtig ist, nicht bewußt, daß ihre Theoriebildung unzulänglich ist. Wenn das Selbstbild so lückenhaft ist, kann sich der Patient möglicherweise nicht mehr klarmachen, daß die Gedanken und Handlungen des Selbst nicht normal sind.

Bei Patienten, die unter der oben beschriebenen Art von Anosognosie leiden, liegt eine Schädigung der rechten Hemisphäre vor. Obwohl die neuroanatomischen Korrelate der Anosognosie noch nicht vollständig beschrieben sind, ist doch soviel klar: Die Schädigung betrifft eine bestimmte Gruppe von Rindenfeldern der rechten Hemisphäre, die man als somatosensibel bezeichnet (nach der griechischen Sprachwurzel *soma*, für »Körper«; das somatosensible System ist sowohl für das äußere Tast-, Temperatur- und Schmerzempfinden zuständig wie für die inneren Körpersinne: Propriorezeption (Gelenkstellung),

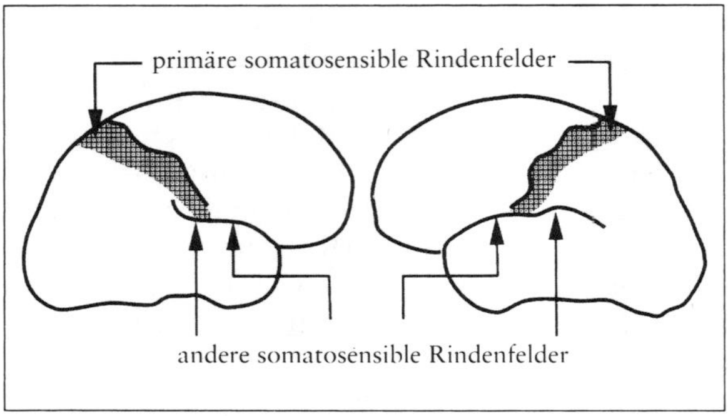

Abbildung 4.2 Diagramm eines menschlichen Gehirns, das die Außenansicht der rechten und der linken Hemisphäre zeigt. Die schraffierten Bereiche entsprechen den primären somatosensiblen Rindenfeldern. Andere somatosensible Felder, beziehungsweise das zweite sensible Feld (S_2) und die Insel, sind in der Sylvischen Fissur unmittelbar vor und hinter dem unteren Rand der primären somatosensiblen Rindenfelder verborgen. Bei einer Oberflächenwiedergabe sind sie deshalb nicht zu sehen. Ihre ungefähre Lage in der Tiefe ist durch Pfeile angezeigt.

viszeraler Zustand und Schmerz). Dazu gehören die Rindenabschnitte der Insel, die zytoarchitektonischen Felder 3, 1 und 2 (in der Parietalregion) sowie das Feld S_2 (ebenfalls zur Parietalregion gehörig, tief in der Sylvischen Fissur gelegen). (Immer wenn ich den Ausdruck somatisch oder somatosensibel verwende, meine ich das Soma, den Körper, in der allgemeinen Bedeutung des Wortes, und ich bezeichne damit alle Arten von Körperempfindungen einschließlich der viszeralen Sinneswahrnehmungen.) Die Schädigung erfaßt auch die weiße Substanz der rechten Hemisphäre und unterbricht damit die Verbindung zwischen den obengenannten Regionen, die Signale aus dem ganzen Körper empfangen (von Muskeln, Gelenken, inneren Organen), und ihre Verbindung zum Thalamus, den Basalganglien, den motorischen und den präfrontalen Rindenfeldern. Eine partielle Schädigung des hier beschriebenen mehrteiligen Systems verursacht *nicht* die Art von Anosognosie, von der ich rede.

Seit langem schon gehe ich von der Arbeitshypothese aus, daß die Gehirnfelder, die innerhalb der bei Anosognosie rechtsseitig geschädigten Region in wechselseitiger Verbindung stehen, durch ihre kooperative Interaktion wahrscheinlich die umfassendste und integrierteste Karte des aktuellen Körperzustands produzieren, über die das Gehirn verfügt.

Vielleicht fragt sich der Leser, warum diese Karte nur in der rechten Hemisphäre entsteht und nicht zweiseitig ist, schließlich hat der Körper doch zwei fast symmetrische Hälften. Die Antwort lautet, daß beim Menschen wie bei vielen nichtmenschlichen Arten die Funktionen offenbar *a*symmetrisch auf die Hirnhälften verteilt sind, und zwar aus Gründen, die wahrscheinlich damit zu tun haben, daß der Organismus, wenn er sich für eine Handlung oder einen Gedanken entscheiden muß, besser mit einer endgültigen Kontrollinstanz fährt als mit zweien. Wenn beide Seiten gleichberechtigt über die Ausführung einer Bewegung mitbestimmen könnten, befänden Sie sich am Ende möglicherweise in einem Konflikt – Ihre rechte Hand würde etwas anderes wollen als Ihre linke, und Ihre Aussichten, bei Beteiligung von mehr als einer Gliedmaße ein koordiniertes Bewegungsmuster hervorzubringen, wären sehr viel geringer. Bei einer Vielzahl von Funktionen müssen die Strukturen in einer Hemisphäre bevorzugt werden; diese Strukturen bezeichnet man als *dominant*.

Das bekannteste Beispiel für Dominanz betrifft die Sprache. Bei mehr als 95 Prozent aller Menschen, auch vielen Linkshändern, hängt die Sprache weitgehend von linkshemisphärischen Strukturen ab. Ein anderes Beispiel für Dominanz, in dem diesmal die rechte Hemisphäre bevorzugt ist, hat mit dem integrierten Körperempfinden zu tun. Dabei werden die Repräsentationen von viszeralen Zuständen und die Repräsentationen von den Teilelementen des Bewegungsapparates – Gliedmaßen, Rumpf und Kopf – zu einer dynamischen, koordinierten Karte zusammengefaßt. Nicht um eine einzige, zusammenhängende Karte handelt es sich, sondern um die

Wechselwirkung und Koordination von Signalen separater Karten. Das Ganze ist so organisiert, daß die Signale, die die rechte wie die linke Körperseite betreffen, überwiegend in den drei oben bezeichneten somatosensiblen Cortexabschnitten der rechten Hemisphäre zusammenlaufen. Interessanterweise unterliegt auch die Repräsentation des extrapersonalen Raums und emotionaler Prozesse einer rechtshemisphärischen Dominanz.[12] Damit soll nicht gesagt sein, daß die äquivalenten Strukturen in der linken Hemisphäre den Körper oder auch den Raum nicht repräsentieren. Es handelt sich lediglich um Repräsentationen anderer Art: Linkshemisphärische Repräsentationen sind wahrscheinlich partiell und nicht integriert.

Es gibt einige Ähnlichkeiten zwischen Anosognostikern und Patienten mit präfrontaler Schädigung. Beispielsweise sind anosognostische Patienten nicht in der Lage, angemessene Entscheidungen in persönlichen oder sozialen Fragen zu treffen – sowenig wie präfrontale Patienten. Und präfrontale Patienten mit Mängeln in der Entscheidungsfindung sind wie Anosognostiker gleichgültig gegenüber ihrem Gesundheitszustand und scheinen über eine ungewöhnliche Schmerztoleranz zu verfügen.

Das wird den einen oder anderen Leser vielleicht überraschen, und er wird sich fragen, warum er noch nie etwas von den Entscheidungsproblemen der Anosognostiker gehört hat. Warum hat sich das geringe Interesse, das man für die beeinträchtigte Urteilsfähigkeit nach Hirnschädigungen aufgebracht hat, auf präfrontal geschädigte Patienten konzentriert? Eine Erklärung könnte darin liegen, daß Patienten mit präfrontalen Läsionen neurologisch normal wirken (ihre Bewegungen, Sinneswahrnehmungen und Sprachfertigkeiten sind intakt; die Störung liegt in der Beeinträchtigung ihrer Gefühle und Denkfähigkeit) und daß sie sich deshalb an einer Vielzahl sozialer Interaktionen beteiligen können, die ihre mangelhafte Urteilsfähigkeit rasch an den Tag bringen. Dagegen gelten Patienten mit Anosognosie überwiegend als krank, weil ihre motorischen und sensorischen Beeinträchtigungen nicht zu übersehen sind, und sind deshalb in ihrer Möglichkeit zu sozialer Interaktion stark eingeschränkt. Mit anderen Worten, sie haben kaum Gelegenheit, sich selbst zu schaden. Trotzdem sind die Entscheidungsschwächen vorhanden und können sich jederzeit manifestieren, sobald sich eine Gelegenheit bietet, indem sie beispielsweise die besten Rehabilitationspläne durchkreuzen, die Angehörige und Fachleute für sie aufstellen. Unfähig zu der Erkenntnis, wie stark sie behindert sind, zeigen diese Patienten wenig oder keine Neigung, mit den Therapeuten zusammenzuarbeiten, und überhaupt keine Motivation, sich zu erholen. Warum sollten sie auch, wenn ihnen gar nicht bewußt ist, wie schlecht es ihnen geht? Der Beobachter darf sich nicht davon täuschen lassen, daß diese Patienten fröhlich oder gleichgültig wirken – das Erscheinungsbild ist nicht willkürlich und beruht nicht auf einer Kenntnis der Situation. Und doch wird es häufig dahingehend mißdeutet, daß sich der Patient gut auf die Situation eingestellt habe. Man neigt dazu, nach außen fröhlich wirkenden Patienten eine bessere Prognose zu stellen als ihren traurigen, ängstlichen Leidensgenossen im Zimmer nebenan.

Ein besonders trauriges Beispiel ist das des Richters William O. Douglas vom Obersten Gerichtshof, der 1975 einen rechtshemisphärischen Schlaganfall erlitt.[13] Da er keine Sprachbehinderungen erkennen ließ, hatte er gute Aussichten, seine Gerichtstätigkeit wieder aufnehmen zu können, zumindest glaubten das die Menschen, die hofften, daß dieser glänzende und tatkräftige Jurist dem Gericht nicht frühzeitig verlorengehen werde. Doch sie wurden von den bedrückenden Ereignissen, die folgten, widerlegt und mußten miterleben, welch problematische Folgen es haben kann, wenn man einem Patienten mit solchen Behinderungen erlaubt, sein soziales Leben uneingeschränkt wiederaufzunehmen.

Die ersten Warnsignale zeigten sich schon frühzeitig, als Douglas das Krankenhaus gegen ärztliches Anraten verließ (das tat er mehr als einmal, fuhr zum Gericht oder begab sich auf anstrengende Einkaufsbummel oder Restaurantbesuche). Dies und die scherzhafte Weise, in der er seinen Krankenhausaufenthalt auf einen »Sturz« zurückführte und seine Lähmung als Erfindung abtat, wurden seiner sprichwörtlichen Charakterstärke und seinem Humor zugeschrieben. Als er in einer öf-

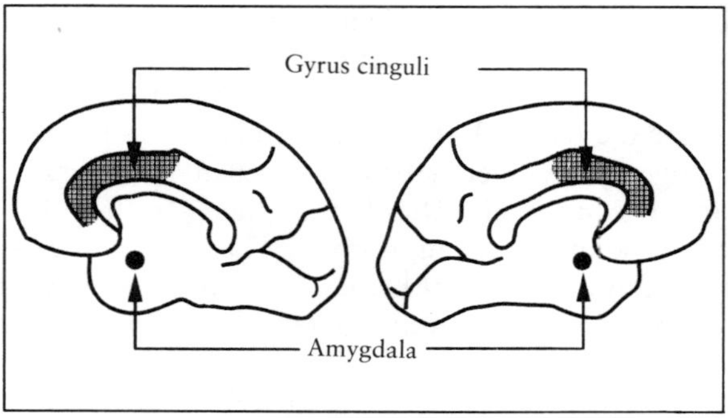

Abbildung 4.3 Blick auf die Innenflächen beider Hemisphären. Die schraffierten Bereiche entsprechen dem vorderen Teil des Gyrus cinguli. Der schwarze Kreis bezeichnet die Projektion der Amygdala auf die Innenfläche der Schläfenlappen.

fentlichen Pressekonferenz eingestehen mußte, daß er nicht gehen und nicht ohne Hilfe aus seinem Rollstuhl aufstehen konnte, tat er dieses Problem ab, indem er erklärte: »Gehen hat sehr wenig mit der Arbeit bei Gericht zu tun.« Trotzdem lud er die Journalisten ein, im nächsten Monat eine Wanderung mit ihm zu unternehmen. Als sich später erneute Bemühungen um eine Rehabilitation als erfolglos erwiesen hatten, erklärte Douglas einem Besucher, der sich nach seinem linken Bein erkundigte: »In der Turnhalle habe ich damit über dreißig Meter weit geschossen« und behauptete, er werde einen Vertrag bei den Washington Redskins, einem Footballteam der ersten Liga, unterzeichnen. Als der verblüffte Besucher höflich erwiderte, sein fortgeschrittenes Alter könnte ihm vielleicht einen Strich durch die Rechnung machen, lachte der Richter und meinte: »Sicher, aber Sie sollten sehen, wie ich sie in die Tasche stecke.« Aber das Schlimmste kam noch: Im Umgang mit den anderen Richtern und den Justizangestellten verstieß er ständig gegen alle gesellschaftlichen Spielregeln. Und obwohl er zur Ausübung seines Berufes nicht mehr fähig war, weigerte er sich hartnäckig, ihn aufzugeben, und sogar nachdem man ihn dazu gezwungen hatte, verhielt er sich wiederholt, als wäre alles beim alten.

Anosognostiker der Art, die ich hier beschreibe, haben mehr Probleme als nur eine linksseitige Lähmung, deren sie sich nicht bewußt sind. Sie sind auch beeinträchtigt in Hinblick auf Denken und Entscheidungsfindung sowie auf Gefühl und Empfinden.

Noch ein Wort zu Daten über Schädigungen der Amygdala, eines der wichtigsten Bestandteile des limbischen Systems. Patienten mit bilateraler Schädigung, die auf die Amygdala beschränkt ist, sind außerordentlich selten. Meine Kollegen Daniel Tranel, Hanna Damasio, Frederick Nahm und Bradley Hyman sind in der glücklichen Lage, eine solche Patientin untersuchen zu können – eine Frau, die schon ihr ganzes Leben lang das immer gleiche Muster persönlicher und sozialer Unangemessenheit erkennen läßt.[14] Kein Zweifel, daß die Bandbreite und Angemessenheit ihrer Emotionen eingeschränkt sind und daß sie kaum empfindet, wie problematisch die Situationen sind, in die sie sich bringt. Ihr Verhalten ist ähnlich »töricht« wie das von Phineas Gage oder von anosognostischen Patienten, und wie bei ihnen läßt es sich nicht auf unzulängliche Bildung oder Intelligenz zurückführen (die betreffende Frau ist High-School-Absolventin, und ihr IQ liegt im Normalbereich). Außerdem hat Ralph Adolphs in einer Reihe einfallsreicher Experimente nachgewiesen, daß diese Patientin subtilere Aspekte der Emotion sehr abnorm beurteilt. Zwar dürfen wir diesen Ergebnissen noch nicht zuviel Gewicht beimessen, weil sie erst in vergleichbaren Fällen bestätigt werden müssen, dennoch möchte ich darauf hinweisen, daß entsprechende Läsionen bei Affen einen Defekt der Emotionsverarbeitung hervorrufen, was zunächst Larry Weiskrantz gezeigt hat und später Aggleton und Passingham bestätigt haben. Außerdem hat Joseph LeDoux in Rattenversuchen zweifelsfrei nachgewiesen, daß die Amygdala eine wichtige Rolle für die Emotion spielt (mehr über diese Ergebnisse im siebten Kapitel).[15]

Gedanken zum Verhältnis von Anatomie und Funktion

Der vorstehende Überblick über neurologische Erkrankungen, in denen sich eine auffällige Beeinträchtigung von Denken/Entscheidungsfindung und Gefühl/Empfinden zeigt, macht folgende Punkte deutlich:

Erstens: Es gibt eine Region im menschlichen Gehirn, den ventromedialen, präfrontalen Cortex, dessen Schädigung in denkbar reiner Form sowohl Denken/Entscheidungsfindung als auch Gefühl/Empfinden mindert – vor allem im persönlichen und sozialen Bereich. Metaphorisch könnte man sagen, daß sich Vernunft und Emotion in den ventromedialen präfrontalen Rindenabschnitten und in der Amygdala »überschneiden«.

Zweitens: Es gibt eine Region des menschlichen Gehirns, den Komplex somatosensibler Rindenfelder in der rechten Hemisphäre, deren Schädigung die gleichen Eigenschaften – Denken/Entscheidungsfindung und Gefühl/Empfinden – in Mitleidenschaft zieht und außerdem die Verarbeitung der grundlegenden Körpersignale tiefgreifend stört.

Drittens: Es gibt Regionen im präfrontalen Cortex jenseits des ventromedialen Abschnitts, deren Schädigung Denken und Entscheidungsfindung ebenfalls beeinträchtigt, aber ein anderes Erscheinungsbild hervorruft: Entweder ist der Defekt weit umfassender und schmälert die intellektuellen Operationen in allen Bereichen, oder er ist selektiver und zieht Operationen mit Wörtern, Zahlen, Gegenständen und räumlichen Beziehungen stärker in Mitleidenschaft als Operationen im persönlichen und sozialen Bereich. Eine ungefähre Karte der wichtigsten Überschneidungen zeigt die Abbildung 4.4.

Zusammenfassend läßt sich sagen, daß es offenbar eine Reihe von Systemen im menschlichen Gehirn gibt, die einerseits für den zielorientierten Denkprozeß zuständig sind, den wir Schlußfolgern oder Urteilen nennen, und andererseits für die Reaktionsselektion, die wir als Entscheidungsfindung bezeichnen – was vor allem für Ereignisse im persönlichen und

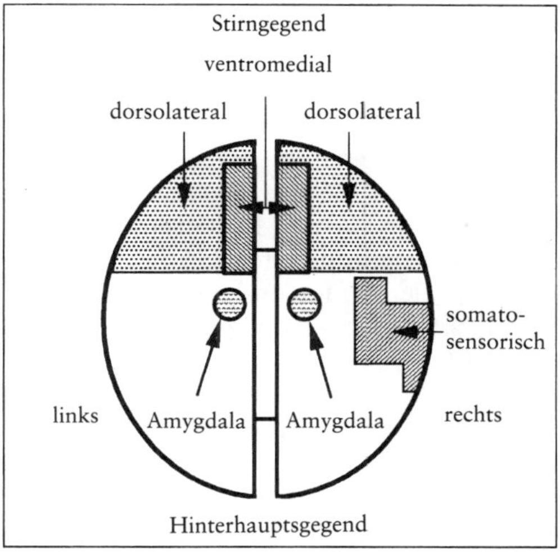

Abbildung 4.4 Ein Diagramm der Regionen, deren Schädigung sowohl die Denkfähigkeit als auch die Emotionsverarbeitung beeinträchtigt.

sozialen Bereich gilt. Diese Systeme sind auch an Gefühl und Empfinden beteiligt und teilweise mit der Verarbeitung von Körpersignalen befaßt.

Eine Energiequelle

Bevor ich das Gebiet menschlicher Hirnläsionen verlasse und mich anderen Themen zuwende, möchte ich noch die Hypothese äußern, daß es eine bestimmte Region im menschlichen Gehirn gibt, wo die Systeme, die mit Gefühl/Empfinden, Aufmerksamkeit und Arbeitsgedächtnis befaßt sind, so eng zusammenwirken, daß sie die Energie sowohl für äußeres Handeln (Bewegung) als auch für inneres Handeln (Denkantrieb, Urteilsprozesse) liefern. Diese energiespendende Region ist der vordere Teil des Gyrus cinguli, ein weiteres Teil im Puzzle des limbischen Systems.

Meine Vorstellung von der Bedeutung dieser Region erwächst aus der Beobachtung einer Gruppe von Patienten, die eine Schädigung dieser Region und ihrer Umgebung aufweisen. Ihr Zustand läßt sich am besten als geistige und äußerliche Motivationsstörung beschreiben – die extreme Spielart einer Beeinträchtigung der Urteilsfähigkeit und des emotionalen Ausdrucks. Zu den wichtigsten von der Schädigung betroffenen Regionen gehören der vordere Teil des Gyrus cinguli (ich werde ihn einfach als »Gyrus cinguli« bezeichnen), das motorische Supplementärfeld (als SMA oder M_2 bekannt) und das dritte motorische Feld (M_3).[16] In einigen Fällen sind auch angrenzende präfrontale Bereiche beteiligt, etwa die motorische Rinde an der Innenfläche der Hemisphäre. Im großen und ganzen hat man die Felder in diesem Abschnitt des Stirnlappens mit Bewegung, Gefühl und Aufmerksamkeit in Zusammenhang gebracht. (Ihre Beteiligung an motorischen Funktionen ist eindeutig bewiesen; zu Hinweisen auf ihre Mitwirkung an Gefühl und Aufmerksamkeit vgl. Damasio und Van Hoesen, 1983, beziehungsweise Posner und Petersen, 1990.[17]) Eine Schädigung dieses Abschnitts bewirkt nicht nur Störungen der Bewegung, Emotion und Aufmerksamkeit, sondern hebt praktisch auch den Antrieb zu Handeln und Denken auf, so daß kein vernünftiges Verhalten mehr möglich ist. Eine Vorstellung von der Art dieser Störung vermittelt die Geschichte einer meiner Patientinnen, bei der diese Schädigung vorlag.

Der Schlaganfall, den diese Patientin erlitt – ich werde sie Mrs. T. nennen –, rief umfangreiche Schädigungen der dorsalen und der medialen Region des Temporallappens in beiden Hemisphären hervor. Augenblicklich wurde sie bewegungs- und sprachlos und lag mit offenen Augen, aber leerem Gesichtsausdruck im Bett. Ich verwende gern das Wort »neutral«,

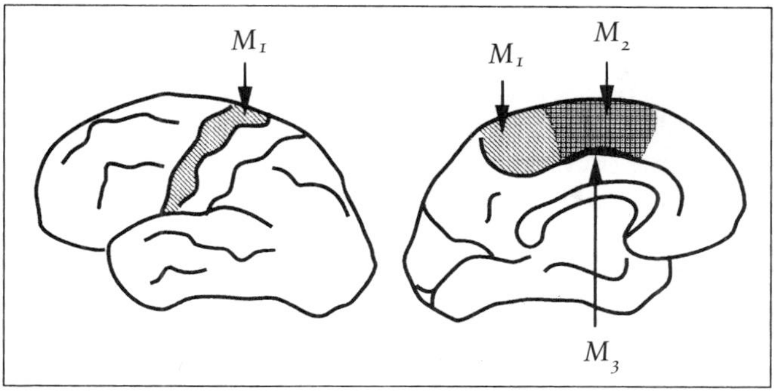

Abbildung 4.5 Diagramm des menschlichen Gehirns, das die Außenansicht (links) und Innenansicht (rechts) der linken Hemisphäre zeigt. sowie die Lage der drei wichtigsten motorischen Rindenregionen: M_1 umfaßt den sogenannten motorischen Streifen, der in jeder bildlichen Darstellung des Gehirns auftaucht. Häufig befindet sich darüber noch eine häßliche menschliche Gestalt (»Penfields Homunculus«). Weniger bekannt ist M_2, das motorische Supplementärfeld, der innere Teil von Area 6. Noch weniger bekannt ist M_3, das in der Tiefe des Sulcus cinguli verborgen liegt.

um solchen Gleichmut – oder die Abwesenheit – dieses Ausdrucks zu beschreiben.

Ihr Körper war nicht lebendiger als ihr Gesicht. Manchmal führte sie wohl eine normale Bewegung mit Arm und Hand aus, um beispielsweise die Bettdecke hochzuziehen, aber im allgemeinen zeigten ihre Gliedmaßen keinerlei Bewegung. Nach ihrer Situation befragt, blieb sie gewöhnlich stumm, obwohl sie nach langem Drängen gelegentlich ihren Namen, den ihres Mannes und ihrer Kinder nannte oder den der Stadt, in der sie lebte. Aber sie gab keine Auskunft über ihre Krankengeschichte, ihre frühere oder gegenwärtige, und sie konnte die Ereignisse nicht beschreiben, die zur Einweisung ins Krankenhaus geführt hatten. Infolgedessen ließ sich nicht feststellen, ob sie sich an diese Ereignisse nicht erinnerte oder ob sie sich zwar an sie erinnerte, aber nicht bereit oder nicht in der Lage war, über sie zu sprechen. Nie regte sie sich über meine hartnäckigen Fragen auf, und nie zeigte sie einen Anflug von Kummer über ihre Situation oder über irgendeinen anderen Umstand. Monate später, als sie allmählich aus diesem Zustand von Mutismus und Akinesie (Bewegungsarmut) erwachte und auf Fragen antwortete, begann sie das Geheimnis ihres Geisteszustands zu lüften. Anders, als man hätte denken können, war ihr Bewußtsein nicht in das Gefängnis ihrer Bewegungslosigkeit eingesperrt. Vielmehr scheint es nicht viel Bewußtsein gegeben zu haben, kein wirkliches Denken oder Schlußfolgern. Die Passivität in Gesicht und Körper brachte ihren Mangel an geistigem Leben angemessen zum Ausdruck. Bei diesem späteren Gespräch war sie sich sicher, daß sie die fehlende Kommunikation nicht bekümmert habe. Nichts habe sie gezwungen, mit ihrer Meinung hinterm Berg zu halten. Vielmehr, so erinnerte sie sich, »hatte ich wirklich nichts zu sagen«.

Nach meiner Ansicht war Mrs. T. damals emotionslos. Ihrer eigenen Erinnerung zufolge hatte sie während dieser ganzen Zeit keine Gefühle. Sie hat, wie ich glaube, die externen Stimuli, die ihr dargeboten wurden, ebensowenig beachtet wie deren innere Repräsentationen beziehungsweise Repräsentationen damit zusammenhängender Evokationen. Ich denke, ihr Wille war ausgeschaltet, und so scheint sie es auch empfunden zu haben. (In Anlehnung an meine Vermutung, daß bei Patienten mit solchen Läsionen der Wille aufgehoben ist, hat Francis Crick die Möglichkeit erörtert, ob es ein neuronales Substrat des freien Willens gibt.[18]) Mit einem Wort, sie litt primär unter einer Störung des Antriebs, mit dem Vorstellungsbilder und Bewegungen erzeugt werden, und der Mittel, durch die sie verstärkt werden. Dieser Antriebsmangel äußerte sich extern als neutraler Gesichtsausdruck, Mutismus und Akinesie. Offenbar gab es in Mrs. Ts Bewußtsein keine normal differenzierten Gedanken und Schlußfolgerungen, so daß sie natürlich auch keine Entscheidungen treffen und erst recht keine in die Tat umsetzen konnte.

Daten aus Tierversuchen

Weitere Anhaltspunkte für den Gedankengang, den ich hier entwickle, stammen aus Tierversuchen. Die erste Studie, die ich erörtern möchte, wurde in den dreißiger Jahren durchgeführt. Offenbar hat eine Beobachtung an Schimpansen eine wichtige Rolle für das Leukotomieprojekt gespielt: Wenn sie nicht der Auslöser war, dann doch zumindest die Bestätigung, die Moniz brauchte, um seine Idee weiterzuentwickeln. Zu verdanken ist die Beobachtung den Forschern J. F. Fulton und D. F. Jacobson von der Yale University, die sich in ihren Untersuchungen mit Lernen und Gedächtnis beschäftigten.[19] Becky und Lucy, die beiden Schimpansenweibchen, mit denen sie arbeiteten, waren keine angenehmen Geschöpfe. Wenn sie frustriert waren, was leicht geschah, konnten sie ziemlich tückisch werden. Im Zuge ihrer Untersuchung wollten Fulton und Jacobson herausfinden, wie sich eine Läsion des präfrontalen Cortex auf die Fähigkeit der Tiere auswirkte, eine Experimentalaufgabe zu lernen. Zunächst schädigten die Forscher einen Stirnlappen. Leistung und Persönlichkeit der Tiere zeigten keine besondere Wirkung. Dann brachten die Forscher auch dem anderen Stirnlappen eine Läsion bei. Daraufhin zeigte sich ein bemerkenswertes Ergebnis. Situationen, auf die Becky und Lucy zuvor frustriert reagiert hatten, schienen ihnen jetzt nichts mehr auszumachen. Statt tückisch, waren sie nun friedfertig. 1935 hat Jacobsn auf dem Weltkongreß für Neurologie einem Saal voller Kollegen diese Verwandlung in lebhaften Worten geschildert.[20] Als Moniz die Ausführungen hörte, soll er aufgestanden sein und gefragt haben, ob ähnliche Läsionen im Gehirn psychotischer Patienten nicht eine Lösung für einige ihrer Probleme bedeuten könnten. Der verblüffte Fulton blieb ihm eine Antwort schuldig.

Eine zweiseitige präfrontale Schädigung von der oben beschriebenen Art schließt normale emotionale Reaktionen aus und verursacht, was nicht weniger wichtig ist, Anomalien des Sozialverhaltens. In einer Reihe aufschlußreicher Untersuchungen an kleineren, langschwänzigen Affenarten hat Ronald Myers nachgewiesen, daß Tiere, bei denen man den präfrontalen Cortex beidseitig entfernt (die ventromedialen und dorsolateralen Abschnitte unter Aussparung des Gyrus cinguli), keine normalen Beziehungen mehr in ihrem Sozialverband unterhalten, obwohl ihr physisches Erscheinungsbild sich nicht verändert hat.[21] Diese Affen zeigen einen starken Rückgang der Verhaltensweisen, die der Körperpflege (bei sich und anderen) dienen, erheblich verringerte affektive Interaktionen, egal, ob es sich um Männchen, Weibchen oder Jungtiere handelt, ein reduziertes Mienenspiel und weniger Vokalisationen, Beeinträchtigungen des mütterlichen Verhaltens und sexuelle Indifferenz. Zwar können sie sich noch normal bewegen, aber es gelingt ihnen nicht, die Beziehung zu den anderen Tieren des Verbandes aufrechtzuerhalten, zu denen sie vor der Operation gehörten, und die anderen Tiere zeigen kein Interesse an einer Beziehung zu ihnen. Dagegen unterhalten die anderen Tiere ganz normale Beziehungen zu Affen, die unter schweren körperlichen Mängeln wie etwa Lähmungen leiden, aber keine präfrontale Schädigung aufweisen. Obwohl die gelähmten Affen stärker behindert zu sein scheinen als Affen mit präfrontaler Schädigung, suchen und erhalten sie die Unterstützung ihrer Artgenossen.

Man darf wohl davon ausgehen, daß Affen mit präfrontaler Schädigung nicht mehr in der Lage sind, sich an die komplexen sozialen Konventionen zu halten, die charakteristisch für die Organisation einer Affenherde sind (die hierarchischen Beziehungen der verschiedenen Mitglieder, Dominanz bestimmter weiblicher und männlicher Tiere gegenüber anderen Mitgliedern und so fort[22]). Wahrscheinlich ist bei ihnen sowohl die »soziale Wahrnehmung« wie das »Sozialverhalten« gestört, und die anderen Tiere reagieren entsprechend. Interessanterweise haben Affen mit Schädigungen im motorischen, aber nicht im präfrontalen Cortex keine vergleichbaren Schwierigkeiten.

Affen mit beidseitiger Ablation des vorderen Abschnitts des Schläfenlappens (durch Operationen, die die Amygdala *intakt* lassen) zeigen eine gewisse Beeinträchtigung des Sozialverhaltens, allerdings in weit geringerem Maße als Affen mit präfrontaler Schädigung. Trotz der ausgeprägten neurobiologischen Unterschiede zwischen diesen kleineren Affenarten und Schimpansen und zwischen Schimpansen und Menschen weist die Störung, die durch präfrontale Schädigung hervorgerufen wird, bei allen eine wichtige Gemeinsamkeit auf: Das eigene und das soziale Verhalten ist erheblich beeinträchtigt.[23]

Die Arbeit von Fulton und Jacobson liefert noch andere wichtige Anhaltspunkte. Wie erwähnt, dienten ihre Untersuchungen dem Verständnis von Lernen und Gedächtnis, und unter diesem Gesichtspunkt ist ihr Ergebnis ein Meilenstein der Forschung. Eine der Aufgaben, die sie den Schimpansen stellten, hatte zum Ziel, daß die Tiere die Verknüpfung zwischen einem belohnenden Reiz und der räumlichen Position dieses Reizes lernten. Ihr inzwischen als klassisch geltendes Experiment dazu sah folgendermaßen aus: Ein Tier hatte in Reichweite der Arme zwei Behälter vor sich. In dem einen lag, gut sichtbar für das Tier, ein Leckerbissen. Dann wurden beide Behälter bedeckt, so daß die Nahrung nicht mehr zu sehen war. Nach einer Verzögerung von einigen Sekunden mußte das Tier nach dem Behälter mit dem Leckerbissen greifen und den leeren Behälter meiden. Das normale Tier bewahrte das Wissen, wo sich der Leckerbissen befand, über die ganze Dauer der Verzögerung und führte dann die Bewegung aus, die geeignet war, ihm die Nahrung zu verschaffen. Dagegen waren die Tiere nach präfrontaler Schädigung der Aufgabe nicht mehr gewachsen. Sobald sie den Reiz aus den Augen verloren, schienen sie ihn auch aus dem Gedächtnis zu verlieren. Diese Ergebnisse bildeten den Ausgangspunkt für die nachfolgenden neurophysiologischen Untersuchungen des präfrontalen Cortex durch Patricia Goldman-Rakic und Joaquim Fuster.[24]

Ein Ergebnis jüngeren Datums, das für meinen Gedankengang besonders wichtig ist, betrifft die Konzentration eines der Serotoninrezeptoren im ventromedialen Abschnitt der präfrontalen Rindenregion und in der Amygdala. Serotonin ist einer der wichtigsten Neurotransmitter, jener Stoffe, die praktisch alle

Aspekte des Verhaltens und der Kognition beeinflussen (andere maßgebliche Neurotransmitter sind Dopamin, Noradrenalin und Acetylcholin; sie alle werden von Neuronen in kleinen Kernen des Hirnstamms oder des basalen Vorderhirns geliefert, deren Axone im Neocortex, den kortikalen und subkortikalen Teilen des limbischen Systems, den Basalganglien und dem Thalamus endigen). Bei den Primaten besteht eine Aufgabe des Serotonins darin, aggressives Verhalten zu hemmen (merkwürdigerweise hat es bei anderen Arten andere Aufgaben). Wenn man bei Versuchstieren die entsprechenden Neuronen an der Ausschüttung des Serotonins hindert, hat das unter anderem die Konsequenz, daß sich die Tiere impulsiv und aggressiv verhalten. Im allgemeinen bewirkt die Förderung der Serotoninfunktion eine Verringerung der Aggressivität und eine Verstärkung des Sozialverhaltens.

In diesem Zusammenhang ist auf die Arbeit von Michael Raleigh zu verweisen,[25] aus der hervorgeht, daß bei Affen mit gut funktionierendem Sozialverhalten (gemessen an der Häufigkeit von Kooperation, gegenseitiger Körperpflege und Nähe zu anderen) die Zahl der Serotonin-2-Rezeptoren im ventromedialen Stirnlappen, in der Amygdala und in der medialen Schläfengegend sowie deren Nachbarschaft, nicht aber in anderen Regionen des Gehirns, außerordentlich groß ist; und daß bei Affen, die sich nichtkooperativ und feindselig verhalten, das Gegenteil der Fall ist. Dieses Ergebnis unterstreicht, daß es den Systemzusammenhang zwischen den ventromedialen präfrontalen Rindenabschnitten und der Amygdala, den ich aufgrund von neuropsychologischen Daten angenommen habe, tatsächlich gibt, und es weist auf eine Beziehung dieser Regionen zum Sozialverhalten hin, dem Bereich, der von der gestörten Entscheidungsfähigkeit meiner Patienten in erster Linie betroffen war. (In dieser Studie werden die ermittelten Serotoninrezeptoren deshalb mit »Serotonin-2« gekennzeichnet, weil es viele verschiedene Subtypen von Serotoninrezeptoren gibt – tatsächlich nicht weniger als vierzehn.)

Exkurs über neurochemische Erklärungen

Wenn es darum geht, Verhalten und geistige Funktionen zu erklären, ist es mit der bloßen Erwähnung der Neurochemie nicht getan. Wir müssen wissen, wo sich in dem System, von dem wir annehmen, daß es ein gegebenes Verhalten verursacht, ein bestimmter chemischer Stoff befindet. Ohne die Rindenregionen oder Kerne zu kennen, wo der chemische Stoff innerhalb des Systems wirkt, haben wir keine Möglichkeit, je zu verstehen, wie er die Leistung des Systems verändert (wobei zu bedenken ist, daß ein derartiges Verständnis nur den ersten Schritt darstellt, gilt es doch letztlich herauszufinden, wie die sehr viel feiner strukturierten Schaltkreise arbeiten). Im übrigen wird uns die neuronale Erklärung erst dann wirklich etwas nützen, wenn sie sich der Frage zuwendet, wie sich die Arbeitsweise eines gegebenen Systems auf ein anderes System *auswirkt*. Das wichtige Untersuchungsergebnis, das ich oben erwähnt habe, dürfen wir nicht dadurch entwerten, daß wir uns mit der oberflächlichen Feststellung begnügen, Serotonin allein »verursache« angepaßtes Sozialverhalten und sein Fehlen »verursache« Aggression. Das Vorhandensein oder das Fehlen von Serotonin in bestimmten Gehirnsystemen mit spezifischen Serotoninrezeptoren verändert ihre Arbeitsweise. Eine solche Veränderung modifiziert ihrerseits die Arbeitsweise anderer Systeme, und erst das Ergebnis dieses komplexen Geschehens manifestiert sich auf der Ebene von Verhalten und Kognition.

Die vorstehenden Anmerkungen zum Serotonin sind auch deshalb wichtig, weil dieser Neurotransmitter in letzter Zeit viel Beachtung gefunden hat. Häufig war die Rede von dem bekannten Antidepressivum Prozac (unter diesem Namen in den USA zugelassen, im deutschsprachigen Raum unter dem Namen Fluctin), dessen Wirkung darauf beruht, daß es die Wiederaufnahme von Serotonin hemmt und wahrscheinlich seine Verfügbarkeit erhöht. In der Presse war vielfach die Auffassung zu lesen, daß niedrige Serotoninkonzentrationen möglicherweise mit einer größeren Bereitschaft zu Gewalttätigkeit einhergehen. Allerdings ist es nicht so, daß das Fehlen oder eine geringe Menge von Serotonin an sich eine bestimmte Manifestation »verursacht«. Serotonin ist Teil eines überaus komplizierten Mechanismus, der auf der Ebene von Molekülen, Synapsen, lokalen Schaltkreisen und Systemen wirkt und in dem auch frühere und gegenwärtige soziokulturelle Faktoren sehr einflußreich sind. Eine befriedigende Erklärung kann nur eine umfassendere Sicht des Gesamtprozesses liefern, in dem die relevanten Variablen eines bestimmten Problems – einer Depression oder einer sozialen Anpassungsstörung – in allen Einzelheiten analysiert werden.

Noch eine praktische Anmerkung: Das Problem der sozialen Gewalt wird man nicht dadurch lösen, daß man nur soziale Faktoren haftbar macht und die neurochemischen Korrelate außer acht läßt oder daß man nur einem neurochemischen Korrelat die Schuld gibt. *Sowohl* die sozialen *als auch* die neurochemischen Faktoren müssen in angemessener Weise berücksichtigt werden.

Schluß

Die in diesem Abschnitt erörterten Beobachtungen am Menschen lassen auf einen engen Zusammenhang zwischen einer Reihe von Gehirnregionen einerseits sowie Denk- und Entscheidungsprozessen andererseits schließen. Tierversuche haben einige dieser Zusammenhänge bestätigt und die Beteiligung entsprechender Regionen dokumentiert. Wenn wir die an Mensch und Tier gewonnenen Daten zusammenfassen, können wir einige Angaben über die Aufgaben der neuronalen Systeme machen, die wir ermittelt haben.

Erstens, diese Systeme sind sicherlich im weitesten Sinne an den Prozessen des schlußfolgernden Denkens beteiligt. Insbesondere wirken sie am Planen und Entscheiden mit.

Zweitens, eine Untergruppe dieser Systeme steht mit dem Planungs- und Entscheidungsverhalten in Zusammenhang, das man unter der Überschrift »persönlich und sozial« zusammenfassen könnte. Einige Hinweise lassen darauf schließen, daß diese Systeme mit jenem Aspekt der Vernunft zu tun haben, den man gewöhnlich als Rationalität bezeichnet.

Drittens, die Systeme, die wir in diesem Zusammenhang identifiziert haben, spielen eine wichtige Rolle in der Emotionsverarbeitung.

Viertens, die Systeme sind erforderlich, um ein relevantes, aber nicht mehr gegenwärtiges Objekt über einen längeren Zeitraum im Bewußtsein verfügbar zu halten.

Warum sollten so verschiedene Aufgaben in einem genau umschriebenen Gehirnabschnitt zusammenfallen? Welche Gemeinsamkeiten könnten diese Prozesse aufweisen – Planung und Entscheidung im persönlichen und sozialen Bereich, Emotionsverarbeitung, die Fähigkeit, das Vorstellungsbild eines abwesenden Objektes im Bewußtsein verfügbar zu halten?

Zweiter Teil

5. KAPITEL

Elemente einer Erklärung

Eine geheimnisvolle Allianz

Die Untersuchung von Patienten mit neuerworbenen Beeinträchtigungen ihrer Denk- und Entscheidungsfähigkeit, wie ich sie im ersten Teil beschrieben habe, führte zur Identifizierung einer bestimmten Gruppe von Gehirnsystemen, die bei diesen Patienten stets geschädigt sind. Dabei zeigte sich auch, daß eine Reihe sehr unterschiedlicher neuropsychologischer Prozesse von der Unversehrtheit dieser Systeme abhängt. Was verbindet diese Prozesse untereinander, und was verknüpft sie mit den neuronalen Systemen, die ich im vorigen Kapitel beschrieben habe? In den folgenden Abschnitten findet der Leser einige vorläufige Antworten.

Erstens, eine Entscheidung über ein typisches persönliches Problem in einer sozialen Situation, die kompliziert und von ungewissem Ausgang ist, verlangt einerseits umfassendes Wissen und andererseits Denkstrategien, die diese Kenntnisse nutzbar machen. Zum Wissen gehört die Kenntnis über Dinge, Personen und Situationen in der Außenwelt. Doch da persönliche und soziale Entscheidungen untrennbar mit dem Überleben zu tun haben, ist dieses Wissen auf Fakten und Mechanismen angewiesen, die die Regulation des Organismus als Ganzen betreffen. Die Denkstrategien befassen sich mit Zielen, Handlungsmöglichkeiten, der Vorhersage künftiger Ergebnisse und Plänen für die Realisierung von Zielen in verschiedenen Zeitabschnitten.

Zweitens, die Prozesse von Gefühl und Empfinden sind Teile und Elemente des neuronalen Apparates zur biologischen Regulation, deren Kern homöostatische Regelmechanismen, Triebe und Instinkte bilden.

Drittens, aufgrund der Struktur des Gehirns hängt das erforderliche umfassende Wissen von zahlreichen Systemen ab, die sich nicht in einer, sondern in relativ weit auseinander liegenden Regionen befinden. Ein Großteil dieses Wissens wird in Form von Vorstellungsbildern aus vielen Gehirnabschnitten und nicht aus einem einzigen abgerufen. Obwohl wir die Illusion haben, daß sich alles in einem einzigen anatomischen Theater abspielt, lassen neuere Daten auf ganz andere Vorgänge schließen. Die separaten Teile des Geistes werden wahrscheinlich durch die relative Gleichzeitigkeit der Vorgänge in verschiedenen Regionen zusammengefaßt.

Viertens, da Wissen sich nur verzweigt und fragmentarisch von vielen Parallelsystemen abrufen läßt, sind die erforderlichen Denkstrategien darauf angewiesen, daß die Vorstellung zahlloser Fakten über einen längeren Zeitraum (auf jeden Fall einige Sekunden lang) in breiter, paralleler Anordnung bereitgehalten wird. Mit anderen Worten, die Vorstellungsbilder, über die wir nachdenken (Bilder von bestimmten Objekten, Handlungen und Beziehungsschemata sowie von Wörtern, mit denen wir letztere in Sprache übersetzen), müssen nicht nur »im Brennpunkt« sein – dafür sorgt die Aufmerksamkeit –, sondern müssen auch »aktiv im Gedächtnis« bleiben – wozu ein leistungsfähiges Arbeitsgedächtnis erforderlich ist.

Ich vermute, daß die rätselhafte Allianz der Prozesse, die wir am Ende des letzten Kapitels entdeckt haben, zum Teil an der Art des Problems liegt, das der Organismus zu lösen versucht, und zum Teil am Aufbau des Gehirns. Persönliche und soziale Entscheidungen stecken voller Ungewißheiten und haben direkte oder indirekte Auswirkungen aufs Überleben. Deshalb sind sie auf ein umfangreiches Wissensrepertoire hinsichtlich der Außenwelt und der Welt innerhalb des Organismus angewiesen. Doch da das Gehirn sein Wissen eher in räumlich getrennter als zusammengefaßter Form speichert und abruft, sind diese Entscheidungen auch auf unsere Aufmerksamkeit und unser Arbeitsgedächtnis angewiesen, damit sich die Wissenselemente, die in Form von Vorstellungsbildern abgerufen werden, in der Zeit handhaben lassen.

Für die auffälligen Überschneidungen der neuronalen Systeme, die wir beobachtet haben, dürften, so denke ich, evolutionäre Gründe verantwortlich sein. Wenn die grundlegende biologische Regulation das persönliche und soziale Verhalten so nachdrücklich beeinflußt, dann hat sich im Zuge der natürlichen Selektion wahrscheinlich eine Gehirnstruktur durchgesetzt, in der die Teilsysteme, die für die Denk- und Entscheidungsprozesse zuständig sind, aufs engste mit den Subsystemen verknüpft sind, die sich mit der biologischen Regulation befassen – sind sie doch gemeinsam bestrebt, das Überleben zu sichern.

Die allgemeine Erklärung, die sich in diesen Antworten abzeichnet, stellt eine erste Annäherung an die Fragen dar, die der Fall des Phineas Gage aufgeworfen hat. Welche Teile des Gehirns erlauben es dem Menschen, sich rational zu verhalten? Wie funktionieren sie? Gewöhnlich widerstehe ich der Versuchung, die Bemühungen, eine Antwort auf diese Frage zu finden, unter der Bezeichnung »Neurobiologie der Rationalität« zusammenzufassen, weil sie steif und hochtrabend klingt, aber im Grunde trifft sie die Sache: die Anfänge einer Neurobiologie der menschlichen Rationalität auf der Ebene der makroskopischen Hirnsysteme.

Im zweiten Teil des vorliegenden Buches möchte ich mich mit der Frage beschäftigen, wie einleuchtend die vorgetragene Erklärung ist, und eine überprüfbare Hypothese vorschlagen, die ich aus dieser Erklärung abgeleitet habe. Da wir es jedoch mit einem weit verzweigten Thema zu tun haben, werde ich die Erörterung auf einige ausgewählte Aspekte beschränken, die ich für unentbehrlich halte, um den Gedankengang verständlich zu machen.

Dieses Kapitel schlägt eine Brücke zwischen den Fakten, die ich im ersten Teil dargelegt habe, und den Interpretationen, die ich später vorschlagen werde. Die Überleitung – ich hoffe, Sie werden sie nicht als Unterbrechung empfinden – soll verschiedenen Zwecken dienen: Begriffe zu klären, deren ich mich häufig bedienen werde (etwa Organismus, Körper, Gehirn, Verhalten, Geist, Zustand), die neuronalen Grundlagen des Wissens unter besonderer Berücksichtigung seiner fragmentarischen Beschaffenheit und seiner Abhängigkeit von Vorstellungsbildern kurz zu erörtern und ein paar Anmerkungen zur Entwicklung des Nervensystems zu machen. Ich habe nicht die Absicht, meinen Gegenstand erschöpfend zu behandeln (beispielsweise wäre eine Erörterung des Lernens oder der Sprache angebracht und nützlich gewesen, doch keines der beiden Themen ist für die Absicht unentbehrlich, die ich mit diesem Buch verfolge), eine fachwissenschaftliche Abhandlung irgendeines Aspektes zu liefern und jede Meinung, die ich zum Ausdruck bringe, zu rechtfertigen. Denken Sie daran, daß es sich um ein Gespräch handelt.

In späteren Kapiteln werde ich dann zu meinem eigentlichen Gegenstand zurückkehren – der biologischen Regulation, ihrer Manifestation in Gefühl und Empfinden und den Mechanismen, durch die Gefühl und Empfinden für die Entscheidungsfindung nutzbar gemacht werden.

Doch bevor ich fortfahre, muß ich etwas wiederholen, was ich bereits in der Einleitung gesagt habe. Diese Ausführungen sind eher eine Untersuchung mit offenem Ausgang als ein Bericht über allgemein anerkannte Fakten. Ich berichte hier von Hypothesen und empirischen Tests, nicht von Aussagen, über die bereits Gewißheit herrscht.

Von Organismen, Körpern und Gehirnen

Trotz mancher berechtigter Frage – wer wir sind und warum wir sind, wie wir sind – steht fest, daß wir komplexe lebende Organismen mit einem Körper im engeren Sinne (kurz »Körper«) und einem Nervensystem (kurz »Gehirn«) sind. Immer wenn ich vom Körper spreche, meine ich den Organismus ohne das Nervengewebe (den zentralen und den peripheren Teil des Nervensystems), obwohl nach herkömmlichem Verständnis das Gehirn ein Teil des Körpers ist.

Der Organismus besitzt eine bestimmte Struktur und zahllose Teilelemente. Sein Knochengerüst besteht aus vielen Teilen, die durch Gelenke verbunden und durch Muskeln bewegt werden. Er besitzt zahlreiche Organe, die zu Systemen zusammengefaßt sind, und er hat eine größtenteils aus Haut bestehende Grenzfläche oder Membran, die markiert, wo er aufhört. Gelegentlich werde ich die Organe – Blutgefäße, Organe in Kopf, Brust und Bauch, die Haut – als »Viscera« (Singular: »Viscus«) bezeichnen. Diesem Begriff würde man herkömmlicherweise auch das Gehirn zurechnen. Doch ich möchte es hier ausschließen.

Jeder Teil des Organismus besteht aus biologischen Geweben, die ihrerseits aus Zellen bestehen. Jede Zelle setzt sich aus zahlreichen Molekülen zusammen, die so angeordnet sind, daß sie ein Skelett für die Zelle bilden (Zytoskelett), vielen Organen und Systemen (Zellkern und verschiedenen Organellen) und einer alles umspannenden Grenzfläche (Zellmembran). Die Komplexität dieser Strukturen und Funktionen ist verblüffend, wenn wir die Arbeitsweise einer dieser Zellen betrachten, und überwältigend, wenn wir uns ein Organsystem ansehen.

Zustände von Organismen

In den bisherigen Ausführungen war häufig die Rede von »Körperzuständen« und »Geisteszuständen«. Lebende Organismen verändern sich fortlaufend, indem sie eine Folge von Zuständen annehmen, jeder durch eine Vielzahl von Aktivitäten in all seinen Teilen gekennzeichnet. Stellen Sie sich das Ganze als das

Zusammenwirken von vielen Menschen und Gegenständen vor, die ihre Aktivitäten in einem umschriebenen Bereich entfalten. Sie befinden sich beispielsweise auf einem großen Flughafen und blicken sich innerhalb und außerhalb der Gebäude um. Dort sehen und hören Sie die Geschäftigkeit vieler verschiedener Systeme: Menschen, die sich an Bord von Flugzeugen begeben oder sie verlassen, Menschen, die einfach herumsitzen oder -stehen, die umherschlendern oder offenbar mit bestimmtem Ziel vorübereilen, Flugzeuge, die langsam rollen, abheben oder landen, Mechaniker und Gepäckarbeiter, die ihrer Arbeit nachgehen. Stellen Sie sich vor, daß Sie diesen Anblick nun auf einem Bildschirm einfrieren oder eine Weitwinkelaufnahme davon machen. Was Sie dann auf dem Bildschirm oder dem Foto haben, ist das Bild eines *Zustands*, eines künstlichen, momentanen Lebensquerschnitts, der zeigt, was in den verschiedenen Organen eines riesigen Organismus in dem Zeitausschnitt vorging, der durch die Verschlußgeschwindigkeit der Kamera bestimmt wird. (In Wirklichkeit liegen die Dinge ein bißchen komplizierter. Je nach der gewählten Größenordnung können die Zustände von Organismen diskrete Einheiten oder vielfältig miteinander verflochtene Elemente sein.)

Wechselwirkungen von Körper und Gehirn – im Inneren des Organismus

Unauflöslich stehen Gehirn und Körper über wechselseitig aufeinander abgestimmte biochemische und neuronale Schaltkreise miteinander in Verbindung. Dabei gibt es zwei Hauptverbindungswege. Der erste, an den gewöhnlich zuerst gedacht wird, besteht aus den sensonischen und motorischen Nerven des peripheren Systems, die aus jedem Körperbereich Signale ins Gehirn und vom Gehirn in jeden Körperbereich befördern. Der zweite Weg, an den man nicht so leicht denkt, obwohl er evolutionär sehr viel älter ist, ist der Blutkreislauf. Auf ihm werden chemische Signale wie Hormone, Neurotransmitter und Modulatoren befördert.

Selbst eine einfache Zusammenfassung zeigt, wie kompliziert die Beziehungen sind:

1. Fast jeder Körperteil, jeder Muskel, jedes Gelenk und jedes innere Organ kann über die peripheren Nerven Signale zum Gehirn schicken. Diese Signale treten auf der Höhe des Rückenmarks oder des Gehirnstamms ins Gehirn ein und werden dort von einer neuronalen Umschaltstation zur anderen in die somatosensiblen Rindenfelder des Parietallappens und der Inselregionen befördert.
2. Chemische Stoffe, die durch Körperaktivität erzeugt werden, können das Gehirn über den Blutkreislauf erreichen und die Funktionsweise des Gehirns entweder direkt oder durch Aktivierung bestimmter Gehirnregionen wie etwa des Subfornikalorgans beeinflussen.
3. In entgegengesetzter Richtung kann das Gehirn durch die Nerven auf alle Teile des Körpers einwirken. Träger dieser Wirkung sind das autonome (oder viszerale) und das muskuloskeletale (oder willkürliche) Nervensystem. Die Signale für das autonome Nervensystem entstehen in den evolutionär älteren Regionen (der Amygdala, dem Gyrus cinguli, dem Hypothalamus und dem Gehirnstamm), während die Signale für das muskuloskeletale System in einigen motorischen Rindenfeldern und subkortikalen motorischen Kernen von unterschiedlichem evolutionärem Alter produziert werden.
4. Außerdem entfaltet das Gehirn seine Wirkung durch die Herstellung oder durch die Befehle zur Herstellung chemischer Stoffe, die in den Blutkreislauf ausgeschüttet werden – dazu gehören Hormone, Transmitter und Modulatoren. Davon mehr im nächsten Kapitel.

Wenn ich sage, Körper und Gehirn bilden einen unauflöslichen Organismus, übertreibe ich nicht. Tatsächlich vereinfache ich damit noch in erheblichem Maße. Bedenken Sie, daß das Gehirn Signale nicht nur aus dem Körper, sondern in einigen Abschnitten auch aus anderen Teilen seiner selbst empfängt, die ihrerseits Signale aus dem Körper entgegennehmen! Der Organismus, der aus der Hirn-Körper-Partnerschaft besteht, tritt als Ganzes in Interaktion zur Umwelt, wobei weder der Körper noch das Gehirn allein für diese Wechselbeziehung verantwortlich ist. Nun leisten komplexe Organismen wie der unsere aber mehr als nur solche Wechselbeziehungen, mehr als nur die spontanen Handlungen oder Reaktionen, die man allgemein als Verhalten bezeichnet. Vielmehr bringen sie auch innere Reaktionen hervor, von denen einige Vorstellungsbilder erzeugen (zum Beispiel visueller, auditorischer und somatosensibler Art), die nach meiner Überzeugung die Grundlage geistiger Funktionen bilden.

Über Verhalten und Geist

Viele einfache Organismen produzieren, selbst wenn sie nur aus einer einzigen Zelle bestehen und kein Gehirn besitzen, in ihrer Umgebung spontan oder in Reaktion auf einen Reiz bestimmte Aktionen, das heißt, sie erzeugen Verhalten. Einige dieser Aktionen sind auf die Organismen selbst beschränkt (beispielsweise die Kontraktion eines inneren Organs) oder von außen zu beobachten (ein Zucken, das Strecken einer Gliedmaße). Andere Aktionen (krabbeln, gehen, einen Gegenstand festhalten) richten sich auf die Umwelt. Doch in einigen einfachen und in allen komplexen Organismen werden Aktionen, egal, ob spontan oder reaktiv, durch Befehle eines Gehirns hervorgerufen. (Es sei angemerkt, daß Organismen, die einen Körper ohne Gehirn hatten, aber zu Bewegungen fähig waren, den Organismen mit Körper und Gehirn zunächst vorangingen und dann mit ihnen koexistierten.)

Nicht alle durch die Befehle eines Gehirns verursachten Aktionen werden absichtlich herbeigeführt. Im Gegenteil, wir dürfen mit Fug und Recht annehmen, daß die meisten sogenannten hirnverursachten Aktionen, die in diesem Augenblick in der Welt stattfinden, keineswegs vorsätzlich erfolgen. Sie stellen einfache Reaktionen dar, für die der Reflex ein schönes Beispiel ist: Ein Reiz, der von einem Neuron übermittelt wird, veranlaßt ein anderes Neuron, aktiv zu werden.

Als die Organismen komplexer wurden, waren »hirnverursachte« Aktionen auf mehr vermittelnde Verarbeitungsprozesse angewiesen. Andere Neuronen wurden zwischen das Reizneuron und das Reaktionsneuron geschaltet. Auf diese Weise entstanden verschiedene parallele Schaltkreise, woraus jedoch nicht unbedingt folgt, daß ein solcher Organismus mit komplizierterer Hirnstruktur auch einen Geist hatte. Gehirne können in den Schaltkreisen, die zwischen Reiz und Reaktion vermitteln, viele Zwischenschritte aufweisen und trotzdem keinen Geist besitzen, falls sie nicht eine wesentliche Bedingung aufweisen: die Fähigkeit, Vorstellungsbilder zu erzeugen und sie in einem Prozeß zu ordnen, den wir als Denken bezeichnen. (Die Bilder sind nicht nur visuell, es können auch »Lautbilder«, »olfaktorische Bilder« und so fort sein.) Meine Aussage über Organismen, die Verhalten zeigen, läßt sich nun dahingehend vervollständigen, daß sie nicht alle auch Geist besitzen, das heißt über geistige Phänomene verfügen (was gleichbedeutend mit der Feststellung ist, daß nicht alle zu Kognition oder kognitiven Prozessen fähig sind). Einige Organismen besitzen sowohl Verhalten als auch Kognition. Einige sind zu intelligenten Handlungen fähig, verfügen aber nicht über Geist. Offenbar aber gibt es keinen Organismus, der Geist hat, ohne handeln zu können.

Ich bin also der Ansicht, daß ein Organismus dann Geist besitzt, wenn er neuronale Repräsentationen bildet, die zu Vorstellungsbildern werden, sich in einem Prozeß, den wir Denken nennen, manipulieren lassen und schließlich das Verhalten beeinflussen, denn man kann mit ihrer Hilfe die Zukunft vorhersagen, entsprechend planen und die nächste Handlung bestimmen. Das ist der eigentliche Gegenstand der Neurobiologie, wie ich sie verstehe: der Prozeß, durch den neuronale Repräsentationen, das heißt biologische Modifikationen, die durch Lernprozesse in einem Neuronenschaltkreis hervorgerufen werden, zu Vorstellungsbildern in unserem Geist werden, der Prozeß, in dessen Verlauf aus unsichtbaren mikrostrukturellen Veränderungen in Neuronenschaltkreisen (in Zellkörpern, Dendriten, Axonen und Synapsen) eine neuronale Repräsentation wird, die sich ihrerseits in ein Vorstellungsbild verwandelt, das jeder von uns als zu sich gehörig empfindet.

In einer ersten Annäherung können wir also festhalten, daß das Gehirn grundsätzlich die Aufgabe hat, gut informiert zu sein über das, was im übrigen Körper, dem Körper im eigentlichen Sinne, vorgeht, über das, was in ihm selbst vorgeht, und über die Umwelt, die den Organismus umgibt, so daß geeignete, dem Überleben dienliche Anpassungsprozesse zwischen Organismus und Umwelt vorgenommen werden können. Aus evolutionärer Sicht ist es anders nicht denkbar. Gäbe es keinen Körper, so gäbe es auch kein Gehirn. Im übrigen tummeln sich die einfachen Organismen, die nur Körper und Verhalten, aber weder Gehirn noch Geist besitzen, immer noch auf der Erde, und sogar in ungleich größerer Zahl als die Menschen. Denken Sie nur an die vielen Bakterien wie zum Beispiel *Escheria coli*, die heute ein glückliches und zufriedenes Leben in unserem Inneren führen.

Wechselwirkungen von Organismus und Umwelt – Auseinandersetzung mit der Außenwelt

Während Körper und Gehirn intensiv miteinander interagieren, ist die Wechselwirkung des Organismus, den sie bilden, mit seiner Umgebung nicht schwächer. Ihre Beziehungen werden durch die Bewegung des Organismus und seine Sinneswerkzeuge vermittelt.

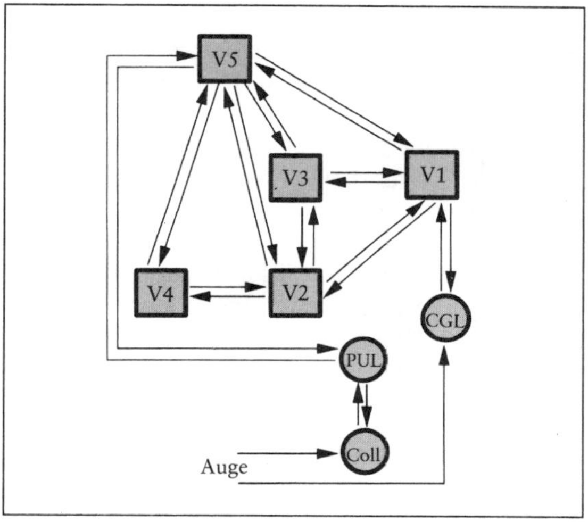

Abbildung 5.1 Eine vereinfachte Darstellung einer der wechselseitigen Verknüpfungen zwischen den »frühen visuellen Cortices« (V_1, V_2, V_3, V_4, V_5) und drei mit dem Sehsystem verbundenen subkortikalen Strukturen: dem Corpus geniculatum laterale – CGL –, dem Pulvinar – PUL – und dem Colliculus superior – Coll. V_1 bezeichnet man auch als »primäre« Sehrinde, es entspricht Brodmanns Area 17. Man beachte, daß die meisten Elemente dieses Systems durch vor- und rückläufige Neuronenprojektionen verbunden sind (Pfeile). Die visuelle Eingabe aus dem Auge erreicht das System über CGL und Colliculus. Die Ausgabe dieses Systems geht parallel von vielen Teilelementen (von V_4, V_5 und so fort) an kortikale wie subkortikale Ziele.

Die Umwelt prägt den Organismus auf vielfältige Weise. Stimuliert werden wir durch die neurale Aktivität im Auge (in dem sich die Netzhaut befindet), im Ohr (in dem der Schneckengang, das Hörorgan, und das Vorhoflabyrinth, das Gleichgewichtsorgan, liegen) und die zahllosen Nervenendigungen in Haut, Geschmacksknospen und Nasenschleimhaut. Nervenendigungen schicken Signale an bestimmte Eintrittspunkte im Gehirn, die sogenannten frühen sensorischen Rindenfelder für Sehen,

Hören, Körperempfindung, Schmecken und Riechen. Stellen Sie sich einen solchen Punkt als eine Art sicheren Hafen vor, in dem die Signale eintreffen können. Jede frühe sensorische Region (früher visueller Cortex, früher auditorischer Cortex und so fort) besteht aus mehreren Feldern, zwischen denen es, wie aus Abbildung 5.1 ersichtlich, ein intensives Hin und Her von Signalen gibt. An einer späteren Stelle dieses Kapitels werde ich die Hypothese vertreten, daß diese eng verknüpften Abschnitte die Grundlage für topographisch organisierte Repräsentationen, den Ursprung von Vorstellungsbildern, bilden.

Seinerseits wirkt der Organismus auf seine Umwelt mittels Bewegungen des ganzen Körpers, der Gliedmaßen und des Stimmapparates ein, die unter Mithilfe einiger subkortikaler motorischer Kerne durch die Rindenfelder M_1, M_2 und M_3 gesteuert werden (die Rindenfelder, in denen auch auf den Körper gerichtete Bewegungen entstehen). Es gibt also Gehirnabschnitte, in denen ständig Signale aus dem Körper im eigentlichen Sinne oder aus den Sinnesorganen des Körpers eintreffen. Diese »Eingabe«-Abschnitte sind anatomisch voneinander getrennt und stehen in keiner direkten Beziehung zueinander. Außerdem gibt es Gehirnabschnitte, in denen motorische und chemische Signale entstehen; zu diesen »Ausgabe«-Abschnitten gehören der Hirnstamm, die Kerne des Hypothalamus und die motorischen Rindenfelder.

Exkurs über die Architektur neuronaler Systeme

Nehmen wir an, Sie entwerfen das menschliche Gehirn ganz neu und haben all die Häfen eingezeichnet, in denen Sie die vielen Sinnessignale einlaufen lassen wollen. Hätten Sie dann nicht den Wunsch, die Signale aus verschiedenen Sinnesorganen, sagen wir, den Augen und den Ohren, so rasch wie möglich miteinander zu verschmelzen, damit das Gehirn in der Lage wäre, »integrierte Repräsentationen« von Dingen zu erzeugen, die gleichzeitig gesehen und gehört werden? Wäre Ihnen nicht daran gelegen, diese Repräsentationen mit motorischen Zentren zu verbinden, damit das Gehirn wirksam auf sie reagieren könnte? Ich nehme an, Ihre Antwort wäre ein entschiedenes Ja, doch die Natur hat eine andere Antwort gefunden. Wie E. G. Jones und T. P. S. Powell vor zwanzig Jahren in einer bahnbrechenden Untersuchung der neuronalen Verbindungen gezeigt haben, läßt die Natur die Eintrittspunkte der Sinnessignale keine *direkten* Verbindungen eingehen, und sie gestattet ihnen auch nicht, eine *direkte* Beziehung zu motorischen Zentren herzustellen.[1] Beispielsweise muß auf der Ebene der Großhirnrinde jedes Aggregat früher sensibler Felder zunächst einmal Verbindung zu einer Vielzahl zwischengeschalteter Regionen aufnehmen, die sich ihrerseits mit weiter entfernten Regionen in Verbindung setzen und so fort. Die Signale werden durch vorwärts projizierende Axonen, oder Mitkopplungsprojektionen, übertragen, die in nachfolgenden Regionen zusammenlaufen, und deren Projektionen laufen wiederum in anderen Regionen zusammen.

Man könnte meinen, diese vielfältigen, parallelen, konvergierenden Ströme würden in irgendwelchen Gipfelpunkten enden, etwa dem Rindenfeld, das dem Hippocampus am nächsten liegt (der Area entorhinalis), oder einigen Abschnitten im präfrontalen Cortex (dem dorsolateralen oder ventromedialen Teil). Doch das ist nicht ganz richtig. Zum einen »enden« sie niemals im eigentlichen Sinne des Wortes, denn in der Nachbarschaft jedes Punktes, auf den sie vorwärts projizieren, gibt es eine reziproke Projektion rückwärts. Man kann durchaus sagen, daß sich die Signale im Strom sowohl vorwärts *als auch* rückwärts bewegen. Statt eines in steter Vorwärtsbewegung befindlichen Flusses beobachten wir Projektionen, die Mitkopplungs- und Rückkopplungsschleifen bilden und so für eine ständige Wiederkehr der Signale sorgen können.

Ein weiterer Grund, warum diese Ströme nicht wirklich »enden«, besteht darin, daß es von einigen ihrer Umschaltstationen, besonders denjenigen, die auf dem Wege nach vorne liegen, direkte Projektionen zu motorischen Zentren gibt.

Folglich ist die Kommunikation zwischen Eingabeabschnitten sowie zwischen Eingabe- und Ausgabeabschnitten nicht direkt, sondern vermittelt, und sie bedient sich dazu einer komplexen Architektur von vernetzten Neuronenverbänden. Auf der Ebene der Großhirnrinde sind dies Rindenregionen, die innerhalb verschiedener Assoziationsgebiete liegen. Doch indirekte Kommunikation vollzieht sich auch über große subkortikale Kerne, etwa diejenigen des Thalamus und der Basalganglien, und über kleine Kerne wie die des Hirnstamms.

Mit einem Wort, die Anzahl der Gehirnstrukturen, die zwischen Ein- und Ausgabesektoren gelegen sind, ist ziemlich groß und die Komplexität ihrer Vernetzung ungeheuer. So stellt sich natürlich die Frage: Was geschieht in diesen »zwischengeschalteten« Strukturen, was bringt uns die ganze Komplexität? Die Antwort lautet, daß die Aktivität dort, zusammen mit der in den Ein- und Ausgabefeldern, ständig unsere Vorstellungsbilder erschafft und heimlich mit ihnen hantiert. Auf der Grundlage dieser Vorstellungen, zu denen ich mich auf den folgenden Seiten noch eingehender äußern werde, können wir die Signale interpretieren, die in den frühen sensiblen Rindenfeldern eingehen, so daß wir sie als Begriffe organisieren und kategorisieren können. Wir können Strategien für Urteils- und Entscheidungsprozesse entwickeln, und wir können aus dem in unserem Gehirn gespeicherten Repertoire eine motorische Reaktion auswählen beziehungsweise eine neue motorische Reaktion entwerfen, eine willkürliche, vorsätzliche Kombination von Aktionen: Wir können mit der Faust auf den Tisch schlagen, ein Kind schmusen, einen Brief an den Herausgeber schreiben oder ein Stück von Mozart auf dem Klavier spielen.

Zwischen den fünf wichtigsten sensonischen Eingabefeldern und den drei wichtigsten Ausgabefeldern liegen die Assoziationsfelder, die Basalganglien, der Thalamus, die Rindenabschnitte und Kerne des limbischen Systems sowie der Hirnstamm und das Kleinhirn. Dieses »Organ« für Information und Steuerung, dieser gewaltige Systemkomplex, hält sowohl das angeborene wie das erworbene Wissen über den Körper im engeren Sinne, die Außenwelt und das Gehirn selbst bereit, während er mit dem Körper im engeren Sinne und der Außenwelt vielfältig interagiert. Mit Hilfe dieses Wissens werden die motorische Ausgabe und die geistige Ausgabe, die Vorstellungsbilder, aus denen unsere Gedanken bestehen, geordnet und gehandhabt. Ich glaube, daß dieser Vorrat an Fakten und Strategien zum Umgang mit ihnen ruhend und latent in Form von »dispositionellen Repräsentationen« (kurz »Dispositionen«) in den dazwischenliegenden Gehirnabschnitten gespeichert wird. Biologische Regulation, Erinnerung an frühere Zustände und die Planung künftiger Handlungen erwachsen aus der kooperativen Aktivität nicht nur in frühen sensiblen und motorischen Rindenfeldern, sondern auch in den dazwischenliegenden Abschnitten.

Ein integrierter Geist aus parzellierter Aktivität

Zum intuitiven Verständnis vieler Menschen, die gerne über die Arbeitsweise des Gehirns nachdenken, gehört die irrige Vorstellung, daß die vielen Stränge sinnlicher Erfahrung – Bilder und Laute, Tasterlebnisse und Düfte, Oberflächenbeschaffenheit und Form – alle in einer einzigen Gehirnstruktur verarbeitet würden. Irgendwie meint man, was im Geist zusammenkomme, müsse auch im Gehirn an einem Ort zusammen sein, wo sich also verschiedene Aspekte der Sinneserfahrung vermischen würden. Die übliche Metapher dafür entspricht einer Cinemascope-Leinwand, ausgerüstet für eine prächtige Bildwiedergabe in Technicolor mit Stereoton und vielleicht auch einer Geruchsspur auf der Filmrolle. Über diese Vorstellung hat Daniel Dennett ausführlich geschrieben und sie »cartesianisches Theater« genannt. Dabei hat er mit kognitiven Argumenten überzeugend dargelegt, daß es das cartesianische Theater nicht geben kann.[2] Ich kann ihm aus neurowissenschaftlicher Sicht nur beipflichten – es handelt sich um einen falschen Begriff.

Meine Gründe möchte ich hier nur kurz zusammenfassen, da ich sie andernorts bereits ausführlich dargelegt habe.[3] Mein Hauptargument gegen die Idee eines integrativen Gehirnbereichs lautet, daß keine Region im menschlichen Gehirn gerüstet ist, gleichzeitig Repräsentationen von all den Sinnesmodalitäten zu verarbeiten, die aktiv sind, wenn wir simultan, sagen wir, Ton, Bewegung und Farbe perfekt aufeinander abgestimmt erleben.

Wir beginnen heute zu erkennen, wo sich die Vorstellungsbilder für jede Sinnesmodalität zusammensetzen dürften, doch nirgends ist ein einzelnes Feld zu entdecken, auf das alle diese separaten Produkte in exakter Übereinstimmung projiziert würden.

Zwar gibt es ein paar Gehirnregionen, in denen Signale aus verschiedenen frühen sensorischen Regionen zusammenlaufen können. Einige dieser Konvergenzregionen empfangen auch tatsächlich eine große Vielfalt polymodaler Signale, beispielsweise des entorhinalen und perirhinalen Cortex. Doch die Art von Integration, die diese Regionen unter Verwendung solcher Signale leisten können, können kaum als Grundlage für einen integrierten Geist dienen. Beispielsweise verhindert eine Schädigung dieser Konvergenzzonen höherer Ordnung, selbst wenn sie beide Hemisphären betrifft, die »Geist«-Integration keineswegs, obwohl sie andere erkennbare neuropsychologische Folgen wie etwa Lernbehinderungen hervorruft.

Vielleicht ist es sinnvoller, den konkreten Eindruck, daß eine solche Geistintegration stattfinde, auf das Zusammenwirken großräumiger Systeme zurückzuführen, welche die einzelnen Teile der neuralen Aktivität in separaten Hirnregionen synchronisieren. Mit anderen Worten, es ist eine Frage der zeitlichen Abstimmung. Wenn die Aktivität in anatomisch getrennten Hirnregionen abläuft, dies aber annähernd im gleichen zeitlichen Rahmen geschieht, bleibt die Möglichkeit, sie gewissermaßen hinter den Kulissen zu verbinden und den Eindruck zu erwecken, daß alles am gleichen Ort geschieht.

Damit ist noch keineswegs erklärt, wie die Zeit die Integration bewerkstelligt, sondern nur die Vermutung geäußert, daß der zeitliche Ablauf ein wichtiger Teil des Mechanismus ist. Das Konzept einer Integration durch die Zeit hat sich im Laufe des letzten Jahrzehnts entwickelt und spielt jetzt eine wichtige Rolle in der Arbeit vieler Theoretiker.[4]

Wenn das Gehirn separate Prozesse mit Hilfe der Zeit zu sinnvollen Kombinationen zusammenfaßt, so ist das eine vernünftige und ökonomische Lösung, die aber auch ihre Risiken und Probleme hat. Die Hauptgefahr liegt in einer falschen Zeiteinteilung. Jede Störung des zeitlichen Ablaufs müßte zu einer Scheinintegration oder *Des*integration führen. Dieser Vorgang könnte in der Tat jenen Verwirrtheitszuständen zugrunde liegen, die durch Kopfverletzungen hervorgerufen werden oder bei manchen Symptomen der Schizophrenie und anderen Erkrankungen auftreten. Das grundlegende Problem der Zeitbindung liegt in der Notwendigkeit, eine fokussierte Aktivität verschiedener Regionen so lange aufrechtzuerhalten, daß sinnvolle Kombinationen hergestellt werden und Denk- beziehungsweise Entscheidungsprozesse stattfinden können. Mit anderen Worten, die Zeitbindung setzt leistungsfähige Mechanismen der Aufmerksamkeit und des Arbeitsgedächtnisses voraus, und die Natur scheint sie geliefert zu haben.

Offenbar verfügt jedes Sinnessystem über eigene lokale Apparate für Aufmerksamkeit und Arbeitsgedächtnis. Doch bei der Untersuchung der globalen Prozesse von Aufmerksamkeit und Arbeitsgedächtnis lassen Studien an Mensch und Tier darauf schließen, daß die präfrontalen Rindenfelder und einige Strukturen des limbischen Systems (der vordere Teil des Gyrus cinguli) eine entscheidende Rolle spielen.[5] Der rätselhafte Zusammenhang zwischen den zu Anfang des Kapitels erörterten Prozessen und Gehirnsystemen ist damit vielleicht ein bißchen klarer geworden.

Vorstellungsbilder vom Jetzt, von der Vergangenheit und von der Zukunft

Das Faktenwissen, das für Denken und Entscheiden erforderlich ist, wird in Form von Vorstellungsbildern geliefert. Doch werfen wir zunächst einen kurzen Blick auf das mögliche neuronale Substrat dieser Bilder.

Wenn Sie die Herbstlandschaft durchs Fenster betrachten, der Musik lauschen, die im Hintergrund spielt, die Finger über eine glatte Metalloberfläche gleiten lassen oder diese Wörter Zeile um Zeile die ganze Seite hinunter lesen, dann nehmen Sie wahr und bilden dabei Bilder verschiedener Sinnesmodalitäten. Deshalb bezeichnet man die dabei entstandenen Bilder als *Wahrnehmungsbilder*.

Doch Sie können Ihre Aufmerksamkeit von der Landschaft, der Musik, der Metallfläche oder dem Text abwenden und an etwas anderes denken. Vielleicht schweifen Ihre Gedanken jetzt zu Tante Gretel, dem Eiffelturm, der Stimme von Placido Domingo oder dem, was ich gerade über Vorstellungsbilder gesagt habe. Auch jeder dieser Gedanken setzt sich aus Bildern zusammen, gleichgültig, ob sie in erster Linie aus Formen, Farben, Bewegungen, Tönen, gesprochenen oder unausgesprochenen Wörtern bestehen. Diese Bilder, die sich einstellen, wenn Sie an vergangene Dinge denken, nennt man *Erinnerungsbilder*, um sie von denen der Wahrnehmung zu unterscheiden.

Bei der Verwendung von Erinnerungsbildern können Sie auch eine bestimmte Art von früheren Vorstellungsbildern abrufen, Bilder, die Sie geformt haben, als Sie etwas planten, was noch nicht passiert ist, was Sie sich aber fest vorgenommen haben – etwa Ihre Bücher an diesem Wochenende neu zu ordnen. Während sich der Planungsprozeß entfaltete, haben Sie Bilder von Gegenständen und Bewegungen entwickelt und eine Erinnerung an diese Fiktion in Ihrem Geist verankert. Bilder von etwas, das noch nicht geschehen ist und möglicherweise nie geschehen wird, sind nicht anders beschaffen als die Bilder, die Sie von tatsächlichen Ereignissen haben. Vorstellungsbilder der ersten Art sind die Erinnerung an eine mögliche Zukunft und nicht an die Vergangenheit, die war.

Diese verschiedenen Spielarten – Wahrnehmungsbilder, Erinnerungsbilder einer realen Vergangenheit und Erinnerungsbilder von Plänen für die Zukunft – sind Konstruktionen, die das Gehirn Ihres Organismus vornimmt. Mit Sicherheit wissen Sie nur, daß sie für Sie selbst real sind und daß andere Geschöpfe vergleichbare Bilder produzieren. Unsere auf Bildern beruhende Vorstellung von der Welt teilen wir mit anderen Menschen und sogar mit einigen Tieren. Es gibt eine bemerkenswerte Übereinstimmung der Konstruktionen, die verschiedene Individuen von den wesentlichen Aspekten der Umwelt anfertigen (Oberflächenbeschaffenheiten, Tönen, Formen, Farben, räumlichen Verhältnissen). Wären unsere Organismen unterschiedlich beschaffen, dann wären auch die Konstruktionen, die wir uns von der Welt um uns her anfertigen, verschieden. Wie die »absolute« Wirklichkeit ist, wissen wir nicht und werden es wohl auch nie wissen.

Wie gelingt es uns, diese erstaunlichen Konstruktionen herzustellen? Offenbar werden sie von einer komplexen neuronalen Maschinerie aus Wahrnehmung, Gedächtnis und Denken produziert. Manchmal wird dieser Prozeß, mit ein wenig Hilfe vom Gedächtnis, durch die Welt außerhalb des Gehirns bestimmt, das heißt durch die Welt in unserem Körper oder in seiner Umgebung. Das ist der Fall, wenn wir Wahrnehmungsbilder erzeugen. Manchmal wird die Konstruktion gänzlich aus dem Inneren unseres Gehirns gelenkt, durch einen stummen Denkprozeß – sozusagen von oben nach unten. Das ist beispielsweise der Fall, wenn wir uns an eine Melodie erinnern, die wir mögen, oder mit geschlossenen Augen einen Anblick heraufbeschwören, wobei es keine Rolle spielt, ob es sich um ein wirkliches oder nur vorgestelltes Ereignis handelt.

Doch die neuronale Aktivität, die am engsten mit den von uns erlebten Bildern verflochten ist, findet in den frühen sensorischen Rindenfeldern statt. Die Aktivität in diesen Regionen ist, egal, ob durch Wahrnehmung oder durch Erinnerungen ausgelöst, ein Ergebnis komplexer Prozesse, die sich gewissermaßen hinter den Kulissen abspielen, in zahlreichen Regionen der Großhirnrinde und in Neuronenkernen darunter, in den Basalganglien und andernorts. Kurzum: *Vorstellungsbilder beruhen unmittelbar und ausschließlich auf jenen neuronalen Repräsentationen, die topographisch organisiert sind und die in frühen sensorischen Rindenfeldern stattfinden.* Doch sie werden entweder unter dem Einfluß von Sinnesrezeptoren gebildet, die auf die Außenwelt des Gehirns ausgerichtet sind (etwa in der Netzhaut), oder unter dem Einfluß von dispositionellen Repräsentationen (Dispositionen), die sich im Gehirn – in Rindenregionen und subkortikalen Kernen – befinden.

Die Entstehung von Wahrnehmungsbildern

Wie entstehen Vorstellungsbilder, wenn Sie etwas in der Welt, eine Landschaft etwa, oder im Körper wahrnehmen, beispielsweise einen Schmerz im rechten Ellenbogen? In beiden Fällen gibt es einen ersten Schritt, der notwendig, aber nicht hinreichend ist: Signale aus dem entsprechenden Körperabschnitt (Auge und Netzhaut im ersten Falle, Nervenendigungen des Ellenbogengelenks im zweiten) werden von Neuronen über ihre Axonen und über mehrere elektrochemische Synapsen ins Gehirn befördert. Die Signale gelangen in die frühen sensorischen Rindenfelder.* Bei Signalen von der Netzhaut geschieht das im

* Wir beginnen allmählich, die Arbeitsweise der Wahrnehmungsmechanismen in diesen frühen Rindenfeldern zu verstehen. Untersuchungen des visuellen Systems, für das bereits ein großer Bestand an neuroanatomischen, neurophysiologischen und physiologischen Daten zusammengetragen worden ist, vermittelten uns eine erste Vorstellung, doch inzwischen gibt es auch eine Fülle von Daten über das somatosensible und das auditonische System. Diese Rindenabschnitte bilden eine dynamische Koalition, und die topographisch organisierten Repräsentationen, die sie erzeugen, verändern sich, wie die Arbeit einiger Forscher gezeigt hat, mit der Art und Menge der Eingabedaten.

frühen visuellen Cortex, der im rückwärtigen Teil des Gehirns, dem Hinterhauptslappen, liegt. Bei Signalen vom Ellenbogengelenk findet dieser Vorgang in den frühen somatosensiblen Rindenfeldern der Scheitel- und Inselregion statt, einem Hirnbereich, der bei Anosognosie geschädigt ist. Wiederum ist anzumerken, daß es sich um eine *Anzahl* von Feldern und nicht um ein einziges Zentrum handelt. Die dazugehörigen Felder sind schon im einzelnen komplex organisiert, so daß das Netz, das sie bilden, es in noch weit höherem Maße ist. Aus dem Zusammenwirken dieser Felder, und nicht aus der Aktivität eines einzigen, erwachsen die topographisch organisierten Repräsentationen. Diese Idee hat nichts mit phrenologischen Auffassungen zu tun.

Wenn alle oder die meisten frühen sensorischen Rindenfelder einer gegebenen Sinnesmodalität zerstört werden, verschwindet die Fähigkeit, in dieser Modalität Vorstellungsbilder zu bilden. Patienten, die auf den Gebrauch der frühen Sehrinden verzichten müssen, sehen nicht mehr viel. (Solchen Patienten bleibt eine Restfähigkeit zu entsprechenden Sinneswahrnehmungen erhalten, vermutlich weil die zur betreffenden Sinnesmodalität gehörigen kortikalen und subkortikalen Strukturen noch intakt sind. Nach umfänglicher Zerstörung der frühen Sehrinde können einige Patienten auf Lichtziele deuten, von denen sie aber erklären, daß sie sie nicht sehen. Diese Menschen leiden unter sogenanntem Blindsehen *[blindsight]*.) Zu den zahlreichen Strukturen, die vermutlich an diesen Prozessen beteiligt sind, gehören Bereiche des Scheitellappens, des Colliculus superior und des Thalamus. Die Wahrnehmungsstörung kann sehr spezifisch sein. Wenn eines der Untersysteme im frühen visuellen Cortex geschädigt ist, kann beispielsweise die Fähigkeit, Farben wahrzunehmen, verlorengehen. Dieser Verlust kann vollständig oder teilweise sein, so daß der Patient den Eindruck hat, die Farben seien verblaßt. Betroffene Patienten sehen Form, Bewegung und Tiefe, aber keine Farbe. Bei diesem Leiden – Achromatopsie oder Farbenblindheit – setzen Patienten ihre Welt aus Grautönen zusammen.

Zwar sind der frühe visuelle Cortex und die topographisch

organisierten Repräsentationen, die er bildet, notwendig, damit Vorstellungsbilder im Bewußtsein auftreten, doch sie scheinen keine hinreichende Bedingung zu sein. Mit anderen Worten, wenn unser Gehirn nur vorzügliche topographisch organisierte Repräsentationen erzeugt, ansonsten aber nichts mit ihnen anstellen würde, bezweifle ich, daß wir uns ihrer jemals als Vorstellungsbilder bewußt würden. Wie könnten wir erkennen, daß es *unsere* Bilder sind? Subjektivität, ein entscheidendes Merkmal von Bewußtsein, könnte in einem derart konstruierten Gehirn nicht entstehen. Dazu sind andere Voraussetzungen erforderlich.

Im wesentlichen müssen diese neuralen Repräsentationen auf jene Repräsentationen bezogen werden, die von Augenblick zu Augenblick die neuronale Grundlage des Selbst bilden. Auf diese Frage werde ich im siebten und im zehnten Kapitel noch einmal zurückkommen; hier sei nur soviel gesagt, daß das Selbst nicht der berüchtigte Homunculus ist, ein kleiner Mensch, der in unserem Gehirn wahrnimmt und mit den Bildern denkt, die das Gehirn erzeugt. Vielmehr ist es ein ständig neuerzeugter neurobiologischer Zustand. Jahre berechtigter Angriffe auf das Homunkulus-Konzept haben viele Wissenschaftler auch in Hinblick auf das Konzept des Selbst verunsichert. Doch das neuronale Selbst ist keineswegs auf den Homunculus angewiesen. Was allerdings eine gewisse Beunruhigung auslösen sollte, ist die Vorstellung einer Kognition, die ohne Selbst auskommt.

Speicherung von Vorstellungsbildern und Abruf von Erinnerungsbildern

Vorstellungsbilder werden *nicht* als täuschend ähnliche Abbilder von Dingen, Ereignissen, Wörtern oder Sätzen gespeichert. Im Gehirn werden nicht Polaroidaufnahmen von Menschen,

Gegenständen und Landschaften oder Tonbänder von Musik und Rede abgelegt. Genausowenig hält es Spickzettel und Teleprompter-Texte der Art bereit, die Politikern helfen, ihr täglich Brot zu verdienen. Mit einem Wort, es scheint keine Speicherung von konkreten Abbildern in irgendeiner Form zu geben, weder miniaturisiert noch auf Mikrofilm noch als Hardcopy. Angesichts der gewaltigen Wissensmenge, die wir im Laufe unseres Lebens erwerben, würde uns wohl jede Form der Faksimile-Speicherung vor unüberwindliche Probleme der Speicherkapazität stellen. Wäre das Gehirn wie eine herkömmliche Bibliothek, wären unsere Regale bald so voll, wie es in diesen Einrichtungen der Fall ist. Außerdem ergeben sich durch die Faksimile-Speicherung auch beim Wiederauffinden schwierige Probleme. Wir alle können uns unmittelbar davon überzeugen, daß wir, wenn wir uns einen bestimmten Gegenstand, ein Gesicht oder ein Ereignis ins Gedächtnis rufen, nicht eine exakte Reproduktion, sondern eine *Interpretation*, eine Rekonstruktion des Originals erhalten. Im übrigen verändern sich mit dem Alter und der Erfahrung die Spielarten einer bestimmten Vorlage. All das verträgt sich nicht mit der Idee von exakten Faksimile-Vorstellungen, wie der englische Psychologe Frederic Bartlett schon vor einigen Jahrzehnten anmerkte, als er zum erstenmal die Hypothese äußerte, daß das Gedächtnis im wesentlichen den Charakter von Rekonstruktionen habe.[7]

Doch wenn in Abrede gestellt wird, daß es überdauernde Abbilder von irgendwelchen Vorlagen im Gehirn geben kann, dann muß diese Behauptung mit dem Eindruck in Einklang gebracht werden, den wir alle haben und der besagt, daß wir vor unserem geistigen Auge oder Ohr durchaus Bilder heraufbeschwören können, die annähernd wiedergeben, was wir einst erlebt haben. Daß diese Näherungen nicht genau oder weniger lebhaft sind als die Bilder, die sie reproduzieren sollen, steht nicht im Widerspruch dazu.

In einem vorläufigen Versuch, dieses Problem zu lösen, heißt es, daß diese Vorstellungsbilder momentane Konstruktionen sind, Versuche, Muster zu *kopieren*, die wir einst erlebt haben.

Dabei ist die Wahrscheinlichkeit einer exakten Kopie gering, während die Wahrscheinlichkeit einer Kopie der wesentlichen Merkmale je nach den Umständen, unter denen die Bilder gelernt wurden und jetzt erinnert werden, höher oder geringer sein kann. Solche Erinnerungsbilder lassen sich nur flüchtig im Bewußtsein festhalten, und obwohl sie manchmal den Anschein erwecken, gute Kopien zu sein, sind sie häufig ungenau oder unvollständig. Ich vermute, daß explizit erinnerte Vorstellungsbilder durch eine vorübergehende synchrone Aktivierung weitgehend der gleichen neuronalen Entladungsmuster in den frühen sensorischen Rindenfeldern entstehen, in denen einst auch die den Wahrnehmungsrepräsentationen entsprechenden Entladungsmuster auftraten. Die Aktivierung führt zu einer topographisch organisierten Repräsentation.

Für diese Vorstellung sprechen etliche Argumente und einige Befunde. Bei der oben beschriebenen Achromatopsie bewirkt eine lokale Schädigung des frühen visuellen Cortex nicht nur einen Verlust der Farbwahrnehmung, sondern auch einen Verlust der Farbvorstellung. Wenn Sie unter dieser Krankheit leiden, können Sie sich noch nicht einmal mehr eine Farbe *vorstellen*. Würde ich Sie auffordern, sich eine Banane vorzustellen, so wären Sie in der Lage, sich die Form, aber nicht die Farbe auszumalen. Sie sähen sie nur in Grautönen. Wäre das »Farbwissen« anderswo gespeichert, in einem System, das nicht gleichzeitig für die »Farbwahrnehmung« zuständig wäre, dann könnten sich solche Patienten Farben vorstellen, obwohl sie nicht in der Lage sind, sie an externen Objekten wahrzunehmen. Doch das ist nicht der Fall.

Patienten mit umfangreicher Schädigung des frühen visuellen Cortex verlieren ihre Fähigkeit, visuelle Vorstellungen zu erzeugen. Das hindert sie jedoch nicht daran, ihr Wissen über taktile und räumliche Eigenschaften von Gegenständen zu erinnern und Lautbilder abzurufen.

Erste Untersuchungen des Abrufs visueller Erinnerungen mit Hilfe der Positronenemissionstomographie (PET), einem Verfahren zur Untersuchung des Gehirns, und der funktionellen Magnetresonanz (FMR) bestätigen diese Vermutung. Steven

Kosslyn und seine Arbeitsgruppe sowie Hanna Damasio, Thomas Grabowski und ihre Kollegen haben festgestellt, daß der Abruf visueller Vorstellungsbilder neben anderen Bereichen die frühe Sehrinde aktiviert.[8]

Wie bilden wir die topographisch organisierten Repräsentationen, die wir brauchen, um Erinnerungsbilder zu erleben? Ich glaube, daß diese Repräsentationen von Augenblick zu Augenblick unter dem Befehl erworbener *dispositioneller* neuronaler Muster in anderen Regionen des Gehirns konstruiert werden. Diese Formulierung wähle ich, weil sie, ganz wörtlich, andere neurale Muster herumkommandieren und dafür sorgen, daß an anderen Stellen – in Schaltkreisen, die zum selben System gehören und mit denen sie neuronal stark vernetzt sind – neuronale Aktivität stattfindet. Dispositionelle Repräsentationen existieren als potentielle Muster von Neuronenaktivität in kleinen Neuronenkomplexen, die ich als »Konvergenzzonen« bezeichne, das heißt, sie bestehen aus einer Anordnung von neuronalen Entladungsdispositionen innerhalb des Ensembles. Die Dispositionen, die erinnerbaren Vorstellungsbildern entsprechen, werden durch Lernen erworben; insofern können wir sagen, daß sie ein Gedächtnis darstellen. Die Konvergenzzonen, deren dispositionelle Repräsentationen Vorstellungsbilder erzeugen können, in dem sie zum frühen visuellen Cortex zurückfeuern, sind über die Assoziationsfelder höherer Ordnung (in den Hinterhaupts-, Schläfen-, Scheitel- und Stirnbereichen) sowie die Basalganglien und limbischen Strukturen verteilt.

In ihrer kleinen Gemeinschaft von Synapsen speichern dispositionelle Repräsentationen kein Abbild an sich, sondern die Mittel, die erforderlich sind, ein »Bild« zu rekonstruieren. Wenn Sie eine dispositionelle Repräsentation für das Gesicht von Tante Gretel haben, enthält die Repräsentation nicht das Gesicht als solches, sondern die Entladungsmuster, die im frühen visuellen Cortex die momentane Rekonstruktion einer approximativen Repräsentation von Tante Gretels Gesicht auslösen.

Die verschiedenen dispositionellen Repräsentationen, die

mehr oder weniger synchron zurückfeuern müßten, damit Tante Gretels Gesicht im Horizont Ihres Bewußtseins auftaucht, befinden sich in mehreren Seh- und Assoziationsfeldern höherer Ordnung (vor allem, so vermute ich, in der Scheitel- und Schläfengegend).[9] Das gleiche Prinzip würde für das Hörsystem gelten. Es gibt dispositionelle Repräsentationen für Tante Gretels Stimme in auditonischen Assoziationsfeldern, die zur frühen Hörrinde zurückfeuern und vorübergehend eine annähernde Repräsentation von Tante Gretels Stimme entstehen lassen können.

Dabei gibt es nicht nur eine einzige verborgene Formel für diese Rekonstruktion. Tante Gretel als vollständige Person existiert an weit mehr als nur einer Stelle Ihres Gehirns. In Form von vielen dispositionellen Repräsentationen für diesen und für jenen Aspekt ist sie über das ganze Gehirn verteilt. Und wenn Sie in Ihrer Erinnerung Besonderheiten von Tante Gretel heraufbeschwören und sie erscheint in topographischen Repräsentationen verschiedener früher Rindenfelder (der visuellen, auditorischen und so fort), so ist sie doch nur in einzelnen Ausschnitten während jenes Zeitraums präsent, in dem Sie eine *Teil*bedeutung ihrer Person konstruieren.

Nehmen wir an, Sie könnten sich in einem Vorstellungsexperiment, das in fünfzig Jahren stattfindet, bei einem anderen Menschen in die *visuellen dispositionellen Repräsentationen* einschalten, die Tante Gretel gelten. Ich prophezeie Ihnen, Sie würden nichts sehen, was Ähnlichkeit mit Tante Gretels Gesicht hätte, weil dispositionelle Repräsentationen *nicht* topographisch organisiert sind. Doch wenn Sie die Aktivitätsmuster betrachten könnten, die, ungefähr eine Hundertstel Millisekunde nachdem die Konvergenzzonen für Tante Gretels Gesicht zurückgefeuert hätten, auf der frühen Sehrinde des betreffenden Menschen aufträten, wären Sie wahrscheinlich in der Lage, Aktivitätsmuster zu erblicken, die eine gewisse Beziehung zur Geographie von Tante Gretels Gesicht aufwiesen. Es gäbe eine *Übereinstimmung* zwischen dem, was Sie von ihrem Gesicht wüßten, und dem Aktivitätsmuster, das Sie in den Schaltkreisen des

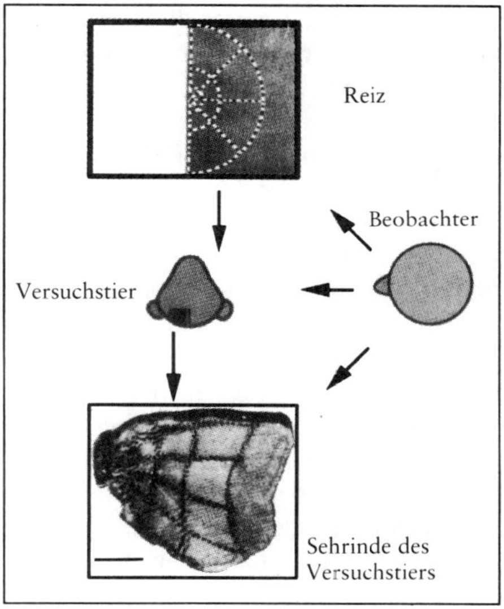

Abbildung 5.2 Würde sich ein Beobachter den Reiz ansehen, der einem Versuchstier dargeboten wird, und anschließend die Aktivierung betrachten, die durch den Reiz im visuellen Cortex des Tiers hervorgerufen wird, dann würde er eine auffallende Übereinstimmung zwischen der Form des Reizes und der Form des neuronalen Aktivitätsmusters in einer der Schichten der primären Sehrinde (Schicht 4C) feststellen. Reiz und Gehirnbild stammen aus der Arbeit von Roger Tootell, der dieses Experiment durchgeführt hat.

frühen visuellen Cortex eines Menschen vorfänden, der Tante Gretel ebenfalls gekannt hätte und gerade an sie dächte.

Daß es sich so verhalten könnte, zeigen bereits erste Forschungsergebnisse. Mit einem bildgebenden neuroanatomischen Verfahren hat R. B. H. Tootell nachgewiesen, daß sich im Gehirn eines Affen, der bestimmte Formen wie etwa ein Kreuz oder ein Quadrat sieht, die Neuronenaktivität der frühen Sehrinde topographisch zu einem Muster anordnet, das den von ihm gesehenen Formen entspricht.[10] Mit anderen Worten, wenn ein unabhängiger Beobachter den externen Reiz und das Muster der Gehirnaktivität betrachtet, dann erkennt er strukturelle Ähnlichkeiten (vgl. Abb. 5.2). Ähnliches gilt für Michael Merzenichs Befunde über die dynamischen Muster von Körperrepräsentationen in den somatosensiblen Rindenfeldern.[11] Wie ich oben ausgeführt habe, bedeutet jedoch der Umstand, daß man eine solche Repräsentation in der Großhirnrinde hat, noch lange *nicht*, daß man sich ihrer auch bewußt ist. Sie ist eine notwendige, aber nicht hinreichende Vorbedingung.

Was ich als dispositionelle Repräsentation bezeichne, ist ein ruhendes Entladungspotential, das zum Leben erwacht, wenn Neuronen in einem ganz besonderen Muster feuern – mit einer bestimmten Geschwindigkeit, über einen bestimmten Zeitraum und auf ein bestimmtes Ziel, das ein anderer Neuronenkomplex ist. Trotz der vielen neuen Ergebnisse, die in Untersuchungen über Synapsenmodifikation zusammengetragen worden sind, weiß niemand, wie die in dem Komplex enthaltenen »Codes« aussehen könnten. Doch mit einer gewissen Wahrscheinlichkeit zeichnet sich das folgende Bild ab: Die Entladungsmuster entstehen durch die Stärkung oder Schwächung von Synapsen, was sich wiederum auf mikroskopischer Ebene aus Funktionsänderungen innerhalb der faserförmigen Verzweigungen der Neuronen (Axonen und Dendriten) ergibt.[12]

Eine dispositionelle Repräsentation liegt in potentiellem Zustand vor und ist auf Aktivierung angewiesen – wie ein Dornröschenschloß.

Wissen ist in dispositionellen Repräsentationen abgelegt

Dispositionelle Repräsentationen verkörpern unser gesamtes Wissen – sowohl das angeborene als auch das durch Erfahrung erworbene Wissen. Angeborenes Wissen beruht auf dispositionellen Repräsentationen in Hypothalamus, Hirnstamm und limbischem System. Sie können sie sich als Befehle vorstellen, die die überlebensnotwendige biologische Regulation betreffen (zum Beispiel die Steuerung des Stoffwechsels, der Triebe und Instinkte). Sie regulieren zahlreiche Prozesse, werden aber im großen und ganzen nicht zu Vorstellungsbildern. Von diesen wird im nächsten Kapitel die Rede sein.

Erworbenes Wissen fußt auf dispositionellen Repräsentationen in Rindenfeldern höherer Ordnung und in vielen subkortikalen Kerngebieten (der grauen Substanz). In einigen dieser dispositionellen Repräsentationen sind Aufzeichnungen für das vorstellbare Wissen enthalten, das wir uns ins Gedächtnis rufen können und das wir für Bewegung, Denken, Planen und kreative Aktivitäten verwenden. In anderen sind die Regeln und Strategien aufgezeichnet, die wir auf diese Vorstellungsbilder anwenden. Neues Wissen erwerben wir durch ständige Abänderung dispositioneller Repräsentationen.

Die Aktivierung dispositioneller Repräsentationen kann zu verschiedenartigen Ergebnissen führen. Unter Umständen aktivieren sie wieder andere dispositionelle Repräsentationen, mit denen sie stark vernetzt sind (dispositionelle Repräsentationen in der Schläfengegend könnten beispielsweise dispositionelle Repräsentationen in der Hinterhauptgegend aktivieren, die zum selben *verstärkten* System gehören.) Möglicherweise erzeugen sie auch eine topographisch organisierte Repräsentation, indem sie direkt zu frühen sensorischen Rindenfeldern zurückfeuern oder indem sie andere dispositionelle Repräsentationen im selben *verstärkten* System aktivieren. Schließlich können sie eine Bewegung hervorrufen, indem sie ein motorisches Rindenfeld oder ein motorisches Kerngebiet, etwa die Basalganglien, aktivieren.

Ein Erinnerungsbild wird durch die Rekonstruktion eines flüchtigen Musters (metaphorisch: einer Karte) in frühen sensorischen Rindenfeldern abgerufen, und das auslösende Moment für die Rekonstruktion ist die Aktivierung von dispositionellen Repräsentationen an anderer Stelle im Gehirn, etwa in den Assoziationsfeldern. Die gleiche Art von kartierter Aktivierung vollzieht sich in motorischen Rindenfeldern und bildet die Grundlage für Bewegungen. Die dispositionellen Repräsentationen, auf denen Bewegungen beruhen, ereignen sich im prämotorischen Cortex, in Basalganglien und im limbischen Cortex. Nach vorliegenden Daten aktivieren sie sowohl die Bewegungen selbst als auch Vorstellungsbilder von Körperbewegungen. Da aber Bewegungen sehr rasch ablaufen, werden die Bewegungsvorstellungen in unserem Bewußtsein häufig von der tatsächlichen Bewegung überlagert.

Denken vollzieht sich weitgehend in Bildern

Häufig ist gesagt worden, das Denken bestehe aus weit mehr als nur Bildern, auch Wörter und nichtbildliche, abstrakte Symbole würden dazugehören. Gewiß wird niemand bestreiten, daß zum Denken auch Wörter und willkürliche Symbole gehören. Allerdings unterschlägt diese Feststellung, daß Wörter und willkürliche Symbole auf topographisch organisierten Repräsentationen beruhen und zu Vorstellungsbildern werden können. Die meisten Wörter, die wir beim inneren Sprechen verwenden, bevor wir einen Satz sagen oder schreiben, existieren in unserem Bewußtsein als akustische oder visuelle Bilder. Würden sie nicht zu Vorstellungsbildern – und wenn nur von flüchtigster Art –, dann wären sie nichts, was wir wissen könnten.[13] Das gilt auch für die topographisch organisierten Repräsentationen, die nicht ins helle Licht des Bewußtseins rücken, sondern verdeckt aktiviert werden. Aus Priming-Experimenten wissen wir, daß diese Repräsentationen, auch wenn sie unterschwellig verarbeitet werden, doch den Verlauf von Gedankenprozessen beeinflussen und sogar etwas später plötzlich im Bewußtsein auftauchen können. (Priming oder Bahnung bedeutet, daß man eine Repräsentation unvollständig aktiviert oder sie aktiviert, ohne die Aufmerksamkeit darauf zu richten.)

Das Phänomen ist uns allen vertraut. Nach einem angeregten

Gespräch in größerer Runde taucht in unserem Gedächtnis plötzlich ein Wort oder eine Äußerung auf, die wir während der Unterhaltung gar nicht gehört haben. Möglicherweise sind Sie überrascht, daß Sie sie überhört haben, fragen sich, wie es geschehen konnte, und vergewissern sich vielleicht sogar, ob sie stimmt, indem Sie etwa fragen: »Haben Sie das und das gesagt?« Wie sich herausstellt, hat Person X das und das tatsächlich gesagt, doch da Sie sich auf Person Y konzentriert haben, haben Sie nicht auf die kartierten Repräsentationen geachtet, die sich in Hinblick auf die Äußerungen von Person X gebildet haben, und so wurde nur eine dispositionelle Erinnerung davon angefertigt. Da Ihre Konzentration auf Person Y später nachließ und die überhörte Äußerung für Sie wichtig war, erzeugte die dispositionelle Repräsentation noch einmal eine topographisch organisierte Repräsentation in einem frühen sensorischen Rindenabschnittt. Und da sie Ihnen diesmal bewußt wurde, wurde sie zu einem Vorstellungsbild. Nebenbei bemerkt, Sie hätten nie eine dispositionelle Repräsentation gebildet, wenn Sie nicht zuvor eine topographisch kartierte Wahrnehmungsrepräsentation hergestellt hätten: Es scheint keine anatomische Möglichkeit zu geben, komplexe sensorische Informationen in die Assoziationsfelder zu befördern, die das Substrat der dispositionellen Repräsentationen darstellen, ohne zuerst in den frühen sensorischen Rinden haltzumachen. (Möglicherweise gilt dies nicht für nichtkomplexe sensorische Informationen.)

Die obige Beschreibung kann genausogut auf die Symbole zutreffen, die wir verwenden, wenn wir eine mathematische Aufgabe im Kopf lösen (obwohl sie möglicherweise nicht für alle Formen des mathematischen Denkens gilt). Ließen sich diese Symbole nicht in Form von Vorstellungsbildern beschwören, würden wir nichts von ihnen wissen und könnten in unserem Bewußtsein auch nicht mit ihnen umgehen. In diesem Zusammenhang ist es interessant, daß einige Mathematiker und Physiker mit der Gabe zur Selbstbeobachtung berichten, daß ihr Denken von Bildern beherrscht wird. Häufig sind diese Vorstellungsbilder visuell und manchmal sogar somatosensorisch. So kann kaum überraschen, daß Benoît Mandelbrot, dessen Lebenswerk die fraktale Geometrie ist, bekennt, er denke stets in Bildern.[14] Er weiß auch zu berichten, daß der Physiker Richard Feynman nie eine Gleichung angesehen habe, ohne zugleich die dazugehörige Illustration zu betrachten (wobei anzumerken ist, daß in Wahrheit natürlich sowohl die Gleichung wie die Illustration Bilder sind). Ganz sicher in dieser Hinsicht war sich Albert Einstein:

»Wörter oder Sprache in schriftlicher oder gesprochener Form scheinen keine Rolle in meinem Denkmechanismus zu spielen. Die psychischen Gebilde, die als Elemente des Denkens zu dienen scheinen, sind bestimmte Zeichen und mehr oder weniger deutliche Vorstellungsbilder, die sich willkürlich hervorrufen und kombinieren lassen. Natürlich gibt es eine gewisse Verbindung zwischen diesen Elementen und relevanten logischen Begriffen. Auch ist klar, daß der Wunsch, am Ende zu logisch verknüpften Begriffen zu gelangen, die emotionale Grundlage dieses ziemlich unbestimmten Spiels mit den oben erwähnten Elementen bildet.«

An späterer Stelle dieses Textes wird er noch deutlicher:

»Die oben erwähnten Elemente sind in meinem Fall von visueller und ... muskulärer Art. Nach konventionellen Wörtern oder anderen Zeichen kann ich erst in einer zweiten Phase suchen, wenn sich das beschriebene assoziative Spiel hinreichend konkretisiert hat und nach Belieben reproduziert werden kann.«[15]

Halten wir also fest, daß Vorstellungsbilder vermutlich den Hauptinhalt unserer Gedanken ausmachen, unabhängig von der Sinnesmodalität, in der sie erzeugt werden, und unabhängig davon, ob sie konkreten Gegenständen gelten, ob sie sich auf einen Prozeß mit Gegenständen beziehen oder ob sie mit Wörtern oder anderen Symbolen in einer bestimmten Sprache zu tun haben, die einem Gegenstand oder Prozeß entsprechen. Tatsächlich verbergen sich hinter diesen Vorstellungsbildern, für uns nicht oder kaum erkennbar, zahlreiche Prozesse, die die Hervorbringung und Entfaltung der Bilder in Zeit und Raum bestimmen. Diese Prozesse bedienen sich der Regeln und Strategien, die in dispositionellen Repräsentationen verkörpert sind. Sie sind *wesentlich* für unser Denken, aber kein *Inhalt* unserer Gedanken.

Die Bilder, die wir in unserer Erinnerung rekonstruieren, treten neben den Bildern auf, die durch Stimulation von außen gebildet werden. »Matt« sind sie, wie David Hume sagt, im Vergleich zu den »lebhaften« Bildern, die durch Reize außerhalb des Gehirns erzeugt werden. Trotzdem haben wir es mit Vorstellungsbildern zu tun.

Einige Bemerkungen zur neuronalen Entwicklung

Wie oben erörtert, hängen die Systeme und Schaltkreise des Gehirns ebenso wie die Operationen, die diese ausführen, von den Verbindungsmustern zwischen Neuronen und der Stärke der Synapsen ab, die diese Verbindungen herstellen. Doch wie werden die Verbindungsmuster und Synapsenstärken in unserem Gehirn eingerichtet, und wann geschieht das? Werden sie gleichzeitig für alle Systeme überall im Gehirn festgelegt? Und sind sie, einmal eingerichtet, für immer festgelegt? Noch gibt es keine endgültigen Antworten auf diese Fragen. Obwohl unser Wissen zu diesem Punkt in ständigem Fluß ist und nicht viel als erwiesen hingenommen werden sollte, könnte sich die Situation folgendermaßen darstellen:

1. Das menschliche Genom (die Gesamtsumme der Gene in unseren Chromosomen) legt den Aufbau des Gehirns nicht vollständig fest. Es gibt nicht genug Gene, um die Struktur genau zu bestimmen und jedem Teil unseres Organismus seinen Platz zuzuweisen, vor allem nicht im Gehirn, wo Milliarden Neuronen ihre synaptischen Kontakte herstellen. Das Mißverhältnis ist deutlich: Wir besitzen wahrscheinlich so etwa 10^5 (100 000) Gene, aber haben mehr als 10^{15} (eine Billiarde) Synapsen im Gehirn. Darüber hinaus wird die genetisch veranlaßte Gewebsbildung durch Wechselwirkungen zwischen Zellen unterstützt, bei denen Zelladhäsionsmoleküle und Substratadhäsionsmoleküle eine wichti-

ge Rolle spielen. Was im Zuge der Entwicklung zwischen Zellen geschieht, bestimmt teilweise die Expression der Gene, die die Entwicklung zunächst steuern. Soweit wir wissen, werden viele Besonderheiten des Aufbaus zwar durch Gene festgelegt, aber eine große Anzahl solcher Einzelheiten kann nur durch die Aktivität des lebenden Organismus bestimmt werden, der sich im Laufe seines Lebens fortwährend entwickelt und verändert.[16]

2. Über den Aufbau zahlreicher wichtiger Systeme und Schaltkreise in den evolutionär älteren Teilen des menschlichen Gehirns entscheidet das Genom allein oder fast allein. Obwohl wir dringend neue Entwicklungsstudien brauchen, die sich mit diesen Gehirnabschnitten beschäftigen, und obwohl sich unser Erkenntnisstand durch das Ergebnis solcher Untersuchungen erheblich verändern könnte, scheint die vorstehende Feststellung doch mit einiger Sicherheit für Gehirnstamm, Hypothalamus und basales Vorderhirn zu gelten, wahrscheinlich auch für die Amygdala und die Region des Gyrus cinguli. (Im nächsten Kapitel werde ich ausführlicher auf die genannten Strukturen und ihre Funktionen eingehen.) Diese Gehirnabschnitte haben wir weitgehend mit zahlreichen anderen Arten gemein. Die Strukturen in diesen Abschnitten haben vor allem die Aufgabe, die grundlegenden Lebensprozesse ohne Zuhilfenahme von Geist und Vernunft zu regulieren. Die angeborenen * Aktivitätsmuster der Neuronen in diesen Schaltkreisen erzeugen keine Vorstellungen (obwohl sich die Folgen ihrer Aktivität vorstellen lassen), sondern regulieren homöostatische Mechanis-

---

* Wenn ich das Wort »angeboren« verwende, schließe ich damit nicht die Möglichkeit aus, daß bei der Festlegung einer Struktur oder eines Aktivitätsmusters auch Umwelt und Lernen beteiligt sind. Noch schließe ich aus, daß vielleicht auch erfahrungsbedingte Anpassungsprozesse eine Rolle spielen. »Angeboren« verwende ich in dem Sinne, wie William James »vorgegeben« *(pre-set)* gebraucht: Strukturen oder Aktivitätsmuster, die weitgehend, aber nicht ausschließlich vom Genom bestimmt werden und deren sich Neugeborene für die homöostatische Regulation bedienen können.

men, ohne die kein Überleben möglich ist. Ohne die von Geburt an eingerichteten Schaltkreise dieser Gehirnabschnitte wären wir nicht in der Lage, zu atmen, unseren Herzschlag zu regulieren, den Stoffwechsel im Gleichgewicht zu halten, Nahrung und Zuflucht zu finden, Raubtieren aus dem Weg zu gehen und uns fortzupflanzen. Ohne diese fundamentale biologische Regulation wäre es mit der individuellen und evolutionären Überlebensfähigkeit vorbei. Doch diese angeborenen Schaltkreise haben noch eine weitere Funktion, auf die ich ausdrücklich hinweisen möchte, weil sie bei der theoretischen Bestimmung der für Geist und Verhalten verantwortlichen Strukturen gewöhnlich übergangen wird: *Angeborene Schaltkreise sind nicht nur an der Körperregulation beteiligt, sondern auch an der Entwicklung und an der erwachsenen Aktivität der evolutionär modernen Strukturen des Gehirns.*

3. Das Äquivalent der spezifischen Merkmale, zu deren Festlegung in den Schaltkreisen von Gehirnstamm oder Hypothalamus die Gene wesentlich beitragen, tritt erst lange nach der Geburt zum restlichen Gehirn hinzu, während das Individuum in seiner Entwicklung Säuglingsalter, Kindheit und Jugend durchläuft und dabei mit der physischen Umwelt und anderen Individuen interagiert. Soweit evolutionär moderne Gehirnteile betroffen sind, legt das Genom aller Wahrscheinlichkeit nach allgemeine und keine genauen Anordnungen der Systeme und Schaltkreise fest. Und wie kommt es zur genauen Anordnung? Sie entsteht unter *dem Einfluß von Umweltbedingungen, die durch die Wirkung der angeborenen und genau festgelegten – für die biologische Regulation zuständigen – Schaltkreise ergänzt und begrenzt werden.*

Kurzum, die Aktivität von Schaltkreisen in den modernen und erfahrungsbestimmten Teilen des Gehirns (der Großhirnrinde beispielsweise) ist unentbehrlich für die Herstellung einer bestimmten Kategorie von neuronalen Repräsentationen, auf denen Geist (Vorstellungsbilder) und geistige Aktivitäten beruhen. Allerdings kann die Großhirnrinde keine Vorstellungen erzeugen, wenn die alten Basisstrukturen des Gehirns (Hypothalamus, Gehirnstamm) nicht intakt und kooperativ sind.

Lassen Sie uns hier einen Augenblick innehalten. Da gibt es angeborene Schaltkreise, die die Aufgabe haben, die Körperfunktionen zu regulieren und das Überleben des Organismus zu sichern, was sie dadurch leisten, daß sie die internen biochemischen Operationen des endokrinen Systems, des Immunsystems, der Viscera, der Triebe und Instinkte steuern. Warum sollten diese Elemente bei der Bildung der moderneren und formbareren Schaltkreise intervenieren, die die Aufgabe haben, unsere erworbenen Erfahrungen zu repräsentieren? Die Antwort auf diese höchst bedeutende Frage liefert der Umstand, daß sich die Aufzeichnungen unserer Erfahrungen und der Reaktionen auf sie, wenn sie adaptiv sein sollen, der Beurteilung und Formung durch eine Reihe fundamentaler Präferenzen unterwerfen müssen, deren wichtigster Gesichtspunkt das Überleben ist. Da dieser Prozeß der Bewertung und Formung von entscheidender Bedeutung für den Fortbestand des Organismus ist, legen die Gene offenbar auch fest, daß die angeborenen Schaltkreise praktisch alle anderen Schaltkreise, die von der Erfahrung modifiziert werden können, nachhaltig beeinflussen. Dieser Einfluß wird weitgehend von »Modulator«-Neuronen ausgeübt, die auf die übrigen Teile der Schaltkreise einwirken. Die Modulatorneuronen befinden sich im Gehirnstamm und im basalen Vorderhirn, und sie werden ständig durch die Wechselwirkungen des Organismus beeinflußt. Modulatorneuronen verteilen Neurotransmitter (etwa Dopamin, Noradrenalin, Serotonin und Acetylcholin) in weit auseinander liegende Gebiete der Großhirnrinde und der subkortikalen Kerngebiete. Diese sinnreiche Anordnung läßt sich wie folgt beschreiben: 1. Die angeborenen Schaltkreise mit regulativen Aufgaben tragen wesentlich zum Überleben des Organismus bei und sind deshalb in die Geschehnisse eingeweiht, die sich in den moderneren Teilen des Gehirns zutragen; 2. regelmäßig wird ihnen signalisiert, ob Situationen gut oder schlecht sind; und 3. ihre inhärente Reaktion auf gute und schlechte Situationen bringen sie zum Ausdruck, indem sie Einfluß auf die Formung des restlichen Gehirns nehmen, so daß es möglichst wirkungsvoll zum Überleben beitragen kann.

In der Entwicklung vom Säuglings- zum Erwachsenenalter scheint also die Anlage der zerebralen Schaltkreise, die unseren Körper und seine Wechselwirkungen mit der Welt repräsentieren, von den Aktivitäten des Organismus abzuhängen und dem Einfluß der angeborenen bioregulatorischen Schaltkreise *in ihrer Reaktion auf solche Aktivitäten* unterworfen zu sein. Diese Darstellung zeigt, wie unangemessen es ist, Gehirn, Verhalten und Geist durch den Gegensatz von Natur und Kultur oder von Genen und Erfahrung verstehen zu wollen. Weder unser Gehirn noch unser Geist ist bei der Geburt eine Tabula rasa. Doch genausowenig sind sie zur Gänze genetisch bestimmt. Der genetische Schatten ist lang, aber er deckt nicht alles zu. Die Gene legen eine *präzise* Struktur für einen Teil des Gehirns fest und bestimmen die großen Züge eines anderen Teils, in dem die präzise Struktur *erst noch festgelegt werden muß*. Doch diese noch spezifizierende Struktur kann nur unter dem Einfluß von drei Elementen Wirklichkeit werden: 1. der exakten Struktur, 2. individueller Aktivität und Umwelt (in denen die menschliche und physische Umwelt sowie der Zufall den Ausschlag geben) und 3. selbstorganisierenden Zwängen, die allein aus der Komplexität des Systems erwachsen. Das unvorhersagbare Erfahrungsprofil jedes Individuums spielt eine direkte wie indirekte Rolle für die Anlage der Schaltkreise – durch die Reaktion, die es in den angeborenen Schaltkreisen auslöst, und durch die Folgen, die solche Reaktionen für den Gesamtprozeß der Schaltkreisgestaltung haben.[17]

Im zweiten Kapitel habe ich dargelegt, daß die Arbeitsweise von Neuronenschaltkreisen abhängt vom Vernetzungsmuster zwischen den Neuronen und von der Stärke der Synapsen, die für diese Verknüpfungen sorgen. Beispielsweise bahnen in einem exzitatorischen Neuron starke Synapsen die Entladungswege, während schwache Synapsen die gegenteilige Wirkung haben. Mithin kann ich jetzt sagen, daß sich Erfahrung auf die Anlage von Schaltkreisen auswirkt, da unterschiedliche Erfahrungen für unterschiedliche Synapsenstärken innerhalb und zwischen vielen neuronalen Systemen sorgen. Darüber hinaus können sich in einigen Systemen die Synapsenstärken mehr als in anderen Systemen über die gesamte Lebensdauer verändern. Dergestalt spiegeln sie verschiedene Erfahrungen des Organismus wider und modifizieren infolgedessen fortwährend die Anlage der Schaltkreise im Gehirn. Mithin sind die Schaltkreise nicht nur empfänglich für die Ergebnisse frühester Erfahrungen, sondern auch durch nachfolgende Erfahrungen wiederholt form- und veränderbar.[18]

Einige Schaltkreise werden im Laufe des Lebens je nach den Veränderungen, denen der Organismus unterworfen ist, wieder und wieder umgemodelt. Andere Schaltkreise erweisen sich als überwiegend stabil und bilden das Gerüst für die Begriffe, die wir uns von der Welt in uns und der Welt draußen angefertigt haben. Die Vorstellung, daß alle Schaltkreise von flüchtiger Natur sind, erscheint wenig einleuchtend. Völlige Modifizierbarkeit hätte zu Individuen geführt, die nicht in der Lage wären, einander zu erkennen, und denen jede Einsicht in die eigene Biographie abginge. Ein solcher Entwurf ließe keine Anpassungsfähigkeit zu, und ganz offensichtlich liegt er nicht vor. Einen einfachen Beweis dafür, daß einige erworbene Repräsentationen relativ stabil sind, liefert das Empfinden, das man als Phantomglied bezeichnet. Einige Patienten, die sich der Amputation einer Gliedmaße unterziehen mußten (etwa von Hand und Arm, so daß ihnen nur ein Stumpf bis zum Ellenbogen bleibt), berichten, sie könnten das fehlende Glied immer noch spüren, würden imaginäre Bewegungen mit ihm ausführen und könnten »in« ihm noch Schmerz, Kälte oder Wärme fühlen. Offensichtlich besitzen diese Patienten eine Erinnerung an die verlorene Gliedmaße, sonst wären sie nicht in der Lage, ein solches Vorstellungsbild zu formen. Doch im Laufe der Zeit erleben einige Patienten eine Verkürzung des Phantoms, was offenbar darauf schließen läßt, daß die Erinnerung – oder ihre Wiedergabe im Bewußtsein – einer Revision unterworfen ist.

Das Gehirn ist auf ein Gleichgewicht zwischen Schaltkreisen angewiesen, deren Entladungsmuster sich wie Aprilwetter verändern, und Schaltkreisen, die stabiler sind, ohne gänzlich unwandelbar zu sein. Die Schaltkreise, die dazu beitragen, daß wir unser Gesicht auch heute noch im Spiegel wiedererkennen, ohne überrascht zu sein, haben sich leicht verändert, um sich dem Strukturwandel anzupassen, den die inzwischen verstrichene Zeit an diesem Gesicht vorgenommen hat.

6. KAPITEL

Biologische Regulation und Überleben

Überlebensdispositionen

Das Überleben eines Organismus hängt von einer Anzahl biologischer Prozesse ab, die für die Unversehrtheit aller seiner Zellen und Gewebe sorgen. Lassen Sie mich das, etwas vereinfacht, verdeutlichen. Neben vielen anderen Voraussetzungen sind biologische Prozesse auf eine angemessene Versorgung mit Sauerstoff und Nährstoffen angewiesen, und für diese Versorgung sind Atmung und Ernährung zuständig. Zu diesem Zweck verfügt das Gehirn über angeborene neuronale Schaltkreise, deren Aktivitätsmuster – unterstützt von biochemischen Prozessen des Körpers im engeren Sinne – Reflexe, Triebe und Instinkte zuverlässig steuern und auf diese Weise sicherstellen, daß Atmung und Ernährung so stattfinden, wie es erforderlich ist. Wie im letzten Kapitel dargelegt, enthalten die angeborenen Schaltkreise dispositionelle Repräsentationen. Die Aktivierung dieser Dispositionen setzt ein kompliziertes Gefolge von Reaktionen in Gang.

Um zu überleben, muß der Organismus auch die Vernichtung durch Raubtiere oder widrige Umweltverhältnisse meiden, deshalb hat er neuronale Schaltkreise für Triebe und Instinkte, die beispielsweise Kampf- oder Fluchtverhalten bewirken. Wieder andere Schaltkreise steuern Triebe und Instinkte, die (durch Sexualverhalten oder Brutpflege) dafür sorgen, daß die Gene des Individuums erhalten bleiben. Hier ließen sich noch zahlreiche andere Schaltkreise und Triebe erwähnen, unter anderem diejenigen, die dem Bestreben des Organismus dienen, sich je nach Tageszeit oder Umgebungstemperatur ein ideales Maß an Licht oder Dunkelheit, Wärme oder Kälte zu sichern.

Grundsätzlich beruht die Wirkung von Trieben und Instinkten darauf, daß sie entweder ein bestimmtes Verhalten direkt hervorrufen oder daß sie physiologische Zustände erzeugen, die das Individuum veranlassen, sich, bewußt oder unbewußt, in einer bestimmten Weise zu verhalten. Praktisch alle Verhaltensweisen, die aus Trieben und Instinkten resultieren, tragen entweder direkt zum Überleben bei, indem sie eine lebensrettende Handlung konstituieren, oder indirekt, indem sie Bedingungen schaffen, die dem Überleben zuträglich sind und den Einfluß potentiell schädlicher Umstände reduzieren. Gefühle und Empfindungen, die von entscheidender Bedeutung für den Rationalitätsbegriff sind, den ich hier vorschlage, sind eine einflußreiche Manifestation von Trieben und Instinkten, ein Teil ihrer Wirkungsweise.

Sicherlich wäre es nicht von Vorteil, wenn sich die Dispositionen, die die fundamentalen biologischen Prozesse steuern, allzusehr verändern könnten. Eine einschneidende Veränderung würde die Gefahr von größeren Funktionsstörungen in verschiedenen Organsystemen und die Aussicht auf Krankheit oder sogar Tod heraufbeschwören. Damit soll indessen nicht bestritten sein, daß wir die Verhaltensweisen, die von diesen angeborenen neuronalen Mustern gewöhnlich gesteuert werden, willentlich beeinflussen können. Wenn wir unter Wasser schwimmen, können wir eine Zeitlang den Atem anhalten, wir können uns dazu entschließen, längere Zeit zu fasten, wir können unsere Herzfrequenz beeinflussen, was nicht schwer ist, und wir können sogar unseren systemischen Blutdruck verändern, was schon schwieriger ist. Dabei verändert sich die eine oder andere Komponente des nachfolgenden Verhaltensmusters, das wir auf viele Arten hemmen können – durch Muskelkraft (indem wir den Atem durch Kontraktion der oberen Luftwege und des Brustkastens anhalten) oder durch bloße Willenskraft. Ebensowenig ist zu bestreiten, daß sich die angeborenen Muster in ihrer Entladungsbereitschaft – der Wahrscheinlichkeit, daß sie feuern oder nicht – auch durch andere Signale beeinflussen lassen: neuronale Signale aus anderen Hirnregionen oder chemische Signale, etwa Hormone und Neuropeptide, die ihnen durch Blutkreislauf und Axonen zugetragen werden. Tatsächlich haben viele Neuronen in allen Teilen des Gehirns Rezeptoren für Hormone – beispielsweise die der Nebenniere, der Geschlechts- und der Schilddrüse. Durch solche Signalgebung werden sowohl die frühe Entwicklung als auch die regelmäßige Funktion dieser Schaltkreise beeinflußt.

Einige dieser grundlegenden Regelmechanismen vollziehen sich im verborgenen und sind für das Individuum, in dessen Innerem sie vonstatten gehen, niemals direkt erkennbar. Der Zustand der zirkulierenden Hormone und Kaliumionen oder die Anzahl der roten Blutkörperchen in Ihrem Körper ist Ihnen nicht bekannt, wenn Sie sie nicht prüfen lassen. Doch etwas komplexere Regelmechanismen, die mit offenen Verhaltensweisen zu tun haben, künden indirekt von ihrer Existenz, indem sie Sie dazu veranlassen, in einer bestimmten Weise zu handeln (oder nicht zu handeln).

Auf diese Weise läßt sich in etwas vereinfachter Form die Triebregulierung erklären: Einige Stunden nach einer Mahlzeit fällt Ihr Blutzuckerspiegel, eine Veränderung, die Neuronen im Hypothalamus entdecken. Durch Aktivierung des angeborenen Reaktionsmusters verändert das Gehirn den Körperzustand, so daß sich die Wahrscheinlichkeit einer Korrektur erhöht. Sie verspüren Hunger und leiten Handlungen ein, die den Hunger beenden sollen. Wenn Sie dann essen, wirkt die Verdauung der Nahrung auf den Blutzuckerspiegel ein – diesmal steigt er. So bringen die betreffenden Neuronen den Körper in einen Zustand, den Sie als Sättigungsempfinden erleben.

Ziel des ganzen Prozesses war es, Ihren Körper zu retten. Das Signal, den Prozeß einzuleiten, kam aus Ihrem Körper.

Auch das Signal, das in Ihr Bewußtsein Eingang fand und Sie zwang, Ihren Körper zu retten, kam aus Ihrem Körper. Und bei Abschluß des Kreislaufs entstammten die Signale, die Ihnen mitteilten, daß der Körper nicht mehr in Gefahr war, wiederum aus dem Körper. Man könnte diesen Vorgang als Kontrolle durch und für den Körper bezeichnen, obwohl sie vom Gehirn verarbeitet und ausgeübt wird.

Solche Regelmechanismen sichern das Überleben, indem sie mittels Disposition veranlassen, daß ein bestimmtes Muster körperlicher Veränderungen (ein Trieb) stimuliert wird. Das kann ein Körperzustand mit einer bestimmten Bedeutung (Hunger, Übelkeit) sein, ein erkennbares Gefühl (Furcht, Wut) oder eine Kombination beider. Die Stimulation kann durch die »viszerale« Innenwelt (geringe Blutzuckerkonzentration im inneren Milieu), die Außenwelt (bedrohlicher Reiz) oder die »geistige« Innenwelt (die Erkenntnis, daß eine Katastrophe bevorsteht) ausgelöst werden. Jede dieser Stimulationen ist in der Lage, eine innere, bioregulatorische Reaktion, ein instinktives Verhaltensmuster oder einen neu geschaffenen Handlungsablauf in Gang zu setzen – einzeln oder gemeinsam. Die fundamentalen neuronalen Schaltkreise, die für das Funktionieren des ganzen Zyklus sorgen, gehören zur Grundausstattung Ihres Organismus wie die Bremsen zum Auto. Sie müssen sie nicht extra einbauen lassen. Deshalb sind sie ein »präorganisierter Mechanismus« – ein Begriff, auf den ich im nächsten Kapitel zurückkommen werde. Sie müssen den Mechanismus lediglich auf Ihre Umgebung abstimmen.

Präorganisierte Mechanismen sind nicht nur für die biologische Grundregulation wichtig. Sie helfen dem Organismus auch, Ereignisse anhand ihrer möglichen Auswirkungen aufs Überleben als »gut« oder »schlecht« einzustufen. Mit anderen Worten, der Organismus hat ein Grundmuster an Präferenzen – Kriterien, Vorurteilen oder Wertvorstellungen. Unter ihrem Einfluß und den Einwirkungen der Erfahrung wächst der Bestand an Dingen, die als gut oder schlecht eingestuft werden, rasch an, während die Fähigkeit, gute oder schlechte Dinge neu zu entdecken, sogar exponentiell steigt.

Wenn ein gegebenes Element der Außenwelt Bestandteil eines Geschehens ist, in dem ein *anderer* Bestandteil als »gut« oder »schlecht« klassifiziert worden ist, stattet das Gehirn unter Umständen auch das Element, für das kein angeborener Wert vorgegeben war, mit einem wertenden Prädikat aus, gleichgültig, ob dieses das verdient oder nicht. Das Gehirn bezieht das Element in die Sonderbehandlung ein, einfach weil es in zeitlicher oder räumlicher Nähe zu einem anderen Element auftritt, dessen Bedeutung feststeht. Man könnte es Abglanz nennen, wenn sich das neue Element in der Nähe einer guten Sache befindet, oder Schuld durch Assoziation, wenn es einer schlechten nahe ist. Das Licht, das auf einem unstrittig als wichtig geltenden Element ruht – egal ob im guten oder im schlechten Sinne –, fällt auch auf seine Begleitung. So kann das Gehirn nur arbeiten, wenn es mit einem beträchtlichen Bestand an »angeborenem Wissen« zur Welt kommt, das ihm sagt, wie es sich und den übrigen Körper regulieren soll. In dem Maße, wie sich das Gehirn dispositionelle Repräsentationen von Wechselwirkungen mit Dingen und Ereignissen einverleibt, die für die innere Regulation relevant sind, erhöht sich die Aussicht, daß auch Dinge und Ereignisse einbezogen werden, die nicht unbedingt direkte Bedeutung fürs Überleben haben müssen. Und während dies geschieht, wird das wachsende Gefühl für das, was die Außenwelt sein könnte, als eine Veränderung des neuronalen Raums erfaßt, in dem Körper und Gehirn in Wechselwirkung stehen. Nicht nur die Trennung von Geist und Gehirn ist ein Mythos – auch die Trennung von Geist und Körper dürfte fiktiv sein. Der Geist ist in der ursprünglichen Bedeutung des Wortes verkörpert, nicht nur verhirnt.

Mehr über basale Regulation

Die angeborenen neuronalen Muster, die für das Leben offenbar am wichtigsten sind, sind in den Schaltkreisen des Gehirnstamms und des Hypothalamus enthalten. Letzterer spielt eine Schlüsselrolle für die Regulation der endokrinen Drüsen – unter anderem der Hypophyse, der Schilddrüse, der Nebennieren und der Geschlechtsorgane, die jeweils Hormone produzieren – und für die Funktion des Immunsystems. Die endokrine Regulation hängt also nicht von neuronalen Impulsen ab, sondern von chemischen Substanzen, die in den Blutkreislauf ausgeschüttet werden, und ist unentbehrlich für die Aufrechterhaltung der Stoffwechselfunktion sowie der Abwehrmaßnahmen, die biologische Gewebe gegen Mikroräuber wie Viren, Bakterien und Parasiten treffen.[1]

Ergänzt wird die biologische Regulation, die mit Gehirnstamm und Hypothalamus in Zusammenhang steht, durch Steuermechanismen im limbischen System. Hier ist nicht der Ort, um die komplizierte Anatomie und vielfältige Funktion dieses Gehirnabschnitts von beträchtlicher Größe zu erörtern, aber es sei angemerkt, daß auch das limbische System an der Umsetzung von Trieben und Instinkten beteiligt ist und eine besonders wichtige Rolle für Gefühle und Empfindungen spielt. Ich vermute jedoch, daß das limbische System im Gegensatz zu Gehirnstamm und Hypothalamus, deren Schaltkreise größtenteils angeboren und stabil sind, sowohl angeborene Schaltkreise enthält als auch solche, die durch die Erfahrungen des in steter Entwicklung befindlichen Organismus veränderbar sind.

Mit Hilfe von benachbarten Strukturen im limbischen System und Gehirnstamm reguliert der Hypothalamus das *innere Milieu* (Terminus und Konzept des schon oben verwendeten Begriffs stammen von Claude Bernard, der bahnbrechende Arbeiten auf dem Gebiet der Biologie geleistet hat). Das innere Milieu können Sie sich als die Gesamtheit aller biochemischen Prozesse vorstellen, die zu einem gegebenen Zeitpunkt in einem Organismus stattfinden. Das Leben hängt davon ab, daß diese biochemischen Prozesse in einem angemessenen Rahmen bleiben, denn übermäßige Abweichungen von den Normalwerten an Schlüsselpunkten des Gesamtprofils können zu Krankheit oder Tod führen. Der Hypothalamus und die mit ihm zusammenwirkenden Strukturen werden ihrerseits nicht nur durch neurale chemische Signale aus anderen Hirnregionen gesteuert, sondern auch durch chemische Signale, die in verschiedenen Körpersystemen entstehen.

Diese chemische Regulation ist außerordentlich komplex, wie die folgende Beschreibung zeigt: Die Herstellung der Hormone, die Schilddrüse und Nebennieren ausschütten, wird teilweise durch chemische Signale gesteuert, welche die Hypophyse in den Blutkreislauf abgibt, während der Hypothalamus teilweise durch neuronale Signale aus dem limbischen System und, indirekt, aus der Großhirnrinde gesteuert wird. (Bilden Sie sich selbst ein Urteil über die Bedeutung der folgenden Beobachtung: Die abnorme elektrische Aktivität bestimmter Schaltkreise des limbischen Systems bei Krampfanfällen führt nicht nur zu einem abnormen geistigen Zustand, sondern auch zu extremen hormonellen Anomalien, die eine Reihe von körperlichen Erkrankungen wie etwa Eierstockzysten hervorrufen können.) Nun wirkt jedes Hormon im Blutkreislauf wiederum auf die Drüse zurück, die es abgesondert hat, und außerdem auf Hypophyse, Hypothalamus und andere Gehirnabschnitte. Mit anderen Worten, neurale Signale lösen chemische aus, die wieder andere chemische Signale hervorrufen. Durch diese werden unter Umständen die Funktionen vieler Zellen und Gewebe (auch im Gehirn) verändert und die regulatorischen Schaltkreise modifiziert, die den ganzen Kreislauf in Gang gesetzt haben. Die vielen miteinander verflochtenen Regelmechanismen kontrollieren die lokalen und globalen Körperbedingungen, so daß die Bausteine des Organismus, von den Molekülen bis zu den Organen, innerhalb der fürs Überleben erforderlichen Parameterwerte bleiben.

Die Regulationsschichten hängen in vielen Dimensionen eng zusammen. Beispielsweise kann ein gegebener Mechanismus auf einen einfacheren Mechanismus angewiesen sein und von einem komplexeren oder ebenso komplexen Mechanismus beeinflußt werden. Aktivität im Hypothalamus beeinflußt unter Umständen Aktivitäten der Großhirnrinde – direkt oder über das limbische System –, ebenso wie umgekehrte Beeinflussungen stattfinden.

So kann nicht überraschen, daß eine Wechselwirkung zwischen Körper und Geist belegt ist. Es gibt auch Hinweise auf weniger sichtbare Körper-Geist-Beziehungen. Betrachten Sie die folgenden Beispiele: Chronischer seelischer Streß, ein Zustand, der mit der Verarbeitung in zahlreichen Gehirnsystemen auf der Ebene von Großhirnrinde, limbischem System und Hypothalamus zu tun hat, scheint in den Nervenendigungen der Haut zur Überproduktion eines chemischen Stoffes zu führen – des *calcitonin gene-related peptid* oder CGRP. Infolgedessen bildet sich eine zu dichte Schicht CGRP an der Oberfläche der Langerhans-Zellen, einer zum Immunsystem gehörigen Zellart, die die Aufgabe hat, Krankheitserreger einzufangen und an Lymphozyten abzugeben, so daß das Immunsystem Maßnahmen gegen die Eindringlinge treffen kann. Sind die Langerhans-Zellen vollständig mit CGRP überzogen, dann sind sie außer Gefecht gesetzt und können ihrer Wächterfunktion nicht mehr nachkommen. Da nun eines der wichtigsten Einfallstore für Infektionen schlechter als sonst verteidigt ist, wird der Körper anfälliger für Infektionen. Und es gibt noch andere Beispiele für Geist-Körper-Wechselwirkung: Trauer und Angst können die Regulierung der Sexualhormone merklich verändern und nicht nur Veränderungen des Sexualtriebs, sondern auch Schwankungen des Menstruationszyklus hervorrufen. Trauer, wiederum ein Zustand, der auf Verarbeitungsprozessen im gesamten Gehirn beruht, bewirkt eine Schwächung des Immunsystems, so daß die Betroffenen anfälliger für Infektionen werden und – in direkter Konsequenz oder nicht – häufiger an bestimmten Krebsarten erkranken.[3] Man *kann* also an gebrochenem Herzen sterben.

Natürlich hat man auch den umgekehrten Einfluß – von chemischen Substanzen aus dem Körper auf das Gehirn – beobachtet. Wie allgemein bekannt, gelangen Tabak, Alkohol,

Medikamente und Drogen ins Gehirn, modifizieren seine Funktion und verändern damit den Geisteszustand. Teils wirken sich die chemischen Stoffe aus dem Körper direkt auf Neuronen oder ihre Trägersysteme aus, teils indirekt über die Neurotransmitter herstellenden Mediatorneuronen des Hirnstamms und des basalen Vorderhirns, von denen oben die Rede war. Bei Entladung können diese kleinen Ansammlungen von Neuronen eine Dosis Dopamin, Noradrenalin, Serotonin oder Acetylcholin an weit auseinanderliegende Regionen des Gehirns, einschließlich der Großhirnrinde und der Basalganglien, abgeben. Man kann sich diese Anordnung als sinnreich aufeinander abgestimmte Sprinkleranlagen vorstellen: Jede gibt ihren chemischen Stoff an bestimmte Systeme ab und innerhalb der Systeme an bestimmte Schaltkreise mit bestimmten Arten und Mengen von Rezeptoren.[4] Wenn sich die Menge und Verteilung eines dieser Transmitter oder auch nur das relative Transmittergleichgewicht an einer bestimmten Stelle verändert, dann können sich rasche und tiefgreifende Folgen für die kortikale Aktivität einstellen und Zustände von Depression, Euphorie oder sogar Manie auftreten (vgl. siebtes Kapitel). Manchmal verlangsamen oder beschleunigen sich Gedankenprozesse, der Zustrom von Erinnerungsbildern nimmt zu oder ab, neuartige Verknüpfungen von Vorstellungsbildern werden erleichtert oder erschwert. Entsprechend schwankt auch die Fähigkeit, sich auf bestimmte Vorstellungsinhalte zu konzentrieren.

Tristan, Isolde und der Liebestrank

Erinnern Sie sich an die Geschichte von Tristan und Isolde? Dort geht es um die Wandlung, die sich in der Beziehung der beiden Protagonisten vollzieht. Isolde fordert Brangäne auf, einen Todestrank zu bereiten, doch statt dessen reicht ihr die

Magd einen »Liebestrank«, den Tristan und Isolde trinken, ohne zu wissen, wozu er wirklich bestimmt ist. Das geheimnisvolle Getränk weckt in ihnen eine glühende Leidenschaft, deren sie nicht Herr zu werden vermögen – noch nicht einmal bei dem Gedanken, den gütigen König Marke auf das schändlichste zu verraten. In seiner Oper *Tristan und Isolde* hat Richard Wagner die Gewalt dieser leidenschaftlichen Beziehung in den vielleicht intensivsten und verzweifeltsten Liebespassagen der Musikgeschichte zum Ausdruck gebracht. Es fragt sich, warum ihn diese Geschichte so fasziniert hat und warum die Millionengemeinde seiner Anhänger den Aufführungen der Oper seit mehr als hundert Jahren so ergriffen lauscht.

Die Antwort auf die erste Frage lautet, daß Wagner mit dieser Komposition einer sehr realen und ähnlichen Leidenschaft in seinem Leben Ausdruck verlieh: Er und Mathilde Wesendonk hatten sich nämlich rettungslos ineinander verliebt – wider alle Vernunft, denn sie war die Frau seines großzügigen Wohltäters und er bereits verheiratet. So hatte Wagner tiefes Verständnis für die verborgenen und unwiderstehlichen Kräfte, die die Willenskraft des Menschen überwältigen und die man, mangels einer besseren Erklärung, der Zauberei oder dem Schicksal zuschrieb.

Schwieriger ist die zweite Frage. Zweifellos haben wir in unserem Körper und Gehirn solche Tränke. Sie können uns Verhaltensweisen aufzwingen, die wir beim besten Willen nicht unterdrücken können. Ein sehr anschauliches Beispiel ist der chemische Stoff Oxytozin.[5] Bei Säugetieren, auch dem Menschen, wird es im Gehirn (im Nucleus paraventricularis und Nucleus supraopticus des Hypothalamus) und im Körper (in Eierstöcken und Hoden) gebildet. Beispielsweise kann das Gehirn es ausschütten, um direkt oder hormonal vermittelt an der Regulation des Stoffwechsels teilzunehmen. Oxytozin kann aber auch bei Geburt, sexueller Reizung von Genitalien und Brustwarzen oder Orgasmus vom Körper freigesetzt werden. Dann wirkt es nicht nur auf den Körper selbst ein (etwa durch Muskelentspannung während der Geburt), sondern auch auf das Gehirn. Was es dort anrichtet, kann sich durchaus mit der Wirkung der legendären

Elixiere messen. Generell beeinflußt es ein ganzes Spektrum von Putz-, Fortbewegungs-, Fortpflanzungs- und mütterlichen Verhaltensweisen. In unserem Zusammenhang noch wichtiger: Es bahnt soziale Interaktionen und fördert die Bindung zwischen Paarungspartnern. Ein schönes Beispiel liefern Thomas Insels Studien an der Wüstenspringmaus, einem Nager mit prächtigem Fell. Nach kurzer Werbung und einem Tag wiederholter und intensiver Kopulation bleiben Männchen und Weibchen bis zu ihrem Tode unzertrennlich. Das Männchen erweist sich sogar gegenüber jedem Geschöpf außer seiner geliebten Gefährtin als ziemlich unfreundlich und ist in der Umgebung des Nestes gewöhnlich äußerst hilfsbereit. Allerdings ist solche Bindung nicht nur ein possierlicher Anpassungsprozeß, sondern bei vielen Arten auch ein höchst vorteilhafter Vorgang, denn er sorgt dafür, daß die Individuen zusammenbleiben, die die Nachkommen aufziehen müssen, und fördert außerdem noch weitere Aspekte der sozialen Organisation. Gewiß nutzen Menschen viele Wirkungen des Oxytozins ständig, obwohl sie auch gelernt haben, diese Effekte, die sich letztlich als positiv oder auch nicht herausstellen können, unter bestimmten Umständen zu meiden. Erinnern wir uns, daß sich der Liebestrank für Wagners Tristan und Isolde am Ende als ganz und gar nicht positiv erweist. Nach viereinhalb Stunden, die Pausen nicht mitgerechnet, sterben sie einen verzweifelten Tod.

Zur Neurobiologie der Sexualität, über die wir heute vieles wissen, können wir also jetzt die Anfänge einer Neurobiologie der Zuneigung hinzufügen und, mit beidem bewaffnet, etwas mehr Licht auf die komplexe Gruppe von geistigen Zuständen und Verhaltensweisen werfen, die wir Liebe nennen.

In den mehrfach rückläufigen Schaltkreisen, die ich hier skizziert habe, gibt es eine Reihe positiver und negativer Rückkopplungsschleifen, von denen einige rein chemischer Natur sind. Am bedeutsamsten für diese Anordnung ist vielleicht der Umstand, daß die beteiligten Gehirnstrukturen auch an der Verhaltenssteuerung mitwirken und unentbehrlich für den Erwerb und die normale Funktion kognitiver Prozesse sind. Hypothalamus, Gehirnstamm und limbisches System greifen in alle Vorgänge der Körperregulation *und* in alle neuronalen Prozesse ein, auf denen geistige Phänomene fußen: Wahrnehmung, Lernen, Erinnerung, Gefühl und Empfinden, außerdem auch – nach einer Hypothese, die ich später darlegen werde – Vernunft und Kreativität. Also sind Körperregulation, Überleben und Geist eng miteinander verflochten. Die Verflechtung vollzieht sich im biologischen Gewebe mittels chemischer und elektrischer Signale, ganz innerhalb der cartesianischen *res extensa* (der physischen Substanz, zu der der Körper und seine Umgebung gehören, nicht aber die nichtphysische Seele, die Teil der *res cogitans* ist). Kurioserweise ereignen sich die Verflechtungsprozesse am intensivsten unweit der Zirbeldrüse, in der Descartes einst die nichtphysische Seele eingeschlossen wähnte.

Jenseits von Trieben und Instinkten

Inwieweit Triebe und Instinkte alleine das Überleben eines Organismus sichern können, scheint von der Komplexität der Umwelt und der Komplexität des betreffenden Organismus abzuhängen. Bei Tieren gibt es von den Insekten bis zu den Säugetieren eindeutige Beispiele dafür, daß sich besondere Umwelten mit angeborenen Strategien bewältigen lassen, wobei diese Strategien zweifellos komplexe Aspekte der sozialen Kognition und des Sozialverhaltens einschließen. Immer wieder versetzt mich die Kompliziertheit der sozialen Organisation unserer entfernten Verwandten aus der Affenwelt in Erstaunen, und auch die verwickelten sozialen Regeln vieler Vögel sind eindrucksvoll. Doch wenn wir unsere eigene Art betrachten und bedenken, wie vielseitig und weitgehend unvorhersagbar die Umwelten geworden sind, in denen wir leben, dann wird offenbar, daß wir uns nicht nur auf hochentwickelte biologische Mechanismen genetischen Ursprungs verlassen können, sondern auch auf suprainstinktive Überlebensstrategien angewiesen sind, die sich in der Gesellschaft entwickelt haben, von der Kultur übermittelt worden sind und zu ihrer Anwendung Bewußtsein, vernünftige Überlegung und Willenskraft verlangen. Aus diesem Grund münden Hunger, Verlangen und Wut des Menschen nicht unkontrolliert in Essen, Raserei, sexuellem Übergriff und Mord, zumindest nicht immer, vorausgesetzt, daß sich ein gesunder menschlicher Organismus in einer Gesellschaft entwickelt hat, in der suprainstinktive Überlebensstrategien aktiv vermittelt und befolgt werden.

Westliche und östliche Denker, ob religiöser Provenienz oder nicht, sind sich dieses Umstandes seit Jahrtausenden bewußt. In jüngerer Zeit haben sich Descartes und Freud, um nur zwei Namen zu nennen, intensiv mit dem Thema beschäftigt. Nach Descartes macht uns die Beherrschung unserer animalischen Neigungen durch Denken, Vernunft und Willenskraft zum Menschen, nachzulesen in seiner Schrift *Die Leidenschaften der Seele*.[6] Ich bin mit dieser Formulierung einverstanden, nur daß ich dort, wo er die Kontrolle einer nichtphysischen Kraft annimmt, biologische Mechanismen am Werk sehe, die im menschlichen Organismus angelegt, aber keineswegs weniger komplex, bewundernswert oder erhaben sind. Mit der Schaffung des Über-Ichs, das die Triebe den sozialen Anforderungen anpaßt, entwickelt Freud im *Unbehagen in der Kultur* einen Begriff, der zwar frei vom cartesianischen Dualismus ist, aber nirgends explizit in neuronalen Formulierungen niedergelegt wird.[7] Eine Aufgabe, vor der die Neurowissenschaft heute steht, ist die Untersuchung der Neurobiologie, auf der adaptive Metaregulationen beruhen, worunter ich die Untersuchung und das Verständnis der Gehirnstrukturen verstehe, die erforderlich sind, um diese Regulationen zu erkennen. Damit versuche ich nicht, gesellschaftliche Phänomene auf biologische zu reduzieren, sondern die engen Verbindungen zwischen ihnen zu klären. Ich denke, es herrscht Einverständnis darüber, daß Kultur und Zivilisation zwar aus dem Verhalten biologischer Individuen erwachsen sind, das Verhalten jedoch in Kollektiven von Individuen entstand, die in spezifischen Umwelten interagierten. Kultur und Zivilisation können nicht das Werk einzelner Individuen sein und damit auf biologische Mechanismen reduziert werden, und noch weniger lassen sie sich auf eine Anzahl genetischer Festlegungen zurückführen. Zu ihrem Verständnis sind wir nicht nur auf die allgemeine Biologie und Neurobiologie angewiesen, sondern auch auf die Methoden der Sozialwissenschaften.

In menschlichen Gesellschaften gibt es soziale Konventionen und ethische Regeln, die über die biologisch vorgegebenen Verhaltensweisen hinausgehen. Diese zusätzlichen Kontrollschichten formen das Instinktverhalten, so daß es sich einer komplexen und raschem Wandel unterworfenen Umwelt flexibel anpassen läßt und das Überleben des einzelnen und anderer Individuen (vor allem wenn sie der gleichen Art angehören) auch unter solchen Umständen sichert, unter denen eine vorgegebene Reaktion aus dem natürlichen Repertoire sich sofort oder langfristig als kontraproduktiv erwiese. Die Gefahren, die durch derartige Konventionen und Regeln vermieden werden, können unmittelbar bevorstehend und direkt sein (physischer oder geistiger Schaden) oder fern und indirekt (künftiger Verlust, Verlegenheit). Obwohl sich solche Konventionen und Regeln nur durch Erziehung und Sozialisation von Generation zu Generation weitergeben lassen, nehme ich doch an, daß die neuronalen Repräsentationen des Wissens, das sie verkörpern, und der Mittel, die erforderlich sind, dieses Wissen in die Tat umzusetzen, untrennbar mit den neuronalen Repräsentationen angeborener biologischer Regelprozesse verknüpft sind. Ich sehe einen »Pfad« zwischen dem Gehirn, das die einen repräsentiert, und dem Gehirn, das die anderen repräsentiert.

Nach meiner Meinung wird man bei den meisten moralischen Vorschriften und sozialen Konventionen, und mögen ihre Ziele noch so hoch gesteckt sein, eine überzeugende Verbindung zu einfacheren Zielen sowie Trieben und Instinkten herstellen können. Woher diese Überzeugung kommt? Aus der Erkenntnis, daß die Konsequenzen, die sich aus dem Erreichen oder Nichterreichen eines ehrenwerten sozialen Ziels ergeben, zum Überleben oder der Qualität dieses Überlebens, wenn auch indirekt, beitragen (oder vermeintlich beitragen).

Folgt daraus, daß Liebe, Großzügigkeit, Freundlichkeit, Mitleid, Ehrlichkeit und andere löbliche Eigenschaften des Menschen lediglich das Ergebnis bewußter neurobiologischer Regulationsprozesse sind, die dem Eigennutz und dem Überleben dienen? Leugne ich damit die Möglichkeit von Altruismus und freiem Willen? Folgt daraus, daß es keine wahre Liebe, ehrliche Freundschaft und kein echtes Mitleid gibt? Das ist ganz gewiß *nicht* der Fall. Liebe ist wahr, Freundschaft ehrlich und Mitleid echt, wenn ich, in bezug auf meine Gefühle, nicht lüge, das heißt, wenn ich *wirklich* liebevoll, freundschaftlich und mitfühlend empfinde. Vielleicht wäre es lobenswerter, wenn ich nur durch geistige Anstrengung und Willenskraft zu solchen Empfindungen fähig wäre. Aber was ist, wenn das nicht der Fall ist, wenn ich es von Natur aus schaffe, wenn ich nett und ehrlich bin, ohne mich anzustrengen? Die Wahrhaftigkeit des Gefühls (das Maß der Übereinstimmung dessen, was ich tue und sage, mit dem, was in mir vorgeht), seine Größe und Schönheit werden nicht durch die Erkenntnis gefährdet, daß Überleben, Gehirn und Erziehung viel mit den Gründen zu tun haben, warum wir solche Gefühle empfinden. Gleiches gilt weitgehend auch für Altruismus und freien Willen. Die Erkenntnis, daß es hinter den erhabensten menschlichen Handlungen biologische Mechanismen gibt, bedeutet nicht, daß man sie vereinfachend auf neurobiologische Grundvorgänge zurückführen kann. Jedenfalls ist die partielle Erklärung von Komplexität durch etwas weniger Komplexes nicht als Abwertung zu verstehen.

Das Bild, das ich vom Menschen entworfen habe, ist das eines Organismus, der mit automatischen Überlebensmechanismen ausgestattet auf die Welt kommt und den Erziehung und Akkulturation mit einer Reihe sozial zulässiger und erwünschter Strategien zur Entscheidungsfindung versehen, die ihrerseits das Überleben erleichtern, die Qualität dieses Überlebens bemerkenswert verbessern und als Grundlage zur Bildung einer *Person* dienen. Wenn das menschliche Gehirn bei der Geburt seine Entwicklung beginnt, ist es mit Trieben und

Instinkten ausgestattet, zu denen nicht nur das physiologische Werkzeug für die Regulierung des Stoffwechsels gehört, sondern auch grundlegende Instrumente zur Bewältigung von sozialer Kognition und sozialem Verhalten. Nach Abschluß der kindlichen Entwicklungsphase verfügt es über zusätzliche Schichten an Überlebensstrategien. Die neurophysiologische Grundlage dieser zusätzlichen Strategien ist mit denen des Instinktrepertoires verflochten, wobei es deren Anwendung nicht nur modifiziert, sondern auch ihre Reichweite vergrößert. Vermutlich sind die neuralen Mechanismen, auf denen das suprainstinktive Repertoire beruht, im großen und ganzen ähnlich strukturiert wie diejenigen, die die biologischen Triebe steuern, und sie werden von diesen möglicherweise auch in ihrer Wirkungsweise eingegrenzt. Dennoch ist das Eingreifen der Gesellschaft vonnöten, damit sie werden, was sie sind; deshalb stehen sie zu einer gegebenen Kultur in ebenso enger Beziehung wie zur allgemeinen Neurobiologie. Mehr noch, durch diese doppelte Einschränkung erzeugen die suprainstinktiven Überlebensstrategien etwas, worüber wahrscheinlich nur der Mensch verfügt: eine moralische Perspektive, die gelegentlich über die Interessen der unmittelbaren Gruppe und selbst der Art hinausreicht.

7. KAPITEL

Gefühle und Empfindungen

Wie lassen sich die Überlegungen, die ich am Ende des letzten Kapitels dargelegt habe, in neurobiologische Begriffe übersetzen? Die Forschungsdaten zur biologischen Regulation zeigen, daß Reaktionsselektionen, deren sich der Organismus nicht bewußt ist und die infolgedessen auch nicht willentlich vorgenommen werden, fortwährend in evolutionär älteren Gehirnstrukturen stattfinden. Organismen, deren Gehirne nur diese archaischen Strukturen haben und denen die evolutionär moderneren Teile fehlen – Reptilien zum Beispiel –, handhaben solche Reaktionsselektionen ohne Schwierigkeit. Man kann sich die Reaktionsselektionen als eine elementare Form der Entscheidungsfindung denken, vorausgesetzt, man ist sich im klaren darüber, daß kein bewußtes Selbst, sondern eine Reihe neuraler Schaltkreise die Entscheidungen fällen.

Doch gilt auch als erwiesen, daß soziale Organismen angesichts komplexer Situationen und der Notwendigkeit, unter ungewissen Bedingungen zu entscheiden, auf Systeme in der Großhirnrinde, den evolutionär modernen Teil des Gehirns, zurückgreifen müssen. Es gibt Anhaltspunkte für eine Beziehung zwischen der Ausweitung und Differenzierung der Großhirnrinde auf der einen Seite und der Komplexität und Unvorhersagbarkeit von Umwelten, in denen sich die Individuen dank dieser Ausweitung behaupten können, auf der anderen Seite. Von einiger Bedeutung ist in diesem Zusammenhang John Allmans sehr interessantes Ergebnis, daß ungeachtet der Körpergröße die Großhirnrinde von obstfressenden Affen größer ist als die von blätterfressenden Affen.[1] Obstfressende Affen müssen ein umfangreicheres Gedächtnis haben, um sich erinnern zu können, wann und wo sie nach eßbaren Früchten zu suchen haben, damit sie nicht auf Bäume ohne Früchte oder auf verdorbene Früchte stoßen. Der größere Neocortex bietet die Speicherkapazität, die sie für ihr größeres Faktenwissen brauchen.

Der Unterschied zwischen den Verarbeitungsfähigkeiten der »niedrigen/alten« und der »höheren/neuen« Gehirnstrukturen ist so eklatant, daß er eine implizite und scheinbar vernünftige Auffassung von den jeweiligen Verantwortlichkeiten dieser Gehirnabschnitte genährt hat. Einfacher gesagt: Dem alten Kern des Gehirns obliegt die fundamentale biologische Regulation im Untergeschoß, während die Großhirnrinde darüber für Kluges und Feinsinniges zuständig ist. Oben in der Großhirnrinde wohnen Vernunft und Willenskraft, während unten im Subcortex Gefühl und all die schwachen, fleischlichen Regungen hausen.

Allerdings entspricht dies nicht der Auffassung, die ich von der rationalen Entscheidungsprozessen zugrundeliegenden neuronalen Struktur habe. Zum einen verträgt sie sich nicht mit den Beobachtungen, die ich im ersten Teil erörtert habe. Zum anderen gibt es Daten, die darauf schließen lassen, daß Langlebigkeit, die wahrscheinlich ein Maß für die Vernunft von Entscheidungsprozessen ist, nicht nur, wie zu erwarten, mit der Größe der Großhirnrinde korreliert, sondern auch mit der Größe des Hypothalamus, der umfangreichsten Abteilung im Untergeschoß.[2] Der Apparat der Rationalität, herkömmlicherweise im *Neo*cortex vermutet, scheint ohne biologische Regulation, traditionell als *sub*kortikal eingestuft, nicht arbeiten zu können. Offenbar hat die Natur den Rationalitätsapparat nicht einfach auf den Apparat der biologischen Regulation gesetzt, sondern ersteren *aus* und *mit* letzterem geschaffen. Die Mechanismen für Verhaltensweisen jenseits der Triebe und Instinkte greifen, so denke ich, sowohl auf das Ober- wie das Untergeschoß zurück: Der Neocortex ist *zusammen* mit dem älteren Kern des Gehirns beteiligt, so daß die Rationalität aus ihrer konzertierten Aktivität erwächst.

Hier stellt sich die Frage, in welchem Maße rationale und nichtrationale Prozesse jeweils mit kortikalen und subkcortikalen Strukturen im menschlichen Gehirn verknüpft sind. Um diese Frage zu klären, befasse ich mich nun mit Gefühlen und Empfindungen, zentralen Aspekten der biologischen Regulation, denn ich denke, daß sie eine Brücke zwischen rationalen und nichtrationalen Prozessen, zwischen kortikalen und subkortikalen Strukturen bilden.

Gefühle

Vor etwa einem Jahrhundert hat William James, der die menschliche Seele kannte wie außer ihm wohl nur Shakespeare und Freud, eine wahrhaft verblüffende Hypothese über das Wesen von Gefühlen vorgelegt. Hören wir ihn selbst: »Wenn wir uns ein starkes Gefühl vorstellen und dann versuchen, in unserem Bewußtsein jegliches Empfinden für seine Körpersymptome zu eliminieren, stellen wir fest, daß wir nichts zurückbehalten, keinen ›Seelenstoff‹, aus dem sich das Gefühl zusammensetzen ließe, und daß ein kalter und neutraler Zustand intellektueller Wahrnehmung alles ist, was bleibt.«

Unter Verwendung höchst anschaulicher Beispiele fährt James fort: »Was vom Gefühl der Furcht übrigbliebe, wenn ich weder das Empfinden von beschleunigtem Herzschlag noch von flacher Atmung, weder von zitternden Lippen noch von weichen Knien, weder von Gänsehaut noch von revoltierenden Eingeweiden hätte, vermag ich mir beim besten Willen nicht vorzustellen. Kann man sich einen Zustand der Wut ausmalen, bei dem man nicht zugleich an die Aufwallungen in der Brust, die Gesichtsrötung, die bebenden Nasenflügel, das Zähneknirschen und den Impuls zu heftigem Handeln denkt, sondern statt dessen an entspannte Muskeln, ruhige Atmung und ein friedliches Gesicht?« [3]

Mit diesen Worten, die ihrer und unserer Zeit weit voraus waren, hat William James nach meiner Ansicht den Mechanismus erfaßt, der entscheidend für das Verständnis von Gefühl und Empfinden ist. Leider – und ganz untypisch für ihn – wurde er mit dem Rest der Hypothese der Vielfalt und Vielschichtigkeit des angesprochenen Phänomens so wenig gerecht, daß sie zum Ausgangspunkt einer endlosen und manchmal entmutigenden Kontroverse wurde.[4] (Die Fülle wissenschaftlicher Arbeiten, die diesem Gegenstand gewidmet sind, kann ich hier nicht gebührend berücksichtigen und verweise deshalb auf die Forschungsüberblicke von George Mandler, Paul Ekman, Richard Lazarus und Robert Zajonc.)

Für viele ist James' Auffassung nicht deshalb so problematisch, weil er das Gefühl auf einen Prozeß reduziert, an dem der Körper beteiligt ist – so schockierend das auch für seine Kritiker gewesen sein muß –, sondern weil er die intellektuelle Bewertung der Situation, durch die das Gefühl verursacht wird, so wenig oder gar nicht berücksichtigt. Seine Erklärung paßt gut auf die ersten Gefühle, die man im Leben erfährt, wird aber schwerlich dem gerecht, was Othello im Geist durchlebt, bevor ihn Eifersucht und Wut packen, worüber Hamlet brütet, bevor er seinen Körper in den als Ekel erlebten Erregungszustand versetzt, und den verwickelten Gründen, die für Lady Macbeth' ekstatische Gemütsverfassung sorgen, während sie ihren Mann zu wütendem Morden anstachelt.

Fast ebenso problematisch war der Umstand, daß James keinen alternativen oder ergänzenden Mechanismus für die Erzeugung jener Empfindungen vorsah, die einem von Gefühlen erregten Körper entsprechen. Nach Jamesscher Auffassung ist der Körper in diesem Prozeß *stets* zwischengeschaltet. Im übrigen hat sich James kaum zu der Rolle geäußert, die das Gefühl für Kognition und Verhalten spielen könnte. Nun sind aber, wie ich bereits in der Einleitung dargelegt habe, Gefühle kein Luxus. Wir brauchen sie, wenn wir anderen Menschen Bedeutungen mitteilen wollen, und vielleicht sind sie auch, wie ich im nächsten Kapitel erläutern werde, zur Orientierung unserer kognitiven Prozesse erforderlich.

Nach James gibt es also einen grundlegenden Prozeß, in dessen Verlauf bestimmte Umweltreize mittels angeborener und unveränderlicher Mechanismen ein bestimmtes Muster von Körperreaktionen auslösen. Dabei ist zum Auftreten der Reaktion nicht erforderlich, daß die Bedeutung der Reize nicht bewertet wird. Erhellt wird dieser Sachverhalt auch nicht durch James' lapidare Feststellung: »Jedes Objekt, das einen Instinkt erregt, erregt auch ein Gefühl.«

Aus vielen Situationen unseres Lebens als Sozialwesen wissen wir doch, daß Gefühle erst nach einem geistigen Prozeß ausgelöst werden, der wertend, willkürlich und nichtautomatisch ist. Im Zuge unserer besonderen Erfahrungen ist eine große Vielfalt von Reizen und Situationen mit jenen Reizen verknüpft worden, durch die unsere Gefühle aufgrund angeborener Mechanismen hervorgerufen werden. Die Reaktion auf diese vielen Reize und Situationen kann durch einen zwischengeschalteten bewußten Bewertungsprozeß gefiltert werden. Und dank diesem vom Verstand gesteuerten, wertenden Filterprozeß können die vorgegebenen Gefühlsmuster Schwankungen aufweisen. Auf diese Weise läßt sich die von James entworfene Grundstruktur der Gefühle durchaus modifizieren. Im übrigen scheint es auch andere neuronale Mittel zu geben, um das Körperempfinden herzustellen, das James für den Kern des Gefühlsprozesses hielt.

Auf den nachfolgenden Seiten möchte ich meine Auffassungen über Gefühl und Empfinden skizzieren. Zunächst wähle ich die Perspektive der persönlichen Geschichte, um die Unterschiede zwischen den Gefühlen zu erläutern, die wir am Anfang unseres Lebens empfinden und für die ein »präorganisierter Mechanismus«, wie James ihn vorschlägt, genügt, und den Gefühlen, die wir als Erwachsene empfinden und deren Struktur allmählich auf dem Fundament dieser »frühen« Gefühle errichtet wird. Die »frühen« Gefühle werde ich *primär*, die »erwachsenen« *sekundär* nennen.

Primäre Gefühle

In welchem Maße sind emotionale Reaktionen schon bei Geburt verdrahtet? Ich würde sagen, weder bei Tieren noch bei uns Menschen ist von Geburt an die Furcht vor Bären oder vor Adlern unbedingt in der neuralen Struktur verankert (obwohl das für die Spinnen- und Schlangenangst mancher Tiere und Menschen gelten könnte). Dagegen kann ich mich problemlos mit der Möglichkeit anfreunden, daß wir zu einer präorganisierten Gefühlsreaktion verdrahtet sind, wenn wir bestimmte Reizmerkmale in der Welt oder im Körper – allein oder kombiniert – wahrnehmen. Beispiele für solche Merkmale sind Größe (etwa wenn wir mit besonders großen Tieren zu tun bekommen), extreme Spannweite (denken wir an fliegende Adler), Bewegungsart (wie bei Reptilien), bestimmte Geräusche (wie Knurren oder Brummen), bestimmte Körperzustände (etwa der Schmerz bei einem Herzanfall). Ich denke, solche Merkmale werden einzeln oder gemeinsam verarbeitet und dann von einer Struktur des limbischen Systems, sagen wir, der Amygdala, entdeckt. Ihre Neuronen verfügen über eine dispositionelle Repräsentation, die die Herstellung eines Körperzustands auslöst, wie er für das Gefühl der Furcht charakteristisch ist, und die die kognitive Verarbeitung so verändert, daß sie dem Zustand der Furcht entspricht. (Im weiteren Verlauf werden wir sehen, daß das Gehirn Körperzustände »simulieren«, den Körper also umgehen kann, und wir werden überlegen, wie die kognitive Veränderung erreicht wird.) Im übrigen kann die Körperreaktion auch hervorgerufen werden, ohne daß man den Bären, die Schlange oder den Adler »erkennen« beziehungsweise genau wissen muß, was Schmerz verursacht. Erforderlich ist lediglich, daß die frühen sensorischen Rindenfelder das Schlüsselmerkmal oder die Schlüsselmerkmale eines gegebenen Objektes (etwa eines Tieres oder Gegenstandes) entdecken und einordnen und daß Strukturen wie die Amygdala Signale erhalten, die von ihrem *gemeinsamen* Auftreten künden. Ein Küken im Nest weiß nicht, was Adler sind, aber reagiert sofort

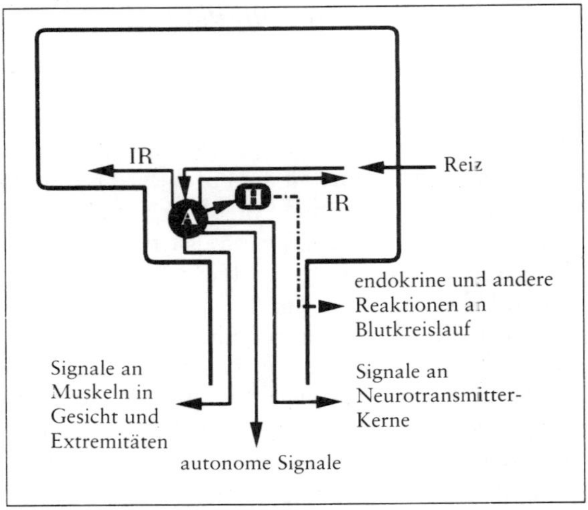

Abbildung 7.1 *Primäre Gefühle. Die schwarze Umrißlinie stellt das Gehirn und den Hirnstamm dar. Nachdem ein angemessener Reiz die Amygdala (A) aktiviert hat, kommt es zu einer Reihe von Reaktionen: internen Reaktionen (IR), Muskelreaktionen, viszeralen Reaktionen (autonomen Signalen) und Reaktionen, die sich auf Neurotransmitter-Kerngebiete und Hypothalamus (H) richten. Der Hypothalamus löst endokrine und andere chemische Reaktionen aus, die sich über den Blutkreislauf ausbreiten. In dem Diagramm unterschlage ich einige Gehirnstrukturen, die ebenfalls erforderlich sind, um diese große Vielfalt von Reaktionen auszuführen. So sind wahrscheinlich für die Muskelreaktionen, mit denen wir Gefühle zum Ausdruck bringen – die Körperhaltung zum Beispiel –, Strukturen in den Basalganglien verantwortlich (vor allem das sogenannte ventrale Striatum).*

mit allen Anzeichen des Entsetzens und Verstecken des Kopfes, wenn Objekte mit weitgespannten Flügeln es mit einer gewissen Geschwindigkeit überfliegen (vgl. Abb. 7.1).

Schon die Gefühlsreaktion allein kann dazu dienen, irgendein nützliches Ziel zu erreichen: rasches Verbergen vor einem Raubtier zum Beispiel oder die Manifestation von Wut gegenüber einem Konkurrenten. Allerdings endet der Prozeß nicht mit den körperlichen Veränderungen, die ein Gefühl definieren. Zumindest beim Menschen setzt sich der Zyklus fort, und sein nächster Abschnitt ist das *Empfinden des Gefühls* in Verbindung mit dem Objekt, der es erregt hat – die Verknüpfung zwischen Objekt und gefühlsbedingtem Körperzustand wird wahrgenommen. Nun kann man sich natürlich fragen, wozu man von dieser Beziehung wissen muß. Wozu soll man die Situation unnötig komplizieren und das Bewußtsein ins Spiel bringen, wenn bereits die Möglichkeit besteht, auf einer automatischen Ebene adaptiv zu reagieren? Die Antwort lautet: Das Bewußtsein ermöglicht erweiterte Schutzstrategien. Betrachten wir folgendes Beispiel: Wenn Sie *erkennen*, daß ein Tier, ein Gegenstand oder eine Situation X Angst hervorruft, dann haben Sie zwei Möglichkeiten, sich gegenüber X zu verhalten. Die erste Möglichkeit ist angeboren und deshalb nicht zu steuern. Außerdem ist sie nicht spezifisch für X: Eine große Anzahl von Geschöpfen, Gegenständen und Umständen kann die Reaktion hervorrufen. Die zweite Möglichkeit beruht auf Ihrer Erfahrung und ist spezifisch für X. Ihre Kenntnis von X gestattet Ihnen, vorauszudenken und vorherzusagen, wie wahrscheinlich das Vorkommen von X in einer gegebenen Umwelt ist, so daß Sie X vorbeugend aus dem Wege gehen können, statt in einer Notsituation auf seine Gegenwart reagieren zu müssen.

Daß Sie Ihre emotionalen Reaktionen »empfinden« können, hat aber noch weitere Vorteile. Beispielsweise können Sie Ihr Wissen verallgemeinern und entscheiden, allem, was wie X aussieht, mit Vorsicht zu begegnen. (Wenn Sie allerdings allzusehr verallgemeinern und sich übervorsichtig verhalten, werden Sie unter Umständen phobisch – was auch seine Nachteile hat.) Außerdem haben Sie bei Ihrer ersten Begegnung mit X möglicherweise etwas Merkwürdiges und potentiell Verwundbares in Xs Verhalten entdeckt. Vielleicht möchten Sie sich diese Verwundbarkeit in Ihrer nächsten Begegnung zunutze machen – ein weiterer Grund, warum Sie auf *kognitive* Prozesse angewiesen sind. Mit anderen Worten, wenn Sie Ihre emotionalen Zustände empfinden, das heißt, sich Ihrer Gefühle bewußt sind, so gewinnen Sie damit eine *Flexibilität der Reaktionsfähigkeit, die auf der besonderen Geschichte Ihrer Interaktionen mit der Umwelt beruht.* Zwar brauchen Sie angeborene Mechanismen, um diesen Erkenntnisprozeß in Gang zu setzen, doch die Empfindungen bieten Ihnen mehr.

Primäre Gefühle (soll heißen: angeborene, präorganisierte, Jamessche Gefühle) beruhen auf Schaltkreisen des limbischen Systems, wobei die Amygdala und der vordere Teil des Gyrus cinguli eine besondere Rolle spielen. Hinweise dafür, daß die Amygdala entscheidende Bedeutung für das präorganisierte Gefühl hat, liefern Beobachtungen an Tieren und Menschen. Tierversuche, in deren Mittelpunkt die Amygdala stand, haben Pribram, Weiskrantz, Aggleton, Passingham und – zuletzt und vielleicht am gründlichsten – Joseph LeDoux durchgeführt.[5] Andere Beiträge zu dieser Frage stammen von E. T. Rolls, Michael Davis sowie Larry Squire und seinem Team, deren Arbeiten, obwohl eigentlich dem Gedächtnis gewidmet, auch eine Verbindung zwischen Amygdala und Gefühl belegten.[6] Auf den gleichen Zusammenhang stießen Wilder Penfield sowie Pierre Gloor und Eric Halgren, als sie epileptische Patienten untersuchten, zu deren chirurgischer Bewertung eine elektrische Reizung verschiedener Regionen im Schläfenlappen erforderlich war.[7] In jüngerer Zeit haben Forscher aus meinem Team Beobachtungen gemacht, die diese Funktion der menschlichen Amygdala bestätigen, und in der Rückschau sind die ersten Hinweise auf einen Zusammenhang zwischen Amygdala und Gefühl in der Arbeit von Heinrich Kluver und Paul Bucy zu entdecken[8], die nachgewiesen haben, daß eine chirurgische Entfernung der Region des Schläfenlappens, die die Amygdala enthält, neben vielen anderen Symptomen auch affektive Gleichgültigkeit bewirkt. (Zu Daten über die Beziehung zwischen dem vorderen Teil des Gyrus cinguli und Gefühl vgl. das vierte Kapitel des vorliegenden Buches sowie die einschlägigen Ausführungen von Laplane u. a., 1981, und A. Damasio und Van Hoesen, 1983.[9])

Nun liefern aber die Mechanismen der primären Gefühle

nicht die ganze Bandbreite emotionaler Verhaltensweisen. Natürlich bilden sie den Grundapparat. Doch ich glaube, daß ihnen im Rahmen der individuellen Entwicklung die sekundären Gefühle folgen, die auftreten, sobald wir Empfindungen haben und systematische Verknüpfungen zwischen Kategorien von Objekten und Situationen auf der einen Seite und primären Gefühlen auf der anderen herstellen. Dabei reichen die Strukturen im limbischen System für den Prozeß der sekundären Gefühle nicht aus. Das Netzwerk muß erweitert werden, es ist auf die Mitwirkung des präfrontalen und somatosensiblen Cortex angewiesen.

Sekundäre Gefühle

Um eine Vorstellung vom Begriff der sekundären Gefühle zu bekommen, betrachten wir ein Beispiel aus der Erfahrungswelt eines Erwachsenen. Stellen Sie sich vor, Sie begegnen einem Freund, den Sie schon lange nicht mehr gesehen haben, oder man berichtet Ihnen vom unerwarteten Tod eines Menschen, mit dem Sie eng zusammengearbeitet haben. In jeder der konkreten Situationen – und vielleicht sogar jetzt, da Sie sich die Ereignisse lediglich vorstellen – spüren Sie ein Gefühl. Was geschieht neurobiologisch mit Ihnen, wenn das Gefühl auftritt? Was heißt es wirklich, »ein Gefühl zu spüren«?

Wäre ich anwesend, während Sie sich eine dieser Szenen vorstellen würden, könnte ich vielleicht einige Beobachtungen anstellen. Nachdem Sie Vorstellungsbilder von Schlüsselaspekten der Szenen gebildet haben (der Begegnung mit dem lange aus den Augen verlorenen Freund; dem Tod eines Kollegen), verändert sich Ihr Körperzustand durch eine Reihe von Modifikationen in verschiedenen Körperregionen. Wenn Sie (in Ihrer Vorstellung) einen alten Freund treffen, beginnt Ihr

Herz unter Umständen zu rasen, Ihre Haut zu erröten, Ihre Gesichtsmuskeln sich im Mund- und Augenbereich so zu verändern, daß ein fröhlicher Ausdruck entsteht, während sich die Muskeln in anderen Regionen entspannen. Hören Sie hingegen vom Tod eines Bekannten, dann wird Ihr Herz möglicherweise klopfen, Ihr Mund austrocknen, Ihre Haut erbleichen, ein Teil Ihrer Eingeweide sich zusammenkrampfen, die Hals- und Rückenmuskeln sich versteifen, während Ihre Gesichtszüge einen Ausdruck der Trauer annehmen. In beiden Fällen verändern sich zahlreiche Parameter, die über die Funktion von Viscera (Herz, Lunge, Verdauungsorgane, Haut) und endokrinen Drüsen (zum Beispiel Hypophyse und Nebennieren) Aufschluß geben. Das Gehirn schüttet zahlreiche Peptidmodulatoren in den Blutkreislauf aus. Auch das Immunsystem wird rasch modifiziert. Unter Umständen erhöht sich die Grundaktivität der glatten Muskulatur in den Arterienwänden, was eine Kontraktion und Verengung der Blutgefäße bewirkt (und Blässe hervorruft). Diese Aktivität kann auch abnehmen, das heißt, die glatten Muskeln entspannen sich, die Blutgefäße weiten sich (woraufhin die Haut sich rötet). Alles in allem legt die Gruppe dieser Veränderungen ein bestimmtes Profil fest, das aus Abweichungen von einem Spektrum durchschnittlicher Zustände besteht. Diese entsprechen einem funktionalen Gleichgewicht, der Homöostase, in der der Haushalt des Organismus wahrscheinlich die günstigsten Werte erzielt, das heißt, weniger Energie verbraucht und sich rascher und leichter anpaßt. Allerdings darf man sich dieses Spektrum des funktionalen Gleichgewichts nicht statisch vorstellen. Vielmehr ist es eine kontinuierliche Folge von Profilveränderungen mit oberen und unteren Grenzwerten, die sich in ständiger Bewegung befinden. Man kann sich die Situation wie ein Wasserbett vorstellen, auf dem jemand hin und her geht: Einige Zonen werden niedergedrückt, während andere sich heben, Wellen bilden sich, das Bett wird als Ganzes verändert, aber die Veränderungen bewegen sich in einem Bereich, der durch die physikalischen Grenzwerte des Gebildes festgelegt wird: eine Grenzfläche, die eine bestimmte Flüssigkeitsmenge einschließt.

Bei Ihrem hypothetischen Gefühlserlebnis wurden viele Teile Ihres Körpers in einen neuen Zustand versetzt, in dem sich erhebliche Veränderungen ergaben. Was geschieht im Organismus, daß solche Wirkungen zustande kommen?

1. Der Prozeß beginnt mit den bewußten Überlegungen, die Sie über eine Person oder Situation anstellen. Diese Überlegungen kommen als Vorstellungsbilder zum Ausdruck, die in einem Denkprozeß organisiert werden, und sie betreffen unzählige Aspekte Ihrer Beziehung zu der fraglichen Person, Merkmale der gegenwärtigen Situation und ihre Folgen für Sie und andere, kurz, es handelt sich um eine kognitive Bewertung der Inhalte des Ereignisses, von dem Sie ein Teil sind. Einige der heraufbeschworenen Vorstellungen sind nonverbal (die Wahrscheinlichkeit, daß sich eine bestimmte Person an einem bestimmten Ort befindet), während andere verbal sind (Wörter und Sätze, die die Eigenschaften, Aktivitäten, Namen und so fort betreffen). Das neurale Substrat solcher Vorstellungsbilder besteht aus einer Reihe separater topographisch organisierter Repräsentationen, die in verschiedenen frühen sensorischen Rindenfeldern auftreten (visuellen, akustischen und anderen). Diese Repräsentationen werden unter dem Einfluß von dispositionellen Repräsentationen gebildet, die über eine große Anzahl von Assoziationsfeldern höherer Ordnung verstreut sind.
2. Auf einer nichtbewußten Ebene reagieren Netzwerke im präfrontalen Cortex automatisch und unwillkürlich auf Signale, die bei der Verarbeitung der obigen Vorstellungsbilder entstehen. Diese präfrontale Reaktion stammt von dispositionellen Repräsentationen, in denen gespeichert ist, welche Arten von Situationen in Ihrer persönlichen Erfahrung gewöhnlich mit welchen emotionalen Reaktionen verknüpft waren. Mit anderen Worten, diese Reaktion stammt von *erworbenen* und nicht von *angeborenen* dispositionellen Repräsentationen – wenn auch die erworbenen Dispositionen, wie oben erläutert, unter dem

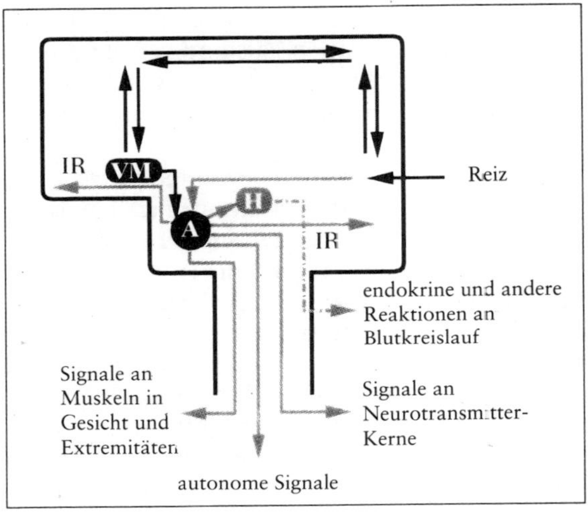

Abbildung 7.2 Sekundäre Gefühle. Der Stimulus kann noch immer direkt über die Amygdala verarbeitet werden, wird jetzt aber auch in Gedankenprozessen analysiert und unter Umständen von frontalen Cortices (VM) aktiviert. VM wirkt über die Amygdala (A). Sekundäre Gefühle bedienen sich, anders gesagt, des Apparats der primären Gefühle. Wiederum vereinfache ich bewußt, da außer VM zahlreiche andere präfrontale Rindenfelder aktiviert werden; im wesentlichen jedoch ist der Mechanismus so strukturiert wie aus dem Diagramm ersichtlich. Interessant ist, daß VM auf A angewiesen ist, um seine Aktivität zu manifestieren, daß es sich gewissermaßen im Huckepack befördern läßt. Diese Abhängigkeits- oder Vorzugsbeziehung ist ein schönes Beispiel dafür, wie die Natur sich mit dem zu helfen weiß, was da ist. Sie bedient sich alter Strukturen und Mechanismen, um neue Mechanismen zu erzeugen und neue Ergebnisse zu erhalten.

Einfluß von angeborenen Dispositionen entstehen. So verkörpern die erworbenen dispositionellen Repräsentationen jene besonderen Beziehungen der geschilderten Art, die Sie in Ihrem Leben erfahren haben. Gleichgültig, ob Ihre Erfahrung leicht oder stark von der anderer Menschen abweicht, es ist in jedem Falle Ihre Erfahrung ganz allein. Zwar gleichen sich die Beziehungen zwischen Situationsarten und Gefühlen weitgehend von Individuum zu Individuum, doch die besondere, persönliche Erfahrung modifiziert den Prozeß für jedes Individuum. Fassen wir noch einmal zusammen: Die präfrontalen dispositionellen Repräsentationen, die erworben sind und die wir für sekundäre Gefühle brauchen, sind von den angeborenen dispositionellen Repräsentationen getrennt, die wir für primäre Gefühle benötigen. Doch wie Sie unten sehen werden, sind erstere auf letztere angewiesen, um sich zu äußern.

3. Unbewußt, automatisch und unwillkürlich wird die Reaktion der präfrontalen dispositionellen Repräsentationen, die im vorigen Abschnitt beschrieben wurden, an die Amygdala und den vorderen Teil des Gyrus cinguli übermittelt. In diesen Regionen reagieren dispositionelle Repräsentationen, indem sie (a) Kerngebiete des autonomen Nervensystems aktivieren und über die peripheren Nerven Signale zum Körper schicken, mit dem Ergebnis, daß die Viscera in den Zustand versetzt werden, der überwiegend mit der Art der auslösenden Situation verknüpft ist, (b) dem motorischen System Signale übermitteln, so daß die Skelettmuskeln das äußere Bild eines Gefühls in Gesichtsausdruck und Körperhaltung vervollständigen, indem sie (c) die Hormon- und Peptidsysteme aktivieren, die auf chemischem Wege den Zustand von Körper und Gehirn verändern, und indem sie schließlich (d) durch besondere Entladungsmuster die nichtspezifischen Neurotransmitter-Kerne in Gehirnstamm und basalem Vorderhirn aktivieren, die daraufhin ihre chemischen Botschaften in verschiedene Regionen des Telenzephalons (die Basalganglien beispielsweise und die Großhirnrinde) senden. Diese scheinbar erschöpfende Aufzählung von Aktionen stellt eine massive und vielfältige Reaktion dar. Sie erfaßt den ganzen Organismus und ist beim gesunden Menschen ein Wunder an Koordination.

Die durch (a), (b) und (c) verursachten Veränderungen wirken auf den Körper ein, verursachen einen »emotionalen Körperzustand« und werden anschließend an das limbische und somatosensible System zurückgeschickt. Die durch (d) hervorgerufenen Veränderungen, die nicht im Körper entstehen, sondern in einer Reihe von Strukturen des Gehirnstamms, die für die Körperregulation sorgen, sind von großem Einfluß auf die Art und Leistungsfähigkeit von kognitiven Prozessen und bilden eine Parallelbahn für die emotionale Reaktion. Die unterschiedlichen Auswirkungen von (a), (b) und (c) auf der einen Seite und (d) auf der anderen werden bei der Erörterung der Empfindungen (siehe unten) deutlicher werden.

Inzwischen sollte klargeworden sein, daß die emotionale Verarbeitung, die bei Patienten mit präfrontaler Schädigung beeinträchtigt ist, dem zweiten Typus angehört. Diese Patienten können zu den Vorstellungsbildern, die durch bestimmte Kategorien von Situationen und Reizen heraufbeschworen werden, nicht die entsprechenden Gefühle erzeugen und aus diesem Grund auch nicht die daraus resultierenden Empfindungen verspüren. Dies haben, wie im neunten Kapitel beschrieben, klinische Beobachtungen und Spezialtests gezeigt. Andererseits haben diese präfrontalen Patienten aber primäre Gefühle, weshalb ihr Affektleben auf den ersten Blick intakt erscheinen mag (so lassen sie Furcht erkennen, wenn jemand direkt hinter ihnen unvermutet aufschreit oder wenn ihr Haus bei einem Erdbeben erzittert). Dagegen haben Patienten mit einer Schädigung des limbischen Systems in der Amygdala oder im vorderen cingulären Cortex gewöhnlich eine umfassendere Beeinträchtigung sowohl der primären wie auch der sekundären Gefühle, und deshalb ist die Verflachung ihrer Affekte leichter zu erkennen.

Da die Natur, wie ein passionierter Bastler, immer auf die Wiederverwertung des vorhandenen Materials bedacht ist, hat sie keine unabhängigen Mechanismen zur Äußerung der primären und der sekundären Gefühle gewählt. Sie läßt die sekundären Gefühle über den gleichen Kanal zum Ausdruck kommen, den sie für die Manifestation der primären Gefühle angelegt hat.

Nach meiner Ansicht liegt das Wesen des Gefühls in zahlreichen Veränderungen von Körperzuständen, die in unzähligen Organen durch Nervenendigungen hervorgerufen werden. Das dafür verantwortliche Gehirnsystem reagiert auf den Gedankeninhalt, der sich auf ein bestimmtes Objekt oder Ereignis bezieht. Viele Veränderungen des Körperzustands – etwa der Hautfarbe, Körperhaltung oder des Gesichtsausdrucks – sind für einen äußeren Beobachter durchaus wahrnehmbar. (Im übrigen wird diese Richtung nach außen auch durch die Etymologie des Wortes »Emotion« nahegelegt, das gleichbedeutend mit »Gefühl« ist: Im ursprünglichen Wortsinn heißt es »Hinausbewegung«.) Andere Veränderungen des Körperzustands sind nur für den Besitzer des Körpers wahrnehmbar, in dem sie stattfinden. Doch zum Gefühl gehört mehr als nur seine wesentlichen Elemente.

Zusammenfassend läßt sich feststellen, daß das Gefühl sich zusammensetzt aus einem geistigen Bewertungsprozeß, der einfach oder komplex sein kann, und dispositionellen Reaktionen auf diesen Prozeß, meist gegenüber dem Körper im engeren Sinne, was zu einem emotionalen Körperzustand führt, aber auch gegenüber dem Gehirn selbst (Neurotransmitter-Kernen im Gehirnstamm), was weitere geistige Veränderungen bewirkt. Es sei angemerkt, daß ich hier aus dem Gefühl die Wahrnehmung all der Veränderungen ausklammere, die die emotionale Reaktion darstellen. Wie Sie in Kürze feststellen werden, hebe ich mir den Ausdruck Empfindung für die Erfahrung dieser Veränderungen auf.

Die Spezifität der neuronalen Mechanismen hinter den Gefühlen

Die Spezifität der für das Gefühl zuständigen neuronalen Systeme ist durch Untersuchungen von fokaler Hirnschädigung belegt worden. Nach meiner Auffassung beeinträchtigt eine

Schädigung des limbischen Systems die Verarbeitung des primären Gefühls, die Schädigung präfrontaler Rindenfelder die Verarbeitung des sekundären Gefühls. Ein Beleg für ein hochinteressantes Korrelat des menschlichen Gefühls kommt von Roger Sperry und seinen Mitarbeitern, unter ihnen Joseph Bogen, Michael Gazzaniga, Jerre Levy und Eran Zaidel: Strukturen in der rechten Großhirnhälfte des Menschen spielen bei der grundlegenden Verarbeitung des Gefühls eine übergeordnete Rolle.[10] Andere Forscher – Howard Gardner, Kenneth Heilman, Joan Borod, Richard Davidson und Guido Gainotti – haben weitere Belege für die rechtshemisphärische Dominanz des Gefühls vorgelegt.[11] Aus Forschungsarbeiten, die gegenwärtig an meinem Institut durchgeführt werden, geht hervor, daß der Gefühlsprozeß grundsätzlich wohl wirklich asymmetrisch verläuft, daß die Asymmetrien aber möglicherweise nicht gleichermaßen für alle Gefühle gelten.

Wie groß die neuronale Spezifität der für das Gefühlsleben zuständigen Systeme ist, läßt sich an der Beeinträchtigung ihres Ausdrucks ermessen. Wenn ein Schlaganfall das motorische Rindenzentrum in der linken Gehirnhälfte zerstört und infolgedessen die rechte Gesichtsseite des Patienten lähmt, sind die Muskeln nicht funktionsfähig, so daß der Mund zur normal beweglichen Seite hin verzogen ist. Fordert man den Patienten auf, den Mund zu öffnen und die Zähne zu zeigen, so verstärkt sich die Asymmetrie noch. Doch wenn der Patient spontan lächelt oder lacht, weil jemand eine lustige Bemerkung gemacht hat, geschieht etwas ganz anderes: Das Lächeln ist normal, beide Seiten des Gesichtes bewegen sich, wie wir es gewohnt sind, und der Ausdruck ist natürlich, wie der des normalen Lächelns, das der Patient vor seiner Lähmung gezeigt hat. Daraus folgt, daß sich die motorische Kontrolle einer gefühlsbedingten Bewegungssequenz nicht am gleichen Ort befindet wie die Kontrolle eines willkürlichen Aktes. Die gefühlsbedingte Bewegung wird an einer anderen Stelle des Gehirns ausgelöst, obwohl der Schauplatz der Bewegung, das Gesicht und seine Muskulatur, derselbe ist (vgl. Abb. 7.3).

Untersucht man einen Patienten, bei dem ein Schlaganfall

den vorderen cingulären Cortex in der linken Hemisphäre geschädigt hat, so findet man genau das gegenteilige Ergebnis. Im Ruhezustand oder bei gefühlsbedingter Bewegung ist das Gesicht asymmetrisch – rechts weniger beweglich als linksseitig. Versucht der Patient dagegen die Gesichtsmuskeln willkürlich zusammenzuziehen, werden die Bewegungen normal ausgeführt, und die Symmetrie kehrt zurück. Folglich wird die gefühlsbedingte Bewegung vom vorderen cingulären Cortex von anderen limbischen Rindenfeldern (im medialen Schläfenlappen) und von den Basalganglien gesteuert – von Regionen, deren Schädigung oder Funktionsstörung zur sogenannten umgekehrten oder emotionalen Gesichtslähmung führt.

Mein Mentor Norman Geschwind, der Harvard-Neurologe, der mit seiner Arbeit eine Brücke zwischen der klassischen und der modernen Gehirn- und Geistforschung am Menschen schlug, wies gerne darauf hin, daß es uns so schwerfällt, in die Kamera zu lächeln (die »Bitte-recht-freundlich-Situation«), weil wir unsere Gesichtsmuskeln dann unter Verwendung des motorischen Cortex und seiner Pyramidenbahn willkürlich steuern müssen. (Die Pyramidenbahn ist das massive Axonenbündel, das im primären motorischen Cortex, Brodmann-Area 4, beginnt und die Kerne in Gehirnstamm und Rückenmark innerviert, die wiederum die Willkürbewegung durch periphere Nerven steuern.) Auf diese Weise erzeugen wir ein »pyramidales Lächeln«, wie Geschwind es genannt hat. Was der vordere Teil des Gyrus cinguli mühelos bewerkstelligt, können wir kaum nachahmen. Es gibt keinen einfachen Weg zur Ausübung von Willkürkontrolle über den vorderen cingulären Cortex. So haben Sie nur wenige Möglichkeiten, ein »natürliches« Lächeln zu produzieren: Entweder nehmen Sie Schauspielunterricht, oder Sie bitten jemanden, Sie zu kitzeln oder Ihnen einen guten Witz zu erzählen. Die Karriere von Schauspielern und Politikern hängt von dieser so einfachen wie ärgerlichen Bedingung der Neurophysiologie ab.

Das Problem ist Schauspielern seit langem bekannt und hat zu verschiedenen Darstellungstechniken geführt. Einige Mimen – so zum Beispiel Lawrence Olivier – erzeugen kunst-

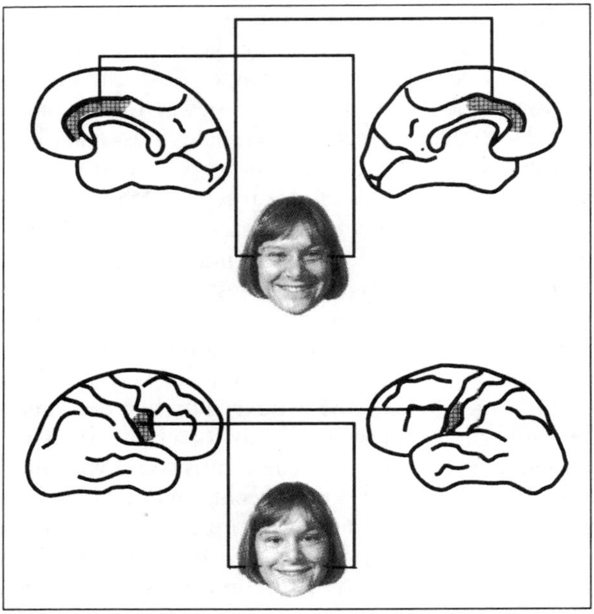

Abbildung 7.3 Beim »echten« Lächeln in einer emotionalen Situation (oben) wird die Gesichtsmuskulatur von einem anderen neuronalen Apparat kontrolliert als beim (nicht emotionalen) willkürlichen Lächeln. Das echte Lächeln wird von limbischen Rindenregionen kontrolliert und verwendet für seinen Ausdruck wahrscheinlich die Basalganglien.

fertig und willkürlich eine Reihe von Bewegungen, die glaubhaft ein Gefühl suggerieren. Einerseits wissen sie genau, wie Gefühle (ihre Äußerungsformen) für einen externen Beobachter aussehen, andererseits versuchen sie, sich zu erinnern, wie man sich gewöhnlich fühlt, wenn solche äußeren Veränderungen eintreten. So gelingt es den großen Schauspielern dieser Tradition, Gefühle nach Belieben vorzutäuschen. Daß nur wenige damit Erfolg haben, zeigt, wie groß die Hindernisse sind, die die Gehirnphysiologie solchen Bemühungen in den Weg legt.

Abbildung 7.4 Unbewußte und bewußte Kontrolle der Gesichtsmuskulatur.

Bei einer anderen Technik – der »Methode« von Lee Strasberg und Elia Kazan (angeregt durch die Arbeit von Konstantin Stanislawskij) – wird der Schauspieler veranlaßt, das echte Gefühl hervorzurufen, statt es nur zu simulieren. Das kann zwar überzeugender und faszinierender sein, aber es bedarf einer besonderen Begabung und Reife, um die automatischen Prozesse zu zügeln, die durch das echte Gefühl entfesselt werden.

Auf den Unterschied zwischen dem Gesichtsausdruck echter und vorgetäuschter Gefühle hat als erster Charles Darwin in dem 1872 veröffentlichten Buch *Der Ausdruck der Gemütsbewegungen bei den Menschen und Thieren* hingewiesen.[12] Dabei griff er auf Beobachtungen von Guillaume-Benjamin Duchenne zurück, der sich zehn Jahre zuvor mit der Frage beschäftigt hatte, welche Muskeln am Lächeln beteiligt sind und was für Kontrollmechanismen für die Bewegung dieser Muskeln erforderlich sind.[13] Duchenne fand heraus, daß zu einem Lächeln echter Freude die gemeinsame unwillkürliche Kontraktion zweier Muskeln erfolgen muß – des großen Jochbeinmuskels (M. zygomaticus major) und des Augenringmuskels (M. orbicularis oculi; vgl. Abb. 7.4). Weiter entdeckte er, daß der zweite dieser beiden Muskeln sich nur unwillkürlich bewegen läßt. Es gibt keine Möglichkeit, ihn absichtlich zu aktivieren. Die unwillkürlichen Aktivatoren des Augenringmuskels sind, wie Duchenne sagt, »die süßen Gemütsbewegungen der Seele«. Dagegen kann der große Jochbeinmuskel sowohl unwillkürlich als auch willentlich aktiviert werden und ist deshalb das geeignete Werkzeug des Höflichkeitslächelns.

Empfindungen

Was ist eine Empfindung? Warum machen wir im Sprachgebrauch keinen Unterschied zwischen »Gefühl« und »Empfindung«? Unter anderem liegt dies daran, daß einige Empfindungen zwar mit Gefühlen in Verbindung stehen, daß es aber bei vielen anderen nicht der Fall ist: Alle Gefühle rufen Empfindungen hervor, wenn wir wach und aufmerksam sind, aber nicht alle Empfindungen haben ihren Ursprung in Gefühlen. Empfindungen, die nicht aus Gefühlen erwachsen, werde ich Hintergrundempfindungen nennen und sie an späterer Stelle dieses Kapitels erörtern.

Zunächst möchte ich also die Empfindungen der Gefühle betrachten und deshalb auf jenen Gefühlszustand von Ihnen zurückkommen, den ich oben als Beispiel gewählt habe. Alle Veränderungen, die ein Beobachter von außen erkennen kann, und viele andere Veränderungen, die so nicht zu erkennen sind – eine erhöhte Herzfrequenz beispielsweise oder verkrampfte Verdauungsorgane –, werden von Ihnen innerlich wahrgenommen. Fortwährend werden diese Veränderungen an das Gehirn übermittelt, und zwar von Nervenendigungen, die Impulse aus Haut, Blutgefäßen, Viscera, willkürlichen Muskeln,

Gelenken und so fort weiterleiten. Neuronal gesehen, hängt der Rückweg dieses Zyklus von Schaltkreisen ab, die in Kopf, Hals, Rumpf und Gliedmaßen entspringen. Durch Rückenmark und Hirnstamm verlaufen sie zur Formatio reticularis (einer Anhäufung von Hirnstammkernen, die unter anderem für die Kontrolle von Wachen und Schlafen zuständig ist) und zum Thalamus, von wo aus sie zu Hypothalamus, limbischen Strukturen und bestimmten somatosensiblen Rindenfeldern in den Bereichen von Insel und Schläfenlappen weiterziehen. Besonders die letztgenannten Rindenfelder werden ständig auf dem laufenden gehalten über das, was von Augenblick zu Augenblick in Ihrem Körper geschieht. Mit anderen Worten, sie bekommen einen »Ausblick« auf die ständig wechselnde Landschaft, die Ihr Körper unter dem Eindruck eines Gefühls annimmt. Wenn Sie sich noch einmal das Bild vom Wasserbett ins Gedächtnis rufen, können Sie sich diesen Ausblick als einen fortlaufenden Nachrichtenstrom vorstellen, der über die vielen lokalen Veränderungen des Bettes informiert – die Auf- und Abbewegungen, zu denen es kommt, wenn jemand darauf umhergeht. In den Rindenfeldern, die diese Signale ständig empfangen, zeichnet sich ein fortwährend wechselndes neuronales Aktivitätsmuster ab. Dieser Vorgang hat keinen statischen Aspekt, keinen Grundzustand, keinen Homunculus, der wie ein Standbild im Penthouse des Gehirns hockt und Signale aus dem entsprechenden Teil des Körpers empfängt. Statt dessen gibt es nur Veränderung, unaufhörliche Veränderung. Einige der Muster sind topographisch organisiert, andere sind es in geringerem Maße, auf keinen Fall aber befinden sie sich in einer einzigen Karte, in einem einzigen Zentrum. Es gibt viele Karten, koordiniert durch wechselseitig aufeinander einwirkende Neuronenvernetzungen. (Ganz gleich, mit welcher Metapher wir diesen Punkt zu verdeutlichen suchen – entscheidend ist die Erkenntnis, daß aktuelle Körperrepräsentationen nicht in einer rigiden kortikalen Karte stattfinden, wie es die Diagramme des menschlichen Gehirns jahrzehntelang suggerierten. Vielmehr sind sie eine dynamische, sich ständig neu konkretisierende »Online«-Darstellung dessen, was gerade im Körper geschieht. Ihr Wert liegt in dieser Frische, diesem »Online«-Charakter, der in der oben genannten Arbeit von Michael Merzenich so überzeugend nachgewiesen wird.)

Neben der »neuralen Route«, auf der Ihr Gefühlszustand zurück zum Gehirn gelangt, hat Ihr Organismus auch eine parallel verlaufende »chemische Route« benutzt. Hormone und Peptide, die während der Gemütsbewegung in den Körper ausgeschüttet werden, können über den Blutkreislauf zum Gehirn gelangen, wo sie entweder über die sogenannte Blut-Hirn-Schranke ins Gehirn eindringen oder, noch leichter, über Gehirnregionen, die diese Schranke nicht aufweisen (wie zum Beispiel die Area postrema), beziehungsweise die Möglichkeit haben, Signale an verschiedene Teile des Gehirns zu schicken (wie das Subfornikalorgan). Während das Gehirn in einigen seiner Teile – unter dem Einfluß anderer Teile – eine vielfältige Wiedergabe der Körperlandschaft konstruieren kann, läßt sich diese Wiedergabe selbst, und ihre Verwendung, vom Körper auch direkt beeinflussen (denken wir nur an das Oxytozin, das im sechsten Kapitel erörtert wurde). Ihren besonderen Charakter erhält die Körperlandschaft in einem gegebenen Augenblick nicht nur durch eine Reihe von Nervensignalen, sondern auch durch chemische Signale, welche die Verarbeitung der Nervensignale modifizieren. Wohl vor allem aus diesem Grund haben bestimmte chemische Substanzen in vielen Kulturen eine so wichtige Rolle gespielt. Das Drogenproblem, dem sich unsere Gesellschaft derzeit gegenübersieht – wobei ich illegale wie legale Drogen meine –, läßt sich nicht lösen, solange wir nicht die neuralen Mechanismen, von denen hier die Rede ist, gründlich verstehen.

Während die Körperveränderungen stattfinden, erfahren Sie von ihrer Existenz und können ihre ständige Entwicklung verfolgen. Sie nehmen Veränderungen Ihres Körperzustands wahr und können ihre Entfaltung sekunden- oder minutenlang beobachten. Dieser Prozeß ständiger Zeugenschaft, die Erfahrung dessen, was Ihr Körper macht, während Ihnen Gedanken über bestimmte Inhalte durch den Kopf gehen, ist der

Kern dessen, was ich eine Empfindung nenne (Abb. 7.5). Besteht ein Gefühl aus einer Reihe von Veränderungen des Körperzustandes, verknüpft mit bestimmten Vorstellungsbildern, die ein spezifisches Gehirnsystem aktiviert haben, dann ist die Empfindung eines Gefühls im wesentlichen die Erfahrung solcher Veränderungen in Juxtaposition zu den Vorstellungsbildern, die den Zyklus in Gang gesetzt haben. Mit anderen Worten, eine Empfindung beruht auf der Juxtaposition einer Vorstellung vom Körper im engeren Sinne und der Vorstellung von etwas anderem, etwa dem visuellen Vorstellungsbild eines Gesichts oder dem akustischen Bild einer Melodie. Vervollständigt wird das Substrat einer Empfindung durch Veränderungen kognitiver Prozesse, die gleichzeitig durch neurochemische Stoffe hervorgerufen werden (zum Beispiel an vielen Orten des Nervensystems durch Neurotransmitter nach einer Aktivierung von Neurotransmitter-Kerngebieten, die zur ursprünglichen Gefühlsreaktion gehörte). *

An dieser Stelle scheinen mir zwei Anmerkungen erforderlich zu sein. Die erste betrifft den Begriff der »Juxtaposition« in der oben dargelegten Definition. Diesen Ausdruck halte ich für angebracht, weil sich nach meiner Ansicht das Vorstellungsbild vom Körper im engeren Sinne einstellt, nachdem das Vorstellungsbild von »etwas anderem« gebildet worden ist und präsent gehalten wird, und weil die beiden Vorstellungsbilder, neuronal gesehen, getrennt vorliegen, wie ich im fünften Kapitel im Abschnitt über Vorstellungsbilder dargelegt habe. Mit anderen Worten, es findet eine »Kombination« und keine »Vermischung« statt. Für den Prozeß hingegen, der sich in unserer integrierten Erfahrung mit den Vorstellungsbildern vom Körper im engeren Sinne und von »etwas ande-

* Die hier verwendeten Definitionen von »Gefühl« und »Empfindung« entsprechen nicht dem orthodoxen Gebrauch. Viele Autoren machen keinen Unterschied zwischen den beiden Wörtern, verzichten ganz auf den Begriff »Empfindung« oder zerlegen »Gefühl« in eine Ausdrucks- und eine Erfahrungskomponente. Die Verwendung zweier separater Termini könnte sich für die weitere Erforschung der Phänomene als hilfreich erweisen.

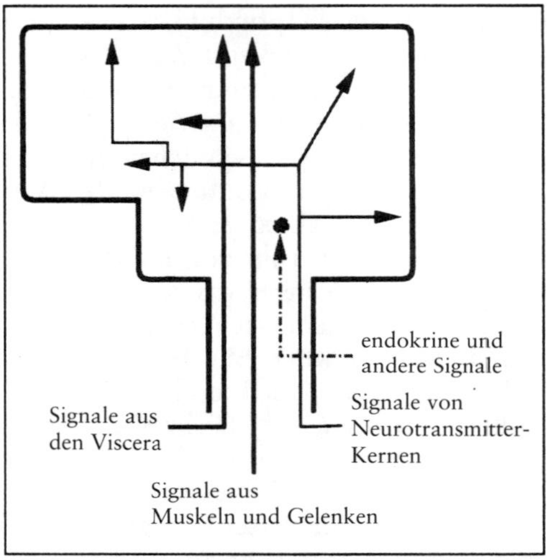

Abbildung 7.5 Damit man ein Gefühl empfindet, ist es notwendig, aber nicht hinreichend, daß neuronale Signale aus den Viscera, aus den Muskeln und Gelenken und aus Neurotransmitter-Kernen – die alle während des Gefühlsprozesses aktiviert werden – bestimmte subkortikale Kerngebiete und die Großhirnrinde erreichen. Unter anderem über den Blutkreislauf gelangen auch endokrine und andere chemische Signale zum Zentralnervensystem.

rem« zu vollziehen scheint, wäre wohl die Formulierung Überlagerung angebracht.

Die Vorstellung, daß das »qualifizierte« Element (ein Gesicht) und das »qualifizierende« Element (der in Juxtaposition auftretende Körperzustand) verknüpft, aber nicht vermischt werden, würde vielleicht erklären, warum wir uns niedergeschlagen fühlen können, auch wenn wir an Menschen oder Situationen denken, die keineswegs Traurigkeit oder Verlust bedeuten, oder warum wir aus keinem unmittelbar einsichtigen Grund fröhlich sind. Unter Umständen sind die qualifizierenden Zustände unerwartet und manchmal auch unwillkommen. Vielleicht ist ihr psychologischer Beweggrund nicht zu erkennen oder überhaupt nicht vorhanden, das heißt, der Prozeß erwächst aus einer psychologisch neutralen Veränderung. Neurobiologisch gesehen, bestätigen die unerklärlichen qualifizierenden Zustände die relative Autonomie des neuralen Apparates, der den Gefühlen zugrunde liegt. Außerdem erinnern sie uns aber auch an die Existenz eines riesigen Bereichs nichtbewußter Prozesse, von denen sich einige psychologisch erklären lassen und andere nicht.

Das Wesen von Traurigkeit oder Fröhlichkeit ist die kombinierte Wahrnehmung bestimmter Körperzustände und der mit ihnen in Juxtaposition befindlichen Gedanken – welcher Art sie auch immer sein mögen –, ergänzt durch eine Veränderung des Denkprozesses in Hinblick auf Stil und Effizienz. Im allgemeinen herrscht hier Übereinstimmung, da sowohl das Signal des (positiven oder negativen) Körperzustands wie auch Stil und Effizienz der Kognition vom gleichen System ausgelöst werden. (Allerdings kann die Kongruenz zwischen Körperzustandssignal und kognitivem Stil in normalen wie pathologischen Zuständen aufgehoben werden.) Bei negativen Körperzuständen folgen die Vorstellungsbilder langsam aufeinander, ist ihre Vielfalt gering und der logische Prozeß nicht sehr wirksam. Wenn negative Körperzustände häufig wiederkehren oder länger anhalten, wie es bei einer Depression der Fall ist, wächst der Anteil der Gedanken, die eher mit negativen Situationen assoziiert sind, während sich Stil und Effizienz des Denkprozesses beeinträchtigt zeigen. Die anhaltende Hochstimmung manischer Zustände führt zum gegenteiligen Ergebnis. In dem Buch *Darkness Visible,* der Erinnerung an die eigene Depression, hat William Styron dieses Leiden sehr anschaulich beschrieben. Nach seiner Schilderung ist es im wesentlichen ein quälendes Schmerzempfinden: »...am ehesten zu vergleichen mit Ertrinken oder Ersticken – aber selbst diese Bilder treffen die Sache nicht.« Doch er berücksichtigt auch den begleitenden Zustand der kognitiven Prozesse: »Während dieser Phasen fand in der Regel kein rationales Denken statt, daher die Trance. Mir fällt einfach kein besseres Wort für diesen Zustand ein, den hilflosen Stupor, in dem jegliche kognitive Aktivität durch diese ›positive und aktive Qual‹ ersetzt wurde.« (»Positive und aktive Qual« war der Ausdruck, mit dem William James die eigene Depression beschrieben hat.)

Die andere Anmerkung: Was ich hier dargelegt habe, ist meine Ansicht von dem, was die wesentlichen kognitiven und neuralen Elemente einer Empfindung sein könnten. Nur weitere Untersuchungen können Klarheit darüber bringen, ob diese Auffassung richtig ist. Dagegen habe ich nicht erklärt, wie wir eine Empfindung empfinden. Wenn wir in den entsprechenden Hirnregionen eine Reihe von Signalen über den Körperzustand empfangen, dann liegen damit die notwendigen Anfangsbedingungen vor, die aber noch nicht ausreichend sind, um Empfindungen auch zu empfinden. Wie ich in der Erörterung über Vorstellungsbilder dargelegt habe, ist eine weitere Bedingung der betreffenden Erfahrung eine Korrelation zwischen der fortlaufenden Repräsentation des Körpers und den neuralen Repräsentationen, die das Selbst konstituieren. Ein Empfinden bezüglich eines bestimmten Objektes beruht auf der Subjektivität der Objektwahrnehmung, der Wahrnehmung des sie hervorrufenden Körperzustandes und der Wahrnehmung, daß der Denkprozeß seinen Stil und seine Effizienz ändert, während all das geschieht.

Wenn das Gehirn genarrt wird

Welche Anhaltspunkte gibt es für die Behauptung, daß Körperzustände Empfindungen verursachen? Einige Daten liefern neuropsychologische Studien, die einen Zusammenhang zwischen Empfindungsverlust und Schädigung der Hirnregionen zeigen, die zur Repräsentation von Körperzuständen notwendig sind (vgl. fünftes Kapitel), doch auch Untersuchungen an normalen Individuen sind sehr aufschlußreich für diese Frage, besonders die Studien von Paul Ekman.[14] Als er normale Versuchspersonen anwies, ihre Gesichtsmuskeln in bestimmter

Weise zu bewegen, wobei sie nicht wußten, daß sich auf ihrem Gesicht der Ausdruck eines bestimmten Gefühls »zusammensetzte«, erlebten die Versuchspersonen ein Empfinden, das diesem Ausdruck entsprach. So führte beispielsweise ein grob und unvollständig zusammengesetzter glücklicher Gesichtsausdruck dazu, daß die Versuchsperson »Glück« empfand, ein zorniger Gesichtsausdruck zum Empfinden von »Zorn« und so fort. Das sind eindrucksvolle Ergebnisse, wenn wir bedenken, daß die Versuchspersonen nur unvollständige, fragmentarische Gesichtsstellungen ausführen konnten. Außerdem gab es keine reale Situation, deren Wahrnehmung und Bewertung ein Gefühl hätte auslösen können, so daß der Körper einer Versuchsperson zu Beginn auch nicht das viszerale Profil zeigte, das ein bestimmtes Gefühl begleitet.

Aus Ekmans Experiment ist der Schluß zu ziehen, daß entweder ein Fragment des Körpermusters, das für einen Gefühlszustand charakteristisch ist, ausreicht, um ein Empfinden des gleichen Signals hervorzurufen, oder daß das Fragment anschließend den Rest des Körperzustands auslöst, der zu dieser Empfindung führt. Merkwürdigerweise lassen sich nicht alle Teile des Gehirns durch eine Bewegungsfolge narren, die nicht auf dem üblichen Wege hervorgerufen wird. Neue Belege durch elektrophysiologische Aufzeichnungen zeigen, daß ein vorgetäuschtes Lächeln andere Hirnwellenmuster erzeugt als ein echtes Lächeln.[15] Auf den ersten Blick scheinen die elektrophysiologischen Ergebnisse den Resultaten des zitierten Experiments zu widersprechen, tatsächlich aber ist das nicht der Fall: Obwohl die Versuchspersonen von einer Empfindung berichteten, die dem Fragment des zugehörigen Gesichtsausdrucks entsprach, waren sie sich durchaus bewußt, daß es keinen besonderen Anlaß gab, glücklich oder böse zu sein. Wir können uns sowenig wie andere täuschen, wenn wir nur ein höfliches Lächeln aufsetzen, und genau diesen Umstand scheinen die elektrischen Aufzeichnungen widerzuspiegeln. Aus diesem Grunde gelingt es wohl auch großen Schauspielern, Opernsängern und anderen Künstlern, die Simulation der heftigen Gefühle, die sie regelmäßig darbieten, auszuhalten, ohne die Kontrolle zu verlieren.

Ich habe Regina Resnik, die großartigste Carmen und Klytämnestra unserer Zeit und die gefeierte Diva von tausend Nächten voller musikalischer Wut und Raserei, gefragt, wie schwierig es für sie sei, sich innerlich von den aufwühlenden Gefühlen der dargestellten Personen zu distanzieren. Ganz und gar nicht schwierig, erwiderte sie, sobald man die Techniken seines Metiers gelernt habe. Niemand, der sie sieht und hört, würde auf den Gedanken kommen, daß sie ein solches Gefühl nur körperlich »abbildet« und nicht »empfindet«. Allerdings gibt sie zu, daß sie, als sie einmal die alte Gräfin in Tschaikowskis *Pique Dame* gab und sich vor der Szene, in der die alte Dame buchstäblich zu Tode erschreckt wird, allein auf der Bühne befand, mit der dargestellten Person verschmolz und entsetzliche Angst empfand.

Empfindungsarten

Wie zu Anfang des Kapitels erwähnt, gibt es viele Empfindungsarten. Die erste Art beruht auf den fünf verbreitetsten Gefühlen – Glück, Traurigkeit, Wut, Furcht und Ekel. Sie ist mit Körperzustandsprofilen verknüpft, die weitgehend präorganisiert im Jamesschen Sinne sind. Wenn der Körperzustand den Profilen eines dieser Gefühle entspricht, dann haben wir das *Empfinden*, glücklich, traurig, wütend, furchtsam oder angeekelt zu sein. Erleben wir Empfindungen, die mit Gefühlen verknüpft sind, so richtet sich die Aufmerksamkeit nachdrücklich auf Körpersignale, und Teile der Körperlandschaft rücken aus dem Hintergrund in den Vordergrund unserer Aufmerksamkeit.

Eine zweite Empfindungsart basiert auf Gefühlen, die leichte Abwandlungen der fünf Universalgefühle darstellen: Euphorie und Ekstase sind Spielarten des Glücks, Melancholie und Wehmut Spielarten der Traurigkeit, Panik und Schüchternheit Spielarten der Furcht. Diese zweite Empfindungsart wird von der Erfahrung beeinflußt; feinere Schattierungen des kognitiven Zustands verbinden sich mit differenzierteren Spielarten des emotionalen Körperzustands. Diese Verbindung aus einem komplizierten kognitiven Inhalt und der Modifikation eines präorganisierten Körperzustandsprofils ermöglicht uns, verschiedene Abstufungen von Reue, Verlegenheit, Schadenfreude, Rachsucht und so fort zu empfinden.[16]

Empfindungsarten

Empfindungen von grundlegenden Universalgefühlen	Empfindungen von differenzierten Universalgefühlen	Hintergrundempfindungen

Hintergrundempfindungen

Allerdings setze ich noch eine weitere Empfindungsart voraus, von der ich annehme, daß sie den anderen in der Evolution vorausgegangen ist. Als Hintergrundempfindungen bezeichne ich sie, weil sie aus »Hintergrundzuständen« des Körpers und nicht aus Gefühlszuständen entstehen. Diese Empfindungsart ist kein Verdi der großen Gefühle, auch kein Strawinski des intellektualisierten Gefühls, sondern ein Minimalist in Melodie und Rhythmus, das Empfinden des Lebens selbst, das Empfinden des Seins. Vielleicht kann sich dieser Begriff bei einer künftigen Analyse der Empfindungsphysiologie als hilfreich erweisen.

Da Hintergrundempfindungen weniger intensiv als die oben beschriebenen emotionalen Empfindungen sind, werden sie weder als besonders positiv noch als besonders negativ erlebt, obwohl man sie durchaus als eher angenehm oder unangenehm wahrnehmen kann. Aller Wahrscheinlichkeit nach haben wir in unserem Leben überwiegend solche Empfindungen und keine emotionalen Empfindungen. Zwar nehmen wir eine Hintergrundempfindung nur flüchtig wahr, sind uns ihrer aber doch hinreichend bewußt, um augenblicklich über ihre Natur Auskunft geben zu können. Wenn wir vor Freude außer uns sind oder an unserem Liebeskummer verzweifeln, haben wir es nicht mit Hintergrundempfindungen zu tun: Beide Verfassungen entsprechen emotionalen Körperzuständen. Dagegen ist eine Hintergrundempfindung mit dem Körperzustand verknüpft, der zwischen Gefühlen vorherrscht. Wenn wir Glück, Wut oder ein anderes Gefühl empfinden, ist die Hintergrundempfindung durch eine emotionale Empfindung verdrängt worden. Die Hintergrundempfindung ist unser Vorstellungsbild von einer Körperlandschaft, die nicht durch Gefühle erschüttert wird. Der Begriff der »Stimmung« ist zwar mit dem der Hintergrundempfindung verwandt, trifft es aber nicht genau. Wenn Hintergrundempfindungen stunden- und tagelang durchgehend von gleicher Art sind und sich nicht unmerklich mit dem Auf und Ab der Gedankeninhalte verändern, dann trägt die Gesamtheit der Hintergrundempfindungen wahrscheinlich zu einer – guten, schlechten oder neutralen – Stimmung bei.

Wenn Sie sich einen Augenblick vorzustellen versuchen, wie es ohne Hintergrundempfindungen wäre, werden Sie sicherlich keinen Zweifel mehr an dem Konzept haben, das ich hier vorschlage. Ich möchte sogar behaupten, daß sich ohne diese Empfindungsart das Zentrum Ihrer Selbstrepräsentation auflösen würde. Lassen Sie mich erklären, was mich zu dieser Auffassung gebracht hat.

Wie erwähnt, können die Repräsentationen aktueller Körperzustände in vielen somatosensiblen Feldern der Insel und der Schläfengegend stattfinden, außerdem im limbischen System, im Hypothalamus und im Hirnstamm. Diese Regionen in der linken wie der rechten Hemisphäre werden durch Neuronenverknüpfungen koordiniert, wobei die rechte Hemisphäre die linke dominiert. Die genaue Vernetzung dieses Systems ist noch weitgehend unerforscht (leider handelt es sich um eines der Stiefkinder bei der Erforschung des Primatenhirns), doch soviel scheint festzustehen: Eine zusammengesetzte, fortlaufende Repräsentation aktueller Körperzustände ist über eine große Anzahl subkortikal wie kortikal gelegener Strukturen verteilt. Ein Großteil der Eingaben aus viszeralen Zuständen endet in Strukturen, die man als »nichtkartiert« bezeichnen könnte, obwohl ein erheblicher Prozentsatz des viszeralen Inputs doch so weit kartiert ist, daß wir Schmerz oder Unbehagen in identifizierbaren Zonen von Rumpf oder Gliedmaßen entdecken können. Zwar sind die Karten, die wir für die Viscera anfertigen, weniger genau als diejenigen, die wir für die Außenwelt entwerfen, aber die angebliche Ungenauigkeit oder gar Fehlerhaftigkeit dieser Karten hat man doch übertrieben. Dazu hat man sich vor allem auf Phänomene wie das des »projizierten Schmerzes« berufen (beispielsweise ein Schmerzempfinden im linken Arm oder Bauchraum bei Herzinfarkt oder unterhalb des rechten Schulterblatts bei einer Entzündung der Gallenblase). Dagegen enden die Eingaben von Muskeln und Gelenken in topographisch kartierten Strukturen.

Neben dynamischen »On-line-Karten« des Körpers gibt es noch etwas stabilere Karten der allgemeinen Körperstruktur. Wahrscheinlich repräsentieren sie die Propriozeption (das Körperempfinden in Muskeln und Gelenken) und die Interozeption (viszerales Empfinden), die für das Körperbild verantwortlich sind. Diese Repräsentationen sind »off-line« oder dispositionell, können aber in den topographisch organisierten somatosensiblen Rindenfeldern Seite an Seite mit der On-line-Repräsentation des *aktuellen* Köperzustands aktiviert werden, um eine Vorstellung davon zu vermitteln, in welcher Verfassung sich unser Körper im allgemeinen und nicht jetzt befindet. Der beste Beleg für die Art von Repräsentation ist das oben beschriebene Phänomen des Phantomglieds. Nach einer Amputation stellen sich einige Patienten die fehlende Gliedmaße vor, als wäre sie noch vorhanden. Sie sind sogar in der Lage, imaginäre Veränderungen im Zustand der nichtvorhandenen Gliedmaße wahrzunehmen, so zum Beispiel eine bestimmte Bewegung, Schmerz, Temperatur und so fort. Für mich bedeutet dieses Phänomen, daß in Abwesenheit einer On-line-Eingabe der fehlenden Gliedmaße der Off-line-Input einer dispositionellen Repräsentation dieser Extremität das Bild bestimmt – das heißt, es liegt eine Rekonstruktion durch die Aktivierung einer früher erworbenen Erinnerung vor.

Wer der Meinung ist, daß sich der Körperzustand unter normalen Bedingungen kaum im Bewußtsein ausprägt, sollte seine Ansicht vielleicht noch einmal überdenken. Richtig ist, daß wir uns nicht ständig jedes Teils unseres Körpers bewußt sind, da uns Repräsentationen äußerer Ereignisse durch Sehen, Hören oder Tasten sowie innerlich erzeugte Vorstellungen in erheblichem Maße von der fortwährenden, unaufhaltsamen Repräsentation des Körpers ablenken. Doch der Umstand, daß der Mittelpunkt unserer Aufmerksamkeit gewöhnlich woanders ist, wo er für adaptives Verhalten dringender gebraucht wird, bedeutet nicht, daß keine Körperrepräsentation stattfindet, wovon Sie sich leicht überzeugen können, wenn der plötzliche Beginn von Schmerzen oder auch nur geringem körperlichem Unbehagen die Aufmerksamkeit wieder stärker auf den Körper lenkt. Das somatische Hintergrundempfinden setzt nie aus, obwohl wir es manchmal kaum bemerken, weil es keinen bestimmten Teil des Körpers, sondern den übergreifenden Zustand praktisch aller seiner Bereiche repräsentiert. Doch nur dank dieser fortwährenden, unaufhaltsamen Repräsentation des Körperzustands sind wir in der Lage, auf die Frage »Wie geht es Ihnen?« augenblicklich anzugeben, ob es uns gutgeht oder nicht so sehr. Der Hintergrundzustand des Körpers wird ständig registriert, und deshalb ist die Frage höchst interessant, was geschähe, wenn er plötzlich verschwände, wenn Sie bei der Frage, wie es Ihnen geht, feststellen müßten, daß Sie nichts über diesen Hintergrundzustand wüßten, wenn die Wahrnehmung, daß Ihr übergeschlagenes Bein weh tut und Sie es absichtlich geradestellen, losgelöst in Ihrem Bewußtsein auftauchte, statt Teil eines Körperempfindens zu sein, das Ihnen mühelos zugänglich ist. Wir wissen mit Sicherheit, daß sogar der einfachere, relativ umgrenzte Propriozeptionsausfall, der durch eine Erkrankung der peripheren Nerven verursacht werden kann, zu einer tiefgehenden Störung der mentalen Prozesse führt. (Eine sehr eindrucksvolle Beschreibung einer solchen

Patientin hat Oliver Sacks geliefert.[17]) Deshalb kann man erwarten, daß ein umfassenderer Verlust oder eine weitergehende Veränderung des Körperempfindens eine noch größere Störung hervorruft – was tatsächlich der Fall ist.

Wie im vierten Kapitel beschrieben, verlieren einige Patienten mit typischer und vollständiger Anosognosie das Bewußtsein für ihren allgemeinen Gesundheitszustand. Sie wissen nicht, daß sie unter den verheerenden Folgen einer schweren Krankheit leiden, meist eines Schlaganfalls oder eines Gehirntumors, der entweder dort entstanden oder die Folge einer Krebserkrankung an anderer Stelle im Körper ist. Ihnen ist nicht klar, daß sie gelähmt sind, obwohl sie mit diesem Umstand konfrontiert werden und gezwungen sind, die Bewegungslosigkeit beispielsweise ihres linken Arms und ihrer linken Hand zu sehen. Sie können sich die Folgen ihrer Krankheit nicht ausmalen und machen sich keine Sorgen um ihre Zukunft. Ihre Gefühlsreaktion ist eingeschränkt oder fehlt ganz, und ihre Empfindungen sind – nach eigenem Bekunden und den Beobachtungen Dritter – entsprechend abgeflacht.

Bei solchen Anosognostikern unterbricht die Hirnschädigung die Verknüpfung zwischen Regionen, die an der Kartierung des Körperzustands beteiligt sind, wobei oft auch einige dieser Regionen selbst zerstört werden. Die Regionen liegen alle in der rechten Hemisphäre, obwohl sie Eingaben aus der rechten und der linken Körperhälfte empfangen. Die wichtigsten Regionen befinden sich in der Insel, dem Scheitellappen und dem Marklager, das Verknüpfungen zwischen diesen Verbindungen zum und vom Thalamus, zum und vom Stirnlappen und zu den Basalganglien enthält.

Mit Hilfe des Konzepts der Hintergrundempfindungen kann ich jetzt skizzieren, was nach meiner Auffassung bei Anosognosie geschieht. Unfähig, sich des aktuellen Körperinputs zu bedienen, gelingt es dem Anosognostiker nicht, die Repräsentation seines Körpers auf den neuesten Stand zu bringen, und er vermag deshalb nicht mehr prompt und automatisch über das somatosensible System zu erkennen, daß sich die Realität seiner Körperlandschaft verändert hat. Er kann sich noch eine

Vorstellung davon machen, wie sein Körper einmal war, aber dabei handelt es sich um eine inzwischen überholte Vorstellung. Und da seinem Körper damals nichts fehlte, berichtet der Patient das auch.

Patienten mit dem Phänomen des Phantomglieds geben zwar an, sie hätten das Empfinden, daß ihre fehlende Gliedmaße noch vorhanden sei, wissen aber, daß dies nicht der Fall ist. Sie haben keine Wahnvorstellung oder Halluzination, sondern sehen sich gerade durch ihren Realitätssinn dazu veranlaßt, über diesen unangenehmen Zustand zu klagen. Bei Anosognostikern dagegen fehlt die automatische Realitätsüberprüfung. Ihre Situation ist anders, entweder weil bei ihrer Erkrankung die Information über den größten Teil des Körpers und nicht nur einen eingegrenzten Bereich beeinträchtigt ist oder weil es sich vorwiegend um viszerale Informationen handelt. Vielleicht spielen auch beide Aspekte eine Rolle. Der Mangel an aktualisierten Körpersignalen führt nicht nur zu irrationalen Berichten über ihre motorischen Ausfälle, sondern auch zu unangemessenen Gefühlen und Empfindungen bezüglich ihres Gesundheitszustands. Diese Patienten scheinen sich keine Sorgen über ihren Zustand zu machen. Einige sind zu unangemessenen Scherzen aufgelegt, andere verharren in dumpfem Brüten. Wenn sie gezwungen werden, über ihren Zustand nachzudenken, das heißt, wenn ihnen über andere Kanäle, entweder verbal oder durch direkte visuelle Konfrontation, neue Fakten präsentiert werden, erkennen sie die neue Situation vorübergehend an, vergessen diese Erkenntnis aber schon bald wieder. Aus irgendeinem Grunde läßt sich im Bewußtsein nicht festhalten, was ihm nicht natürlich und automatisch durch den Primat der Empfindung zugetragen wird.

Patienten mit Anosognosie liefern uns Einblick in einen Geist, welcher der Möglichkeit beraubt ist, den *aktuellen* Körperzustand zu empfinden, besonders was die Hintergrundempfindungen anbelangt. Ich vermute, daß das Selbst dieser Patienten, unfähig, aktuelle Körpersignale aus dem grundlegenden Nachrichtensystem des Körpers zu entnehmen, nicht mehr vollständig ist. Zwar ist das Wissen über die persönliche

Identität noch verfügbar und in sprachlicher Form abrufbar – Anosognostiker erinnern sich, wer sie sind, wo sie leben und arbeiten, welche Menschen ihnen nahestehen –, doch diese Fülle von Informationen können sie nicht mehr dazu verwenden, vernünftige Schlüsse über ihren gegenwärtigen persönlichen und gesellschaftlichen Zustand zu ziehen. Die Theorie, die diese Patienten über die eigenen geistigen Zustände und die anderer entwickeln, ist beklagenswert unzulänglich und hoffnungslos überholt. Sie hinkt hinter der historischen Zeit her, in der sie und ihre Beobachter sich befinden.

Die Kontinuität der Hintergrundempfindungen entspricht dem Umstand, daß der lebende Organismus und seine Struktur ihre Kontinuität wahren, solange das Leben erhalten bleibt. Im Gegensatz zu unserer Umwelt, deren Zustand sich verändert, und im Gegensatz zu den fragmentarischen und durch äußere Umstände bestimmten Vorstellungen, die wir in Hinblick auf diese Umwelt bilden, haben Hintergrundempfindungen hauptsächlich mit Körperzuständen zu tun. Unsere individuelle Identität wurzelt in dieser Insel von illusorischer, lebendiger Konstanz, vor deren Hintergrund uns der ständige Wechsel unzähliger anderer rund um den Organismus befindlicher Dinge bewußt wird.

Der Körper als Bühne der Gefühle

Einer der Kritikpunkte, die gegen William James vorgebracht wurden, betrifft die Vorstellung, daß wir den Körper immer als Bühne für die Gefühle benutzen. Zwar bin ich der Auffassung, daß Gefühle und Empfindungen in vielen Situationen genau diesen Weg gehen – vom Geist/Gehirn zum Körper und zurück zum Geist/Gehirn –, doch ich glaube auch, daß das Gehirn in vielen Fällen lernt, das schwächere Vorstellungsbild eines »emotionalen« Körperzustands heraufzubeschwören, ohne daß ihn der

Körper im engeren Sinne annehmen muß. Hinzu kommt, daß, wie oben erörtert, die Aktivierung der Neurotransmitter-Kerne im Hirnstamm und ihre Reaktionen den Körper umgehen, obwohl diese Kerngebiete auf höchst merkwürdige Weise zur Gehirnrepräsentation der Körperregulation gehören. Es gibt also neurale Mechanismen, die uns das Empfinden vermitteln, »als ob« wir einen Gefühlszustand hätten, als ob der Körper aktiviert und modifiziert würde. Derartige Mechanismen ermöglichen uns, den Körper zu umgehen und einen langsamen, energieaufwendigen Prozeß zu vermeiden. Im Gehirn allein beschwören wir eine gewisse Ähnlichkeit mit einer Empfindung herauf. Allerdings bezweifle ich, daß solche Empfindungen den gleichen Eindruck hervorrufen wie Empfindungen, die frisch durch einen realen Körperzustand erzeugt werden.

Wahrscheinlich entstehen »Als-ob«-Mechanismen, während wir uns entwickeln und uns unserer Umwelt anpassen. Die Verknüpfung zwischen einem bestimmten Vorstellungsbild und dem Surrogat eines Körperzustands würde sich danach durch die wiederholte Assoziation der Vorstellungen von bestimmten Objekten oder Situationen mit den Vorstellungen von unmittelbar stattfindenden Körperzuständen vollziehen. Damit eine bestimmte Vorstellung den »Umgehungsmechanismus« auslösen kann, muß der Prozeß zunächst auf der Körperbühne abgelaufen sein – gewissermaßen zunächst eine Schleife durch den Körper beschrieben haben (vgl. Abb. 7.6).

Warum sollten »Als-ob«-Empfindungen einen anderen Eindruck hervorrufen? Lassen Sie mich zumindest einen Grund darlegen, der mich zu dieser Meinung veranlaßt: Stellen Sie sich die Situation eines normalen Menschen vor, der an einen Polygraphen angeschlossen ist, ein Laborgerät, das wir auch als »Lügendetektor« kennen und das in Form fortlaufender Kurven über Form und Intensität von emotionalen Reaktionen Auskunft gibt. Nehmen Sie weiter an, daß die Person an einem psychologischen Experiment teilnimmt, in dem der Versuchsleiter davon ausgeht, daß einige Reaktionen richtig sind und eine bestimmte Belohnung verdienen, oder falsch sind und mit einer bestimmten Strafe belegt werden müssen. Nachdem

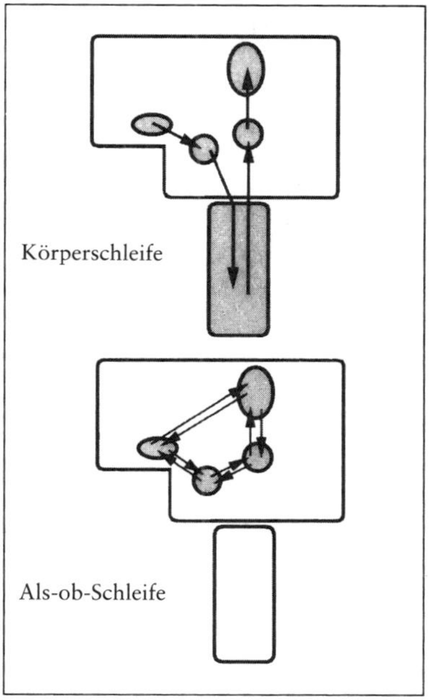

Abbildung 7.6 Ein Diagramm der »Körperschleife« und der »Als-ob-Schleife«. Sowohl in der Darstellung der Körperschleife wie in der der Als-ob-Schleife wird das Gehirn durch den schwarzen Umriß oben und der Körper durch den Kasten unten wiedergegeben. Die Abläufe in der Als-ob-Schleife umgehen den Körper vollständig.

die Versuchsperson erfahren hat, daß eine Bewegung, die sie in diesem Experiment macht, richtig ist und belohnt wird, zeigt sie eine Reaktion, die sich als Kurve mit einer bestimmten Anfangsgestalt, einem charakteristischen Anstieg und einem bestimmten Gipfelwert manifestiert. Einige Zeit später führt eine andere Handlung der Versuchsperson zu einer Bestrafung, was ebenfalls eine Reaktion hervorruft. Doch dieses Mal hat die Kurve eine ganz andere Gestalt und steigt auch höher an als das letzte Mal. Kurz darauf bewirkt wieder eine andere Handlungsweise eine noch strengere Bestrafung, woraufhin die Reaktionskurve nicht nur abermals ein anderes Erscheinungsbild zeigt, sondern die Aufzeichnungsnadel auch wild übers Papier fährt und fast aus dem Aufzeichnungsfeld springt.

Die Bedeutung dieser Reaktionsunterschiede ist wohlbekannt: Unterschiedliche Abstufungen von Belohnung und Bestrafung verursachen unterschiedliche Reaktionen körperlicher und geistiger Art, wobei der Polygraph die Körperreaktionen aufzeichnet. Allerdings gibt es Meinungsunterschiede hinsichtlich der Beziehung zwischen körperlicher und geistiger Reaktion. Nach meiner Ansicht entsteht die reguläre Empfindung beim Registrieren von Körperveränderungen. Allerdings müssen wir auch die abweichende Auffassung in Betracht ziehen, daß der Körper tatsächlich durch die Gefühlsreaktion verändert wird, daß die Empfindung aber nicht unbedingt aus dieser Veränderung erwächst – daß die gleiche Gehirninstanz, die die Körperveränderungen in Gang setzt, eine andere Hirnregion, wahrscheinlich das somatosensible System, über die Art der vom Körper veranlaßten Veränderung informiert. Nach dieser abweichenden Auffassung würden Empfindungen unmittelbar aus Signalen der letzteren Art erwachsen, die damit ganz und gar innerhalb des Gehirns verarbeitet würden, obschon es immer noch begleitende Körperveränderungen gäbe. Entscheidend ist, daß nach dieser Ansicht Körperveränderungen parallel zu Empfindungen entstehen, diese aber nicht verursachen. Danach würden Empfindungen immer aus dem Mechanismus der »Als-ob«-Schleife entstehen, die damit keine Ergänzung einer grundlegenden »Körperschleife« wäre, wie ich oben ausgeführt habe, sondern der einzige für die Empfindung verantwortliche Mechanismus.

Warum halte ich diese andere Auffassung für weniger überzeugend als meine eigene? Zum einen wird ein Gefühl nicht nur auf neuralem Wege hervorgerufen. Es gibt auch die chemische Route. Der Gehirnabschnitt, der das Gefühl induziert, kann den neuronalen Bestandteil der Induktion innerhalb seines Bereichs an eine andere Region seiner selbst übermitteln, aber er wird kaum in der Lage sein, das chemische Signal auf die gleiche Weise weiterzugeben. Außerdem wird das Gehirn wohl nicht vorhersagen können, wie sich alle diese Befehle – neuronaler und chemischer Art, aber vor allem letztere – im Körper auswirken werden, weil diese Auswirkungen und die daraus resultierenden Zustände von den lokalen biochemischen Kontexten abhängen und von zahlreichen Variablen im Körper selbst beeinflußt werden, die neuronal nicht vollständig repräsentiert sind. Was im Körper stattfindet, wird von Augenblick zu Augenblick neu konstruiert und ist keine exakte Wiederholung von Ereignissen, die zuvor stattgefunden haben. Ich nehme an, daß Körperzustände vom Gehirn nicht algorithmisch vorhersagbar sind, sondern daß das Gehirn abwartet, was der Körper über die Ereignisse zu berichten hat.

Die beschriebene alternative Auffassung von Gefühlen und Empfindungen wäre ein ums andere Mal auf ein festes Repertoire von Gefühls- und Empfindungsmustern eingeschränkt, die zu keiner Zeit dem Einfluß der Echtzeit- und Echtlebensbedingungen des Organismus unterworfen wären. Wenn diese Muster alles abdecken würden, womit wir zu rechnen haben, könnten wir mit ihnen zurechtkommen, trotzdem wären sie aber nur »Playback« und nicht »live«.

Wahrscheinlich kann das Gehirn nicht genau vorhersagen, welche Landschaften der Körper annehmen wird, nachdem es eine Fülle von neuronalen und chemischen Signalen auf ihn losgelassen hat, ebensowenig wie es alle Unwägbarkeiten einer bestimmten Situation voraussehen kann, die sich im realen Leben und in der realen Zeit entfaltet. Egal, ob es sich um einen Gefühlszustand oder einen nichtemotionalen Hintergrundzustand handelt, stets ist die Körperlandschaft neu, und kaum jemals weist sie stereotype Züge auf. Wären alle unsere Empfindungen vom »Als-ob«-Typus, hätten wir keine Vorstellung von der fortwährend wechselnden Affektfärbung, die ein so charakteristisches Merkmal unserer geistigen Verfassung ist. Die Anosognosie läßt darauf schließen, daß der normale Geist auf einen ständigen Zufluß von aktualisierten Informationen über Körperzustände angewiesen ist. Vielleicht verhält es sich ja so, wie kürzlich erwogen wurde – daß nämlich das Gehirn eine Bestätigung braucht, ob wir noch am Leben sind, bevor es sich der Mühe unterzieht, wach und bei Bewußtsein zu bleiben.

Vergeistigung des Körpers

Es dürfte keinen Sinn haben, ein umfassendes Geistkonzept zu entwickeln, ohne Gefühle und Empfindungen zu berücksichtigen. Doch genau das geschieht in angesehenen wissenschaftlichen Theorien der Kognition – sie klammern Gefühle und Empfindungen bei ihrer Erklärung der kognitiven Systeme aus. Auf dieses Versäumnis habe ich in der Einleitung angespielt: Gefühle und Empfindungen gelten als flüchtige Phänomene, ungeeignet, auf der gleichen Ebene wie die greifbaren Inhalte des Denkens behandelt zu werden, obwohl sie doch zu deren Charakterisierung dienen. Diese rigide Auffassung, die das Gefühl aus dem Gegenstandsbereich der tonangebenden kognitiven Theorien verbannt, entspricht der nicht weniger traditionellen gehirnwissenschaftlichen Ansicht, von der zu Anfang dieses Kapitels die Rede war – daß nämlich Gefühle und Empfindungen in den untersten Schichten des Gehirns entstehen, in einem Prozeß von denkbar subkortikalem Charakter, während der Stoff, den diese Gefühle und Empfindungen charakterisieren, von der Großhirnrinde hervorgebracht wird. Diesen Auffassungen kann ich mich nicht anschließen. Erstens ist offenkundig, daß Gefühle unter der Kontrolle sowohl subkortikaler als auch neokortikaler Strukturen stattfinden. Zweitens, und vielleicht noch wichtiger, *Empfindungen sind genauso kognitiv wie jedes andere Wahrnehmungsbild* und ebenso abhängig von zerebralkortikaler Verarbeitung wie jede andere Vorstellung.

Gewiß, Empfindungen beziehen sich auf etwas anderes. Doch anders sind sie, weil sie zunächst und vor allem den Körper betreffen, weil sie uns die Erkenntnis unseres viszeralen und muskuloskeletalen Zustands ermöglichen, während er sich unter der Einwirkung präorganisierter Mechanismen und der unter ihrem Einfluß entwickelten kognitiven Strukturen verändert. Mit Hilfe von Empfindungen vergeistigen wir den Körper, aufmerksam, wenn es sich um einen Gefühlszustand handelt, unmerklich, wenn es sich um einen Hintergrundzustand handelt. Sie veranlassen uns, den Körper »live« zu vergeistigen, wenn sie uns Wahrnehmungsbilder des Körpers liefern, oder »im Playbackverfahren«, wenn sie uns – in Form von »Als-ob«-Empfindungen – Erinnerungsbilder von einem Körperzustand übermitteln, der bestimmten Umständen entspricht.

Empfindungen bieten uns Einblick in das, was in unserem Fleisch vorgeht, eine Momentaufnahme dieses Fleisches, während es sich in Juxtaposition zu den Vorstellungen von anderen Objekten und Situationen befindet; dabei modifizieren Empfindungen unsere umfassende Vorstellung von diesen anderen Objekten und Situationen. Mittels Juxtaposition statten Körperbilder andere Vorstellungen mit einer Qualität von Gutsein oder Schlechtsein, von Lust oder Unlust aus.

Für mich besitzen Empfindungen einen wirklich privilegierten Status. Sie werden auf vielen neuronalen Ebenen, einschließlich der neokortikalen, repräsentiert, wo sie die neuroanatomischen und neurophysiologischen Äquivalente all dessen sind, was über andere Sinneskanäle aufgenommen wird. Doch dank ihrer unauflöslichen Verbindung zum Körper stellen sie sich während der Entwicklung zuerst ein und bewahren ein Primat, der unser geistiges Leben unmerklich durchdringt. Da das Gehirn das aufmerksame Publikum des Körpers ist, tragen die Empfindungen den Sieg über ihresgleichen davon. Und da das, was zuerst da ist, ein Bezugssystem für das liefert, was danach kommt, bestimmen Empfindungen nicht unwesentlich, wie der Rest des Gehirns und die Kognition ihre Aufgaben wahrnehmen. Ihr Einfluß ist immens.

Der Empfindungsprozeß

Wie sind die neuronalen Prozesse beschaffen, dank deren wir einen Gefühls- oder Hintergrundzustand empfinden? Ich weiß es nicht genau. Ich glaube, ich habe den Anfang einer Antwort, bin mir aber über den Rest noch nicht schlüssig. Die Frage, wie wir empfinden, hängt davon ab, was wir unter Bewußtsein verstehen, ein Problem, bei dem Bescheidenheit angezeigt ist und das nicht Gegenstand dieses Buches ist. Dennoch können wir die Frage stellen und die Antworten aussortieren, die keinesfalls richtig sein können. So läßt sich vielleicht abstecken, wo in Zukunft einige der zutreffenden Antworten zu finden sein könnten.

Eine Antwort, die den fälschlichen Eindruck erweckt, sie könnte zufriedenstellend sein, betrifft die Neurochemie des Gefühls. Mit der Entdeckung der chemischen Stoffe, die an Gefühlen und Stimmungen beteiligt sind, haben wir noch nicht erklärt, wie wir empfinden. Seit langem weiß man, daß chemische Stoffe Gefühle und Stimmungen verändern können; durch Alkohol, Narkotika und eine Vielzahl pharmakologischer Wirkstoffe lassen sich unsere Empfindungen beeinflussen. Da diese Beziehung zwischen Chemie und Empfindung hinlänglich bekannt war, zeigten sich Wissenschaftler und Laien nicht sehr überrascht, als man entdeckte, daß auch der Körper chemische Stoffe von ähnlicher Wirkung herstellt. Heute geht man davon aus, daß die Endorphine das Morphin des Gehirns sind und erheblich beeinflussen können, wie wir uns selbst, Schmerzen und die Welt empfinden. Eine ähnliche Wirkung nimmt man für die Neurotransmitter Dopamin, Noradrenalin und Serotonin sowie die Neuromodulator-Peptide an.

Wir müssen uns allerdings klarmachen, daß wir, wenn wir erkannt haben, daß ein bestimmter chemischer Stoff (innerhalb oder außerhalb des Körpers hergestellt) eine bestimmte Empfindung hervorruft, damit noch nicht wissen, welcher Mechanismus für dieses Resultat verantwortlich ist. Die Erkenntnis, daß ein Stoff auf bestimmte Systeme, bestimmte Schaltkreise,

Rezeptoren und Neuronen einwirkt, erklärt nicht, warum Sie sich glücklich oder traurig fühlen. Eine solche Erkenntnis beweist, daß es einen funktionalen Zusammenhang zwischen dem Stoff, den Systemen, den Schaltkreisen, den Rezeptoren, den Neuronen und der Empfindung gibt, sie läßt aber nicht erkennen, wie man von einem zum anderen gelangt. Sie ist erst der Anfang einer Erklärung. Wenn die Empfindung von Glück oder Traurigkeit teilweise einer Veränderung in der neuronalen Repräsentation fortlaufender Körperzustände entspricht, dann verlangt die Erklärung, daß die chemischen Stoffe auf die Ursprünge dieser neuronalen Repräsentationen einwirken, das heißt auf den Körper im engeren Sinne und auf die vielen Ebenen neuronaler Schaltkreise, deren Aktivitätsmuster den Körper repräsentieren. Notwendigerweise gehört zum Verständnis der Neurobiologie des Empfindens das Verständnis letzterer. Wenn glückliche oder traurige Empfindungen zum Teil den kognitiven Arbeitsweisen entsprechen, unter denen sich das Denken vollzieht, dann verlangt die Erklärung auch, daß die chemischen Stoffe auf die Schaltkreise einwirken, die Vorstellungsbilder erzeugen und mit ihnen umgehen. Woraus folgt, daß der Versuch, die Depression auf eine Aussage über die allgemeine Verfügbarkeit von Serotonin oder Noradrenalin zu reduzieren – ein Versuch, der sich im Zeitalter von Prezac großer Beliebtheit erfreut –, eine unzulässige Vereinfachung darstellt.

Eine nur scheinbar zufriedenstellende Antwort ist auch die simple Gleichsetzung von Empfindung mit der neuralen Repräsentation dessen, was zu einem gegebenen Augenblick in der Körperlandschaft geschieht. Bedauerlicherweise reicht das nicht. Wir müssen herausfinden, wie die ständig und geeignet modulierten Körperrepräsentationen einen subjektiven Charakter annehmen, wie sie Teil des Selbst werden, dem sie angehören. Wie läßt sich solch ein Prozeß neurobiologisch erklären, ohne daß man auf die bequeme Geschichte vom Homunculus zurückgreift, der die Repräsentation wahrnimmt?

Deshalb halte ich es für notwendig, neben der neuronalen Repräsentation des Körperzustands mindestens noch zwei größere Komponenten in den neuronalen Mechanismen anzunehmen, die dem Empfinden zugrunde liegen. Die erste, die zu einem frühen Zeitpunkt in den Prozeß eingreift, beschreibe ich im folgenden. Auf die zweite, die nicht gerade unkompliziert ist und mit dem Selbst zu tun hat, komme ich im zehnten Kapitel zu sprechen.

Damit wir in einer bestimmten Weise hinsichtlich eines Menschen oder eines Ereignisses empfinden, muß das Gehirn eine Möglichkeit haben, die kausale Verknüpfung zwischen dem Menschen oder dem Ereignis und dem Körperzustand herzustellen, und zwar am besten auf eindeutige Weise. Mit anderen Worten, es geht darum, ein – positives oder negatives – Gefühl nach Möglichkeit nicht mit dem falschen Menschen oder der falschen Sache zu verknüpfen. Beispielsweise stellen wir solche falschen Verknüpfungen häufig her, wenn wir einen Menschen, ein Objekt oder einen Ort mit einer unangenehmen Wendung der Ereignisse assoziieren, wobei vernünftige Menschen allerdings solche fälschlichen Verbindungen zu vermeiden trachten. Aberglauben beruht auf derartigen falschen kausalen Verknüpfungen: Ein Hut auf dem Bett bringt Unglück, eine schwarze Katze, die unseren Weg kreuzt, läßt Böses ahnen, wer unter einer Leiter durchgeht, muß sich auf das Schlimmste gefaßt machen, und so fort. Wird die falsche Zuordnung von Gefühl (Furcht) und Objekt universell, stellt sich phobisches Verhalten ein. (Das Gegenstück zum phobischen Verhalten ist ebenso problematisch. Wenn wir positive Gefühle zu häufig und unterschiedslos mit Menschen, Objekten oder Orten assoziieren, sind unsere Empfindungen in vielen Situationen unter Umständen positiver und sorgloser, als sie es sein sollten, so daß wir am Ende Pollyanna * gleichen.)

Möglicherweise erwächst diese genaue Einschätzung von Ursache und Wirkung aus Aktivitäten in Konvergenzzonen, die wechselseitig vermitteln zwischen Körpersignalen und Signa-

* Heldin des gleichnamigen Romans von Eleanor Porter aus dem Jahr 1913. Pollyanna ist von unausrottbarem Optimismus beseelt und geneigt, in allem und jedem nur das Gute zu sehen.

len über die für das Gefühl verantwortlichen Ereignisse. Dank der reziproken positiven und negativen Rückkopplungsschleifen, die sie zu ihren Inputquellen unterhalten, treten Konvergenzzonen als vermittelnde »dritte Kraft« auf. Die Mitwirkenden in meinem hypothetischen Entwurf sind eine explizite Repräsentation des ursächlichen Ereignisses, eine explizite Repräsentation des aktuellen Körperzustands und die Drittkraft-Repräsentation. Es handelt sich also um die Gehirnaktivität, die Signale von einem bestimmten Ereignis übermittelt und vorübergehend eine topographisch organisierte Repräsentation in entsprechenden frühen sensorischen Rindenfeldern bildet, die Gehirnaktivität, die Signale von Veränderungen des Körperzustands übermittelt und vorübergehend topographisch organisierte Repräsentationen in frühen sensorischen Rindenfeldern bildet, und eine Repräsentation in einer Konvergenzzone, die durch positive neurale Rückkopplungsschleifen Signale aus den ersten beiden Regionen der Hirnaktivität empfängt. Dank dieser Feedbackverbindungen zu den beiden Orten der Gehirnaktivität bewahrt die Drittkraft-Repräsentation die Ordnung, die zu Beginn der Gehirnaktivität vorgelegen hat, und sorgt außerdem für den Fortbestand der Aktivität und der Aufmerksamkeitsausrichtung. Für die Dauer eines kurzen Zeitraums binden Signale zwischen den drei Mitwirkenden das Ensemble in eine relative synchrone Aktivität ein. Aller Wahrscheinlichkeit nach sind für diesen Prozeß kortikale und subkortikale Strukturen, vor allem im Thalamus, erforderlich.

Demnach beruhen Gefühl und Empfindung auf zwei grundlegenden Prozessen: 1. dem Anblick eines bestimmten Körperzustands in Juxtaposition zu einer Reihe auslösender und wertender Vorstellungsbilder, die den Körperzustand verursacht haben; und 2. einem kognitiven Prozeß von bestimmter Art und Leistungsfähigkeit, der die in 1. beschriebenen Ereignisse begleitet, aber parallel verläuft.

Die in 1. beschriebenen Ereignisse verlangen die Ausführung eines Körperzustands oder seines Surrogats im Gehirn. Dazu müssen ein auslösendes Element vorliegen, erworbene Dispositionen vorhanden sein, anhand deren die Wertung vorgenommen wird, und angeborene Dispositionen verfügbar sein, die die körperlichen Reaktionen aktivieren.

Die in 2. beschriebenen Ereignisse werden durch dasselbe System von Dispositionen ausgelöst, das in 1. wirkt, doch das Ziel sind die Kerngebiete in Gehirnstamm und basalem Vorderhirn, die durch selektive Neurotransmitter-Ausschüttung reagieren. Dadurch verändert sich die Geschwindigkeit, mit der Vorstellungsbilder gebildet, aufgegeben, beachtet und aufgerufen werden. Außerdem wandelt sich auch der Stil der Denkoperationen, der auf diese Vorstellungen angewendet wird. Beispielsweise erlaubt der kognitive Stil, der eine euphorische Empfindung begleitet, die rasche Erzeugung vielfältiger Vorstellungsbilder, so daß der assoziative Prozeß flexibler wird und Assoziationen zu einer Fülle von Hinweisreizen in den betrachteten Vorstellungen hergestellt werden. Nur kurze Zeit werden die Vorstellungen beachtet. Die daraus folgende Fülle von Einfällen regt das schlußfolgernde Denken an, kann aber auch zu einem kontraproduktiven Übermaß an Reaktionen führen. Begleitet wird dieser kognitive Stil von einer Steigerung der motorischen Leistungsfähigkeit und sogar Enthemmung, außerdem von einer Zunahme des Appetenz- und Explorationsverhaltens. Extrem prägt sich dieser kognitive Stil in manischen Zuständen aus. Im Gegensatz dazu kennzeichnet den kognitiven Stil, der mit Traurigkeit einhergeht, eine langsame Abfolge der Vorstellungsbilder, spärlichere Assoziationen in Reaktion auf weniger Hinweisreize, Denkprozesse, die begrenzter und weniger leistungsfähig sind, und übermäßige Konzentration auf immer die gleichen Vorstellungen, meist jene, die für die Fortdauer der negativen emotionalen Reaktion sorgen. Begleiterscheinungen dieses kognitiven Zustands sind motorische Hemmung und generell die Reduktion des Appetenz- und Explorationsverhaltens. Eine extreme Ausprägung findet dieser kognitive Stil in der Depression.[18]

Für mich haben Gefühle und Empfindungen nicht die ungreifbaren und nebulösen Eigenschaften, die man ihnen häufig nachsagt. Ihr Inhalt ist konkret, und sie lassen sich ebenso wie

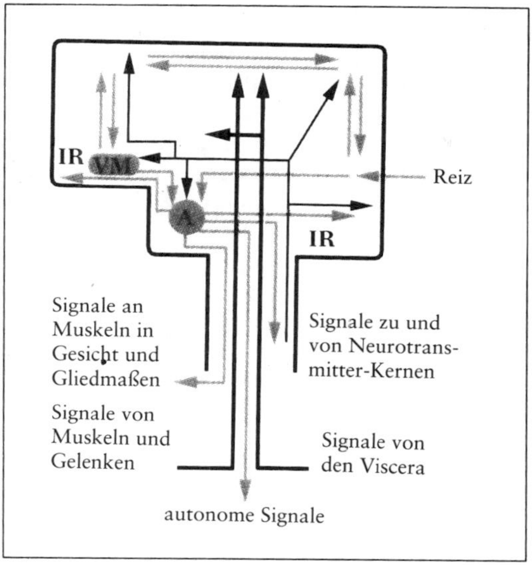

Abbildung 7.7 Kombination der Diagramme auf den Seiten 184, 189, 202, die die wichtigsten im Körper und im Gehirn verlaufenden Routen der an Gefühl und Empfinden beteiligten Signale zeigt. Aus Gründen der Übersichtlichkeit sind endokrine und andere chemische Signale nicht berücksichtigt. Fortgelassen sind auch, wie in den vorherigen Diagrammen, die Basalganglien.

Sehen oder Sprechen auf bestimmte Systeme in Körper und Gehirn beziehen. Ebensowenig sind die verantwortlichen Hirnsysteme auf den subkortikalen Bereich eingeschränkt. Das Innere des Gehirns und die Großhirnrinde arbeiten bei der Hervorbringung von Gefühl und Empfinden nicht anders zusammen als beim Sehen. Wir sehen nicht mit dem Cortex allein, sondern das Sehen beginnt wahrscheinlich im Gehirnstamm, in Strukturen wie den Colliculi.

Schließlich müssen wir uns klarmachen, daß Gefühl und Empfinden nichts von ihrem wunderbaren oder schrecklichen Charakter verlieren, nichts von ihrer Bedeutung für Dichtkunst und Musik einbüßen, wenn wir sie als konkret, kognitiv und neuronal definieren. Wenn wir verstehen, wie wir sehen oder sprechen, werten wir nicht ab, was gesehen und gesprochen wird, was gemalt oder was in einen theatralischen Handlungsfaden eingesponnen wird. Wenn wir die biologischen Mechanismen verstehen, die Gefühlen und Empfindungen zugrunde liegen, heißt das keinesfalls, daß wir auf eine romantische Sicht ihrer Bedeutung für den Menschen verzichten müssen.

8. KAPITEL

Die Hypothese der somatischen Marker

Denken und Entscheiden

An die Gegenwart denken wir fast nie, und wenn wir es doch tun, dann nur, um zu sehen, welches Licht sie auf unsere Pläne für die Zukunft wirft.[1] Das hat Pascal gesagt, und wir können uns leicht davon überzeugen, wie richtig er das gesehen hat, denn die Gegenwart gibt es praktisch überhaupt nicht, so sehr sind wir damit beschäftigt, mit Hilfe der Vergangenheit zu planen, was als nächstes kommt, jetzt gleich oder in einer fernen Zukunft. Um diesen alles vereinnahmenden, niemals zum Stillstand kommenden Schöpfungsprozeß geht es beim Denken und Entscheiden. Einen Ausschnitt seiner möglichen neurobiologischen Grundlagen möchte ich in diesem Kapitel erörtern.

Man darf wohl sagen, daß der Zweck des Denkens eine Entscheidung ist und daß das Wesen der Entscheidung darin liegt, eine Reaktionsmöglichkeit auszuwählen, das heißt in Verbindung mit einer gegebenen Situation unter den vielen Möglichkeiten, die sich in diesem Augenblick anbieten, eine nonverbale Handlung, ein Wort, einen Satz oder eine Kombination aus diesen Elementen zu bestimmen. Denken und Entscheiden sind so miteinander verwoben, daß sie häufig synonym verwendet werden. Diese enge Wechselbeziehung faßte Philip Johnson-

Laird in folgender Äußerung zusammen: »Um zu entscheiden, urteile; um zu urteilen, denke nach; um nachzudenken, entscheide (worüber du nachdenken willst).«[2]

Die Begriffe Denken und Entscheiden setzen gewöhnlich voraus, daß der Entscheidende Wissen (a) über die Situation besitzt, die nach einer Entscheidung verlangt, (b) über die verschiedenen Handlungsmöglichkeiten (Reaktionen) und (c) über die unmittelbaren und weiter in der Zukunft liegenden Konsequenzen jeder dieser Möglichkeiten (Ergebnisse). Wissen, das im Gedächtnis in Gestalt dispositioneller Repräsentationen vorliegt, kann dem Bewußtsein praktisch gleichzeitig in sprachlicher und nichtsprachlicher Form zugänglich gemacht werden.

Gewöhnlich setzen die Begriffe Denken und Entscheiden auch voraus, daß der Entscheidende über eine logische Strategie zur Erzeugung vernünftiger Schlußfolgerungen verfügt, auf deren Grundlage er eine angemessene Reaktionsmöglichkeit auswählen kann, und daß er auf die Hilfsprozesse zurückgreifen kann, auf die schlußfolgerndes Denken angewiesen ist. Was letztere anbelangt, so werden gewöhnlich Aufmerksamkeit und Arbeitsgedächtnis erwähnt, doch nie ist die Rede von Gefühl und Empfinden, und kaum häufiger wird der Mechanismus erwähnt, mit dessen Hilfe ein vielfältiges Repertoire von Reaktionsmöglichkeiten zur Wahl gestellt wird.

Nach dem, was ich oben über Denken und Entscheiden ausgeführt habe, gehören offenbar nicht alle biologischen Prozesse, die in eine Reaktions-Selektion münden, in den Rahmen von Denken und Entscheiden. Betrachten wir dazu die folgenden Beispiele.

Überlegen wir zunächst, was geschieht, wenn Ihr Blutzuckerspiegel sinkt und Neuronen in Ihrem Hypothalamus das Absinken entdecken. In dieser Situation muß etwas geschehen. In den physiologischen Repräsentationen des Hypothalamus ist das entsprechende physiologische »Know-how« niedergelegt, und in einen neuralen Schaltkreis ist eine Strategie eingetragen: Als Reaktion wird die Erzeugung eines Hungerzustands ausgewählt, der Sie am Ende zum Essen veranlaßt. Doch an diesem Prozeß ist bis zu dem Zeitpunkt, da Sie sich Ihres

Hungers bewußt werden, kein manifestes Wissen beteiligt, keine explizite Auflistung von Möglichkeiten und Konsequenzen und kein bewußter Mechanismus des schlußfolgernden Denkens.

In meinem zweiten Beispiel wollen wir betrachten, was geschieht, wenn wir rasch zur Seite springen, um einem fallenden Gegenstand auszuweichen. Es liegt eine Situation vor, die rasches Handeln verlangt (hier der fallende Gegenstand). Es gibt verschiedene Handlungsmöglichkeiten (sich zu ducken oder nicht), und jede hat andere Konsequenzen. Doch zur Auswahl der Reaktion benutzen wir weder bewußtes (explizites) Wissen noch eine bewußte Denkstrategie. Zwar war das erforderliche Wissen einmal bewußt, als wir gelernt haben, daß fallende Gegenstände uns verletzen können und daß es besser ist, ihnen auszuweichen oder sie aufzuhalten, als getroffen zu werden, doch die Erfahrungen mit solchen Situationen, die wir beim Heranwachsen gesammelt haben, veranlaßten das Gehirn, den auslösenden Reiz zuverlässig mit der vorteilhaftesten Reaktion zu paaren. Jetzt besteht die »Strategie« zur Reaktionsselektion darin, die starke Verknüpfung zwischen Reiz und Reaktion zu aktivieren, woraufhin die Reaktion *automatisch* und *umgehend* ausgeführt wird, ohne Anstrengung und Überlegung, obwohl man versuchen kann, sie vorsätzlich durch eine andere Reaktion zu ersetzen.

Das dritte Beispiel besteht aus einer Vielzahl von Fällen, die sich in zwei Gruppen aufgliedern. Zur einen Gruppe gehört die Berufswahl, die Entscheidung, mit wem man sich verheiraten oder befreunden will, ob man einen Flug antreten soll, wenn Gewitterstürme angesagt sind, wen man wählt oder wie man seine Ersparnisse anlegt, ob man jemandem verzeiht, der einem unrecht getan hat, oder ob man, wenn man zufällig Gouverneur eines amerikanischen Bundesstaates ist, dem Gnadengesuch eines Häftlings in der Todeszelle zustimmt. Bei den meisten Menschen käme noch die andere Gruppe hinzu – die Denkprozesse, die erforderlich sind, um eine neue Maschine zu bauen, ein Gebäude zu entwerfen, eine mathematische Aufgabe zu lösen, ein Musikstück zu komponieren, ein Buch zu schreiben oder zu entscheiden, ob ein Gesetzesentwurf mit dem Geist eines bestimmten Verfassungsartikels zu vereinbaren ist oder nicht.

Alle Fälle des dritten Beispiels beruhen auf dem scheinbar so eindeutigen Prozeß, logische Folgerungen aus angenommenen Prämissen abzuleiten: Zuverlässige Schlußfolgerungen, die nicht von Leidenschaft beeinträchtigt sind, erlauben uns, angesichts des denkbar schwierigsten Problems die bestmögliche Wahl zu treffen, die zum bestmöglichen Ergebnis führt. Aus diesem Grund läßt sich das dritte Beispiel leicht von den ersten beiden unterscheiden. In allen Fällen des dritten Beispiels sind die Reizsituationen unterschiedlicher, die Reaktionsmöglichkeiten zahlreicher und die jeweiligen Konsequenzen vielfältiger verästelt, wobei die unmittelbaren und künftigen Folgen sich häufig erheblich unterscheiden, so daß sich bei verschiedenen zeitlichen Maßstäben Konflikte zwischen möglichen Vor- und Nachteilen ergeben können. Vielschichtigkeit und Ungewißheit prägen das Bild so sehr, daß verläßliche Vorhersagen nicht leichtfallen. Ebenso wichtig: Von diesen unendlich vielen Möglichkeiten und Ergebnissen muß eine große Zahl im Bewußtsein erscheinen, damit eine erfolgreiche Strategie gewählt werden kann. Eine endgültige Reaktionsauswahl ist auf schlußfolgerndes Denken angewiesen. Dazu ist erforderlich, daß Sie eine Fülle von Fakten in Ihrer Vorstellung bereithalten, die Ergebnisse hypothetischer Handlungsverläufe vergleichen und sie an vorläufigen und endgültigen Zielsetzungen messen, was eine Methode verlangt, eine Vorgehensweise unter einer Anzahl anderer, die Sie in der Vergangenheit bei zahllosen Gelegenheiten erprobt haben.

Angesichts der eklatanten Unterschiede zwischen dem dritten Beispiel und den ersten beiden kann nicht überraschen, daß im allgemeinen angenommen wird, hier seien völlig unterschiedliche geistige und neuronale Mechanismen am Werke, so unterschiedlich, daß Descartes dem einen einen Ort außerhalb des menschlichen Körpers zuwies, als Kennzeichen der menschlichen Seele, während er den anderen in den Körper verlegte, als Kennzeichen der animalischen Geister – so unterschiedlich, daß der eine für die Klarheit des Denkens, die logischen und mathematischen Fähigkeiten steht, der andere dagegen mit Verschwommenheit und der weniger disziplinierten Welt der Leidenschaften in Zusammenhang gebracht wird.

Doch wenn sich die Fälle des dritten Beispiels ihrer Natur nach deutlich von den ersten beiden unterscheiden, so gilt andererseits auch, daß die Fälle des dritten Beispiels nicht alle von gleicher Art sind. Zwar sind alle auf das Denken in der allgemeinsten Bedeutung des Wortes angewiesen, aber einige stehen in engerer Beziehung zur Person und zur sozialen Umwelt des Entscheidenden als andere. Die Entscheidung, wen Sie lieben, wem Sie verzeihen, was für einen Beruf Sie ergreifen oder wie Sie Ihr Geld investieren wollen, gehört in den unmittelbaren persönlichen und sozialen Bereich. Wenn Sie dagegen die Fermatsche Vermutung lösen oder über die Verfassungsmäßigkeit einer Gesetzesvorlage urteilen, entfernen Sie sich etwas weiter von Ihren unmittelbaren persönlichen Belangen (wenn auch Ausnahmen denkbar sind). Erstere lassen sich leicht dem Begriff der Rationalität und der praktischen Vernunft zuordnen, während letztere eher unter das allgemeine Verständnis der Vernunft fallen, das heißt der theoretischen Vernunft und sogar der reinen Vernunft.

Obwohl die Beispiele deutliche Unterschiede aufweisen und obwohl sie sich nach Zuständigkeitsbereich und Komplexitätsniveau unterschiedlichen Kategorien zuweisen lassen, könnten sie interessanterweise alle ein gemeinsames Grundmuster in Form bestimmter neurobiologischer Strukturen besitzen.

Denken und Entscheiden im persönlichen und sozialen Raum

Denken und Entscheiden können ein mühsames Geschäft sein; das gilt in besonderem Maße, wenn das persönliche Leben und sein unmittelbarer sozialer Kontext betroffen sind. Es gibt gute Gründe, Entscheidungen dieser Art gesondert zu behandeln. Erstens sind erhebliche Beeinträchtigungen der persönlichen Entscheidungsfindung nicht unbedingt begleitet von ebenso tiefgreifenden Beeinträchtigungen dieser Fähigkeit im nichtpersönlichen Bereich, wie die Fallbeispiele von Phineas Gage, Elliot und anderen gezeigt haben. Gegenwärtig untersuchen wir, wie vernünftig solche Patienten denken und urteilen können, wenn die Prämissen sie unmittelbar selbst betreffen, und wie gut sie in der Lage sind, daraus angemessene Entscheidungen abzuleiten. Möglicherweise sind sie dazu um so fähiger, je weniger die Probleme mit ihrem persönlichen und sozialen Leben zu tun haben. Zweitens, die alltägliche Beobachtung menschlichen Verhaltens zeigt eine ähnliche Dissoziation der Denkfähigkeit, und zwar in beide Richtungen. Jeder von uns kennt Menschen, die sich in ihrem sozialen Umfeld außerordentlich klug verhalten, die einen untrüglichen Sinn dafür haben, wie sie sich und ihrer Gruppe einen Vorteil verschaffen können, die sich aber als bemerkenswert unfähig erweisen, wenn man sie vor ein nichtpersönliches, nichtsoziales Problem stellt. Nicht weniger unangenehm ist der umgekehrte Fall: Wir alle kennen kreative Wissenschaftler und Künstler, deren soziales Empfinden sehr zu wünschen übrigläßt und die sich und anderen regelmäßig durch ihr Verhalten Schaden zufügen. Der zerstreute Professor ist noch die harmloseste Variante dieses Typus. In diesen unterschiedlichen Persönlichkeitsstilen wirkt sich die Anwesenheit oder Abwesenheit dessen aus, was Howard Gardner »soziale Intelligenz« nennt, beziehungsweise die An- oder Abwesenheit einer anderen seiner vielfältigen Intelligenzen, etwa der »mathematischen«.[3]

Der persönliche und unmittelbare soziale Bereich ist am engsten mit unserem Schicksal verknüpft, und er birgt auch die größte Ungewißheit und Komplexität. Grundsätzlich bedeutet in diesem Bereich eine gute Entscheidung, daß man eine Reaktion auswählt, die sich – mittelbar oder unmittelbar – für das Überleben des Organismus oder die Qualität dieses Überlebens letztlich als vorteilhaft erweist. Eine gute Entscheidung heißt auch, daß man rasch entscheidet, besonders wenn die Zeit eine Rolle spielt, auf jeden Fall aber, daß man seine Entscheidung in dem zeitlichen Rahmen trifft, der für das betreffende Problem als angemessen gilt.

Mir ist klar, wie schwer sich bestimmen läßt, was vorteilhaft ist, und ich bin mir auch bewußt, daß einige Ergebnisse für manche Menschen vorteilhaft sein können und für andere nicht. Beispielsweise ist es nicht unbedingt gut, ein Millionär zu werden, und das gleiche gilt für das Gewinnen von Preisen. Viel hängt von unserem Bezugssystem und unserer Zielsetzung ab. Immer wenn ich eine Entscheidung vorteilhaft nenne, meine ich die grundlegenden persönlichen und sozialen Ergebnisse, etwa das Überleben des Individuums und seiner Angehörigen, die Sicherung des Heims, die Erhaltung der körperlichen und geistigen Gesundheit, des Arbeitsplatzes und der finanziellen Situation sowie die Bewahrung seiner Stellung in der sozialen Gruppe. Der neue Geist, der in Gage oder Elliot Einzug gehalten hatte, ermöglichte ihnen nicht mehr, sich einen dieser Vorteile zu sichern.

Wie funktioniert Rationalität?

Betrachten wir zunächst eine Situation, die nach einer Entscheidung verlangt. Stellen Sie sich vor, Sie sind Besitzer eines großen Unternehmens und bereiten sich auf das Treffen mit einem möglichen Kunden vor, der für Ihr Unternehmen sehr wichtig sein kann, zufällig aber auch der Erzfeind Ihres besten Freundes ist. Nun stehen Sie vor der Wahl, mit ihm ein bestimmtes Geschäft abzuschließen oder nicht. Auf diese Situation reagiert das Gehirn eines normalen, intelligenten und gebildeten Erwachsenen, indem es rasch Szenarien denkbarer Reaktionsmöglichkeiten und der entsprechenden Ergebnisse heraufbeschwört. Für unser Bewußtsein bestehen die Szenarien aus vielfältigen Vorstellungsszenen, die keinen zusammenhängenden Film bilden, sondern nur Schlüsselbilder dieser Szenen aufblitzen lassen, jähe Schnitte, die in raschem Nebeneinander von einem Bild zum anderen springen. Solche Vorstellungsbilder würden beispielsweise zeigen, daß Sie den prospektiven Kunden treffen, daß Sie von Ihrem besten Freund in Gesellschaft des Kunden gesehen werden und daß dadurch die Freundschaft in Gefahr gerät, daß Sie den Kunden nicht treffen, daß Ihnen dadurch ein gutes Geschäft durch die Lappen geht, aber eine Freundschaft erhalten bleibt, auf die Sie großen Wert legen, und so fort. Worauf ich hinauswill: Ihr Geist ist zu Beginn des Denkprozesses keine Tabula rasa, sondern mit einem vielfältigen Repertoire von Vorstellungen gefüllt, die auf die Situation abgestimmt sind, mit der Sie zu tun haben, und die in Ihr Bewußtsein mit einer solchen Bilderfülle drängen, daß Sie sie gar nicht vollständig erfassen können. Selbst in dieser höchst unzulänglichen Beschreibung werden Sie die Art von Dilemmata wiedererkennen, denen wir uns fast jeden Tag gegenübersehen. Wie lösen Sie das Problem? Wie filtern Sie die Fragen heraus, die implizit in den vor Ihrem geistigen Auge abrollenden Bildern enthalten sind?

Es gibt mindestens zwei unterschiedliche Möglichkeiten: Die erste leitet sich von einem traditionellen »höheren Vernunftbegriff« der Entscheidungsfindung her, die zweite von der »Hypothese der somatischen Marker«.

Nach dem höheren Vernunftbegriff, der der allgemeinen Auffassung entspricht, handeln wir, wenn wir unsere besten Entscheidungen treffen, zur Freude und zum Wohlgefallen von Platon, Descartes und Kant. Die formale Logik allein wird uns zur bestmöglichen Lösung eines jeden Problems führen. Dabei ist ein wichtiger Aspekt der rationalistischen Vorstellung, daß wir die Gefühle ausklammern müssen, um möglichst vorteilhafte Ergebnisse zu erzielen. Rationale Prozesse dürfen nicht von Leidenschaften behindert werden.

Nach dem höheren Vernunftbegriff nehmen Sie sich die einzelnen Szenarien gesondert vor und unterziehen jedes einzelne einer Kosten-Nutzen-Analyse, um im modernen Wirtschaftsjargon zu sprechen. Den »subjektiv zu erwartenden Nutzen« vor Augen, also den Aspekt, den Sie zu maximieren trachten, schließen Sie logisch auf das, was gut und was schlecht ist. So betrachten Sie beispielsweise die Folgen jeder Wahlmöglichkeit zu verschiedenen Zeitpunkten in der antizipierten Zukunft, um die daraus folgenden Verluste und Gewinne gegeneinander abzuwägen. Da die meisten Probleme in diesen Szenarien weit mehr als nur zwei Alternativen besitzen, ist Ihre Analyse in den einzelnen logischen Schritten alles andere als leicht. Dabei ist schon das Problem mit zwei Alternativen gar nicht so einfach. Wenn Sie einen Kunden gewinnen, verschafft Ihnen das unter Umständen unmittelbare Vorteile und vielleicht auch erhebliche Vorteile in der Zukunft. Das genaue Ausmaß der Vorteile ist unbekannt, deshalb müssen Sie die Größenordnung und den zeitlichen Rahmen abschätzen, um sie gegen die potentiellen Verluste abwägen zu können, zu denen Sie jetzt auch den Verlust einer Freundschaft zählen müssen. Da dieser Verlust sich im Laufe der Zeit verändern wird, müssen Sie auch seine »Wertminderungsrate« beziffern! Folglich müssen Sie eine komplizierte Berechnung vornehmen, die verschiedene imaginäre Zeiträume erfaßt, und sind gezwungen, Ergebnisse höchst unterschiedlicher Art zu vergleichen, die Sie irgendwie in eine gemeinsame Währung umwandeln müssen, damit der Vergleich überhaupt einen Sinn ergibt. In wesentlichen Teilen wird diese Berechnung von der fortwährenden Erzeugung weiterer Szenarien abhängen, die unter anderem auf visuellen und akustischen Mustern beruhen. Begleitet werden diese Szenarien von verbalen Erzählsequenzen, die wichtig für die Fortsetzung des logischen Prozesses sind.

Nun möchte ich behaupten, daß Rationalität, wenn sie Ihnen nur in Form der oben beschriebenen Strategie zur Verfügung steht, nicht funktionieren wird. Im besten Falle wird Ihre Entscheidung ungebührlich viel Zeit in Anspruch nehmen, weit mehr Zeit, als vertretbar ist, wenn Sie sich an diesem Tag noch irgend etwas anderes vorgenommen haben. Im schlimmsten Falle kommen Sie mit der Entscheidung überhaupt nicht zu Rande, weil Sie sich in den Verästelungen Ihrer Berechnung verlieren. Warum? Weil es Ihnen nicht leichtfallen wird, die vielen Gegenüberstellungen von Verlust und Gewinn im Gedächtnis zu behalten, die Sie vergleichen müssen. Die Repräsentationen von Zwischenschritten, die Sie sich eingeprägt haben und nun vergegenwärtigen müssen, um sie in irgendeine symbolische Form für die weitere logische Verarbeitung zu bringen, werden einfach aus Ihrem Gedächtnis verschwinden. Sie werden die Spur verlieren. Aufmerksamkeit und Arbeitsgedächtnis sind von begrenzter Kapazität. Wenn Ihr Verstand normalerweise auf dieser rein rationalen Basis arbeitet, laufen Sie Gefahr, falsche Entscheidungen zu treffen und sie später zu bedauern, oder Sie geben einfach auf, weil Sie frustriert sind.

Die Erfahrung mit Patienten wie Elliot läßt darauf schließen, daß die kühle Strategie, die Kant und andere vertreten haben, weit eher der Art und Weise entspricht, wie Patienten mit präfrontaler Schädigung an Entscheidungen herangehen, als der üblichen Verfahrensweise normaler Menschen. Natürlich fahren auch die Vertreter der reinen Vernunft besser, wenn sie Papier und Bleistift zur Hilfe nehmen. Notieren Sie einfach alle Wahlmöglichkeiten, die unzähligen Szenarien, die Konsequenzen und so fort. (Offensichtlich hat Darwin dieses Verfahren vorgeschlagen, um den richtigen Ehepartner zu finden.) Besorgen Sie sich aber zunächst einen großen Stapel Papier, einen Bleistiftspitzer und einen weitläufigen Schreibtisch; erwarten Sie vor allem nicht, daß irgend jemand wartet, bis Sie fertig sind.

Wichtig ist, daß die Mängel dieser gängigen Auffassung nicht auf das Problem der begrenzten Gedächtniskapazität beschränkt sind. Selbst wenn Papier und Bleistift bereitliegen, um die erforderlichen Fakten festzuhalten, sind auch die schlußfolgernden Strategien mit Fehlern behaftet, wie Amos Tversky und Daniel Kahnemann nachgewiesen haben.[4] Stuart Sutherland meint, eine dieser entscheidenden Schwächen könnte unsere tiefgehende Unkenntnis und unsere unzulängliche Verwendung von Wahrscheinlichkeitstheorie und Statistik sein.[5] Trotzdem ist unser Gehirn oft in Sekunden oder Minuten, je nach dem zeitlichen Rahmen, der der Zielsetzung entspricht, zu ausgezeichneten Entscheidungen in der Lage. Da es das vermag, hält es sich offenbar nicht nur an die reine Vernunft. Folglich brauchen wir eine alternative Auffassung.

Die Hypothese der somatischen Marker

Betrachten wir noch einmal die von mir entworfenen Szenarien. Die Schlüsselelemente entfalten sich in unserer Vorstellung sofort, in großen Umrissen und praktisch gleichzeitig, viel zu schnell, um die Einzelheiten klar herauszuarbeiten. Doch nun müssen Sie sich einen entscheidenden Aspekt vergegenwärtigen: Bevor Sie die Prämissen einer Kosten-Nutzen-Analyse unterziehen und bevor Sie logische Überlegungen zur Lösung des Problems anstellen, geschieht etwas sehr Wichtiges: Wenn das unerwünschte Ergebnis, das mit einer gegebenen Reaktionsmöglichkeit verknüpft ist, in Ihrer Vorstellung auftaucht, haben Sie, und wenn auch nur ganz kurz, eine unangenehme Empfindung im Bauch. Da die Empfindung den Körper betrifft, habe ich dem Phänomen den Terminus somatischer Zustand gegeben (*soma* ist das griechische Wort für Körper); und da sie ein Vorstellungsbild kennzeichnet oder »markiert«, bezeichne ich sie als Marker. Dazu ist abermals festzustellen, daß ich somatisch im allgemeinsten Sinne verwende (das heißt, damit alles bezeichne, was zum Körper gehört) und sowohl viszerale wie nichtviszerale Wahrnehmungen gemeint sind, wenn von somatischen Markern die Rede ist.

Was bewirkt der somatische Marker? Er lenkt die Aufmerksamkeit auf das negative Ergebnis, das eine bestimmte

Handlungsweise nach sich ziehen kann. So wirkt er als automatisches Warnsignal, das sagt: Vorsicht, Gefahr, wenn du dich für die Möglichkeit entscheidest, die zu diesem Ergebnis führt. Unter Umständen veranlaßt Sie das Signal, sofort den negativen Handlungsverlauf zu verwerfen und eine der anderen Alternativen zu wählen. Das automatische Signal schützt Sie ohne weitere Umstände vor künftigen Verlusten und gestattet Ihnen dann, unter weniger Alternativen zu wählen. Sie haben immer noch Gelegenheit, eine Kosten-Nutzen-Analyse durchzuführen und saubere Schlußfolgerungen zu ziehen, aber erst nachdem der automatische Schritt die Zahl der Wahlmöglichkeiten erheblich vermindert hat. Somatische Marker dürften für normale menschliche Entscheidungsprozesse nicht ausreichen, weil danach in vielen, wenn auch nicht allen Fällen noch ein logischer Denkprozeß und eine abschließende Selektion stattfindet. Wahrscheinlich erhöhen somatische Marker die Genauigkeit und Nützlichkeit von Entscheidungsprozessen. Diese nehmen ab, wenn die somatischen Marker fehlen. Der Unterschied ist wichtig und wird leicht übersehen. Dabei sagt die Hypothese nichts über die logischen Schritte aus, die auf die Intervention des somatischen Markers folgen. Kurzum, somatische Marker sind ein Sonderfall der Empfindungen, die aus sekundären Gefühlen entstehen. Von diesen Gefühlen und Empfindungen ist durch Lernen eine Verbindung zur Vorhersage künftiger Ergebnisse bestimmter Szenarien hergestellt worden. Wenn sich ein negativer somatischer Marker in Juxtaposition zu einem bestimmten künftigen Ergebnis befindet, wirkt diese Zusammenstellung wie eine Alarmglocke. Befindet sich dagegen ein positiver somatischer Marker in Juxtaposition, wird er zu einem Startsignal.

Das ist im wesentlichen die Hypothese der somatischen Marker. Doch um die Hypothese in ihrem ganzen Ausmaß zu begreifen, müssen Sie weiterlesen und entdecken, daß die somatischen Marker gelegentlich verdeckt wirken (ohne ins Bewußtsein zu gelangen) und unter Umständen eine »Als-ob«-Schleife verwenden.

Somatische Marker nehmen uns das Denken nicht ab. Sie

helfen uns beim Denken, indem sie einige (gefährliche oder günstige) Wahlmöglichkeiten ins rechte Licht rücken und sie rasch aus allen weiteren Überlegungen ausklammern. Sie können sich das Ganze als ein automatisches System zur Bewertung von Vorhersagen vorstellen, das die außerordentlich verschiedenen Szenarien Ihrer antizipierten Zukunft beurteilt, ob Sie es wünschen oder nicht. Es handelt sich gewissermaßen um einen Tendenzapparat. Stellen Sie sich beispielsweise vor, Sie haben Aussicht auf ungewöhnlich hohe Rendite bei einer überaus riskanten Investition. Inmitten anderer Beschäftigungen, die Sie ablenken, sollen Sie sich zu einem raschen Ja oder Nein entschließen. Wenn ein negativer somatischer Zustand den Gedanken, die Investition vorzunehmen, begleitet, wird es Ihnen leichter fallen, die Möglichkeit zu verwerfen und eine genauere Analyse der potentiell nachteiligen Folgen vorzunehmen. Der mit der Zukunft verknüpfte negative Zustand wirkt der verlockenden Aussicht auf sofortige umfangreiche Belohnung entgegen.

Mithin verträgt sich die Hypothese der somatischen Marker mit der Vorstellung, effektives persönliches und soziales Verhalten setze voraus, daß Individuen angemessene »Theorien« des eigenen Geistes und des Geistes anderer entwickeln. Auf der Grundlage solcher Theorien können wir vorhersagen, was für Theorien andere über unseren Geist bilden. Natürlich sind die Einzelheiten und die Genauigkeit solcher Vorhersagen von entscheidender Bedeutung, wenn wir vor einer wichtigen Entscheidung in einer sozialen Situation stehen. Wiederum ist die Zahl der zur Prüfung anstehenden Szenarien ungeheuer, und da denke ich, daß somatische Marker (oder ähnliche Mechanismen) die Durchmusterung einer solchen Fülle von Einzelheiten erleichtern – ja sogar die Notwendigkeit einer solchen Sichtung verringern, weil sie automatisch jene Elemente der Szenarien kennzeichnen, die mit einer gewissen Wahrscheinlichkeit relevant sind. Es dürfte deutlich geworden sein, daß zwischen den sogenannten kognitiven Prozessen und den Prozessen, die gemeinhin als »emotional« bezeichnet werden, eine enge Partnerschaft besteht.

Diese generelle Erklärung gilt auch für die Wahl von Handlungsverläufen, deren unmittelbare Folgen zwar negativ sind, die aber positive künftige Ergebnisse zeitigen. Ein Beispiel dafür ist das Opfer, das wir jetzt bringen, um später Nutzen davon zu haben. Stellen Sie sich vor, daß Sie und Ihre Mitarbeiter zur Rettung Ihres stagnierenden Unternehmens niedrigere Gehälter und Kurzarbeit akzeptieren müssen. Die unmittelbaren Aussichten sind unerfreulich, aber der Gedanke an künftige Vorteile erzeugt einen positiven somatischen Marker, der die Neigung überlagert, gegen die im Augenblick unangenehme Wahlmöglichkeit zu entscheiden. Dieser positive somatische Marker, der durch das Vorstellungsbild einer angenehmen Zukunft ausgelöst wird, ist die Voraussetzung dafür, daß Sie die unmittelbaren Unannehmlichkeiten als Vorspiel zu einer potentiellen Verbesserung der Situation ertragen. Wie könnten wir uns sonst mit Operationen, Jogging, höheren Schulen und Studium abfinden? Durch reine Willenskraft, so könnte man vorbringen. Aber wie läßt sich dann die Willenskraft erklären? Willenskraft ist auf die Bewertung eines bevorstehenden Ereignisses angewiesen, und diese Bewertung wird nicht stattfinden, wenn die Aufmerksamkeit nicht entsprechend auf die unmittelbar bevorstehenden Probleme und die späteren Vorteile gelenkt wird – auf das Leiden jetzt und die Entschädigung in der Zukunft. Nehmen Sie letztere fort, und Sie stutzen Ihrer Willenskraft die Flügel. Willenskraft ist nur ein anderer Name für die Tendenz, sich an langfristigen Folgen und nicht an kurzfristigen zu orientieren.

Exkurs über Altruismus

An diesem Punkt könnten wir uns fragen, ob die vorstehenden Ausführungen nicht auf die meisten, wenn nicht alle Entscheidungen zutreffen, die man gemeinhin als altruistisch einstuft –

etwa die Opfer, die Eltern für ihre Kinder bringen oder die moralisch besonders vorbildliche Menschen für andere Menschen bringen, die loyale Bürger einst König und Staat darbrachten und zu denen die wenigen Helden, die es heute gibt, immer noch bereit sind. Neben den offenkundigen Vorteilen, die Altruisten anderen Menschen verschaffen, fällt dabei vielleicht auch etwas für sie selbst ab: Selbstachtung, öffentliche Ehrung und Anerkennung, Prestige und unter Umständen sogar Geld. Die Aussicht auf solche Belohnungen kann von extremer Hochstimmung begleitet sein (deren neurale Grundlage, wie ich denke, ein positiver somatischer Marker ist) und zweifellos noch mehr erkennbare Ekstase auslösen, wenn die Aussicht zur Wirklichkeit wird. Noch in einer anderen hier relevanten Weise nützen altruistische Verhaltensweisen ihren Urhebern: Sie ersparen Altruisten das Bedauern oder die Scham, *nicht* altruistisch gehandelt zu haben. Hier ist also nicht nur entscheidend, daß Ihnen die Vorstellung, das Leben zu wagen, um Ihr Kind zu retten, ein angenehmes Empfinden verschafft, sondern auch, daß die Vorstellung, Ihr Kind nicht zu retten und es zu verlieren, eine weit unangenehmere Empfindung vermittelt als die drohende Gefahr. Mit anderen Worten, Sie vergleichen eine unmittelbare Bestrafung mit einer künftigen Belohnung *und* eine unmittelbare Bestrafung mit einer noch schlimmeren künftigen Bestrafung. (Ein in etwa vergleichbares Beispiel ist die Risikobereitschaft von Soldaten im Krieg. Früher versprach das soziale Bezugssystem, in dem »moralische« Kriege geführt wurden, den Überlebenden der Schlacht noch weitere Vorteile und denen, die sich solchen Kriegen verweigerten, Schmach und Schande.)

Folgt daraus, daß es keinen wahren Altruismus gibt? Ist das nicht eine zu zynische Auffassung von der menschlichen Seele? Ich glaube nicht. Erstens hat die Wahrhaftigkeit des Altruismus oder irgendeines vergleichbaren Verhaltens zu tun mit der Beziehung zwischen dem, was wir innerlich glauben, fühlen oder beabsichtigen, und dem, was wir nach außen hin erklären, zu glauben, zu empfinden oder zu beabsichtigen. Wahrhaftigkeit hat nicht mit den physiologischen Ursachen zu tun, die uns dazu bringen, etwas Bestimmtes zu glauben, zu empfinden oder zu beabsichtigen. Überzeugungen, Empfindungen und Absichten sind nämlich das Ergebnis zahlreicher Faktoren, die in unserem Organismus und in unserer Kultur verankert sind, selbst wenn sich diese Faktoren unserer Erkenntnis entziehen. Wenn es neurophysiologische und erziehungsbedingte Gründe gibt, die manche Menschen eher dazu veranlassen, sich ehrlich und großherzig zu verhalten, was macht das? Daraus folgt doch nicht, daß ihre Ehrlichkeit und ihre Opfer weniger verdienstvoll sind. Wenn wir verstehen, welche neurobiologischen Mechanismen einigen Aspekten der Erkenntnis und des Verhaltens zugrunde liegen, so mindert das nicht den Wert, die Schönheit und die moralische Größe solcher Erkenntnisse oder Verhaltensweisen.

Zweitens, obwohl Biologie und Kultur unser Denken häufig direkt oder indirekt bestimmen und damit die individuelle Freiheit einzuschränken scheinen, müssen wir erkennen, daß dem Menschen doch ein gewisser Spielraum für solche Freiheit bleibt – das heißt, Handlungen zu wollen und auszuführen, die anscheinend dem zuwiderlaufen, was ihm Biologie und Kultur eingepflanzt haben. Einige erhabene menschliche Taten sind dem Umstand zu verdanken, daß ihre Urheber sich weigerten, das zu tun, was Biologie oder Kultur von ihnen verlangten. Solche Taten belegen, daß ihre Urheber eine neue Ebene erreicht haben, auf der sich neue Artefakte und angemessenere Existenzweisen entwickeln lassen. Unter bestimmten Umständen kann die Freiheit von biologischen und kulturellen Einschränkungen allerdings auch ein Merkmal des Wahnsinns sein und die Ideen und Handlungen des Irrsinnigen nähren.

Somatische Marker – woher kommen sie?

Welchen Ursprung haben somatische Marker, neuronal gesehen? Wie sind wir in den Besitz so nützlicher Mechanismen gelangt? Sind wir mit ihnen geboren worden? Wenn nicht, wie sind sie dann entstanden?

Wie im vorhergehenden Kapitel dargelegt, werden wir mit dem neuronalen Mechanismus geboren, der erforderlich ist, um somatische Zustände angesichts bestimmter Klassen von Reizen zu erzeugen – dem Apparat der primären Gefühle. Zur Grundausstattung dieses Apparats gehört die Fähigkeit, Signale zu verarbeiten, die das persönliche und soziale Verhalten betreffen, und er ist von Anfang an in der Lage, eine große Zahl von sozialen Situationen mit adaptiven somatischen Reaktionen zu paaren. Diese Auffassung befindet sich mit bestimmten Beobachtungen an normalen Menschen ebenso in Übereinstimmung wie mit den Forschungsergebnissen über komplexe soziale Wahrnehmungsmuster bei anderen Säugetieren und Vögeln.[6] Trotzdem sind wahrscheinlich die meisten somatischen Marker, die wir zum Zwecke der rationalen Entscheidungsfindung verwenden, im Laufe unserer Erziehung und Sozialisation im Gehirn entstanden, indem wir bestimmte Klassen von Reizen mit bestimmten Klassen von somatischen Zuständen verknüpft haben. Mit anderen Worten, sie beruhen auf dem Prozeß der sekundären Gefühle.

Adaptive somatische Marker können wir nur ausbilden, wenn Gehirn wie Kultur normal sind. Ist entweder das Gehirn oder die Kultur von Anfang an beeinträchtigt, dann werden die somatischen Marker kaum adaptiv sein. Ein Beispiel für den ersteren Fall bieten einige Patienten, die unter der sogenannten entwicklungsbedingten Soziopathie oder Psychopathie leiden.

Entwicklungsbedingte Soziopathen oder Psychopathen sind uns alle aus den Nachrichten bekannt. Sie stehlen, vergewaltigen, töten, lügen. Häufig sind sie sehr gerissen. Die Gefühlsschwelle bei ihren Taten ist so hoch, daß sie ungerührt erscheinen, und auch nach eigenen Auskünften sind sie ohne

Empfinden und Mitleid. So sind sie die ideale Verkörperung dessen, der bei seinen Handlungen einen kühlen Kopf bewahrt – etwas, was uns ja allen angeraten wird. Kaltblütig und zum offenkundigen Nachteil aller Beteiligten, auch ihrer selbst, neigen Soziopathen dazu, ihre Verbrechen zu wiederholen. Tatsächlich sind sie ein weiteres Beispiel für einen pathologischen Zustand, in dem ein Mangel an Rationalität von einer Minderung oder einem völligen Mangel an Empfindungen begleitet ist. Es ist durchaus möglich, daß die entwicklungsbedingte Soziopathie durch eine Funktionsstörung in dem gleichen Gesamtsystem entsteht, das bei Gage auf kortikaler und subkortikaler Ebene geschädigt wurde. Allerdings resultiert die Beeinträchtigung der entwicklungsbedingten Soziopathen nicht aus einer brutalen makroskopischen Schädigung im Erwachsenenalter, sondern aus abnormen Schaltungen und abnormer chemischer Signalgebung, die frühzeitig in der Entwicklung einsetzen. Wenn wir die Neurobiologie der Soziopathie verstehen, sind wir vielleicht zu Vorbeugung oder Behandlung in der Lage. Nützlich wäre auch, wenn wir wüßten, in welchem Maße soziale Faktoren mit biologischen zusammenwirken und auf diese Weise den Zustand verschlimmern oder zu einer größeren Häufigkeit beitragen. Vielleicht könnten wir so auch die Fälle verstehen, die eine flüchtige Ähnlichkeit mit den oben geschilderten aufweisen, aber weitgehend von soziokulturellen Faktoren bestimmt sind.

Wenn der neuronale Apparat, der für die Entwicklung und Entfaltung von somatischen Markern verantwortlich ist, im Erwachsenenalter geschädigt wird, wie es bei Gage der Fall war, dann funktioniert der Mechanismus der somatischen Marker nicht mehr angemessen, selbst wenn er bis dahin keine Beeinträchtigungen gezeigt hat. Ich verwende den Ausdruck »erworbene« Soziopathie als Kurzbezeichnung, um einen Teil der Verhaltensweisen solcher Patienten zu beschreiben, obwohl meine Patienten und entwicklungsbedingte Soziopathen sich in vielerlei Hinsicht unterscheiden, nicht zuletzt darin, daß meine Patienten selten gewalttätig sind.

Die Auswirkungen einer »kranken Kultur« auf ein normales *erwachsenes* Denk- und Entscheidungssystem scheinen weniger schwerwiegend zu sein als die Auswirkungen einer fokalen Hirnschädigung auf das gleiche System. Allerdings gibt es Gegenbeispiele. In Deutschland und der Sowjetunion während der dreißiger und der vierziger Jahre, in China während der Kulturrevolution und in Kambodscha während des Pol-Pot-Regimes, um nur die offenkundigsten Fälle zu nennen, hat sich eine kranke Kultur gegenüber vermutlich normalen Denk- und Entscheidungsmechanismen durchgesetzt – mit entsetzlichen Folgen, wie wir wissen. Ich befürchte, daß erhebliche Bereiche der westlichen Gesellschaft allmählich zu weiteren tragischen Beispielen werden.

Somatische Marker werden also durch Erfahrung erworben. Dabei sind sie der Kontrolle eines internen Präferenzsystems unterworfen und dem Einfluß äußerer Umstände ausgesetzt, wozu nicht nur Objekte und Ereignisse gehören, mit denen der Organismus interagieren muß, sondern auch soziale Konventionen und Regeln.

Die neuronale Basis für das interne Präferenzsystem besteht größtenteils aus angeborenen regulatorischen Dispositionen, die dem Überleben des Organismus dienen. Die Sicherung des Überlebens deckt sich letztlich mit der Reduzierung unangenehmer Körperzustände und der Herstellung homöostatischer Zustände, das heißt funktional im Gleichgewicht befindlicher biologischer Zustände. Dem internen Präferenzsystem wohnt die Tendenz inne, Schmerzen zu vermeiden und potentielle Lust zu suchen, und wahrscheinlich ist es von Natur aus dazu eingerichtet, diese Ziele in sozialen Situationen zu verfolgen.

Zu den äußeren Umständen gehören die Objekte, physischen Umwelten und Ereignisse, auf die das Individuum handelnd reagieren muß, Wahlmöglichkeiten für seine Handlungen, mögliche künftige Ergebnisse dieser Handlungen und die Bestrafung oder Belohnung, die – augenblicklich oder verzögert – mit einer bestimmten Wahlmöglichkeit einhergeht. Zu einem frühen Zeitpunkt in der Entwicklung werden Bestrafung und Belohnung nicht nur von den Ereignissen selbst erteilt, sondern von Eltern, anderen Erwachsenen oder Gleichaltrigen – Menschen also, in denen sich gewöhnlich die sozialen Konventionen und Moralvorstellungen der betreffenden Kultur verkörpern. Die Wechselwirkung zwischen einem inneren Präferenzsystem und den äußeren Umständen erweitert das Repertoire der Reize, die automatisch markiert werden.

Die entscheidenden, prägenden Reize für die somatische Paarung werden zweifellos in Kindheit und Jugend erworben. Doch die Akkumulation der somatisch markierten Reize endet erst mit dem Ende des Lebens, und deshalb darf man diesen Zuwachs wohl als einen Prozeß fortwährenden Lernens beschreiben.

Auf neuronaler Ebene hängen somatische Marker vom Lernen in einem System ab, das bestimmte Kategorien von Objekten oder Ereignissen mit der Entfaltung eines angenehmen oder unangenehmen Körperzustands verknüpft. Wir dürfen übrigens die Bedeutung von Belohnung und Bestrafung im Zusammenhang mit sozialen Interaktionen nicht zu eng fassen. Fehlende Belohnung kann eine Bestrafung darstellen und unangenehm sein, und genauso kann fehlende Bestrafung eine Belohnung sein und als sehr angenehm empfunden werden. Entscheidend ist, was für ein somatischer Zustand und was für eine Empfindung in einem bestimmten Individuum an einem bestimmten Punkt in seiner Geschichte und in einer bestimmten Situation hervorgerufen werden.

Wenn auf die Entscheidung für Wahlmöglichkeit X, die zu dem schlechten Ergebnis Y führt, eine Bestrafung und damit ein als unangenehm empfundener Körperzustand folgt, dann erwirbt das System der somatischen Marker die verborgene, dispositionelle Repräsentation dieser erfahrungsabhängigen, nichthereditären, willkürlichen Verknüpfung. Bietet sich nun dem Organismus die Wahlmöglichkeit X oder der Gedanke an das Ergebnis Y erneut dar, dann wird der unangenehme Körperzustand abermals hervorgerufen, welcher folglich als automatische Gedächtnisstütze für die zu erwartenden negativen Konsequenzen dient. Das ist natürlich eine unzulässige Vereinfachung, die aber meiner Meinung nach die wichtigsten Elemente des Prozesses berücksichtigt. Wie ich später erläutern werde, können somatische Marker auch verdeckt wirken (das heißt, sie müssen nicht bewußt wahrgenommen werden) und können andere nützliche Funktionen wahrnehmen – neben der Aufgabe, Signale abzugeben wie »Gefahr!« oder »Tu es unbesorgt!«

Ein neuronales Netz für somatische Marker

Das entscheidende neuronale System für den Erwerb des Signalapparats der somatischen Marker sind die präfrontalen Rindenfelder, die großenteils auch das System für die sekundären Gefühle enthalten. Die neuroanatomische Lage des präfrontalen Cortex ist aus folgenden Gründen ideal für diesen Zweck geeignet.

Erstens, der präfrontale Cortex empfängt Signale aus allen sensorischen Regionen, in denen die für unsere Gedanken konstitutiven Vorstellungsbilder entstehen – auch aus den somatosensiblen Feldern, in denen frühere und aktuelle Körperzustände fortwährend repräsentiert werden. Gleichgültig, ob die Signale in Wahrnehmungen entstehen, die sich auf die Außenwelt beziehen, in Gedanken, die wir uns über die Außenwelt machen, oder durch Ereignisse im Körper, in jedem Falle empfängt der präfrontale Cortex diese Signale. Das gilt für alle ihre Abschnitte, weil die verschiedenen Felder des Stirnhirns wechselseitig vernetzt sind. So enthält der präfrontale Cortex einige der wenigen Hirnregionen, die jederzeit Signale über praktisch jede Aktivität in unserem Geist und Körper empfangen.[7] (Der präfrontale Cortex ist nicht der einzige Horchposten; zu ihm gehört auch die Area entorhinalis, das Tor zum Hippocampus.)

Zweitens, der präfrontale Cortex empfängt Signale aus mehreren bioregulatorischen Abschnitten des menschlichen Gehirns. Dazu gehören die Neurotransmitter-Kerne im Gehirnstamm (beispielsweise diejenigen, die Dopamin, Noradrenalin und Serotonin ausschütten) und im basalen Vorderhirn (die Kerne, die Acetylcholin abgeben), außerdem die Amygdala, der Vorderteil des Gyrus cinguli und der Hypothalamus. Man könnte sagen, der präfrontale Cortex erhält Nachrichten von allen Mitarbeitern der Eichbehörde. Durch solche Signale werden den präfrontalen Regionen die angeborenen Präferenzen des Organismus übermittelt, die sein Überleben betreffen – gewissermaßen sein biologisches Wertsystem, das so zum Bestandteil des Denk- und Entscheidungsapparates wird.

In der Tat nehmen die präfrontalen Abschnitte eine privilegierte Stellung gegenüber den anderen Hirnsystemen ein. Die präfrontalen Felder empfangen Signale über alte und neue Fakten, die die Außenwelt betreffen, über angeborene bioregulatorische Präferenzen und über frühere wie aktuelle Körperzustände, die durch diese Fakten und Präferenzen ständig modifiziert werden. Kein Wunder, daß sie alle Hände voll mit der Aufgabe zu tun haben, mit der ich mich als nächstes beschäftigen möchte: der Kategorisierung unserer Lebenserfahrung nach vielen kontingenten Dimensionen.

Drittens, der präfrontale Cortex selbst repräsentiert Kategorisierungen der Situationen, in denen sich der Organismus befunden hat – Klassifikationen der Zufallsereignisse, aus denen die Erfahrungen des wirklichen Lebens bestehen. Mit anderen Worten, die präfrontalen Netze entwickeln dispositionelle Repräsentationen für bestimmte Verbindungen von Dingen und Ereignissen aus unserer individuellen Erfahrung, wobei sie zugrunde legen, welche persönliche Relevanz diese Dinge und Ereignisse für uns haben. Ich möchte das etwas näher erläutern. Beispielsweise mögen in Ihrem Leben die Begegnungen mit einem bestimmten Menschentyp – einer angenehmen, aber autoritären Persönlichkeit – zu Situationen geführt haben, in denen Sie sich klein oder, ganz im Gegenteil, großartig vorgekommen sind. Die Übernahme einer Führungsrolle hat vielleicht Ihre besten oder Ihre schlechtesten Seiten zum Vorschein gebracht. Auf dem Lande haben Sie sich melancholisch gefühlt, während Sie am Meer zum unheilbaren Romantiker wurden. Ihrem Nachbarn ist es vielleicht in allen diesen Fällen umgekehrt oder zumindest anders ergangen. Deshalb spreche ich hier von *Zufall*: Es handelt sich um einen ganz privaten Aspekt, der allein in Ihrer Erfahrung verwurzelt und von Ereignissen abhängig ist, die sich von Individuum zu Individuum unterscheiden. Die Erfahrungen, die Sie, Ihr Nachbar und ich mit Türgriffen oder Besenstielen gemacht haben, sind wahrscheinlich weniger zufällig, da Objekte dieser Kategorie in Beschaffenheit und Funktion überwiegend vergleichbar und vorhersagbar sind.

Folglich sind die Konvergenzzonen im präfrontalen Cortex ein Sammelbecken der dispositionellen Repräsentationen für angemessen kategorisierte und ganz private Zufälle unserer Lebenserfahrung. Wenn ich Sie auffordere, an Hochzeiten zu denken, so enthalten diese dispositionellen Repräsentationen des präfrontalen Cortex den Schlüssel zu dieser Kategorie und können in Ihrem Vorstellungsraum einige Hochzeitsszenen rekonstruieren. (Denken Sie daran, daß die Repräsentationen, neural gesehen, gar nicht im präfrontalen Cortex stattfinden, sondern in verschiedenen frühen sensorischen Feldern, in denen topographisch organisierte Repräsentationen gebildet werden können.) Wenn ich Sie nach jüdischen oder katholischen Hochzeiten frage, sind Sie vielleicht in der Lage, einen angemessenen Komplex von kategorisierten Vorstellungsbildern zu rekonstruieren und sich eine Hochzeit der einen oder anderen Art vor Augen zu führen. Darüber hinaus können Sie mir möglicherweise sogar sagen, ob Sie Hochzeiten mögen, welche Art Ihnen am besten gefällt und so fort.

Die ganze präfrontale Region scheint damit befaßt zu sein, zufallsbestimmte Ereignisse nach Maßgabe der persönlichen Relevanz zu kategorisieren. Das wurde zunächst für den dorsolateralen Abschnitt belegt, und zwar durch die Arbeit von Brenda Milner, Michael Petrides und Joaquim Fuster.[8] Untersuchungen, die in meinem Institut durchgeführt worden sind, bestätigen diese Beobachtungen nicht nur, sondern lassen auch darauf schließen, daß andere frontale Strukturen – im frontalen Pol und in ventromedialen Abschnitten – in nicht geringerem Maße für den Kategorisierungsprozeß verantwortlich sind.

Kategorisierte Zufallsereignisse bilden die Grundlage für die

Erzeugung vielfältiger Szenarien von künftigen Handlungsergebnissen, die erforderlich sind, um Vorhersagen zu machen und zu planen. Dabei berücksichtigt unser schlußfolgerndes Denken die Zielsetzungen und die Zeit, die zur Verwirklichung dieser Ziele zur Verfügung steht. Um vorwegzunehmen, wie sich die Szenarien von bestimmten Zielsetzungen unter angemessenen zeitlichen Vorgaben entwickeln, brauchen wir eine Vielzahl persönlich kategorisierter Erkenntnisse.

Vermutlich sind verschiedene Wissensbereiche in verschiedenen präfrontalen Abschnitten kategorisiert. So scheinen der bioregulatorische und der soziale Bereich eine Affinität für die Systeme im ventromedialen Abschnitt aufzuweisen, während Systeme im dorsolateralen Abschnitt mit Bereichen in Verbindung zu stehen scheinen, die das Wissen über die Außenwelt speichern (Objekte und Menschen, ihre Wirkung in der Raumzeit, Sprache, Mathematik, Musik).

Ein vierter Grund dafür, daß der präfrontale Cortex ideal zur Beteiligung an Denk- und Entscheidungsprozessen geeignet ist, liegt darin, daß sie unmittelbar mit jeder im Gehirn vorhandenen Route für motorische und chemische Reaktionen verknüpft sind. Die dorsolateralen und oberen medialen Sektoren können die prämotorischen Rindenfelder aktivieren und von da aus den sogenannten primären motorischen Cortex (M_1), das motorische Supplementärfeld (M_2) und das dritte motorische Feld (M_3) einbeziehen.[9] Auch der subkortikale motorische Mechanismus der Basalganglien ist für die präfrontalen Regionen erreichbar. Nicht zuletzt sendet der ventromediale präfrontale Cortex, wie der Neuroanatom Walle Nauta erstmalig nachgewiesen hat, Signale an Effektoren des autonomen Nervensystems und kann chemischen Reaktionen Vorschub leisten, die vom Hypothalamus und Hirnstamm ausgehen und mit Gefühlsprozessen verknüpft sind. Dieser Nachweis war kein Zufall. Unter Neurowissenschaftlern war Nauta insofern eine Ausnahme, als er die Auffassung vertrat, viszerale Informationen seien von Bedeutung für den kognitiven Prozeß. Abschließend läßt sich feststellen, daß die präfrontalen Rindenabschnitte und insbesondere ihre ventromedialen Felder ideal geeignet sind, eine dreifache Verknüpfung zwischen Signalen herzustellen, die folgende Aspekte betreffen: bestimmte Arten von Situationen, bestimmte Arten und Intensitäten von Körperzuständen, die mit bestimmten Situationen in der besonderen Erfahrung des Individuums verknüpft worden sind, und die Effektoren dieser Körperzustände. Das Oben und das Unten finden in den ventromedialen Abschnitten des präfrontalen Cortex harmonisch zueinander.

Somatische Marker – Theater im Körper oder Theater im Gehirn?

Ausgehend von meinen obigen Äußerungen zur Physiologie der Gefühle müßten Sie nicht nur einen Mechanismus für den Prozeß der somatischen Marker erwarten, sondern zwei. Mit Hilfe des grundlegenden Mechanismus wird der Körper von dem präfrontalen Cortex und der Amygdala veranlaßt, ein bestimmtes Zustandsprofil anzunehmen, dessen Ergebnis anschließend dem somatosensiblen Cortex signalisiert, mit Aufmerksamkeit bedacht und bewußtgemacht wird. Wenn der alternative Mechanismus zur Anwendung kommt, wird der Körper umgangen. Präfrontaler Cortex und Amygdala weisen den somatosensiblen Cortex lediglich an, sich zu dem expliziten Aktivitätsmuster zu organisieren, das sie angenommen hätten, wenn der Körper den gewünschten Zustand manifestiert und entsprechend nach oben signalisiert hätte. Der somatosensible Cortex arbeitet, als ob er Signale über einen bestimmten Körperzustand empfangen würde, und obwohl das »Als-ob«-Aktivitätsmuster nicht genau die gleiche Gestalt besitzen kann wie das Aktivitätsmuster, das durch einen wirklichen Körperzustand erzeugt wird, übt es möglicherweise doch Einfluß auf die Entscheidungsfindung aus.

»Als-ob«-Mechanismen sind das Ergebnis einer Entwicklung. Da wir in Säuglingsalter und Kindheit auf die uns umgebenden sozialen Verhältnisse »eingestimmt« worden sind, dürften die meisten unserer Entscheidungsprozesse durch somatische Zustände geprägt sein, die mit Bestrafung und Belohnung zu tun haben. Doch mit dem Älterwerden und wiederholtem Kategorisieren von Situationen wuchs unser Bedürfnis, uns bei jeder anstehenden Entscheidung auf somatische Zustände verlassen zu können. So entwickelte sich eine neue Ebene energiesparender Automatisierung. Teilweise wurden die Entscheidungsstrategien von »Symbolen« somatischer Zustände abhängig. In welchem Umfang wir uns auf solche »Als-ob«-Symbole statt auf die realen Zustände verlassen, ist eine wichtige empirische Frage. Ich glaube, diese Abhängigkeit schwankt erheblich von Mensch zu Mensch und von Situation zu Situation. Symbolische Verarbeitung kann je nach Situation und Umständen vorteilhaft oder schädlich sein.

Manifeste und verdeckte somatische Marker

Dem somatischen Marker steht mehr als eine Route zur Verfügung, um wirksam zu werden. Eine verläuft über das Bewußtsein, die andere an diesem vorbei. Egal, ob Körperzustände real oder stellvertretend (»als ob«) sind, das entsprechende neurale Muster kann bewußtgemacht werden und stellt eine Empfindung dar. Doch obwohl an vielen wichtigen Entscheidungen Empfindungen beteiligt sind, kommen offenbar eine Vielzahl unserer täglichen Entscheidungen ohne Empfindungen aus. Daraus folgt nicht, daß die Bewertung, die normalerweise zu einem Körperzustand führt, nicht stattgefunden hätte oder daß der Körperzustand beziehungsweise sein stellvertretendes Surrogat nicht hervorgerufen worden wäre oder daß der regulatorische dispositionelle Mechanismus, der dem Prozeß zugrunde liegt, nicht aktiviert worden wäre. Es ist ganz einfach: Ein Körperzustand mit Signalfunktion oder sein Surrogat kann aktiviert, aber unter Umständen nicht in den Mittelpunkt der Aufmerksamkeit gerückt werden. Ohne Aufmerksamkeit wird keiner von beiden ins Bewußtsein gelangen, obwohl jeder verdeckt – ohne willkürliche Kontrolle – auf die Mechanismen einwirken kann, die unser Appetenz-(Annäherungs-) und Aversions-(Vermeidungs-)Verhalten der Welt gegenüber steuern. Nie wird unser Bewußtsein Kenntnis davon haben, daß der unterschwellige Mechanismus aktiviert worden ist. Ferner kann die Aktivierung von Neurotransmitter-Kernen, die ich als einen Teil der emotionalen Reaktion beschrieben habe, verdeckt auf kognitive Prozesse einwirken und damit das Denken und Entscheiden beeinflussen.

Mit dem gebotenen Respekt für den Menschen und aller Vorsicht, die bei Vergleichen zwischen verschiedenen Arten angeraten ist, läßt sich wohl doch feststellen, daß bei Organismen, deren Gehirne nicht zu Bewußtsein und Denken fähig sind, verdeckte Prozesse das Kernstück des Entscheidungsapparates bilden. Mit ihrer Hilfe lassen sich Ergebnisse »vorhersagen« und die Verhaltensmechanismen des Organismus in einer bestimmten Weise beeinflussen – ein Vorgang, der dem Beobachter möglicherweise als Wahl erscheint. Auf diese Weise dürften aller Wahrscheinlichkeit nach die Arbeiterinnen der Honigbienen »entscheiden«, auf welcher Blüte sie sich niederlassen sollen, um den nötigen Nektar zu sammeln und zum Stock zurückzubringen. Damit will ich nicht behaupten, daß sich tief in unserem Hirn ein Bienengehirn verbirgt, das für uns entscheidet. Die Evolution ist nicht die eine große Kette des Seins, sondern hat offenkundig viele verschiedene Wege eingeschlagen, von denen einer zu uns, den Menschen, geführt hat. Aber ich glaube, daß wir wichtige Erkenntnisse gewinnen können, wenn wir untersuchen, wie einfachere Organismen so kompliziert erscheinende Aufgaben mit einfachen neuronalen Mitteln erledigen. Vielleicht sind ja einige Mechanismen der gleichen Art in uns am Werke. Das ist alles.

Honeysuckle Rose!

»You're confection, goodness knows, honeysuckle rose« *, heißt es etwas schlüpfrig in einem Song von Fats Waller, und so sieht es auch die fleißige Biene. Der Fortpflanzungserfolg und letztlich das Überleben eines Bienenvolks hängt vom Erfolg der Nahrungssuche ab. Wenn die Arbeiterinnen nicht fleißig genug Nektar sammeln, gibt es keinen Honig. Dann schwinden die Energiereserven, und der Fortbestand des Volkes ist bedroht.

Arbeitsbienen sind mit einem Sehapparat ausgerüstet, der ihnen erlaubt, Blütenfarben zu unterscheiden. Ferner verfügen sie über einen Bewegungsapparat, der ihnen gestattet, zu fliegen und zu landen. Wie neuere Untersuchungen gezeigt haben, lernen Arbeitsbienen nach ein paar Abstechern auf Blüten verschiedener Farbe, bei welchen der erforderliche Nektar am ehesten zu erwarten ist. Ganz offenkundig lassen sie sich auf einer Wiese nicht auf jeder Blüte nieder, um herauszufinden, ob dort Nektar vorhanden ist oder nicht. Ihr Verhalten läßt zweifelsfrei erkennen, daß sie vorhersagen, welche Blüten eher Nektar versprechen. Diese fliegen sie entsprechend häufiger an. Dazu sagt Leslie Real, der das Verhalten von Arbeiterinnen der Hummel *(Bombus pennsylvanicus)* erforscht hat: »Zunächst können Bienen die Aussichten überhaupt nicht abschätzen. Dann scheinen sie nach der Häufigkeit, mit der ihnen verschiedene Arten von Belohnungszuständen begegnen, Wahrscheinlichkeitsvorhersagen zu entwickeln.«[10] Wie können Bienen mit ihrem bescheidenen Nervensystem Verhaltensweisen hervorbringen, die offenbar ein hohes Maß an Vernunft voraussetzen, das heißt, die allem Anschein nach auf die Verwendung von Wissen, Wahrscheinlichkeitstheorie und zielorientierten Denkstrategien schließen lassen?

---

* Unübersetzbares Wortspiel: *honeysuckle* bedeutet normalerweise »Geißblatt«, doch hier heißt *honeysuckle rose* soviel wie »Honigmuschi«. (»Echt lecker bist du, meine Honigbiene.«)

Die Antwort lautet, das überlegte Verhalten wird offenbar durch ein einfaches, aber leistungsfähiges System erreicht, das folgende Fähigkeiten besitzt: Erstens entdeckt es Reize, deren Wertschätzung der Biene angeboren ist und die deshalb eine Belohnung darstellen, und zweitens übt es bei Vorliegen (oder Fehlen) einer Belohnung einen Einfluß auf das motorische System aus, der dieses unter Umständen zu einem bestimmten Verhalten (etwa Landen oder nicht) veranlaßt, wenn die Situation, welche Belohnung (sagen wir, eine Blüte von bestimmter Farbe) verspricht (oder nicht), im Gesichtsfeld auftaucht. Unlängst haben Montague, Dayan und Sejnowski ein Modell für ein solches System vorgeschlagen, das sowohl verhaltensbestimmte wie neurobiologische Daten verwendet.[11]

Bienen haben ein unspezifisches Neurotransmittersystem, das wahrscheinlich auf Oktopamin basiert und das dem Dopaminsystem der Säugetiere nicht unähnlich ist. Wenn die Belohnung (der Nektar) entdeckt wird, kann das nichtspezifische System seine Signale sowohl an das visuelle wie an das motorische System schicken und auf diese Weise ihr Grundverhalten verändern. Infolgedessen ist das motorische System das nächste Mal, wenn die mit Belohnung verknüpfte Farbe (sagen wir, Gelb) in Sicht kommt, geneigt, auf der so gefärbten Blüte zu landen – und für die Biene wächst die Wahrscheinlichkeit, Honig zu finden. In der Tat trifft die Biene eine Wahl, nicht bewußt, nicht vorsätzlich, sondern mit einem automatischen Apparat, der spezifische angeborene Wertvorstellungen, eine Präferenz, enthält. Laut Real müssen zwei grundlegende Präferenzaspekte vorliegen: »Zuversichtlich erwarteter Gewinn wird weniger zuversichtlich erwartetem Gewinn vorgezogen; geringes Risiko wird hohem Risiko vorgezogen.« Angesichts der offenkundig geringen Gedächtniskapazität der Biene (sie verfügt nur über ein nicht besonders umfangreiches Kurzzeitgedächtnis) muß die Zahl der Fälle, auf deren Grundlage das Präferenzsystem arbeitet, außerordentlich begrenzt sein. Offenbar genügen schon drei Abstecher bei einer bestimmten Blüte. Es sei noch einmal gesagt, daß ich hier keineswegs die Auffassung vertrete, unsere Entscheidungen würden in einem verborgenen Bienengehirn geboren, doch ich halte die Erkenntnis für sehr interessant, daß ein so simpler Apparat wie der der Honigbiene eine so komplizierte Aufgabe wie die oben beschriebene leisten kann.

Intuition

Wenn somatische Zustände (oder ihre Surrogate) auf einer bewußten Ebene wirken, so kennzeichnen – markieren – sie nach meiner Auffassung die Ergebnisse von Reaktionen als positiv oder negativ und führen damit zur vorsätzlichen Vermeidung oder Wahl einer Reaktionsmöglichkeit. Doch sie können auch verdeckt wirken, das heißt außerhalb des Bewußtseins. Die expliziten Vorstellungsinhalte, die sich auf ein negatives Ergebnis beziehen, werden, so denke ich, erzeugt, aber statt eine wahrnehmbare Veränderung des Körperzustands hervorzurufen, hemmen sie die regulatorischen neuronalen Schaltkreise, die im Inneren des Gehirns liegen und Appetenz- oder Annäherungsverhalten vermitteln. Mit der Hemmung der Handlungstendenz oder auch der Verstärkung der Vermeidungstendenz wird die Wahrscheinlichkeit einer potentiell negativen Entscheidung verringert. Zumindest aber ergibt sich ein Zeitgewinn, der die Möglichkeit eröffnet, durch bewußte Überlegung die Aussicht auf eine angemessene (wenn nicht die angemessenste) Entscheidung zu erhöhen. Ferner läßt sich durch Verstärkung des Handlungsimpulses eine negative Wahlmöglichkeit ganz ausschließen oder eine sehr positive wahrscheinlicher machen. Nach meiner Auffassung könnte dieser verdeckte Mechanismus der Ursprung dessen sein, was wir Intuition nennen, der geheimnisvolle Mechanismus, mit dessen Hilfe wir zur Lösung eines Problems gelangen, ohne darüber nachzudenken.

Die Rolle der Intuition im Gesamtprozeß der Entscheidungsfindung beleuchtet ein Abschnitt aus einem Aufsatz des

Mathematikers Henri Poincaré, dessen Erkenntnisse sich mit meinen Vorstellungen decken:

»Doch was ist ein schöpferischer Akt in der Mathematik? Er besteht nicht darin, neue Verbindungen zwischen mathematischen Größen herzustellen, die bereits bekannt sind. Das könnte jeder leisten, während die dieserart gefundenen Verbindungen zahllos und größtenteils ohne jegliches Interesse wären. Schöpferisch sein heißt gerade, keine unnützen Verbindungen herzustellen, also nur die vorzunehmen, die nützlich sind und eine kleine Minderheit darstellen. Erfinden heißt, zu unterscheiden, eine Wahl zu treffen.

Wie man diese Entscheidung vorzunehmen hat, habe ich oben erklärt; bei den mathematischen Tatsachen, die einer näheren Untersuchung wert sind, handelt es sich um jene, die durch ihre Analogie zu anderen Fakten in der Lage sind, uns zu der Erkenntnis eines mathematischen Gesetzes zu führen, so wie Experimentaldaten zur Erkenntnis eines physikalischen Gesetzes führen. Manche dieser Tatsachen enthüllen uns eine unerwartete Verwandtschaft zwischen anderen Fakten, die seit langem bekannt sind, von denen man bislang aber fälschlicherweise meinte, sie seien einander fremd. Am fruchtbarsten erweisen sich oft Verbindungen von Elementen, die aus weit auseinander liegenden Bereichen stammen. Zwar bin ich nicht der Meinung, für den schöpferischen Akt genüge es, möglichst fern liegende Objekte zusammenzubringen – die meisten so zustande gekommenen Verbindungen wären völlig unergiebig –, doch einige dieser Verbindungen erweisen sich, so selten sie auch vorkommen, als die fruchtbarsten von allen.

Erfinden heißt, so habe ich gesagt, wählen. Doch das Wort trifft die Sache vielleicht nicht ganz genau. Man denkt an einen Käufer, vor dem man eine große Zahl von Waren ausgebreitet hat und der sie jetzt eine nach der anderen untersucht, um seine Wahl zu treffen. Hier wären die Objekte, die zur Wahl stünden, so zahlreich, daß ein ganzes Leben nicht ausreichte, sie zu prüfen. Das tatsächliche Geschehen läuft ganz anders ab. Die unergiebigen Verbindungen dringen noch nicht einmal ins Bewußtsein des Erfinders. Nie tauchen in seinem Bewußtseinshorizont Verbindungen auf, die nicht auch wirklich nützlich sind, ausgenommen einige Kombinationen, die er verwirft, die aber in gewissem Maße die Merkmale nützlicher Verbindungen tragen. Alles vollzieht sich so, als wäre der Erfinder ein Prüfer im Abschlußexamen, der nur die Kandidaten befragt, die schon eine Vorprüfung abgelegt haben.«[12]

Poincaré vertritt hier eine ähnliche Auffassung, wie ich sie vorschlage. Man muß nicht den gesamten Bereich der Wahlmöglichkeiten schlußfolgernden Prozessen unterwerfen. Ein biologischer Mechanismus trifft die Vorauswahl, sichtet die Kandidaten und läßt nur einige wenige zum Abschlußexamen zu. Diese Hypothese, das sei angemerkt, schlage ich nur für den persönlichen und sozialen Bereich vor, für den ich Belege beigebracht habe, obwohl Poincarés Bericht darauf schließen läßt, daß sie auch für andere Bereiche gelten könnte.

Ähnlich hat sich der Physiker und Biologe Leo Szilard geäußert: »Der kreative Wissenschaftler hat viel mit dem Maler und Dichter gemein. Zwar ist der Wissenschaftler auf logisches Denken und analytische Fähigkeiten angewiesen, aber für schöpferische Arbeit reichen sie auf keinen Fall. Wissenschaftliche Erkenntnisse, die bahnbrechende Entwicklungen eingeleitet haben, sind nicht aus vorhandenem Wissen logisch abgeleitet worden: Die kreativen Prozesse, auf denen der Fortschritt der Wissenschaft beruht, vollziehen sich auf der Ebene des Unterbewußten.«[13] Sehr anschaulich hat Jonas Salk die gleiche Erkenntnis formuliert, als er erklärte, Kreativität fuße auf einer »Verschmelzung von Intuition und Vernunft«.[14] So sind an diesem Punkt wohl ein paar Ausführungen über das Denken außerhalb des persönlichen und sozialen Bereichs angebracht.

Denken außerhalb des persönlichen und sozialen Bereichs

Das Eichhörnchen in meinem Garten, das auf einen Baum klettert, um sich vor dem unternehmungslustigen schwarzen Kater des Nachbarn in Sicherheit zu bringen, hat über seine Handlungsweise nicht viel nachgedacht. Es hat nicht wirklich überlegt, was zu tun sei, und für jeden der möglichen Fälle eine Kosten-Nutzen-Rechnung angestellt. Es hat die Katze gesehen, wurde von einem Körperzustand ergriffen und hat Reißaus genommen. Nun betrachte ich es, wie es auf dem kräftigen Ast meiner Sumpfeiche sitzt; sein Herz klopft so heftig, daß ich den Brustkasten pumpen sehen kann, und sein Schwanz schlägt im nervösen Rhythmus der Eichhörnchenfurcht. Es ist von einem heftigen Gefühl heimgesucht worden, und noch ist die Aufregung nicht ganz abgeklungen.

Die Evolution ist sparsam und improvisiert mit dem, was vorhanden ist. In den Gehirnen zahlreicher Arten standen ihr Entscheidungsmechanismen zur Verfügung, die körpergestützt und überlebensorientiert sind, und diese Mechanismen hatten sich in einer Vielzahl ökologischer Nischen als erfolgreich erwiesen. Als sich die Umweltaspekte vervielfältigten und zur Entwicklung neuer Entscheidungsstrategien führten, entsprach es dieser sparsamen Grundhaltung, daß die Gehirnstrukturen, die als Träger der neuen Strategien erforderlich waren, eine funktionale Verbindung zu ihren Vorläufern unterhielten. Ihr Zweck ist der gleiche – Überleben –, und auch die Parameter, die ihre Arbeitsweise kontrollieren und ihren Erfolg messen, sind die gleichen: Wohlbefinden, Abwesenheit von Unlust. Es gibt Beispiele in Hülle und Fülle, die zeigen, daß die natürliche Selektion in der Regel genau diesen Weg einschlägt – sie behält etwas bei, was sich bewährt hat, und sie selektioniert Apparate, die größere Komplexität bewältigen können, statt vollkommen neue Mechanismen zu entwickeln.

So erscheint plausibel, daß ein System, das Marker und Orientierungshilfen für »persönliche« und »soziale« Reaktionen hervorbringt, dazu auserkoren wurde, »andere« Entscheidungsprozesse zu unterstützen. Der Mechanismus, der Ihnen bei der Entscheidung hilft, mit wem Sie sich befreunden sollen, hilft Ihnen auch, ein Haus zu entwerfen, dessen Keller nicht überflutet wird. Natürlich müßten somatische Marker nicht als »Empfindungen« wahrgenommen werden. Doch ich denke, sie heben verdeckt, in Gestalt eines Aufmerksamkeitsmechanismus, bestimmte Elemente gegenüber anderen hervor und steuern praktisch die Freie-Fahrt-, Stop- und Richtungssignale, die für einige Aspekte der Entscheidungsfindung und Planung in nichtpersönlichen, nichtsozialen Bereichen erforderlich sind. Offenbar schlägt Tim Shallice einen solchen allgemeinen Markierungsapparat für die Entscheidungsfindung vor, obwohl er für seine Marker keinen neurophysiologischen Mechanismus beschreibt; kürzlich hat Shallice in einem Artikel auf eine mögliche Ähnlichkeit hingewiesen.[15] Unter Umständen könnte beiden Systemen die gleiche Physiologie zugrunde liegen: körpergestützte Signale, bewußt oder nicht, die zur Aufmerksamkeitsausrichtung dienen.

Evolutionär gesehen, ist der älteste Entscheidungsapparat für die fundamentale biologische Regulation zuständig, dann kommt der Apparat für den persönlichen und sozialen Bereich, und die jüngste Errungenschaft sorgt für eine Reihe abstrakt-symbolischer Operationen, zu denen das künstlerische und wissenschaftliche Denken, das utilitaristisch-technische Denken und die Entwicklung von Sprache und Mathematik gehören. Doch obwohl lange Zeiträume der Evolution und spezifische neurale Systeme jedem dieser Denk- und Entscheidungs-»Module« eine gewisse Unabhängigkeit verliehen haben mögen, vermute ich doch, daß sie alle in Wechselbeziehung stehen. Wenn wir Anzeichen von Kreativität bei unseren Zeitgenossen wahrnehmen, dann erleben wir wahrscheinlich, daß verschiedene Kombinationen dieser Mechanismen integriert operieren.

Die Hilfe von Gefühlen – mit positiven und negativen Folgen

Die Arbeit von Amos Tversky und Daniel Kahnemann zeigt, daß die objektiven Denkprozesse, die wir für alltägliche Entscheidungen verwenden, weit weniger effektiv sind, als sie erscheinen und sein sollten.[16] Unsere Denkstrategien sind schlicht gesagt unzulänglich, und Stuart Sutherland spricht einen wichtigen Aspekt an, wenn er die Irrationalität als einen »Feind in unserem Inneren« bezeichnet.[17] Doch selbst wenn unsere Denkstrategien ideal für ihren Zweck geeignet wären, dürften sie der Ungewißheit und Komplexität persönlicher und sozialer Probleme schwerlich gewachsen sein. Die schwachen Werkzeuge der Rationalität sind auf spezielle Hilfe angewiesen.

Allerdings ist die Situation noch komplizierter, als meine Ausführungen bisher gezeigt haben. Zwar bin ich der Meinung, daß ein körpergestützter Mechanismus oft notwendig ist, um der »kühlen« Vernunft beizustehen, doch andererseits können einige dieser körpergestützten Signale die Qualität des Denkens auch beeinträchtigen. Wenn ich die Forschungsarbeiten von Kahnemann und Tversky betrachte, dann erkenne ich nicht nur Mängel der Rationalität, die auf logische Schwäche zurückgehen, sondern auch solche, die auf den Einfluß biologischer Impulse zurückzuführen sind wie Gehorsam, Konformität, den Wunsch, die Selbstachtung zu wahren – Impulse, die sich häufig als Gefühle und Empfindungen manifestieren. Beispielsweise haben die meisten Menschen mehr Angst vor dem Fliegen als vor dem Autofahren, obwohl eine rationale Prüfung der Risiken eindeutig zeigt, daß unsere Überlebenschancen bei einem Flug zwischen zwei Städten weit besser sind als bei einer Autofahrt zwischen diesen Städten. Der mehrstellige statistische Unterschied spricht eindeutig zugunsten des Fliegens. Trotzdem fühlen sich die meisten Menschen im Auto sicherer als im Flugzeug. Die Mängel dieser Schlußfolgerung erklären sich aus dem sogenannten »Verfügbarkeitsfehler«, der nach meiner Ansicht daraus resultiert, daß wir dem Vorstellungsbild eines Flugzeugunglücks mit seinem ganzen emotionalen Gewicht gestatten, die Landschaft unseres Denkens in Beschlag zu nehmen und ein negatives Vorurteil gegen die richtige Wahl zu erzeugen. Wenn der Leser den Eindruck hat, das Beispiel widerspreche meinen bisherigen Argumenten, so täuscht er sich. Es zeigt vielmehr, daß biologische Triebe und Gefühle nachweisbar den Entscheidungsprozeß beeinflussen *können*, und es läßt darauf schließen, daß der körpergestützte »negative« Einfluß, obwohl er der tatsächlichen Statistik nicht gerecht wird, dennoch überlebensorientiert ist: Flugzeuge stürzen hin und wieder ab, und bei Flugzeugunglücken überleben weniger Menschen als bei Autounfällen.

Doch während biologische Triebe und Gefühle unter bestimmten Umständen zu Irrationalität führen können, sind sie in anderen unentbehrlich. Biologische Triebe und der automatische Mechanismus der somatischen Marker, der auf ihnen beruht, sind für einige rationale Verhaltensweisen unentbehrlich, besonders im persönlichen und sozialen Bereich, auch wenn sie unter bestimmten Umständen für die rationale Entscheidungsfindung nachteilig sein können, weil sie ein unüberwindliches Vorurteil gegen objektive Fakten schaffen oder auch weil sie Hilfsmechanismen der Entscheidungsfindung wie etwa das Arbeitsgedächtnis stören.

Betrachten wir ein Beispiel aus meiner klinischen Praxis, um die obigen Überlegungen zu erläutern. Vor nicht allzu langer Zeit suchte an einem kalten Wintertag einer meiner Patienten mit ventromedialer präfrontaler Schädigung das Institut auf. Nach gefrierendem Regen waren die Straßen eisglatt, so daß jede Fahrt mit dem Auto äußerst gefährlich wurde. Sehr besorgt fragte ich den Patienten, der selbst am Steuer gesessen hatte, wie die Fahrt verlaufen sei und ob er große Schwierigkeiten gehabt habe. Ohne zu zögern und völlig unbeteiligt antwortete er: Es sei alles in Ordnung gewesen, nicht anders als gewöhnlich, nur daß er seine Fahrweise eben dem Glatteis habe anpassen müssen. Dann beschrieb er einige dieser Vorsichtsmaßnahmen und berichtete, er habe einige Autos und

Lastwagen von der Fahrbahn rutschen sehen, weil ihre Fahrer diese gebotenen und rationalen Maßnahmen nicht befolgt hätten. Besonders eindrücklich war der Fall einer Frau, die vor ihm gefahren, auf ein eisglattes Stück Straße geraten, ins Rutschen gekommen war und, statt den Wagen vorsichtig aus der Gefahrenzone zu lenken, in Panik geraten war, gebremst hatte und prompt in einen Graben gerutscht war. Unmittelbar darauf mußte mein Patient, offenbar unbeeindruckt von dem haarsträubenden Vorfall, diese Stelle passieren und hatte sie ruhig und sicher hinter sich gebracht. Das alles berichtete er mir mit der gleichen Ruhe, die er offenbar auch während des Unfalls bewahrt hatte.

Es dürfte kaum ein Zweifel daran bestehen, daß es in diesem Fall außerordentlich vorteilhaft war, keinen normalen somatischen Markermechanismus zu besitzen. Die meisten von uns hätten sich mittels einer bewußten Entscheidung daran hindern müssen, aus Panik oder reinem Mitgefühl mit der unglücklichen Fahrerin vor uns auf die Bremse zu treten. Das zeigt, wie nachteilig automatische somatische Markermechanismen für unser Verhalten sein können und wie vorteilhaft sich ihr Fehlen unter bestimmten Umständen auswirken kann.

Der folgende Tag: Ich besprach mit demselben Patienten seinen nächsten Besuch im Institut. Dazu schlug ich ihm zwei Termine zur Auswahl vor, die beide in den kommenden Monat fielen und nur ein paar Tage auseinander lagen. Der Patient nahm seinen Terminkalender heraus und begann, in ihm zu blättern. Nun legte er ein äußerst bemerkenswertes Verhalten an den Tag, das mehrere meiner Kollegen beobachtet haben und bezeugen können. Fast eine halbe Stunde lang zählte er Gründe für und gegen die beiden Termine auf. Vorangehende Verabredungen, die zeitliche Nähe anderer Verabredungen, mögliche Wetterverhältnisse: praktisch alles, was man bei einer so simplen Frage berücksichtigen kann. Mit der gleichen Ruhe, die er auf dem Glatteis und bei der Erzählung von diesem Vorfall bewiesen hatte, zwang er uns, nun einer ermüdenden Kosten-Nutzen-Analyse zu folgen, einer endlosen Aufzählung und einem überflüssigen Vergleich von Optionen und möglichen Konsequenzen. Wir mußten uns sehr beherrschen, um uns all das anzuhören, ohne mit der Faust auf den Tisch zu schlagen und ihm zu sagen, er solle nun endlich zu einem Entschluß kommen. Schließlich teilten wir ihm ganz ruhig mit, daß er zum zweiten der beiden vorgeschlagenen Termine zu erscheinen habe. Seine Reaktion war ebenso ruhig und prompt. Er sagte einfach: »In Ordnung.« Mit diesen Worten steckte er den Terminkalender in die Tasche und war fort.

Dieses Verhalten ist ein schönes Beispiel für die Grenzen der reinen Vernunft. Außerdem zeigt es anschaulich, welch unselige Folgen das Fehlen automatischer Entscheidungsmechanismen hat. Ein automatischer somatischer Markermechanismus hätte dem Patienten in mehr als einer Hinsicht geholfen. Zunächst einmal hätte er ihm die allgemeine Einordnung des Problems erleichtert. Niemand von uns hätte soviel Zeit auf das Problem verwandt wie der Patient, weil ein automatischer somatischer Markermechanismus uns signalisiert hätte, wie nutzlos und überflüssig dieser Aufwand wäre. Zumindest hätten wir die Lächerlichkeit des Ganzen erkannt. Auf einer anderen Ebene hätten wir uns in der Erkenntnis, wie überflüssig dieser Energieaufwand wäre, für einen der beiden Termine entschieden, wie man beispielsweise eine Münze wirft, oder wir wären einem vagen Empfinden gefolgt. Vielleicht hätten wir die Entscheidung einfach an den Frager zurückgegeben, indem wir erwidert hätten, uns sei es wirklich egal und er solle sagen, was ihm lieber sei.

Kurzum, wir hätten uns die Zeitverschwendung ausgemalt und sie als negativ markiert; und wir hätten uns die Gedanken und Vorstellungen der Gesprächspartner ausgemalt und sie als peinlich markiert. Es gibt Anlaß zu der Annahme, daß unserem Patienten solche inneren Bilder zwar zur Verfügung gestanden haben, daß aber das Fehlen eines Markers diese Bilder daran gehindert hat, die gebührende Beachtung und Berücksichtigung zu finden.

Wenn Sie es merkwürdig finden, daß biologische Triebe und Gefühle *sowohl* nützlich *wie* nachteilig sein können, so ist darauf hinzuweisen, daß es sich hier nicht um den einzigen Fall in der Biologie handelt, wo ein gegebener Faktor oder Mechanismus sich je nach den Umständen als negativ oder positiv auswirken kann. Wie wir alle wissen, ist Stickstoffoxid giftig. Es kann die Luft verunreinigen und das Blut vergiften. Andererseits wirkt das gleiche Gas als Neurotransmitter, der Signale zwischen Nervenzellen befördert. Noch vielschichtiger ist das Beispiel des Glutamats, eines anderen Neurotransmitters. Glutamat kommt überall im Gehirn vor, wo sich Nervenzellen seiner bedienen, um andere Nervenzellen zu erregen. Doch wenn Nervenzellen beschädigt werden, etwa durch einen Schlaganfall, setzen sie übermäßige Glutamatmengen in die Umgebung frei und bewirken so eine Übererregung und möglicherweise den Tod von unbeteiligten und gesunden Nervenzellen in der Nachbarschaft.

Letztlich geht es bei der hier aufgeworfenen Frage um die Art und die Menge der somatischen Markierungen, die auf verschiedene Bezugssysteme des Problems angewendet werden. Der Pilot, der sein Verkehrsflugzeug bei schlechtem Wetter auf einem vielbenützten Flughafen landen soll, darf sich bei der Bewertung der Einzelheiten, auf die er seine Entscheidung gründet, nicht von Empfindungen beeinträchtigen lassen. Und doch ist er auf Empfindungen angewiesen, die ihn an die generellen Ziele seines Verhaltens in dieser besonderen Situation erinnern – Empfindungen, die mit dem Verantwortungsgefühl für das Leben seiner Passagiere und Besatzungsmitglieder, für sein Leben und das seiner Familie zu tun haben. Zuviel Empfindung im Bezugssystem der detaillierten Aspekte oder zuwenig im Bezugssystem der generellen Aspekte kann katastrophale Folgen haben. In einem ähnlichen Dilemma befindet sich jeder Wertpapierhändler an der Börse.

Einen hochinteressanten Beleg für diesen Aspekt liefert eine Untersuchung, die an Herbert von Karajan vorgenommen wurde.[18] Die österreichischen Psychologen G. und H. Harrer durften das Muster von Karajans autonomen Reaktionen unter verschiedenen Bedingungen messen: während er seinen Privatjet auf dem Salzburger Flughafen landete, während er im Aufnahmestudio dirigierte und während er sich die Wiedergabe dieses Stückes anhörte (es handelte sich um Beethovens *Leonoren-Ouvertüre* Nr. 3).

Karajans musikalische Darbietung war von großen Reaktionsschwankungen begleitet. In Abschnitten von emotionaler Intensität stieg seine Pulsfrequenz steiler an als in Abschnitten tatsächlicher körperlicher Aktivität. Beim Abhören des Playbacks entsprach das Profil seiner Pulsfrequenz dem Profil, das während der Einspielung aufgezeichnet worden war. Wir können vermelden, daß Herr von Karajan sein Flugzeug traumhaft sicher landete, und selbst als man ihn anwies, nach erster Bodenberührung durchzustarten und den Jet in steilem Winkel wieder hochzuziehen, beschleunigte sich sein Puls nur ein bißchen, weit weniger jedenfalls als bei seinen musikalischen Betätigungen. Er war mit ganzem Herzen bei seiner Musik, was ich bei einem seiner Konzerte am eigenen Leibe erfuhr: Kurz bevor er den Stab senkte, um die Anfangstakte von Beethovens Sechster erklingen zu lassen, flüsterte ich meiner neben mir sitzenden Frau etwas zu. Karajan erstarrte, drehte sich um und funkelte mich zornig an. Leider hat niemand unser beider Pulsfrequenz gemessen.

Neben und jenseits der somatischen Marker

Egal, wie notwendig ein Mechanismus wie jener der somatischen Marker für eine zu entwickelnde Neurobiologie der Rationalität auch sein mag, bedeutet notwendig hier offenbar nicht hinreichend. Wie ich ausgeführt habe, kommt logische Kompetenz jenseits der somatischen Marker ins Spiel. Ferner müssen mehrere Prozesse den somatischen Markern vorausgehen, gleichzeitig mit ihnen ablaufen oder unmittelbar auf sie folgen, damit sie wirksam werden können. Um was für Prozesse handelt es sich, und läßt sich irgend etwas über ihr neurales Substrat sagen?

Was geschieht noch, wenn somatische Marker manifest oder verdeckt ihre tendenziöse Wirkung entfalten? Was geschieht in Ihrem Gehirn, damit die Vorstellungsbilder, über die Sie nachdenken, lange genug Bestand haben? Um diese Fragen zu klären, wollen wir auf ein Problem zurückkommen, das ich zu Anfang dieses Kapitels skizziert habe. Sobald Sie vor einer Entscheidung stehen, wird Ihre geistige Landschaft von der vielfältigen, erschöpfenden Präsentation des Wissens über die betreffende Situation beherrscht – ein Wissen, das abgerufen wird, sobald Sie die Situation in Betracht ziehen. Vorstellungsbilder, die unzähligen Handlungsmöglichkeiten und unzähligen möglichen Ergebnissen entsprechen, werden aktiviert und ständig ins Zentrum Ihrer Aufmerksamkeit gerückt. Auch die sprachlichen Äquivalente dieser Objekte und Ereignisse – die Wörter und Sätze, die berichten, was Ihr Geist sieht und hört – sind dort vorhanden und werben um Ihre Aufmerksamkeit. Dieser Prozeß setzt voraus, daß fortwährend Kombinationen von Objekten und Ereignissen hergestellt werden, so daß eine vielfältige Juxtaposition von Vorstellungsbildern zustande kommt, die der Kategorisierung Ihres Wissens entspricht. Zur Bezeichnung der präfrontalen Strukturen, die diese Funktion vermutlich wahrnehmen und zur Bildung eines großen Vorstellungsrepertoires an anderer Stelle des Gehirns führen, hat Jean-Pierre Changeux die Formulierung »Diversitätsgenerator« *(generator of diversity)* vorgeschlagen, eine sehr gelungene Bezeichnung, wie ich finde, läßt sie doch an den immunologischen Vorläufer denken und erzeugt dazu noch ein sehr eigenartiges Akronym (im Englischen: *GOD*).[19]

Der Diversitätsgenerator braucht einen Riesenvorrat an faktischem Wissen – über die Situationen, mit denen wir es möglicherweise zu tun bekommen, über die Mitwirkenden in diesen Situationen, über die Handlungen, die von ihnen zu erwarten sind, und über die verschiedenen Ergebnisse, die ihre vielfältigen Handlungen hervorrufen können. Faktisches Wissen ist kategorisiert (die Fakten, aus denen es sich zusammensetzt, sind nach fundamentalen Kriterien in Klassen organisiert), und Kategorisierung trägt zur Entscheidungsfindung bei, weil sie die Arten von Wahlmöglichkeiten, die Arten von Ergebnissen und die Verknüpfungen zwischen Wahlmöglichkeiten und Ergebnissen klassifiziert. Ferner stellt die Kategorisierung eine Rangfolge der Wahlmöglichkeiten und Ergebnisse nach Maßgabe einer bestimmten Wertvorstellung her. Wenn wir uns einer Situation gegenübersehen, können wir dank vorhergehender Kategorisierung rasch erkennen, ob eine bestimmte Handlungsmöglichkeit oder ein bestimmtes Ergebnis aller Voraussicht nach vorteilhaft ist oder inwiefern verschiedene Zufallsereignisse den Vorteilcharakter verändern können.

Diese Wissenspräsentation ist nur möglich, wenn zwei Bedingungen erfüllt sind: Erstens muß man über die Mechanismen der *basalen Aufmerksamkeit* verfügen, die es ermöglichen, ein Vorstellungsbild unter weitgehendem Ausschluß anderer im Bewußtsein zu halten. Neuronal gesehen hängt dies wahrscheinlich von der Verstärkung des neuronalen Aktivitätsmusters ab, das eine bestimmte Vorstellung erzeugt, während andere neuronale Aktivitäten in der Umgebung unterdrückt werden.[20] Zweitens braucht man den Mechanismus eines *basalen Arbeitsgedächtnisses*, das einzelne Vorstellungsbilder über einen »ausgedehnten« Zeitraum von einigen hundert oder tausend Millisekunden (Zehntelsekunden bis einigen Sekunden) festhält.[21] Das heißt, das Gehirn wiederholt eine Zeitlang die topographisch organisierten Repräsentationen, die die Grundlage dieser Einzelvorstellungen bilden. An diesem Punkt stellt sich natürlich eine wichtige Frage: Auf welchen Antrieb gehen basale Aufmerksamkeit und basales Arbeitsgedächtnis zurück? Die Antwort kann nur lauten: auf den Basiswert, die Gesamtheit jener Basispräferenzen, die unserer biologischen Regulation innewohnen.

Ohne Basisaufmerksamkeit und basales Arbeitsgedächtnis besteht keine Aussicht auf zusammenhängende geistige Aktivität, und natürlich können dann auch die somatischen Marker nicht zum Zuge kommen, weil es keinen stabilen Bereich gibt, in dem sie ihre Wirkung entfalten könnten. Doch wahrscheinlich sind Aufmerksamkeit und Arbeitsgedächtnis auch noch erforderlich, nachdem der somatische Markermechanismus seine Tätigkeit aufgenommen hat. Sie sind erforderlich für den Denkprozeß, in dessen Verlauf mögliche Ergebnisse miteinander verglichen werden, eine Rangfolge zwischen ihnen entsteht und Schlußfolgerungen gezogen werden. So gehört zur vollständigen Hypothese der somatischen Marker, die ich hier vorschlage, auch die folgende These: Ein negativer oder positiver somatischer Zustand, der durch das Auftreten einer gegebenen Repräsentation verursacht wird, wirkt nicht nur als *Marker für den Wert dessen, was repräsentiert wird, sondern auch als Verstärker für die fortgesetzte Aktivität des Arbeitsgedächtnisses und der Aufmerksamkeit.* Die Prozesse werden durch Hinweise darauf »gespeist«, daß der Prozeß tatsächlich in Hinblick auf die Präferenzen und Ziele des Individuums positiv oder negativ bewertet wird. Die Aktivierung von Aufmerksamkeit und Arbeitsgedächtnis kommt nicht durch ein Wunder zustande. Zunächst wird sie durch die Präferenzen motiviert, die dem Organismus innewohnen, und dann durch Präferenzen und Ziele, die auf der Grundlage dieser inhärenten Präferenzen erworben werden.

Auf den präfrontalen Cortex bezogen, denke ich, daß somatische Marker, die auf den im ventromedialen Abschnitt gelegenen bioregulatorischen und sozialen Bereich einwirken, die Arbeitsweise von Aufmerksamkeit und Arbeitsgedächtnis im dorsolateralen Abschnitt beeinflussen – dem Bereich, von dem die Aktivitäten anderer Wissensbereiche abhängen. Das läßt die Möglichkeit offen, daß somatische Marker Aufmerksamkeit und Arbeitsgedächtnis auch innerhalb des bioregulatorischen und sozialen Bereichs selbst beeinflussen. Mit anderen Worten, bei normalen Individuen fördern somatische Marker, die bei der Aktivierung eines bestimmten Zufallsereignisses auf den Plan gerufen werden, Aufmerksamkeit und Arbeitsgedächtnis im gesamten kognitiven System. Bei Patienten mit einer Schädigung der ventromedialen Region werden alle diese Aktivitäten mehr oder weniger beeinträchtigt.

Tendenzen und die Entstehung von Ordnung

Wenn wir die weite Landschaft von Szenarien, die aus unserem Faktenwissen geschaffen wird, logischen Prozessen unterwerfen, gibt es folglich drei Leistungsträger: *automatische somatische Zustände* mit ihren Tendenzmechanismen, *Arbeitsgedächtnis* und *Aufmerksamkeit.* Alle drei Mitspieler interagieren, und alle drei scheinen mit dem entscheidenden Problem befaßt, aus parallelen räumlichen Präsentationen eine Ordnung zu schaffen, ein Problem, das Karl Lashley zuerst erkannt hat und das sich stellt, weil das Gehirn aufgrund seiner Struktur in einem gegebenen Zeitraum nur begrenzt zu bewußten geistigen und motorischen Ausgabeleistungen in der Lage ist.[22] Die Vorstellungen, aus denen unsere Gedanken bestehen, müssen zu »Wortverbindungen« und diese wiederum zu »Satzstrukturen« angeordnet werden, ebenso wie die Bewegungselemente, aus denen unsere externen Reaktionen bestehen, bestimmte »Wortverbindungen« und diese dann bestimmte »Satzstrukturen« annehmen müssen, damit eine Bewegung die gewünschte Wirkung erzielt. Die Auswahl der Elemente, aus denen sich die »Wortverbindungen« und »Sätze« unseres Bewußtseins und unserer Bewegung zusammensetzen, wird aus einer parallelen Präsentation von Möglichkeiten vorgenommen. Und da Denken und Bewegung auf eine konkurrierende Verarbeitung angewiesen sind, muß sich die Organisation mehrerer geordneter Sequenzen kontinuierlich vollziehen.

Egal, ob wir uns vorstellen, die Vernunft beruhe auf automatischer Selektion oder auf logischer Deduktion, die durch ein symbolisches System vermittelt wird, oder – noch besser – auf beidem, in keinem Fall können wir das Ordnungsproblem außer acht lassen. Deshalb schlage ich folgende Lösung vor: 1. Wenn eine Ordnung zwischen verfügbaren Möglichkeiten hergestellt werden muß, dann ist eine Rangfolge zwischen ihnen vorzunehmen. 2. Um sie in eine Rangfolge zu bringen, sind Kriterien erforderlich (Werte und Präferenzen sind austauschbare Begriffe). 3. Kriterien werden durch somatische Marker geliefert, die zu jedem gegebenen Zeitpunkt die übernommenen und erworbenen kumulativen Präferenzen zum Ausdruck bringen.

Doch wie übernehmen somatische Marker die Rolle von Kriterien? Wenn verschiedene somatische Marker in Juxtaposition zu verschiedenen Vorstellungskombinationen gebracht werden, könnten sie den Umgang des Gehirns mit ihnen modifizieren und deshalb als Tendenz wirken. Die Tendenz könnte jedem Element eine andere Aufmerksamkeitsverstärkung zuweisen, so daß *verschiedene Inhalte* automatisch *verschiedene Aufmerksamkeitsgrade* erhielten, was sich als unebene Landschaft manifestieren würde. Das Zentrum der bewußten Verarbeitung könnte dann beispielsweise nach einer bestimmten Rangfolge von Element zu Element wandern. All das kann nur geschehen, wenn die Elemente über einen Zeitraum von einigen hundert bis tausend Millisekunden in relativ stabiler Form repräsentiert werden, und genau das leistet das Arbeitsgedächtnis. (Diesen generellen Entwurf fand ich unlängst in einigen Zügen durch Untersuchungen zur Neurophysiologie der Wahrnehmungsentscheidung von William T. Newsome und seinen Kollegen bestätigt. Eine Veränderung im Gleichgewicht der Signale zugunsten einer Neuronenpopulation, die einen bestimmten Inhalt repräsentiert, führte zu einer »Entscheidung« für diesen Inhalt – ein Vorgang, dem offenbar ein »Alles-oder-nichts«-Mechanismus zugrunde liegt.[23])

Die normale Kognition und Bewegung ist auf die Organisation von widerstreitenden und miteinander in Wechselbeziehung stehenden Sequenzen angewiesen. Wo Ordnung notwendig ist, sind auch Entscheidungen nötig, und wo Entscheidungen erforderlich sind, muß es auch Kriterien geben, um diese Entscheidungen zu treffen. Da sich viele Entscheidungen auf die Zukunft des Organismus auswirken, leuchtet ein, daß einige Kriterien direkt oder indirekt in den biologischen Trieben des Organismus (gewissermaßen seiner Vernunft) verwurzelt sind. Biologische Triebe können manifest oder verdeckt zum Ausdruck gebracht und als Markertendenz verwendet werden, wobei letztere von der Aufmerksamkeit in einem Feld von Repräsentationen realisiert wird, die das Arbeitsgedächtnis bereithält.

Der automatische somatische Markermechanismus der meisten Menschen, die das Glück hatten, in einer relativ gesunden Kultur aufgewachsen zu sein, ist durch Erziehung den Rationalitätsmaßstäben dieser Kultur angeglichen worden. Obwohl dieser Mechanismus in der biologischen Regulation verankert ist, ist er doch auf die kulturellen Regeln abgestimmt, die dazu gedacht sind, das Überleben in einer bestimmten Gesellschaft zu sichern. Wenn wir davon ausgehen, daß das Gehirn normal und die Kultur, in der es sich entwickelt, gesund ist, dann ist der Mechanismus, bezogen auf die sozialen Konventionen und Moralvorstellungen, rational.

Möglicherweise ist die Wirkung von biologischen Trieben, Körperzuständen und Gefühlen eine unentbehrliche Grundlage der Rationalität. Die unteren Stockwerke des neuronalen Vernunftgebäudes regulieren auch die Verarbeitung von Gefühlen und Empfindungen sowie die globalen Funktionen des Körpers im engeren Sinn, die für das Überleben des Organismus sorgen. Diese unteren Stockwerke unterhalten direkte und wechselseitige Beziehungen zum Körper im engeren Sinne, womit sie den Körper in jene Kette von Operationen eingliedern, die bis auf die höchsten Ebenen von Vernunft und Kreativität führt. Auch wenn die Rationalität die erhabensten Unterscheidungen trifft und entsprechend handelt, wird sie wahrscheinlich durch Körpersignale beeinflußt und geprägt.

Pascal gesagt hat: »Das Herz hat Gründe, von denen die Vernunft nichts weiß.«[24] Stünde es mir zu, so würde ich diese Äußerung wie folgt abändern: *Der Organismus hat einige Gründe, von denen die Vernunft Gebrauch machen muß.* Daß der Prozeß über die Gründe des Herzens hinausgeht, steht außer Zweifel. Zum einen können wir mit den Instrumenten der Logik prüfen, ob die Auswahl, die wir aufgrund unserer Präferenzen getroffen haben, gültig ist. Zum anderen können wir über sie hinausgehen, indem wir uns mittels leicht verfügbarer sprachlicher Aussagen der Technik von Deduktion und Induktion bedienen. (Nach Abschluß des Manuskriptes bin ich auf einige ähnliche Aussagen gestoßen. J. St. B. T. Evans hat die Auffassung vertreten, es gebe zwei Arten von Rationalität, die sich im wesentlichen auf die von mir beschriebenen Bereiche [persönlich-soziale und alle übrigen] erstrecken; der Philosoph Ronald De Sousa meint, Gefühle seien von Haus aus rational; und P. N. Johnson-Laird und Keith Oatley haben die Vermutung geäußert, die grundlegenden Gefühle trügen zu einer rationalen Organisation des Handelns bei.[25])

Dritter Teil

9. KAPITEL

Die Hypothese der somatischen Marker auf dem Prüfstand

Wissen, aber nicht empfinden

Mein erster Ansatz zur Untersuchung der Hypothese somatischen Marker umfaßte eine Reihe von Studien, die ich zusammen mit Daniel Tranel, einem Psychophysiologen und experimentellen Neuropsychologen, unternahm und in denen wir Reaktionen des autonomen Nervensystems maßen. Das autonome Nervensystem umfaßt zum einen autonome Steuerzentren, die im limbischen System und im Hirnstamm liegen (ganz wichtig die Amygdala), und zum anderen Neuronenprojektionen, die von diesen Zentren zu Viscera im ganzen Organismus führen. Blutgefäße allerorten, auch inmitten des ausgedehntesten Organs unseres Körpers, der Haut, werden von Endigungen des autonomen Nervensystems innerviert. Gleiches gilt für Herz, Lunge, Darm, Blase und Geschlechtsorgane. Sogar ein Organ wie die Milz, die vor allem mit der Immunität befaßt ist, wird vom autonomen Nervensystem innerviert.

Die autonomen Nervenäste sind zwei großen Teilen zugeordnet, dem sympathischen und dem parasympathischen System, und gehen von Hirnstamm und Rückenmark aus, wobei sie manchmal allein verlaufen und manchmal nichtautonome Nervenäste begleiten. (Die Wirkungen des sympathischen und des parasympathischen Teils werden durch verschiedene Neurotransmitter vermittelt und sind weitgehend antagonistisch, das heißt, wo das eine System die Kontraktion glatter Muskeln unterstützt, fördert das andere deren Erschlaffung.) Die rücklaufenden autonomen Nervenäste, die Signale über den Zustand der Viscera zum Zentralnervensystem befördern, benutzen im allgemeinen die gleichen Routen.

Evolutionär gesehen, hat es den Anschein, als sei das autonome Nervensystem das neurale Instrument gewesen, mit dessen Hilfe das Gehirn von Organismen, die weit einfacher beschaffen waren als wir, in die Regulation ihres inneren Haushalts eingegriffen hat. Als das Leben noch hauptsächlich darin bestand, die ausgewogene Funktion einiger weniger Organe zu sichern, und als die Wechselwirkungen mit der Umgebung nach Art und Zahl sehr begrenzt waren, steuerten das Immun- und das Hormonsystem das meiste dessen, was es zu steuern gab. Dazu brauchte das Gehirn einige Signale über den Zustand der verschiedenen Organe und ein Mittel, um diesen Zustand angesichts bestimmter äußerer Bedingungen zu verändern. Genau das lieferte ihm das autonome Nervensystem: ein Netz, das ihm Signale über viszerale Veränderungen zutrug, und ein Netz, das motorische Befehle zu diesen Viscera beförderte. Später entwickelten sich motorische Reaktionen von komplexerer Form, Reaktionen, wie sie beispielsweise die Bewegung der Hände und des Stimmapparats steuern. Reaktionen letzterer Art waren auf eine immer komplexere Differenzierung des peripheren motorischen Systems angewiesen, denn es galt, die Tätigkeit feinster Muskeln und Gelenke zu steuern beziehungsweise Berührung, Temperatur, Schmerz, Gelenkstellung und Ausmaß von Muskelkontraktionen zu signalisieren.

Erinnern wir uns, daß die Hypothese der somatischen Marker von einer Gesamtveränderung des Körperzustands ausgeht. Dazu gehören Modifikationen der Viscera wie des Bewegungsapparates, die durch neuronale und chemische Signale hervorgerufen werden, wobei die viszerale Komponente bei der

Herstellung des Hintergrund- und Gefühlszustandes eine etwas wichtigere Rolle zu spielen scheint als die muskuloskeletale Komponente. Als wir uns anschickten, die Hypothese der somatischen Marker experimentell zu überprüfen, mußten wir einen Aspekt aus diesem breiten Spektrum von Veränderungen herausgreifen, und uns erschien es sinnvoll, mit Reaktionen des autonomen Nervensystems zu beginnen. Denn wenn wir einen somatischen Zustand hervorrufen, der ein bestimmtes Gefühl kennzeichnet, bewirkt das autonome Nervensystem vermutlich die entscheidenden Veränderungen der physiologischen Parameter im Körper, trotz der Bedeutung, die die gleichzeitig aktivierten chemischen Routen besitzen.

Von den Reaktionen des autonomen Nervensystems, die sich im Labor untersuchen lassen, ist die Hautleitfähigkeitsreaktion wahrscheinlich am nützlichsten. Sie läßt sich leicht hervorrufen, ist zuverlässig und wurde von Psychophysiologen an normalen Versuchspersonen verschiedener Altersgruppen und Kulturkreise gründlich untersucht. (Man hat sich auch mit vielen anderen Reaktionen befaßt, etwa Herzfrequenz und Hauttemperatur.) Ohne Schmerzen oder Unannehmlichkeiten für die Versuchsperson läßt sich die Hautleitfähigkeitsreaktion mit zwei Elektroden aufzeichnen, die mit der Haut und einem Polygraphen verbunden sind. Dieser Reaktion liegt das folgende Prinzip zugrunde: Wenn unser Körper sich nach einem gegebenen Wahrnehmungsinhalt oder Gedanken zu verändern beginnt und wenn ein verwandter somatischer Zustand allmählich eintritt (beispielsweise der eines bestimmten Gefühls), beginnt das Nervensystem vorsichtig die Flüssigkeitsabsonderung in den Schweißdrüsen zu erhöhen. Obwohl die Zunahme der Flüssigkeitsmenge gewöhnlich so geringfügig ist, daß sie für das bloße Auge und auch die neuronalen Sensoren in der eigenen Haut nicht wahrnehmbar ist, reicht sie aus, um den elektrischen Hautwiderstand zu senken. Um die Reaktion zu messen, läßt der Versuchsleiter deshalb einen schwachen elektrischen Strom zwischen den beiden Detektorelektroden fließen. Die Hautleitfähigkeitsreaktion besteht in einer Veränderung des fließenden Stroms. Die Reaktion wird als Welle aufgezeichnet, die eine gewisse Zeit braucht, um zu steigen und zu fallen. Man kann die Amplitude der Welle (in Mikrosiemens) und ihr Profil in der Zeit messen. Auch die Frequenz, mit der Reaktionen in einem gegebenen Zeitraum auf einen bestimmten Reiz erfolgen, lassen sich festhalten.

Hautleitfähigkeitsreaktionen sind ein Lieblingsobjekt der psychophysischen Forschung und spielen eine praktische und häufig kontroverse Rolle bei den sogenannten Lügendetektortests, deren Zweck sich natürlich von dem unserer Experimente unterscheidet. Mit diesen Tests möchte man herausfinden, ob Versuchspersonen lügen, indem man sie durch entsprechende Fragen dazu bringt, die Kenntnis einer bestimmten Sache oder Person zu leugnen, wodurch sie zu einer ihnen nicht bewußten Hautleitfähigkeitsreaktion veranlaßt werden.

In unserer Untersuchung wollten wir zunächst einmal feststellen, ob Patienten wie Elliot überhaupt noch Hautleitungsreaktionen produzieren können. Ist ihr Gehirn noch in der Lage, eine Veränderung des somatischen Zustands hervorzurufen? Um diese Frage zu beantworten, verglichen wir Patienten, die an einer Stirnhirnschädigung litten, mit normalen Versuchspersonen und mit Patienten, bei denen eine Schädigung anderer Hirnbereiche vorlag. Dazu wählten wir Versuchsbedingungen, die erwiesenermaßen eine zuverlässige Hautleitungsreaktion hervorrufen, so daß sie über die Normalität des für die Hautleitfähigkeitsreaktion verantwortlichen neuralen Apparates Aufschluß geben konnten. Eine dieser Bedingungen bezeichnet man als »Erschrecken« *(startle)*. Dabei überrascht man die Versuchsperson mit einem unerwarteten Laut, beispielsweise indem man in die Hände klatscht, oder mit intensivem Licht aus einer rasch flackernden Lampe. Ein anderer zuverlässiger Indikator für die Normalität der Hautleitung besteht darin, daß man die Versuchsperson zu einem einfachen physiologischen Akt, etwa einem tiefen Atemzug auffordert.

Schon nach kurzer Zeit hatten wir uns davon überzeugt, daß alle unsere Versuchspersonen mit Stirnhirnschädigung unter den Versuchsbedingungen Hautleitfähigkeitsreaktionen ebenso zuverlässig erzeugten wie normale Versuchspersonen und

Patienten mit anderen Schädigungen. Mit anderen Worten, bei den Patienten mit frontaler Schädigung schienen keine gravierenden Beeinträchtigungen des neuronalen Apparates vorzuliegen, der für Hautleitfähigkeitsreaktionen verantwortlich ist.

Wir fragten uns dann, ob Patienten mit Stirnhirnschädigung auch bei einem Reiz, der eine Bewertung seines emotionalen Inhalts verlangte, eine Hautleitfähigkeitsreaktion zeigen würden. Warum war diese Frage wichtig? Weil bei Patienten wie Elliot die Erfahrung des Gefühls beeinträchtigt ist und weil wir aus vorhergehenden Studien an normalen Versuchspersonen wußten, daß sie stets eine intensive Hautleitfähigkeitsreaktion gezeigt hatten, wenn wir ihnen Reize mit starken emotionalen Inhalten dargeboten hatten. Wir erzeugen solche Reaktionen, wenn wir schreckliche Szenen von körperlichem Schmerz oder entsprechende Fotos sehen und wenn wir Darstellungen eindeutig sexuellen Inhalts erblicken. Sie können sich die Hautleitfähigkeitsreaktion als den unauffälligen, unmerklichen Teil eines Körperzustandes vorstellen, der Ihnen, wenn er sich vollständig entfaltet, das wahrnehmbare Empfinden einer Erregung vermittelt – wie es sich bei manchen Menschen etwa als Gänsehaut äußert. Denken Sie aber daran: Veränderungen der Hautleitung sind nur ein Teil der Körperzustandsreaktion und müssen deshalb nicht unbedingt dazu führen, daß Sie auch eine merkliche Körperzustandsveränderung wahrnehmen. Andererseits dürften Sie aber kaum den bewußten Körperzustand erleben, der für ein Gefühl charakteristisch ist, wenn Sie nicht eine Hautleitfähigkeitsreaktion haben.

Wir legten das Experiment so an, daß wir frontal geschädigte Patienten mit normalen Versuchspersonen und mit Patienten, die andere Schädigungen hatten, vergleichen konnten, wobei wir darauf achteten, daß alle Versuchspersonen nach Alter und Bildungsstand parallelisiert waren. Die Versuchspersonen saßen bequem in einem Sessel, betrachteten eine Reihe von Dias, waren an den Polygraphen angeschlossen, sagten nichts und taten nichts. Viele Dias waren völlig banal, zeigten hübsche Landschaften oder abstrakte Muster, doch hin und wieder wurde zufällig ein Dia mit beunruhigendem Inhalt eingestreut. Das Experiment dauerte, solange es Dias zu betrachten gab, und es waren Hunderte. Vor Beginn wurden die Versuchspersonen um Aufmerksamkeit gebeten, weil sie uns später in einer kurzen Besprechung mitteilen sollten, was sie gesehen, was sie dabei empfunden und sogar in *welcher Phase* des Experimentes sie bestimmte Bilder erblickt hätten.

Die Ergebnisse waren eindeutig.[1] Versuchspersonen ohne Stirnhirnschädigung – normale Personen wie Patienten mit Hirnschädigungen, die nicht die Stirnlappen betrafen – zeigten intensive Hautleitfähigkeitsreaktionen bei der Darbietung beunruhigender Bilder, nicht aber bei den harmlosen. Dagegen traten bei stirnhirngeschädigten Patienten *überhaupt keine* solchen Reaktionen auf. Ihre Aufzeichnungskurven waren völlig flach (vgl. Abbildung 9.1).

Um uns vor vorschnellen Schlußfolgerungen zu hüten, beschlossen wir, das Experiment einmal mit anderen Bildern und anderen Versuchspersonen und ein zweites Mal mit den gleichen Versuchspersonen zu einem anderen Zeitpunkt zu wiederholen. Die Ergebnisse veränderten sich nicht. Unter den oben beschriebenen passiven Bedingungen zeigten die frontal geschädigten Versuchspersonen keinerlei Hautleitfähigkeitsreaktion bei Darbietung der beunruhigenden Bilder, obwohl sie hinterher den Inhalt dieser Dias beschreiben und sich sogar an den ungefähren Zeitpunkt erinnern konnten, zu dem sie gezeigt wurden. Sie konnten die Angst, den Ekel oder die Traurigkeit, die diesen Bildern innewohnten, sprachlich zum Ausdruck bringen, und sie waren in der Lage, uns anzugeben, ob ein bestimmtes Bild vor oder nach einem anderen gezeigt worden war oder ob es zu einem früheren oder späteren Zeitpunkt in der Gesamtfolge zu sehen gewesen war. Es stand außer Frage, daß diese Versuchspersonen die Dias aufmerksam betrachtet hatten, daß sie den Inhalt der Bilder verstanden hatten und daß sie über die in den Dias dargebotenen Konzepte auf mehreren Ebenen verfügten – sie wußten nicht nur, was sie darstellten (zum Beispiel einen Mord), sondern sie erkannten auch, daß der Mord auf eine schreckliche Art dargestellt wurde, daß einem das Opfer leid tun mußte und daß die-

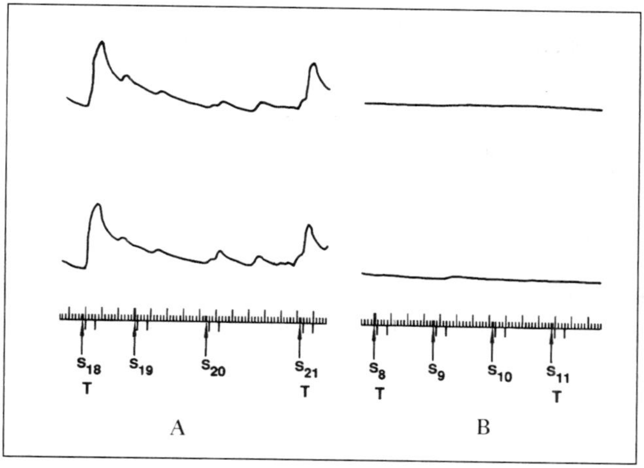

Abbildung 9.1 Das Profil der Hautleitfähigkeitsreaktion von normalen Kontrollpersonen ohne Hirnschädigung (A) und von Patienten mit Stirnhirnschädigung (B) bei Darbietung einer Sequenz von Bildern, wovon einige einen stark emotionalen Inhalt aufwiesen (kenntlich gemacht durch ein T für Target bzw. Ziel unter dem betreffenden Reizindex – z. B. S18T), andere nicht. Normale Versuchspersonen zeigten heftige Reaktionen kurz nach der Darbietung »emotionaler« Bilder, nicht aber nach Darbietung neutraler Dias. Stirnhirnpatienten reagierten weder auf die eine noch auf die andere Art von Bildern.

se Situation höchst bedauerlich war. Mit anderen Worten, ein gegebener Reiz hatte hinsichtlich der Situation, die er in der Vorstellung der frontal geschädigten Versuchspersonen bedeutete, eine Fülle von Wissen abgerufen. Doch anders als die Kontrollpersonen hatten die Patienten mit frontaler Schädigung keine Hautleitfähigkeitsreaktion erzeugt. Eine statistische Analyse der Unterschiede erbrachte, daß sie hochsignifikant waren.

In einer der ersten Besprechungen erklärte uns einer der Patienten spontan und mit großer Einsicht, daß noch mehr fehle als nur die Hautleitfähigkeitsreaktion Er berichtete, daß er, nachdem er all die Bilder gesehen habe und er sich über ihren beunruhigenden Inhalt klargeworden sei, selbst nicht beunruhigt gewesen sei. Vergegenwärtigen Sie sich die Bedeutung dieser Offenbarung. Da war ein Mensch, der sowohl um die manifeste Bedeutung dieser Bilder wie auch ihre implizite emotionale Bedeutung wußte, der sich aber auch darüber im klaren war, daß er angesichts dieser impliziten Bedeutung nicht mehr so »empfand«, wie er früher empfunden hatte – und wie zu empfinden vielleicht von ihm »erwartet« wurde. Daß offenbar *wissen nicht notwendigerweise empfinden heißt*, auch wenn einem klar ist, daß das, was man weiß, einen eigentlich dazu veranlassen müßte, in einer bestimmten Weise zu empfinden.

Das durchgehende Fehlen von Hautleitfähigkeitsreaktionen und die Aussagen frontal geschädigter Patienten, ihnen würden bestimmte Empfindungen fehlen, überzeugten uns mehr als andere Ergebnisse davon, daß es sich lohnte, die Hypothese der somatischen Marker weiterzuverfolgen. Es hatte in der Tat den Anschein, als ob diese Patienten über ihren gesamten Wissensbestand verfügten, nur nicht über das dispositionelle Wissen, das einen bestimmten Tatbestand mit dem Mechanismus zum Abrufen einer emotionalen Reaktion verknüpft. Da diese automatische Verbindung fehlte, konnten die Patienten in ihrer Vorstellung Faktenwissen aufrufen, nicht aber einen somatischen Zustand erzeugen, zumindest keinen somatischen Zustand, den sie sich bewußtmachen konnten. Auf eine Fülle von Fakten vermochten sie zurückzugreifen, waren aber zu keiner Empfindung in der Lage, das heißt zu dem »Wissen«, wie sich ihr Körper gegenüber dem evozierten faktischen Wissen verhalten sollte. Und da diese Individuen vorher normal gewesen waren, wußten sie auch, daß ihr geistiger Zustand insgesamt nicht so war, wie er hätte sein sollen. Sie wußten, daß etwas fehlte.

Alles in allem lieferten uns die Experimente zur Hautleitfähigkeitsreaktion eine meßbare physiologische Ergänzung zu der erkennbaren Verringerung der emotionalen Resonanz, die wir an diesen Patienten bemerkt hatten, und zu dem von ihnen selbst wahrgenommenen Rückgang ihrer Empfindungsfähigkeit.

Risikobereitschaft – die Glücksspielexperimente

Eine Aufgabe, die mein Assistent Antoine Bechara entwickelt hatte, gab uns eine weitere Gelegenheit, die Hypothese der somatischen Marker zu überprüfen. Wie alle Forscher war er von dem künstlichen Charakter der meisten neuropsychologischen Testaufgaben enttäuscht und wollte deshalb ein möglichst lebensnahes Verfahren zur Bewertung der Entscheidungsfähigkeit entwickeln. Die intelligente Sequenz von Aufgaben, die er entworfen und später in Zusammenarbeit mit Hanna Damasio und Steven Anderson noch verfeinert hat, erhielt in unserem Institut die naheliegende Bezeichnung »Glücksspielexperimente«.[2] Alles in allem finden die Experimente in einem sehr ansprechenden Rahmen statt, der kaum noch an die sterilen Manipulationen der meisten Experimentalsituationen erinnert. Normale Versuchspersonen und Patienten sind gleichermaßen angetan, und die Art der Tests sorgt für amüsante Episoden. Ich erinnere mich noch an einen namhaften Besucher, der mit erschreckter und erstaunter Miene in mein Büro kam, nachdem er im Vorübergehen einen Blick in ein Labor geworfen hatte, in dem ein solches Experiment stattfand. »Da wird ein *Glücksspiel* veranstaltet«, teilte er mir flüsternd mit.

Im Standardexperiment sitzt die Versuchsperson, »Spieler« genannt, vor den vier Kartenstapeln A, B, C und D. Der Spieler erhält ein Darlehen von 2000 Dollar (Spielgeld, das ziemlich echt aussieht) und die Mitteilung, Ziel des Spiels sei es, möglichst wenig von dem Darlehen zu verlieren und möglichst viel Geld dazuzugewinnen. Das Spiel selbst besteht darin, so lange von einem der vier Stapel jeweils eine Karte umzudrehen, bis der Versuchsleiter das Spiel beendet. Ferner erfährt der Spieler, daß er bei jeder Karte, die er umdreht, Geld verdient und daß ihm das Umdrehen einer Karte hin und wieder nicht nur Geld einbringt, sondern ihn auch welches kostet, das er an den Versuchsleiter zu zahlen hat. Am Anfang erfährt die Versuchsperson weder, wieviel Gewinn und Verlust die einzelnen Karten bedeuten noch in welchen Stapeln sie sich befinden, noch in welcher Reihenfolge sie liegen. Wieviel eine bestimmte Karte einbringt oder wieviel sie kostet, wird erst mitgeteilt, wenn sie umgedreht wird. Auch den Stand von Gewinn und Verlust erfährt die Versuchsperson nicht, und sie darf keine schriftlichen Aufzeichnungen machen.

Das Umdrehen einer Karte in Stapel A und B bringt stattliche 100 Dollar, das Aufdecken einer Karte in Stapel C und D dagegen nur 50 Dollar. In jedem Stapel werden Karten umgedreht, und völlig unvorhersehbar zwingen bestimmte Karten in Stapel A und B (den 100-Dollar-Rendite-Stapeln) den Spieler, plötzlich eine hohe Zahlung zu leisten, die bis zu 1250 Dollar betragen kann. Auch manche Karten in den Stapeln C und D (den 50-Dollar-Rendite-Stapeln) erfordern eine Zahlung, doch die Beträge sind weit bescheidener, im Durchschnitt liegen sie unter 100 Dollar. Diese unausgesprochenen Regeln werden nicht verändert. Ohne Wissen des Spielers wird das Spiel nach 100 Karten beendet. Zu Beginn hat der Spieler keine Möglichkeit vorherzusagen, was geschehen wird, und während er spielt, ist es für ihn unmöglich, im Kopf eine fortlaufende Bilanz der Gewinne und Verluste zu ziehen. Wie im wirklichen Leben, in dem wir das Wissen, nach dem wir handeln und unsere Zukunft ausrichten, häppchenweise mit wachsender Erfahrung erwerben, regiert auch hier die Ungewißheit. Unser – und des Spielers – Wissen wird geprägt durch die Welt, mit der wir interagieren, und durch die Tendenzen, die unserem Organismus innewohnen, etwa daß uns Gewinne lieber als Verluste sind, Belohnung lieber als Bestrafung, geringes Risiko lieber als hohes Risiko.

Interessant ist, wie sich normale Versuchspersonen in diesem Experiment verhalten. Zunächst decken sie versuchsweise Karten in allen vier Stapeln auf, weil sie nach regelmäßigen Mustern und Hinweisen suchen. Dann zeigen sie meist eine anfängliche Vorliebe für die Stapel A und B, wohl durch die Erfahrung höherer Belohnungen veranlaßt. Doch allmählich, während der ersten dreißig Karten, wechselt ihre Vorliebe zu den Stapeln C und D. In der Mehrzahl der Fälle halten sie dann an dieser Strategie bis zum Ende des Experiments fest, obwohl

Spieler, die nach eigenem Bekunden hohe Risikobereitschaft besitzen, gelegentlich noch einmal eine Karte aus Stapel A und B ziehen, um dann aber doch wieder zu der offenbar vorsichtigeren Vorgehensweise zurückzukehren.

Die Spieler haben keine Möglichkeit, eine genaue Berechnung der Gewinne und Verluste vorzunehmen. Vielmehr müssen sie nach und nach den vagen Verdacht gewinnen, daß einige Stapel – nämlich A und B – »gefährlicher« sind als andere. Man könnte sagen, sie erkennen intuitiv, daß sie dank der geringeren Strafen für Karten in den Stapeln C und D auf lange Sicht mit diesen Stapeln besser abschneiden, obwohl der Anfangsgewinn geringer ist. Ich vermute, daß sich vor und neben dem bewußten Verdacht ein unbewußter Prozeß konstituiert, der eine Vorhersage über das Ergebnis jeder Kartenauswahl trifft und dem Spieler, wenn er darauf achtet, mit zunehmender Deutlichkeit mitteilt, daß er mit Bestrafung oder Belohnung zu rechnen hat, *wenn* er tatsächlich eine bestimmte Karte wählt. Mit anderen Worten, ich halte das Verhalten in diesem Experiment für das Ergebnis weder eines völlig bewußten noch eines völlig unbewußten Prozesses. Das Gehirn, das ausgewogene Entscheidungen treffen will, ist offenbar auf Prozesse beider Art angewiesen.

Patienten mit ventromedialer Stirnhirnschädigung haben sich in diesem Experiment höchst aufschlußreich verhalten. Ihr Vorgehen im Kartenspiel ähnelte häufig ihrem Vorgehen im wirklichen Leben seit Auftreten der Läsion und unterschied sich von dem, was sie vor der Schädigung getan hätten. Dabei stand ihr Verhalten in diametralem Gegensatz zu dem normaler Versuchspersonen.

Nach den ersten Probekarten drehten die frontal geschädigten Patienten immer mehr Karten in den Stapeln A und B um und immer weniger in den Stapeln C und D. Trotz der höheren Gelderträge, die sie beim Wenden der A- und B-Karten erhielten, waren die Strafen, die sie ständig zu bezahlen hatten, so hoch, daß sie schon nach halber Spieldauer pleite waren und beim Versuchsleiter zusätzliche Darlehen aufnehmen mußten.

Daß sich auch Elliot so verhielt, ist besonders bemerkenswert, weil er sich immer noch als vorsichtigen Menschen mit geringer Risikobereitschaft beschreibt und weil sich selbst normale Versuchspersonen, die sich als äußerst risikobereit und Spielernaturen schildern, ganz anders, viel vorsichtiger verhielten. Hinzu kommt, daß Elliot am Ende des Spiels wußte, welche Stapel schlecht und welche es nicht waren. Doch als das Experiment ein paar Monate später mit anderen Karten und anderen Bezeichnungen für die Stapel wiederholt wurde, verhielt sich Elliot wiederum genauso wie in Situationen des wirklichen Lebens, wo seine Fehler fortdauern.

Das ist der erste Labortest, in dem Entsprechungen zu Phineas Gages beeinträchtigten Lebensentscheidungen beobachtet wurden. In diesem Test haben die Patienten mit ähnlicher Stirnhirnschädigung und ähnlichen Verhaltensbeeinträchtigungen wie Elliot auch ähnlich abgeschnitten wie er.

Warum sollte mit diesem Test gelingen, was mit anderen nicht möglich gewesen war? Vielleicht ist der Grund seine Lebensnähe. Er wird in Echtzeit durchgeführt und gleicht normalen Kartenspielen. Seine entscheidenden Faktoren sind Bestrafung und Belohnung, und Geldwerte spielen eine wichtige Rolle. Die Versuchsperson muß versuchen, sich Vorteile zu verschaffen, wird Risiken ausgesetzt, hat Wahlmöglichkeiten, erfährt aber nicht, wie, wann oder was sie zu wählen hat. Dabei ist die Situation voller Ungewißheit, die sich nur dadurch verringern läßt, daß man, mit welchen Mitteln auch immer, Vermutungen und Wahrscheinlichkeitsschätzungen anstellt, denn genaue Berechnungen sind unmöglich.

Die neuropsychologischen Mechanismen, die diesem Verhalten zugrunde liegen, sind faszinierend, insbesondere was die frontal geschädigten Patienten angeht. Offenkundig war Elliot an der Aufgabe interessiert, sehr aufmerksam, kooperativ und stand dem Ergebnis durchaus nicht gleichgültig gegenüber. Er wollte durchaus *gewinnen*. Was veranlaßte ihn, so unglücklich zu entscheiden? Wie bei seinen anderen Verhaltensweisen können wir weder mangelndes Wissen noch mangelndes Verständnis für die Situation verantwortlich machen. Nach einer

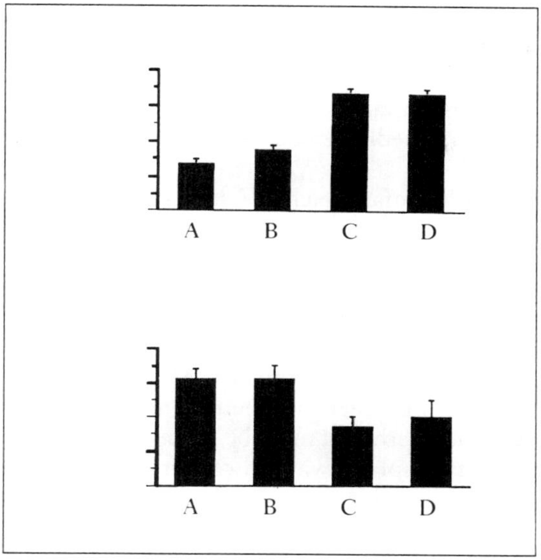

Abbildung 9.2 Balkendiagramm der Spielergebnisse hinsichtlich der vier Kartenstapel. Normale Kontrollpersonen ziehen durchgehend die Stapel C und D vor, während sich Patienten mit frontaler Schädigung umgekehrt verhalten. Die Unterschiede sind signifikant.

gewissen Spieldauer waren die Voraussetzungen für die Entscheidungen fortwährend verfügbar. Wenn er 1000 Dollar verlor, wurde ihm das bewußt, weil er die Strafe an den Versuchsleiter bezahlen mußte. Und trotzdem wählte er weiterhin die 100-Dollar-Rendite-Stapel, die ihm jedesmal, wenn eine Strafe fällig wurde, Verluste eintrugen. Wir können noch nicht einmal von der Annahme ausgehen, das Spiel habe mit wachsender Dauer eine zusätzliche Gedächtnisbelastung bedeutet, weil die verhängnisvollen Folgen auf der einen Seite und die positiven Resultate auf der anderen immer wieder vor Augen geführt wurden. Elliot und die anderen frontal geschädigten Patienten mußten Darlehen aufnehmen, die augenfällige Beweise für den negativen Verlauf ihres Spiels waren. Trotzdem hielten sie länger an der nachteiligsten Art der Entscheidungen fest als irgendeine andere Gruppe von Versuchspersonen, die man diesem Test bislang unterzogen hat, länger auch als Patienten mit unterschiedlichen Schädigungen in anderen Hirnbereichen.

Patienten mit umfangreichen Läsionen in anderen Hirnregionen – außerhalb der präfrontalen Abschnitte – schneiden in dem Spiel wie normale Versuchspersonen ab, vorausgesetzt, sie können die Anweisungen sehen und verstehen. Das gilt sogar für Patienten mit Sprachbehinderungen. Eine Patientin mit schwerem Defekt der Namensgebung infolge einer Funktionsstörung im linken Schläfenlappen beklagte sich während des ganzen Spiels in ihrer gebrochenen, aphasischen Sprechweise darüber, daß sie überhaupt nicht begreife, was da vor sich gehe. Doch ihr Leistungsprofil war einwandfrei. Mit traumwandlerischer Sicherheit wählte sie, was ihre völlig intakte Rationalität ihr nahelegte.

Was könnte in den Gehirnen der frontal geschädigten Versuchspersonen vor sich gegangen sein? Folgende Alternativen wären denkbar:

1. Sie sprechen nicht mehr auf Bestrafung an wie normale Versuchspersonen, sondern reagieren nur noch auf Belohnung.
2. Sie sind so einseitig auf Belohnung ausgerichtet, daß deren bloßes Vorhandensein alle Bestrafungen aus ihrem Bewußtsein verdrängt.
3. Zwar reagieren sie noch auf Bestrafung und Belohnung, aber weder Bestrafung noch Belohnung tragen zur automatischen Markierung oder expliziten Vorhersage künftiger Ergebnisse bei, so daß unmittelbar belohnende Wahlmöglichkeiten vorgezogen werden.

Um unter diesen Möglichkeiten die richtige herauszufinden, entwickelte Antoine Bechara eine weitere Aufgabe, bei der er das Schema von Belohnung und Bestrafung umkehrte. Jetzt kam zunächst die Bestrafung in Form von großen oder nicht so großen Zahlungen bei jeder Karte, die umgedreht wurde, während Belohnungen nur von Zeit zu Zeit bei einigen Karten gezahlt wurden. Wie im ersten Spiel brachten zwei Stapel Gewinne und zwei Stapel Verluste. Bei dieser neuen Aufgabe schnitt Elliot genauso gut ab wie normale Versuchspersonen, und das gleiche galt für die anderen frontal geschädigten Patienten. Folglich konnte die Vermutung, Elliot und andere frontal geschädigte Patienten seien einfach unempfindlich für Bestrafung, nicht richtig sein.

Einen weiteren Einwand gegen die Hypothese der Bestrafungsunempfindlichkeit erhielten wir aus einer qualitativen Analyse der Leistung, die die Patienten in der ersten Aufgabe gezeigt hatten. Die Profile bewiesen, daß die Patienten, unmittelbar nachdem sie eine Strafzahlung geleistet hatten, den Stapel vermieden, von dem sie die ungünstige Karte genommen hatten, sich also darin genau wie normale Versuchspersonen verhielten, daß sie sich dann aber, anders als die normalen Teilnehmer, wieder den ungünstigen Stapeln zuwandten. Auch das läßt darauf schließen, daß die Patienten durchaus noch auf Bestrafung reagierten, die Wirkung der Bestrafung aber nicht lange anzuhalten schien, wahrscheinlich weil sie nicht in Zukunftsvorhersagen eingebunden wurde.

Kurzsichtig für die Zukunft

Dem außenstehenden Beobachter drängt sich der Eindruck auf, daß die Mechanismen, die in der dritten Hypothese umrissen sind, die Patienten weit mehr an die Gegenwart als an die Zukunft binden. Ohne Markierung oder explizite Zukunftsvorhersagen sind diese Patienten weitgehend den unmittelbaren Aussichten unterworfen und scheinen in der Tat unempfindlich für die Zukunft zu sein. Das führt zu der Annahme, daß Patienten mit Stirnhirnschädigung unter der enormen Verstärkung einer an sich normalen Grundtendenz leiden, der Neigung nämlich, sich dem Jetzt zu überlassen, statt auf die Zukunft zu setzen. Doch während normale und sozial angepaßte Menschen diese Neigung unter Kontrolle bringen, besonders in Situationen, die persönlich von Belang sind, prägt sich die Neigung bei frontal geschädigten Patienten so stark aus, daß sie ihr leicht nachgeben. Das Problem dieser Patienten könnte man als »Kurzsichtigkeit für die Zukunft« beschreiben, ein Konzept, das vorgeschlagen wurde, um das Verhalten von Menschen zu kennzeichnen, die unter dem Einfluß von Alkohol oder anderen Drogen stehen. Rauschzustände engen das Panorama der Zukunft so stark ein, daß praktisch nur noch die Gegenwart klar erkannt wird.[3]

So liegt der Schluß nahe, daß die Läsionen diese Patienten dazu veranlassen, alles aufzugeben, was ihre Gehirne durch Erziehung und Sozialisation erworben haben. Eines der Merkmale, die den Menschen in besonderem Maße auszeichnen, ist die Fähigkeit, sich stärker nach künftigen Aussichten als nach unmittelbaren Resultaten zu richten – etwas, was wir in frühester Kindheit zu lernen beginnen. Bei stirnhirngeschädigten Patienten beeinträchtigt die Läsion nicht nur den Sitz des Wissens, das sich auf diese Orientierung bezieht und bislang angesammelt worden ist, sondern schränkt auch die Fähigkeit ein, neues Wissen dieser Art zu erwerben. Der einzige positive Aspekt dieser Tragödie ist, wie so häufig in Fällen von Hirnschädigung, darin zu sehen, daß sich hier Einblicke für die Wissenschaft eröffnen. Durch die Prozesse, die verlorengegangen sind, lassen sich nämlich gewisse Erkenntnisse über ihre Natur gewinnen.

Wir wissen, wo die Läsionen liegen, die das Problem verursachen. Wir wissen etwas über die neuronalen Systeme, die in den geschädigten Regionen enthalten sind. Doch wie ist zu erklären, daß nach ihrer Zerstörung künftige Konsequenzen plötzlich keine Rolle mehr für die Entscheidungsfindung spielen? Wenn wir den Prozeß in seine Bestandteile zerlegen, stoßen wir auf verschiedene Möglichkeiten.

Möglicherweise sind Vorstellungsbilder, die sich zu einem Zukunftsszenario zusammenfügen, schwach und instabil. Es ist denkbar, daß die Vorstellungen aktiviert, aber aus irgendeinem Grunde nicht lange genug im Bewußtsein festgehalten werden, um eine Rolle in den entsprechenden Denkstrategien spielen zu können. Neuropsychologisch hieße das, daß Arbeitsgedächtnis und/oder Aufmerksamkeit mangelhaft arbeiten, soweit es Vorstellungsbilder über die Zukunft angeht. Diese Erklärung ist schlüssig, unabhängig davon, ob die Vorstellungsbilder den Bereich von Körperzuständen oder den Bereich von Fakten außerhalb des Körpers betreffen.

Eine andere Erklärung beruht auf dem Konzept der somatischen Marker. Selbst wenn die Bilder künftiger Konsequenzen stabil wären, würde eine Schädigung in den ventromedialen präfrontalen Rindenfeldern die Evokation relevanter somatischer Signale (durch eine Körper- oder »Als-ob«-Schleife) unterbinden, so daß die entsprechenden Zukunftsszenarien nicht mehr markiert würden. Ihre Bedeutung wäre nicht ersichtlich und ihre Wirkung auf den Entscheidungsprozeß hinfällig. Zumindest würde sie durch den Reiz der unmittelbaren Aussichten in den Hintergrund gedrängt. Bei einer eingehenderen Erläuterung dieser Hypothese könnte man sagen, daß ein Mechanismus verlorengeht, der automatische Vorhersagen über die Bedeutung eines künftigen Ergebnisses hervorbringt. Nach dieser Hypothese wird bei normalen Versuchspersonen, die an dem oben beschriebenen Glücksspieltest teilnehmen, die Bedeutung durch wiederholte Darbietung der verschiedenen mit den einzelnen Stapeln verknüpften Sanktionen erworben. Mit anderen Worten, das Gehirn assoziiert ein gewisses Maß von negativer und positiver Qualität mit jedem der Stapel A, B, C und D. Der grundlegende Prozeß ist nach dieser Auffassung unbewußt und besteht darin, die Häufigkeit und Intensität negativer Zustände einzuschätzen. Der neuronale Ausdruck des verdeckten, unbewußten Urteilsmechanismus ist der tendenziöse somatische Zustand. Bei frontal geschädigten Patienten scheint ein solcher Prozeß nicht stattzufinden.

Nach meiner heutigen Auffassung liegt eine Kombination

dieser beiden Möglichkeiten vor. Die Aktivierung der einschlägigen somatischen Zustände ist der entscheidende Faktor. Allerdings vermute ich, daß der somatische Mechanismus als Verstärkungsfaktor zur Aufrechterhaltung und Optimierung von Arbeitsgedächtnis und Aufmerksamkeit wirkt, während diese sich mit Zukunftsszenarien befassen. Kurzum, Sie sind nicht in der Lage, angemessene »Theorien« Ihrer eigenen und fremder geistiger Prozesse zu formulieren und zu verwenden, wenn Sie nicht auf einen Mechanismus wie den der somatischen Marker zurückgreifen können.

Zukunftsvorhersagen – physiologische Korrelate

Eine naheliegende Nachfolgeuntersuchung zum Glücksspielexperiment hat Hanna Damasio vorgeschlagen. Sie meinte, man solle die Hautleitfähigkeitsreaktion von normalen Versuchspersonen und Patienten mit frontaler Schädigung während des Glücksspieltests aufzeichnen. Welche Unterschiede zwischen Patienten und normalen Versuchspersonen würden sich ergeben?

Daraufhin untersuchten Antoine Bechara und Daniel Tranel diese Frage, indem sie Patienten und normale Versuchspersonen den Tests unterzogen, während sie an einen Polygraphen angeschlossen waren. Auf diese Weise wurden parallel zwei Arten von Daten ermittelt: die Entscheidungen, die von den Versuchspersonen im Laufe des Experiments getroffen wurden, und das fortlaufende Profil der dabei erzeugten Hautleitfähigkeitsreaktionen.

Schon die ersten Ergebnisse ließen ein auffälliges Profil erkennen. Sowohl normale Kontrollpersonen als auch frontal geschädigte Patienten erzeugten bei jeder Belohnung oder Bestrafung, die nach dem Umdrehen einer entsprechenden Karte erfolgte, eine Hautleitfähigkeitsreaktion. Mit anderen Worten, in einem Zeitraum von wenigen Sekunden nach Erhalt der finanziellen Belohnung oder dem Zahlen der Strafe waren normale Kontrollpersonen und stirnhirngeschädigte Patienten gleichermaßen beeindruckt, woraufhin beide Gruppen eine Hautleitfähigkeitsreaktion zeigten. Das ist ein wichtiges Ergebnis, denn es zeigt, daß Stirnhirnpatienten Hautleitfähigkeitsreaktionen unter bestimmten Bedingungen erzeugen können, unter anderen jedoch nicht. Offenbar reagieren sie auf unmittelbar vorhandene Reize – ein Licht, ein Geräusch, einen Verlust, einen Gewinn –, während ihre Reaktion ausbleibt, wenn der Auslöser eine Vorstellung ist, die sich auf den Reiz bezieht, dieser aber nicht in der direkten Wahrnehmung verfügbar ist. Auf den ersten Blick könnte man das Problem dieser Patienten mit den Worten »Aus den Augen, aus dem Sinn« beschreiben, wie Patricia Goldman-Rakic die Beeinträchtigung nennt, die das Arbeitsgedächtnis bei Funktionsstörung der dorsolateralen Regionen des Stirnhirns zeigt. Doch wir wissen, daß bei diesen Patienten »aus den Augen« durchaus »noch im Sinn« bedeuten kann, daß dieser Umstand nur keine Rolle spielt. Vielleicht wäre die Situation deshalb besser mit den Worten beschrieben: »Aus den Augen, noch im Sinn, aber ich kümmere mich nicht darum.«

Nach einer gewissen Anzahl von Karten zeigten die normalen Versuchspersonen sehr interessante Veränderungen. Unmittelbar vor der Auswahl einer Karte aus einem schlechten Stapel, das heißt, während die Versuchsperson überlegte, ob sie eine Karte aus einem Stapel nehmen sollte, der, wie der Versuchsleiter wußte, nachteilig war, wurde eine Hautleitfähigkeitsreaktion erzeugt, und ihre Intensität nahm mit wachsender Spieldauer zu. Mit anderen Worten, die Gehirne normaler Versuchspersonen lernten allmählich, ein schlechtes Ergebnis vorherzusagen, und signalisierten die relative Nachteiligkeit des betreffenden Stapels, bevor tatsächlich eine Karte umgedreht wurde.[4]

Normale Versuchspersonen zeigten diese Reaktionen nicht zu Beginn des Spiels, sie erwarben die Reaktionen erst im Laufe der Zeit durch Erfahrung, und die Intensität der Reaktionen nahm mit dem Erwerb negativer und positiver Erfahrungen zu.

All das läßt in hohem Maße darauf schließen, daß die Gehirne normaler Versuchspersonen wichtige Erkenntnisse über die Situation gewannen und versuchten, antizipatorisch zu signalisieren, was gut für die Zukunft sein würde.

So interessant die Reaktionen der normalen Versuchspersonen auch waren, sie wurden weit in den Schatten gestellt durch das, was wir in den Aufzeichnungen der frontal geschädigten Patienten entdeckten: *Die Patienten zeigten überhaupt keine antizipatorische Reaktion*, kein Anzeichen dafür, daß ihre Gehirne irgendwelche Vorhersagen über künftige negative Ergebnisse entwickelten.

Mehr als alle anderen Resultate zeigen diese Daten, in welchem Dilemma sich unsere Patienten befinden und wie die zugrundeliegende Neuropathologie in wesentlichen Teilen beschaffen ist. Die neuronalen Systeme, mit deren Hilfe sie lernen könnten, was sie vermeiden und was sie wählen müssen, sind in ihrer Funktion gestört und nicht in der Lage, Reaktionen zu entwickeln, die der neuen Situation angemessen sind.

Noch wissen wir nicht, wie sich die Vorhersage eines negativen (künftigen) Ergebnisses in unserem Glücksspielexperiment auswirkt. Möglicherweise nehmen die Versuchspersonen bei jedem Stapel eine kognitive Bewertung seiner negativen und positiven Qualität vor und verbinden diese Vermutung automatisch mit einem somatischen Zustand, der eine negative Qualität bedeutet. Dieser Zustand kann dann als Alarmsignal dienen. Danach geht das Denken, die kognitive Wertung, der somatischen Signalgebung voraus. Trotzdem bleibt die somatische Signalgebung der entscheidende Faktor, weil wir wissen, daß Patienten sich nicht »normal« verhalten können, selbst wenn sie wissen, welche Stapel schlecht und welche gut sind.

Doch es gibt noch eine andere Möglichkeit. Die nämlich, daß eine verdeckte, unbewußte Wertung jedem kognitiven Prozeß zu dieser Frage vorangeht. Danach pendeln sich die präfrontalen Netze bei jedem Stapel auf das Verhältnis von negativer und positiver Qualität ein, wobei sie sich nach der Häufigkeit negativer und positiver somatischer Zustände richten, die die Versuchsperson nach Bestrafung und Belohnung erlebt hat.

Dank diesem automatischen Sichtungsprozeß findet die wahrscheinliche Qualität jedes Stapels Eingang in das Denken der Versuchsperson, das heißt, sie wird angeleitet, eine bestimmte Theorie des Spiels zu entwerfen. Basale Regelsysteme des Körpers schaffen nach dieser Auffassung die Voraussetzungen für bewußte, kognitive Prozesse. Ohne diese Vorbereitung würde sich die Erkenntnis, was positiv und was negativ ist, entweder gar nicht oder zu spät und in zu geringem Umfang einstellen.

10. KAPITEL

Das körperbewußte Gehirn

Kein Körper – was macht das?

»Sein Körper ist ihm zu Kopf gestiegen« gehört zu den unbekannteren von Dorothy Parkers berühmten Epigrammen. Wir können sicher sein, daß Miss Parker bei dieser geistreichen Bemerkung nicht an die Neurobiologie oder William James gedacht und noch nie von George Lakoff oder Mark Johnson gehört hatte, einem Linguisten und einem Philosophen, die den Körper gewiß mitdachten.[1] Doch möglicherweise vermittelt ihr Aphorismus dem Leser, der mit meinen Überlegungen zum körperbewußten Gehirn allmählich ungeduldig wird, eine gewisse Vorstellung. Auf den folgenden Seiten werde ich auf den Gedanken zurückkommen, daß der Körper ein fundamentales Bezugssystem darstellt.

Stellen Sie sich vor, Sie gehen allein nach Hause, es ist Mitternacht, und Sie befinden sich in irgendeiner Großstadt. Plötzlich bemerken Sie, daß Ihnen jemand in geringem Abstand folgt. In der Alltagssprache formuliert, geschieht folgendes: Ihr Gehirn entdeckt die Bedrohung, ruft ein paar Reaktionsmöglichkeiten ab, sucht eine aus, handelt danach und verringert oder beseitigt damit das Risiko. Doch wie wir bei der Erörterung der Gefühle gesehen haben, liegen die Dinge etwas komplizierter. Die neuronalen und chemischen Aspekte der Reaktion des Gehirns rufen eine tiefgreifende Veränderung in der Arbeitsweise von Gewebezellen und ganzen Organsystemen hervor. Die Verfügbarkeit von Energie und die Stoffwechselrate des gesamten Organismus wandeln sich, ebenso die Reaktionsbereitschaft des Immunsystems; das allgemeine biochemische Profil des Organismus ist raschen Schwankungen unterworfen; die Skelettmuskeln, die für die Bewegung von Kopf, Rumpf und Gliedmaßen zuständig sind, ziehen sich zusammen; und Signale über alle diese Veränderungen werden ans Gehirn zurückgeschickt, einige auf neuronalem Weg, einige auf chemischem Weg über den Blutfluß, so daß der sich von Sekunde zu Sekunde verändernde Zustand des Körpers im engeren Sinne neuronal und chemisch an unterschiedlichen Angriffsorten auf das Zentralnervensystem einwirkt. Wenn das Gehirn Gefahr (oder eine ähnlich aufregende Situation) entdeckt, so kommt es prinzipiell zu einer grundlegenden Abkehr vom Normalzustand – in begrenzten Abschnitten des Organismus (»lokale« Veränderungen) ebenso wie im Gesamtorganismus (»globale« Veränderungen). Vor allem aber treten die Veränderungen *sowohl* im Gehirn *als auch* im Körper auf.

Obwohl wir heute viele Beispiele für solche komplexen Wechselwirkungen zwischen Körper und Gehirn kennen, werden beide in der Regel immer noch als Einheiten aufgefaßt, die nach Aufbau und Struktur getrennt sind. Der Vorstellung, daß der ganze Organismus und nicht nur das Gehirn oder der Körper allein mit der Umwelt interagiert, begegnet man mit erheblicher Skepsis, wenn man sie überhaupt zur Kenntnis nimmt. Doch wenn wir sehen, hören, tasten, schmecken oder riechen, sind der Körper im engeren Sinne und das Gehirn an der Wechselwirkung mit der Umwelt beteiligt.

Stellen Sie sich vor, Sie sehen eine Landschaft, die Sie mögen. Dann ist weit mehr als nur die Netzhaut und die Sehrinde des Gehirns beteiligt. Zwar ist die Hornhaut passiv, aber Linse und Iris lassen nicht nur das Licht durch, sondern passen sich auch in Größe und Form dem Bild an, das Sie vor sich haben. Durch eine Reihe von Muskeln wird der Augapfel so eingestellt, daß er den Objekten in seinem Gesichtsfeld folgen kann, und auch Kopf und Hals werden in eine optimale Position gebracht. Wenn diese und andere Adjustierungen nicht vorgenommen werden, werden Sie unter Umständen nicht viel sehen. Alle diese Prozesse beruhen auf Signalen, die vom Gehirn zum Körper wandern, sowie von entsprechenden Signalen, die vom Körper zum Gehirn fließen.

Anschließend werden Signale über die Landschaft im Gehirn verarbeitet. Subkortikale Strukturen wie die Colliculi superiores werden aktiviert, desgleichen die frühen sensorischen Rindenfelder und die verschiedenen Stationen des Assoziationscortex und des limbischen Systems, die mit ihnen vernetzt sind. Wenn Wissen, das sich auf die Landschaft bezieht, intern durch dispositionelle Repräsentationen in diesen verschiedenen Gehirnbereichen aktiviert wird, dann nimmt auch der Rest des Körpers an diesem Prozeß teil. Früher oder später werden die Viscera veranlaßt, auf die Bilder zu reagieren – das gilt für die Bilder, die Sie sehen, wie für die Bilder, die Ihr Gedächtnis unter dem Eindruck des Gesehenen intern erzeugt. Wenn sich schließlich eine Erinnerung an die gesehene Landschaft bildet, dann ist diese Erinnerung eine neuronale Aufzeichnung vieler der eben beschriebenen organischen Veränderungen, von denen einige im Gehirn selbst geschehen (das Vorstellungsbild, das von der Außenwelt angefertigt wird, und die Bilder, die aus dem Gedächtnis abgerufen werden) und andere sich im Körper im engeren Sinn ereignen.

Die Umgebung wahrzunehmen heißt demnach nicht nur, daß das Gehirn direkte Signale von einem bestimmten Stimulus empfängt, von unmittelbaren Bildern ganz zu schweigen. Vielmehr verändert sich der Organismus auch selbst, so daß die Schnittstellen aufeinander abgestimmt werden. Der Körper im engeren Sinne ist nicht passiv. Vielleicht nicht weniger wichtig: Die meisten Interaktionen mit der Umgebung finden statt, weil der Organismus sie braucht, um die Homöostase aufrechtzuerhalten, den Zustand eines funktionellen Gleichgewichtes. Fortwährend *wirkt* der Organismus auf seine Umgebung *ein* (Handeln und Exploration waren zuerst da), so daß er günstige Voraussetzungen für die Interaktionen schaffen kann, die er zum Überleben braucht. Doch wenn es ihm gelingen soll, Gefahr zu vermeiden, Nahrung zu finden, sich fortzupflanzen und einen Unterschlupf zu finden, dann muß er die Umwelt *spüren* (riechen, schmecken, tasten, hören, sehen), damit seine Handlungen angemessene Reaktionen auf das darstellen, was er spürt. Die Wahrnehmung dient nicht weniger dazu, auf die Umwelt einzuwirken, als Signale von ihr zu erhalten.

Die Auffassung, der Geist gehe aus dem gesamten Organismus hervor, mag zunächst all unseren Vorstellungen zuwiderlaufen. Spät erst ist der Geist aus dem ätherischen Nirgendwo, das er im 17. Jahrhundert bewohnte, in seinen jetzigen Wohnsitz in oder nahe beim Gehirn gezogen – ein gewisser Abstieg zwar, aber immer noch eine repräsentative Residenz. Die Behauptung nun, der Geist selbst hänge aus Sicht der evolutionären Biologie, der Ontogenese (der individuellen Entwicklung) und seiner gegenwärtigen Funktionen von Gehirn-Körper-Interaktionen ab, erscheint deshalb vielleicht als eine Zumutung. Aber lassen Sie mich diesen Gedanken näher ausführen. Zwar vertrete ich die Auffassung, daß der Geist aus Aktivitäten in neuralen Schaltkreisen entsteht, meine aber auch, daß viele dieser Schaltkreise während der Evolution durch funktionelle Bedürfnisse des Organismus gebildet wurden und daß normale geistige Funktionen nur möglich sind, wenn in diesen Schaltkreisen grundlegende Repräsentationen des Organismus vorliegen und wenn sie fortlaufend die Zustände des Organismus verfolgen. Kurzum, neurale Schaltkreise liefern eine kontinuierliche Repräsentation des Organismus, während er unter dem Eindruck von Reizen aus der physischen und soziokulturellen Umwelt steht und während er auf diese Umwelt einwirkt. Wenn das zentrale Thema dieser Repräsentationen nicht ein im Körper verankerter Organismus wäre, hätten wir vielleicht auch irgendeine Art von Geist, aber ich bezweifle, daß es die Art Geist wäre, die wir haben.

Damit sage ich nicht, daß der Geist im Körper ist, sondern nur, daß der Körper mehr beisteuert als nur grundlegende Lebensfunktionen und modulatorische Effekte, die sich im Gehirn bemerkbar machen. Vielmehr liefert er einen *Inhalt,* der wesentlicher Bestandteil normaler geistiger Funktionen ist.

Kehren wir zu unserem Beispiel zurück – Ihrem mitternächtlichen Heimweg. Ihr Gehirn hat eine Bedrohung entdeckt, nämlich die Person, die Ihnen folgt, und setzt nun eine komplizierte Kettenreaktion verschiedener biochemischer und neuronaler Vorgänge in Gang. Einige Abschnitte dieses inneren Drehbuchs werden im Körper geschrieben, andere im Gehirn. Allerdings treffen Sie keine säuberliche Unterscheidung zwischen den Dingen, die in Ihrem Gehirn stattfinden, und den Dingen, die in Ihrem Körper vor sich gehen, auch wenn Sie ein Experte auf den betreffenden Gebieten der Neurophysiologie und Neuroendokrinologie sind. Ihnen wird bewußt sein, daß Sie in Gefahr sind, daß Sie sehr beunruhigt sind, daß Sie vielleicht etwas schneller gehen sollten und daß Sie – hoffentlich – irgendwann der Gefahr entronnen sein werden. Das »Sie« dieses Vorfalls ist aus einem Stück: Tatsächlich ist es eine sehr reale geistige Konstruktion, die ich (mangels eines besseren Wortes) »Selbst« nennen werde und die auf Aktivitäten Ihres gesamten Organismus beruht, das heißt des Körpers im engeren Sinn und des Gehirns.

Im folgenden werde ich grob skizzieren, was nach meiner Meinung unbedingt zur neuronalen Grundlage des Selbst gehört, aber ich muß zunächst feststellen, daß das Selbst ein immer wieder rekonstruierter biologischer Zustand ist. Es ist *kein* kleiner Mensch, nicht der vielbeschworene Homunculus, der in Ihrem Gehirn hockt und betrachtet, was geschieht. Diesen kleinen Menschen erwähne ich nur deshalb noch einmal, um Sie wissen zu lassen, daß ich nicht auf ihn setze. Sich auf einen Homunculus zu berufen, der das Sehen oder Denken oder was auch immer in Ihrem Gehirn übernimmt, ist deshalb nutzlos, weil sich dann natürlich die Frage ergibt, ob sich im Gehirn des Homunculus ebenfalls ein kleiner Mensch befindet, der das Sehen und Denken übernimmt, und so fort bis in alle Ewigkeit. Diese besondere Erklärung, die das Problem des unendlichen Regresses * aufwirft, ist überhaupt keine Erklärung. Weiter muß ich feststellen, daß wir durchaus ein Selbst, ein einmaliges Selbst, besitzen können, ohne deshalb Dennetts These, wir hätten kein cartesianisches Theater in unserem Gehirn, außer Kraft zu setzen. Natürlich hat jeder Organismus ein Selbst, ausgenommen in den Fällen, in denen eine Gehirnerkrankung mehr als eines hervorbringt (zum Beispiel bei einer multiplen Persönlichkeitsstörung) oder das normale Selbst einschränkt beziehungsweise aufhebt (wie es bei manchen Arten von Anosognosie oder Epilepsie geschieht). Doch das Selbst, das unsere Erfahrung mit der Qualität der Subjektivität versieht, ist keine zentrale Wissens- und Aufsichtsinstanz von allem, was in unserem Geist geschieht.

Der biologische Zustand des Selbst kann nur eintreten, wenn zahlreiche Gehirn- und Körpersysteme höchst aktiv sind. Würde man *alle* Nerven durchtrennen, die Signale zum Körper im engeren Sinn befördern, würden sich Ihr Körperzustand und infolgedessen auch Ihr Geist radikal verändern. Würde man *nur* die Signalübermittlung vom Körper zum Gehirn unterbinden, würde sich Ihr Geist ebenfalls verändern. Jede partielle Unterbrechung des Nachrichtenverkehrs zwischen Gehirn und Körper, wie sie bei Patienten mit Rückenmarksverletzungen auftritt, bewirkt Veränderungen des Geisteszustands.[2]

Es gibt ein philosophisches Gedankenexperiment, das man als »Gehirn in der Schüssel« bezeichnet. Dabei stellt man sich ein Gehirn vor, das man aus dem Körper entfernt hat und nun in einer Nährflüssigkeit am Leben erhält, wobei man die nun frei endenden Nerven auf exakt die gleiche Weise stimuliert, wie sie innerhalb des Schädels stimuliert würden.[3] Einige Menschen glauben, ein solches Gehirn würde normale geistige Erfahrungen machen. Lassen wir einmal unberücksichtigt, wieviel Überwindung es kostet, die Skepsis zu unterdrücken, die

* Lieber würde ich das Problem als unendlichen Regreß *im Raum* bezeichnen, denn das eigentliche Dilemma besteht darin, daß man einen Satz russischer Puppen erschafft, eine in der anderen und mit dem Blick auf wieder eine andere.

eine derartige Vorstellung (und die Vorstellung eines jeden Gedankenexperimentes) heraufbeschwört, dann bin ich der Meinung, daß ein solches Gehirn keinen normalen Geist beherbergen würde. Wenn keine Reize in den Körper als Spielfeld *hinaus*gelangen würden, wo sie zur Erneuerung und Veränderung von Körperzuständen beitragen könnten, dann würden keine Körperzustände mehr ausgelöst und modifiziert werden, die, erneut dem Gehirn dargeboten, nach meiner Meinung den Urgrund unseres Lebensgefühls darstellen. Man könnte die Auffassung vertreten, das körperlose Gehirn würde einen normalen Geist besitzen, wenn es möglich wäre, auf der Ebene der frei hängenden Nerven realistische Konfigurationen von Eingaben zu simulieren, so daß der Eindruck entstünde, sie kämen aus dem Körper. Nun, das wäre ein hübsches und interessantes Experiment, und ich nehme an, das Gehirn hätte unter diesen Bedingungen *eine Art* Geist. Doch im Grunde hätte diese raffiniertere Spielart des Experimentes nur ein Körpersurrogat geschaffen und damit bestätigt, daß »körperartige Eingaben« für ein Gehirn mit normalen geistigen Funktionen erforderlich sind. Kaum vorstellbar ist, daß die »Körpereingaben« in der Lage wären, die Vielfalt von Körperzuständen zu simulieren, die entsteht, wenn solche Zustände von einem Gehirn ausgelöst werden, das mit Wertungen befaßt ist.

Mit einem Wort, die Repräsentationen, die Ihr Gehirn konstruiert, um eine Situation zu beschreiben, und die Bewegungen, die in Reaktion auf eine Situation geplant werden, hängen von vielfältigen Gehirn-Körper-Wechselwirkungen ab. Das Gehirn konstruiert immer neue Repräsentationen des Körpers, während dieser sich unter chemischen und neuralen Einflüssen verändert. Während einige dieser Repräsentationen unbewußt bleiben, gelangen andere ins Bewußtsein. Gleichzeitig fließen fortwährend Signale vom Gehirn zum Körper, einige willkürlich und andere automatisch, und zwar aus Gehirnregionen, die niemals direkt im Bewußtsein auftauchen. Infolgedessen verändert sich der Körper abermals, und die Vorstellung, die Sie davon gewinnen, entsprechend.

Während sich geistige Ereignisse aus der Aktivität von Gehirnneuronen ergeben, ist eine frühe und unentbehrliche Geschichte, die die Gehirnneuronen zu berichten haben, die Geschichte des Körperschemas und der Körperaktivität.

Der Primat des Körpers hat seinen Ursprung in der Evolution: Von den einfachsten bis zu den komplexesten Formen waren Gehirne über Jahrmillionen zunächst einmal mit dem Organismus befaßt, zu dem sie gehörten. In geringerem Maße gilt dieser Primat auch für die Entwicklung eines jeden von uns als Individuum: Zu Anfang gab es Repräsentationen des Körpers im engeren Sinn, erst später kamen Repräsentationen der Außenwelt hinzu. Und in noch geringerem, wenn auch nicht zu vernachlässigendem Maße gilt er für das *Jetzt,* für den Geist des Augenblicks und seine Erschaffung.

Wenn wir den Geist aus dem ganzen Organismus statt nur aus einem körperlosen Gehirn entstehen lassen, dann paßt das gut zu einer Reihe von Voraussetzungen.

Erstens, als im Laufe der Evolution Gehirne selektiert wurden, die komplex genug waren, um nicht nur motorische Reaktionen (Handlungen) zu erzeugen, sondern auch geistige Reaktionen (Vorstellungsbilder im Geist), so lag das wahrscheinlich daran, daß diese geistigen Reaktionen das Überleben des Organismus durch eines oder alle der folgenden Mittel förderten: eine genauere Einschätzung der äußeren Bedingungen (beispielsweise wurde ein Objekt detaillierter wahrgenommen, genauer im Raum geortet und so fort), eine exaktere Abstimmung der motorischen Reaktionen (man traf sein Ziel mit größerer Genauigkeit) und die Vorhersage künftiger Konsequenzen durch die Vorstellung von Szenarien und das Planen von Handlungen, die geeignet waren, das beste der vorgestellten Szenarien herbeizuführen.

Zweitens, da Überleben mit Hilfe des *Geistes* immer das Überleben des ganzen Organismus bedeutete, mußten die ursprünglichen Repräsentationen des geistbegabten Gehirns den Körper im engeren Sinne betreffen, seinen Aufbau und seine funktionalen Zustände, einschließlich der äußeren und inneren Handlungen, mit denen der Organismus auf seine Umgebung reagierte. Die Regulation und der Schutz des Organismus wären nicht möglich gewesen, ohne seine Anatomie und Physiologie mit ihren grundlegenden und *aktuellen* Einzelheiten zu repräsentieren.

Geist zu entwickeln, was in Wirklichkeit heißt, Repräsentationen zu entwickeln, von denen einige als Vorstellungen bewußtgemacht werden, bot den Organismen eine neue Möglichkeit, sich Umweltbedingungen anzupassen, die im Genom nicht vorhergesehen werden konnten. Die Grundlage für diese Anpassungsfähigkeit begann wahrscheinlich damit, daß die Organismen Vorstellungen vom agierenden Körper konstruierten, das heißt Vorstellungen vom Körper, wie er extern (sagen wir, unter Verwendung einer Gliedmaße) und intern (durch Regulation des viszeralen Zustands) auf die Umwelt reagierte.

Wenn das Gehirn zunächst dazu entwickelt wurde, das Überleben des Körpers im engeren Sinne zu sichern, dann schickten sich die geistbegabten Gehirne, sobald sie auf der Bildfläche erschienen, zunächst an, den Körper zu vergeistigen. Und in dem Bemühen, das Überleben des Körpers so gründlich wie möglich zu sichern, ist die Natur, so vermute ich, auf eine höchst wirksame Lösung gestoßen: *die Außenwelt durch die Veränderungen zu repräsentieren, die sie im Körper hervorruft*, das heißt, die Umwelt dadurch zu repräsentieren, daß sie immer, wenn eine Wechselwirkung zwischen Organismus und Umwelt stattfindet, die ursprünglichen Repräsentationen des Körpers modifiziert.

Was ist diese ursprüngliche Repräsentation, und wo findet sie statt? Nach meiner Ansicht umfaßt sie: 1. die Repräsentation von Zuständen biochemischer Regulation in Strukturen des Gehirnstamms und des Hypothalamus, 2. die Repräsentation der Viscera, darunter nicht nur die Organe in Kopf, Brust und Bauch, sondern auch die der Muskeln und der Haut, die als Organ fungiert und die Grenzfläche des Organismus bildet, eine Supermembran, die uns als Einheit umschließt, und 3. die Repräsentation des Bewegungsapparates und seiner potentiellen Bewegungen. Diese Repräsentationen, die, wie im vierten und im siebten Kapitel dargelegt, über mehrere Hirnregionen verteilt sind, müssen durch Neuronenvernetzungen koordiniert werden. Wie ich unten ausführen werde, bin ich der Meinung, daß die Repräsentation der Haut und des Bewegungsapparates eine wichtige Rolle für diese Koordinierung spielt.

Wenn wir an die Haut denken, dann stellen wir uns zunächst eine ausgedehnte sensorische Fläche vor, die, nach außen gewendet, dazu beiträgt, daß wir uns mittels des Tastsinns ein Bild von der Form, Fläche, Beschaffenheit und Temperatur externer Objekte machen können. Doch die Haut ist weit mehr als das: Erstens ist sie entscheidend an der homöostatischen Regulation beteiligt. Sie wird direkt von Nervensignalen aus dem Gehirn und von chemischen Signalen unterschiedlichen Ursprungs gesteuert. Wenn Sie rot oder blaß werden, dann finden diese Vorgänge in der »viszeralen« Haut statt und nicht in der Haut, die Sie als Tastorgan kennen. In ihrer viszeralen Rolle – die Haut ist nämlich das größte Viscus des gesamten Körpers – hilft sie, die Körpertemperatur zu regulieren, indem sie den Durchmesser der in ihr befindlichen Blutgefäße bestimmt, und den Stoffwechsel zu regeln, indem sie (etwa durch Schwitzen) Veränderungen des Ionenhaushalts vermittelt. An Verbrennungen stirbt man nicht, weil man einen Großteil seines Tastsinns verliert, sondern weil die Haut ein unverzichtbares Viscus ist.

Ich denke, der somatosensible Komplex des Gehirns, besonders in der rechten Hemisphäre des Menschen, repräsentiert unseren Körperaufbau durch Verwendung eines Körperschemas, das aus Mittelteilen (Rumpf, Kopf), Anhangsgebilden (Gliedmaßen) und einer Körpergrenze besteht. Die Repräsentation der Haut könnte ein natürliches Mittel sein, um die Körpergrenze zu bezeichnen, denn sie ist eine Schnittstelle, die sowohl dem Inneren des Organismus zugewandt ist als auch der Umwelt, mit der der Organismus in Wechselwirkung steht.

Diese dynamische Gesamtkarte des Organismus, die in Körperschema und Körpergrenze verankert ist, dürfte nicht das Werk einer einzigen Hirnregion sein, sondern durch die zeitlich koordinierten neuralen Aktivitätsmuster mehrerer Regionen zustande kommen. Die undeutlich kartierte Repräsentation von Körperoperationen auf der Ebene von Hirnstamm und

Hypothalamus (wo die topographische Organisation der neuralen Aktivität minimal ist) wird nach meiner Auffassung mit Hirnregionen verknüpft, wo sich die Signale immer topographischer organisieren lassen – den insularen Rindenabschnitten und den somatosensiblen Rindenfeldern S_1 und S_2.[4] Die sensorische Repräsentation aller beweglichen Teile wird mit verschiedenen Stellen und Ebenen des motorischen Systems verknüpft, von wo aus Muskelaktivität hervorgerufen werden kann. Mit anderen Worten, die Gruppe dynamischer Karten, die mir vorschwebt, ist »somatomotorisch«.

Daß es die oben beschriebenen Strukturen gibt, steht außer Frage. Ob sie allerdings genauso arbeiten, wie ich geschildert habe, und ob sie wirklich die Aufgaben übernehmen, die ich ihnen zugeschrieben habe, kann ich nicht garantieren. Doch meine Hypothese läßt sich empirisch überprüfen. Bedenken Sie in der Zwischenzeit, daß wir, wenn wir nicht über einen entsprechenden Apparat verfügten, nie auch nur ungefähr angeben könnten, wo uns etwas weh tut, nicht in der Lage wären, nach langem Stehen festzustellen, wie schwer unsere Beine geworden sind, das Unwohlsein im Bauch zu bemerken, die Übelkeit und Erschöpfung zu erkennen, die uns ein Jet-lag anzeigen und die wir im ganzen Körper »lokalisieren«.

Lassen Sie uns annehmen, meine Hypothese fände Bestätigung, und einige ihrer Konsequenzen erörtern. Die erste wäre, daß die meisten Wechselwirkungen mit der Umwelt an *einem Ort* innerhalb der Körpergrenze stattfinden, egal, ob es sich um eine Berührung oder eine andere Sinneserfahrung handelt, denn Sinnesorgane befinden sich an irgendeinem Ort auf der riesigen geographischen Karte dieser Grenze. Signale, die sich auf die Wechselwirkungen des Organismus mit seiner externen Umgebung beziehen, könnten durchaus unter Hinweis auf die Gesamtkarte der Körpergrenze verarbeitet werden. Eine spezielle Sinneserfahrung, etwa der Gesichtssinn, wird an *einem speziellen Ort* innerhalb der Körpergrenze verarbeitet, in diesem Fall den Augen.

Folglich sind Signale aus der Außenwelt *doppelt*. Etwas, was Sie sehen und hören, erregt den speziellen Gesichts- oder Hörsinn als »nichtkörperliches« Signal, es erregt aber auch ein »Körpersignal«, das von dem Ort in der Haut ausgeht, wo das spezielle Signal eingetreten ist. Sobald die Spezialsinne ins Spiel kommen, rufen sie zwei Arten von Signalen hervor. Die erste Art kommt aus dem Körper – sie entsteht an den besonderen Orten der speziellen Sinnesorgane (dem Auge beim Sehen, dem Ohr beim Hören) – und wird an den somatosensiblen und motorischen Komplex übermittelt, der den gesamten Körper als funktionale Karte repräsentiert. Die zweite Signalart stammt von dem Spezialorgan selbst und wird in den sensorischen Einheiten repräsentiert, die für die betreffende Sinnesmodalität zuständig sind. (Beim Sehen gehören dazu die frühen visuellen Rindenfelder und die Colliculi superiores.)

Diese Anordnung hätte eine praktische Konsequenz: Wenn Sie sehen, dann sehen Sie nicht nur – *Sie empfinden, daß Sie etwas mit den Augen sehen*. Ihr Gehirn verarbeitet Signale, die ihm mitteilen, daß Ihr Organismus an einer bestimmten Stelle auf der Referenzkarte des Körpers (etwa den Augen und den für ihre Bewegung zuständigen Muskeln) Aktivitäten entfaltet, und die ihm Auskunft über die visuellen Besonderheiten des Objekts oder Ereignisses geben, das auf Ihre Netzhaut einwirkt.

Ich nehme an, daß das Wissen, das Organismen erwarben, indem sie ein Objekt berührten, eine Landschaft sahen, eine Stimme hörten oder sich entlang einer bestimmten Bahn im Raum bewegten, durch Bezugnahme auf den mit diesen Aktivitäten befaßten Körper repräsentiert wurde. Anfangs gab es kein Berühren, Sehen, Hören oder Bewegen an sich, sondern nur *eine Empfindung des Körpers*, wie er berührte, sah, hörte oder sich bewegte.

Weitgehend wurde diese Konstellation beibehalten. Unsere visuelle Wahrnehmung kann man durchaus als »Empfindung des Körpers, während wir sehen« beschreiben, und ganz gewiß »empfinden« wir, daß wir mit den Augen und nicht mit der Stirn sehen. (Wir »wissen« auch, daß wir mit den Augen sehen, denn wenn wir sie schließen, verschwinden die visuellen Bilder. Doch diese Schlußfolgerung entspricht nicht dem natürlichen Empfinden, daß wir mit den Augen sehen.) Allerdings trägt die Aufmerksamkeit, die wir auf die Verarbeitung der visuellen Signale richten, dazu bei, daß wir uns des Körpers teilweise nicht mehr bewußt sind. Doch wenn Schmerz, Unbehagen und Gefühle auftreten, kann die Aufmerksamkeit augenblicklich auf Körperrepräsentationen gerichtet werden, und das Körperempfinden rückt aus dem Hintergrund in den Mittelpunkt des Interesses.

Tatsächlich ist uns unser körperlicher Gesamtzustand viel bewußter, als wir gewöhnlich zugeben, doch zweifellos hat sich mit der Entwicklung von Sehen, Hören und Tasten die Aufmerksamkeit, die diesen Teilbereichen der Gesamtwahrnehmung gewidmet ist, entsprechend verstärkt. Damit blieb die Wahrnehmung des Körpers im engeren Sinne meist dort, wo sie am wirksamsten war und ist: *im Hintergrund*. Diese Annahme verträgt sich mit der Beobachtung einfacher Organismen. Neben den Vorstufen eines Körpersinns, der aus der gesamten Körpergrenze oder »Haut« des Organismus erwächst, gibt es auch Vorstufen der Spezialsinne (Sehen, Hören, Tasten), wie die Reaktionen der *ganzen* Körpergrenze (auf Licht, Schwingungen beziehungsweise mechanische Berührungen) erkennen lassen. Selbst in einem Organismus ohne Sehsystem kann man eine Vorstufe des Gesichtssinns in Form einer Ganzkörper-Lichtempfindlichkeit beobachten. Wenn nun die Lichtempfindlichkeit von einem spezialisierten Teil des Körpers (dem Auge) nutzbar gemacht wird, dann hat dieser Teil, so die faszinierende Idee, auch einen spezifischen *Ort* im Gesamtkörperschema. (Der Gedanke, daß die Augen sich aus lichtempfindlichen Flecken entwickelt haben, stammt von Darwin. Nicholas Humphrey hat eine ähnliche Idee entwickelt.[5])

An den meisten Fällen regulärer Wahrnehmungsakte sind das somatosensible und das motorische System gleichzeitig beteiligt, zusammen mit dem oder den sensorischen Systemen, die den Wahrnehmungsobjekten entsprechen. Das trifft auch zu, wenn das entsprechende sensorische System die exterozeptive oder nach außen gerichtete Komponente des somatosensiblen Systems ist. Wenn Sie einen Gegenstand berühren, gibt es folglich zwei Arten lokaler Signale, die von Ihrer Haut ausgehen. Die eine Art betrifft die Form und Beschaffenheit des Gegenstands, die andere die Stellen auf dem Körper, die durch die Berührung mit dem Gegenstand und die Bewegung von Arm und Hand aktiviert werden. Damit noch nicht genug: Da der Gegenstand nachfolgend eine Körperreaktion hervorrufen kann, die seinem Gefühlswert entspricht, wird das somatosensible System kurz nach dieser Reaktion abermals einbezogen. Daß diese Körperprozesse unabhängig von dem, was wir denken oder tun, fast unvermeidlich sind, dürfte klargeworden sein. Geist ist wahrscheinlich nicht denkbar ohne eine Form der *Verkörperung*, ein Begriff, der in den theoretischen Entwürfen von George Lakoff, Mark Johnson, Eleanor Rosch, Francisco Varela und Gerald Edelman eine große Rolle spielt.[6]

Diese Idee habe ich schon mit unterschiedlichen Zuhörerschaften diskutiert, und wenn meine Erfahrungen repräsentativ sind, dann werden die meisten Leser mit meiner Erklärung leben können, einige sie jedoch als gewagt oder falsch empfinden. Diesen Skeptikern habe ich aufmerksam zugehört und dabei erfahren, daß ihr Haupteinwand lautet, sie hätten keinerlei aktuelle, vorherrschende Körpererfahrungen, während sie mit eigenen Denkprozessen befaßt seien. Ich sehe darin allerdings kein Problem, weil ich nicht die Auffassung vertrete, daß Körperrepräsentationen unsere geistige Landschaft beherrschen (von Augenblicken emotionaler Turbulenzen abgesehen). Soweit es den gegenwärtigen Augenblick angeht, denke ich, daß Vorstellungen vom Körperzustand im Hintergrund bleiben, gewöhnlich unbeachtet, aber jederzeit bereit, sich in den Vordergrund zu drängen. Mich interessiert dabei aber weit mehr die *Entwicklungsgeschichte* der Gehirn-Geist-Prozesse als der gegenwärtige Augenblick. Ich glaube, Vorstellungen des Körperzustands waren als Bausteine und Gerüstelemente unentbehrlich für das, was heute vorhanden ist. Allerdings wird das heutige Geschehen zweifellos von nichtkörperlichen Vorstellungen beherrscht.

Ein weiterer Grund für Skepsis ist die Ansicht, der Körper sei zwar für die Evolution des Gehirns erforderlich gewesen, sei jetzt aber in der Gehirnstruktur so gründlich und dauerhaft »symbolisiert«, daß er nicht mehr »in der Schleife« vertreten sein müsse. Das ist gewiß eine extreme Auffassung. Auch ich denke, daß der Körper nachdrücklich in der Gehirnstruktur »symbolisiert« ist und daß »Symbole« des Körpers möglicherweise verwendet werden, »als ob« sie gegenwärtige Körpersignale wären. Aus den vielen Gründen, die ich dargelegt habe, bin ich aber doch der Meinung, daß der Körper »in der Schleife« bleibt. Über die vorgeschlagenen Hypothesen läßt sich erst entscheiden, wenn weitere Forschungsdaten vorliegen. Bis dahin kann ich die Skeptiker nur um Geduld bitten.

Der Körper als Grundreferenz

Übergeordnete Repräsentationen des Körpers in Aktion liefern nach meiner Auffassung ein räumliches und zeitliches Bezugssystem, eine Metrik, die zur Grundlage anderer Repräsentationen werden könnte. Die Vorstellung dessen, was wir heute als dreidimensionalen Raum konstruieren, wird demnach im Gehirn entwickelt – ausgehend von der Anatomie des Körpers und seinen Bewegungsmustern in der Umwelt.

Zwar gibt es eine äußere Wirklichkeit, doch das, was wir von ihr wissen, erfahren wir, wie ich meine, durch den Körper in Bewegung, durch Repräsentationen seiner Störungen. Folglich bleibt uns immer verborgen, wieweit unser Wissen mit der »absoluten« Wirklichkeit übereinstimmt. Allerdings brauchen wir, und haben wir nach meiner Überzeugung auch, eine bemerkenswerte Beständigkeit in den Wirklichkeitskonstruktionen, die unser Gehirn herstellt und mit anderen teilt.

Betrachten wir unseren Begriff von Katzen: Wir müssen uns *irgendein* Bild davon machen, wie unser Körper in der Regel von einer Klasse von Objekten modifiziert wird, bei denen es sich, wie wir erfahren, um Katzen handelt, und wir müssen dies beständig tun – individuell wie in den menschlichen Kollektiven, in denen wir leben. Diese systematischen, beständigen Katzenvorstellungen sind real in sich selbst. Unser Geist ist real, unsere Vorstellungen von Katzen sind real, unsere Empfindungen in bezug auf Katzen sind real. Eine solche geistige, neuronale, biologische Wirklichkeit, das ist *unsere* Wirklichkeit. Frösche oder Vögel, die Katzen betrachten, sehen sie unterschiedlich, und das tun auch Katzen selbst.

Möglicherweise, und das ist vielleicht der wichtigste Aspekt, spielen Urrepräsentationen des bewegten Körpers auch eine Rolle für das Bewußtsein. Nach meiner Ansicht bilden sie den Kern der neuronalen Repräsentation des Selbst und liefern damit ein Bezugssystem für das, was dem Organismus innerhalb und außerhalb seiner Grenze zustößt. Das grundlegende Bezugssystem im Körper enthebt uns der Notwendigkeit, einem Homunculus die Herstellung der Subjektivität zuzuschreiben. Statt dessen gibt es, wie ich glaube, aufeinanderfolgende Zustände des Organismus, jeder von Augenblick zu Augenblick neu, in vielfältig aufeinander abgestimmten Karten neuronal repräsentiert und jeder ein Wurzelgrund des Selbst, das in jedem dieser Augenblicke existiert.

Das neuronale Selbst

Ich bin außerordentlich interessiert am Thema des Bewußtseins und davon überzeugt, daß die Neurobiologie zur Klärung des Gegenstands beitragen kann. Einige Philosophen (darunter John Searle, Patricia Churchland und Paul Churchland) haben die Neurobiologen gedrängt, sich mit dem Bewußtsein zu befassen, und Philosophen wie Neurobiologen (Francis Crick, Daniel Dennett, Gerald Edelman, Rodolfo Llinás und andere) haben erste theoretische Entwürfe vorgelegt.[7] Doch da es in diesem Buch nicht um das Bewußtsein geht, will ich mich auf einen Aspekt beschränken, der für die Erörterung von Vorstellungen, Empfindungen und somatischen Markern relevant ist. Er betrifft die neuronalen Grundlagen des Selbst, einen Punkt, dessen Verständnis Aufschluß über den Prozeß der Subjektivität, ein entscheidendes Merkmal des Bewußtseins, geben könnte.

Zunächst muß ich klarstellen, was ich unter Selbst verstehe, und dazu möchte ich von einer Beobachtung berichten, die ich wiederholt an Patienten mit neurologischen Erkrankungen gemacht habe. Wenn ein Patient nicht in der Lage ist, vertraute Gesichter wiederzuerkennen, Farben zu sehen oder zu lesen, wenn Patienten die Fähigkeit verloren haben, Melodien wiederzuerkennen, Sprache zu verstehen oder hervorzubringen, dann beschreiben sie das Phänomen mit seltenen Ausnahmen als etwas, das ihnen zustößt, als etwas Neues und Ungewöhnliches, das sie beobachten, über das sie nachdenken und das sie häufig scharfsinnig und konkret beschreiben können. Merkwürdigerweise läßt die Geisttheorie, die solchen Beschreibungen innewohnt, häufig darauf schließen, daß sie das Problem in einen Teil ihrer Person »verlegen«, die sie vom Standpunkt ihres eigentlichen Selbst betrachten. Das Bezugssystem unterscheidet sich nicht von dem, das sie verwenden würden, wenn sie von einem Problem mit dem Knie oder Ellenbogen berichteten. Wie angedeutet, gibt es einige seltene Ausnahmen. Einige Patienten mit schwerer Aphasie sind sich ihrer Beeinträchtigung manchmal nicht so deutlich bewußt und können nicht genau erklären, was in ihrem Geist vorgeht. Doch gewöhnlich erinnern sich die Patienten sogar exakt an den Augenblick, als der Defekt begann (diese Krankheiten haben häufig einen akuten Beginn). Unzählige Male habe ich Patienten von dem schrecklichen Moment erzählen hören, als die Hirnläsion ihren Anfang nahm und eine kognitive oder motorische Behinderung einsetzte: »Mein Gott, was geschieht mit *mir*?« heißt es häufig. Nie wird einer dieser komplizierten Defekte einem vagen Gebilde oder jemand anders zugeschrieben. Sie stoßen immer dem Selbst zu.

Doch nun möchte ich Ihnen berichten, was bei Patienten zu beobachten ist, die unter vollständiger Anosognosie leiden, jener Krankheit, die ich oben erörtert habe. Weder in meinen eigenen Untersuchungen noch in irgendwelchen Berichten, die ich gelesen habe, bin ich auf Schilderungen gestoßen, die sich mit denen der vorstehend beschriebenen Patienten vergleichen ließen. Keiner von ihnen sagt: »Mein Gott, wie merkwürdig ist es, daß ich meinen Körper nicht mehr spüre und daß von mir nur noch mein Geist übriggeblieben ist.« Nicht einer kann Ihnen mitteilen, *wann* die Probleme begonnen haben. Sie wissen es nicht, wenn man es ihnen nicht mitteilt. Anders als die oben beschriebenen Patienten kann kein Anosognostiker die Probleme auf das Selbst beziehen.

Noch merkwürdiger ist die Beobachtung, daß Patienten, die nur unter einer partiellen Beeinträchtigung des Körperempfindens leiden, das Problem durchaus auf das Selbst beziehen können. Das geschieht bei Patienten mit vorübergehender Anosognosie oder mit dem Leiden, das man als Asomatognosie bezeichnet. Ein aufschlußreiches Beispiel bot die Erkrankung einer Patientin, die unter einem zeitweiligen Verlust ihres gesamten Körperschemas und ihrer Körpergrenze (links wie rechts) litt, sich aber ihrer viszeralen Funktionen (Atmung, Herzschlag, Verdauung) bewußt blieb. Ihr Leiden bezeichnete sie als beunruhigenden Teilverlust ihres Körpers, aber nicht ihres »Wesens«. Sie behielt ihr Selbst – ein sehr beunruhigtes Selbst –, auch wenn eine neue Episode verbunden mit dem Teilverlust ihres Körperempfindens auftrat. Die Patientin litt an Krampfanfällen, verursacht durch eine rechtshemisphärische Läsion, die klein, aber an einer sehr wichtigen Stelle gelegen war, nämlich an der Schnittstelle mehrerer der oben erörterten somatosensiblen Karten. Von der Schädigung verschont blieb der vordere Teil der Insel, die Region, die nach meiner Meinung entscheidend für das viszerale Empfinden ist. Anticonvulsiva beendeten die Episoden umgehend.

Nach meinem Verständnis liegt der kompletten Anosognosie eine Schädigung zugrunde, die das Substrat des neuralen Selbst teilweise zerstört hat. Weil die Fähigkeit solcher Patienten zur Verarbeitung aktueller Körperzustände beeinträchtigt ist, können sie nur einen eingeschränkten Zustand des Selbst herstellen. Er beruht auf überholten Informationen, die kontinuierlich veralten.

Wenn ich hier vom Selbst spreche, dann meine ich nicht das Selbst- oder Ich-Bewußtsein, denn nach meiner Auffassung sind das Selbst und die Subjektivität, die es hervorbringt, für Bewußtsein im allgemeinen und nicht nur für das Ich-Bewußtsein erforderlich. Auch bedeutet das Interesse am Selbst nicht, daß andere Merkmale des Bewußtseins weniger wichtig oder für die Neurobiologie unzugänglicher wären. Der Produktionsprozeß von Vorstellungen und der Wach- beziehungsweise Erregungszustand, der für die Entstehung dieser Vorstellungen erforderlich ist, sind ebenso relevant wie das Selbst, das wir als Erkenntnisinstanz und Besitzer dieser Vorstellungsbilder erleben. Doch die Frage nach der neuronalen Grundlage des Selbst und die nach der neuronalen Grundlage der Entstehung von Vorstellungen sind kognitiv und neuronal nicht auf der gleichen Ebene angesiedelt. Ohne Wach-, ohne Erregungszustand und ohne die Erzeugung von Vorstellungen können Sie zwar kein Selbst haben, aber unter bestimmten Bedingungen können Sie wach sein, erregt sein, Vorstellungen haben und trotzdem in Ihrem Selbst beeinträchtigt sein. In extremen Fällen ruft die krankhafte Veränderung von Wach- und Erregungszustand Stupor, vegetative Zustände und Koma hervor, Verfassungen, in denen das Selbst vollständig verschwindet, wie Fred Plum und Jerome Posner in einer klassischen Beschreibung gezeigt haben.[8] Aber es kann auch krankhafte Veränderungen des Selbst geben, ohne daß es zu Störungen dieser grundlegenden Prozesse kommt, wie es Patienten mit bestimmten Krampfanfällen oder vollständiger Anosognosie zeigen.

Bevor ich fortfahre, möchte ich noch einen weiteren Punkt klären: Wenn ich vom Selbst spreche, dann will ich damit keineswegs sagen, daß alle Inhalte unseres Geistes von einer einzigen zentralen Erkenntnis- und Besitzinstanz inspiziert werden, und noch weniger bin ich der Ansicht, eine solche Instanz wäre an einer bestimmten Stelle des Gehirns untergebracht. Allerdings meine ich, daß die meisten unserer Erfahrungen eine gleichbleibende Perspektive haben, als gäbe es tatsächlich eine einzige Besitz- und Erkenntnisinstanz für die meisten, wenn auch nicht alle, Inhalte. Ich stelle mir vor, daß diese Perspektive in einem relativ stabilen, endlos wiederholten Zustand verwurzelt ist. Der Ursprung dieser Stabilität ist die überwiegend invariante Struktur und Arbeitsweise des Organismus und die allmähliche Entwicklung autobiographischer Daten.

Die neuronale Grundlage des Selbst beruht nach meiner Meinung auf der ständigen Reaktivierung mindestens zweier Kategorien von Repräsentationen. Die eine Kategorie umfaßt die Repräsentationen von Schlüsselereignissen in der Autobiographie des Individuums, mit deren Hilfe sich durch partielle Aktivierung topographisch organisierter sensorischer Karten immer wieder ein Identitätsbegriff rekonstruieren läßt. Die Gruppe der dispositionellen Repräsentationen, die unsere Autobiographie beschreiben, umfaßt eine große Anzahl von kategorisierten Fakten, die unsere Person definieren: was wir tun, wen und was wir mögen, was für Objekte wir verwenden, was für Orte wir gewöhnlich aufsuchen und was für Handlungen wir in der Regel ausführen. Sie können sich diese Repräsentationen vorstellen wie die Akten, die J. Edgar Hoover so minutiös zusammenzustellen wußte, nur daß sie in den Assoziationsfeldern vieler Gehirnregionen untergebracht sind und nicht in Aktenschränken. Ferner gibt es neben solchen Kategorisierungen auch besondere Vorkommnisse in unserer Vergangenheit, die ständig als kartierte Repräsentationen aktiviert werden: wo wir leben und arbeiten, was genau wir an unserem Arbeitsplatz tun, wie wir und wie unsere Freunde und Angehörigen heißen, welchen Namen die Stadt trägt, in der wir leben, das Land, in der sie liegt, und so fort. Schließlich haben wir in unserem dispositionellen Kurzzeitgedächtnis eine Anzahl rezenter Ereignisse nebst ihrer ungefähren zeitlichen Kontinuität, außerdem bewahren wir dort eine Anzahl von Plänen auf, eine Reihe von imaginären Ereignissen, zu deren Realisierung wir beitragen wollen oder von denen wir erwarten, daß sie geschehen. Die Pläne und imaginären Ereignisse bilden das, was ich das »Gedächtnis für die mögliche Zukunft« nenne. Wie jedes andere Gedächtnis ist es in dispositionellen Repräsentationen niedergelegt.

Mit einem Wort, die endlose Reaktivierung der aktualisierten Vorstellungen über unsere Identität (eine Kombination aus Erinnerungen an die Vergangenheit und die geplante Zukunft) bildet einen erheblichen Teil des Selbstzustandes, wie ich ihn verstehe.

Die zweite Kategorie von Repräsentationen, die dem neuronalen Selbst zugrunde liegen, besteht aus den Urrepräsentationen des Körpers, von denen oben die Rede war: nicht nur des Körpers, wie er im allgemeinen war, sondern des Zustands, in dem sich der Körper *gerade* befunden hat, kurz vor dem Prozeß, der zur Wahrnehmung von Objekt X geführt hat (das ist ein wichtiger Punkt: Wie Sie unten sehen werden, glaube ich, daß Subjektivität weitgehend von den Veränderungen abhängt, die während und nach der Verarbeitung von Objekt X im Körperzustand stattfinden). Natürlich gehören dazu auch Hintergrundzustände des Körpers und Gefühlszustände. Die kollektive Repräsentation des Körpers bildet die Grundlage für einen »Begriff« des Selbst, genauso wie eine Anzahl Repräsentationen von Form, Farbe, Beschaffenheit und Geschmack die Grundlage für den Begriff der Orange bilden können. Frühe Körpersignale – in der Evolution wie der individuellen Entwicklung – trugen zu einem »Grundbegriff« des Selbst bei. Dieser Grundbegriff lieferte das fundamentale Bezugssystem für alles, was dem Organismus zustieß, einschließlich der aktuellen Körperzustände, die *fortlaufend* in den Selbst-Begriff eingegliedert wurden und daraufhin sogleich zu vergangenen Zuständen wurden. (Sie waren die Vorstufe und Grundlage für das Selbstkonzept, das Jerome Kagan formuliert hat.[9]) Was uns *jetzt* zustößt, stößt tatsächlich einem Selbstbegriff zu, der auf der Vergangenheit beruht, auch jener Vergangenheit, die noch einen Augenblick zuvor Aktualität war.

Jeden Augenblick wird der Selbstzustand wieder von Grund auf neu konstruiert. Er ist ein infinitesimaler Bezugspunkt, der so kontinuierlich und gleichbleibend *re*konstruiert wird, daß sein Besitzer von diesem *Wieder*herstellungsprozeß nie etwas erfährt, es sei denn, die Erneuerung klappt irgendwann nicht mehr. Die Hintergrundempfindung jetzt, oder die Empfindung eines Gefühls jetzt, dazu die nichtkörperlichen sensorischen Signale jetzt, stoßen dem Selbstbegriff zu, während sie sich in der koordinierten Aktivität verschiedener Gehirnregionen konkretisieren. Doch unser Selbst, oder besser: unser Metaselbst, »erfährt« von diesem »Jetzt« erst einen Augenblick später. Pascals Äußerungen über Vergangenheit, Gegenwart und Zukunft, mit denen ich das achte Kapitel eröffnet habe, geben das Wesen ihres Verhältnisses in knapper Form genau wieder. Ständig wird Gegenwart zur Vergangenheit, und zu dem Zeitpunkt, wo wir die Gegenwart in Augenschein nehmen, befinden wir uns bereits in einer anderen Gegenwart, ganz in Anspruch genommen vom Planen der Zukunft, einer Tätigkeit, die wir auf den Trittsteinen der Vergangenheit vornehmen. Die Gegenwart ist niemals anwesend. Unser Bewußtsein ist hoffnungslos verspätet.

Lassen Sie mich zum Schluß auf die Frage zu sprechen kommen, die in diesem Zusammenhang vielleicht am wichtigsten ist. Durch welchen Trick gelingt es einem Vorstellungsbild von Objekt X und einem Selbstzustand, die beide als momentane Aktivierungen topographisch organisierter Repräsentationen existieren, die Subjektivität hervorzubringen, die unsere Erfahrungen kennzeichnet? Im Vorgriff möchte ich behaupten, daß es an der Beschreibung liegt, die das Gehirn erschafft, und an der Darbietung dieser Beschreibung in der Vorstellung. Wenn Vorstellungsbilder, die einem gerade wahrgenommenen Objekt (beispielsweise einem Gesicht) entsprechen, in den frühen sensorischen Rindenfeldern gebildet werden, dann *reagiert das Gehirn auf diese Vorstellungen.* Dies geschieht, weil Signale, die in diesen Vorstellungen entstehen, an verschiedene subkortikale Kerne (unter anderem die Amygdala und den Thalamus) und verschiedene kortikale Regionen übermittelt werden und weil diese Kerne und Rindenregionen Dispositionen für Reaktionen auf bestimmte Klassen von Signalen enthalten. Am Ende werden dispositionelle Repräsentationen in Kernen und kortikalen Regionen aktiviert und rufen infolgedessen eine Reihe von Veränderungen im Zustand des Organismus hervor.

Diese Veränderungen führen wiederum zu einer vorübergehenden Modifikation des Körperbildes und stören so die *aktuelle* Realisierung des Selbstbegriffs.

Obwohl der Reaktionsprozeß Wissen voraussetzt, zwingt das sicherlich nicht zu dem Schluß, irgendeine Hirnkomponente »wisse«, daß hier Reaktionen auf die Anwesenheit eines Objektes erzeugt werden. Wenn das Gehirn des Organismus eine Reihe von Reaktionen auf ein Objekt oder Ereignis hervorbringt, dann muß das Selbst, nur weil es eine Selbst-Repräsentation gibt, nicht unbedingt *wissen*, daß der entsprechende Organismus reagiert. Das Selbst, wie ich es oben beschrieben habe, kann nicht *wissen*. Allerdings könnte ein Prozeß, den ich »Metaselbst« nennen möchte, über solches *Wissen* verfügen, vorausgesetzt, 1. das Gehirn entwickelt eine Art von *Beschreibung der Störung, die den Zustand des Organismus ereilt* – jenen Zustand, der sich aus den Reaktionen des Gehirns auf die Anwesenheit einer Vorstellung ergeben hat, 2. die Beschreibung *erzeugt ein Vorstellungsbild vom Störprozeß* und 3. die Vorstellung des *gestörten Selbst* wird zusammen mit der für die Störung verantwortlichen Vorstellung oder in rascher Interpolation mit ihr dargeboten. Kurzum, die Beschreibung, von der ich hier spreche, betrifft die *Störung im Zustand des Organismus* infolge der Reaktion des Gehirns auf die Vorstellung von Objekt X. Die Beschreibung verwendet keine Sprache, obwohl sie sich in sprachliche Form übersetzen läßt.

Eine Vorstellung zu haben genügt noch nicht, selbst wenn wir Aufmerksamkeit und Bewußtheit *(awareness)* beschwören, weil Aufmerksamkeit wie Bewußtheit Eigenschaften des Selbst sind, während es Vorstellungen erlebt, das heißt, während ihm die Vorstellungen bewußt werden, auf die es seine Aufmerksamkeit richtet. Auch Vorstellungen *und* ein Selbst zu haben reicht noch nicht. Die Feststellung, daß die Vorstellung eines Objektes den Vorstellungen zugetragen wird, die das Selbst bilden oder mit ihm zusammenhängen, ist keine sehr hilfreiche Aussage. Daraus geht nicht hervor, worin der Bezug oder der Zusammenhang besteht. Es wäre völlig rätselhaft, wie Subjektivität aus einem solchen Prozeß entstehen könnte.

Betrachten wir aber nun die folgenden Möglichkeiten. Nehmen wir zunächst an, das Gehirn besitze noch eine dritte Gruppe von neuralen Strukturen, die weder zu den Strukturen gehören, die die Vorstellung eines Objektes tragen, noch zu denen, die Vorstellungen des Selbst tragen, sondern die vielmehr wechselseitig mit den beiden anderen Gruppen vernetzt sind. Mit anderen Worten, es handelt sich um jene Art von Drittkraft-Neuronenkomplexen, die ich Konvergenzzonen genannt habe und die nach meiner Auffassung das neurale Substrat für die Erzeugung dispositioneller Repräsentationen im gesamten Gehirn sind – sowohl in Rindenregionen wie in subkortikalen Kernen.

Malen Sie sich nun aus, ein solcher Drittkraft-Komplex empfange Signale von der Vorstellung des Objektes und den Vorstellungen des Selbst, *während der Organismus von der Repräsentation des Objekts gestört wird*. Mit anderen Worten, denken Sie sich, der Drittkraft-Komplex erzeuge eine *dispositionelle Repräsentation des Selbst, während dieses sich bei der Reaktion des Organismus auf ein Objekt verändert*. Eine solche dispositionelle Repräsentation wäre keineswegs rätselhaft, sondern von genau der gleichen Art, die das Gehirn offenbar so hervorragend zu erzeugen, zu bewahren und umzuwandeln versteht. Außerdem wissen wir, daß das Gehirn über alle erforderlichen Informationen verfügt, um eine solche dispositionelle Repräsentation zu bilden: Kurz nachdem wir ein Objekt erblickt haben und eine Repräsentation davon in der frühen Sehrinde besitzen, verfügen wir auch in verschiedenen somatosensiblen Regionen über viele Repräsentationen des Organismus, die ihn erfassen, während er auf das Objekt reagiert.

Die dispositionelle Repräsentation, die ich im Sinn habe, wird weder von einem Homunculus erschaffen noch von ihm wahrgenommen, und sie besitzt, wie alle Dispositionen, die Möglichkeit, in den frühen sensorischen Rindenfeldern, mit denen sie verknüpft ist, eine Vorstellung von dem zu aktivieren, worum es in der Disposition geht – eine somatosensible Vorstellung vom Organismus, wie er auf ein bestimmtes Objekt reagiert.

Schließlich müssen wir uns ausmalen, daß alle oben beschriebenen Elemente – ein Objekt, das vorgestellt wird, ein Organismus, der auf den Gegenstand der Vorstellung reagiert, und ein Zustand des Selbst, der sich abhängig von der Reaktion des Organismus auf das Objekt verändert – gleichzeitig im Arbeitsgedächtnis gehalten und mit Aufmerksamkeit bedacht werden – Seite an Seite oder in rascher Folge, wobei der Ort des Geschehens die frühen sensorischen Rindenfelder sind. Nach meiner Auffassung entsteht Subjektivität beim letzten Schritt, wenn das Gehirn nicht nur Vorstellungen von einem Objekt produziert, nicht nur Vorstellungen von den Reaktionen des Organismus auf das Objekt, sondern auch eine dritte Art von Vorstellungen – von einem Organismus, der gerade ein Objekt wahrnimmt und darauf reagiert. Ich glaube, die subjektive Perspektive erwächst aus dem Inhalt der dritten Art von Vorstellung.

Zur Minimalausstattung eines neuronalen Apparates, der in der Lage ist, Subjektivität hervorzubringen, gehören also frühe sensorische Rindenfelder (auch somatosensible Felder), sensorische und motorische Assoziationsfelder der Großhirnrinde und subkortikale Kerngebiete (insbesondere Thalamus und Basalganglien) mit Konvergenzeigenschaften, die als Drittkraft-Komplexe fungieren können.

Auf Sprache wäre dieser grundlegende neuronale Apparat nicht angewiesen. Die Metaselbst-Konstruktion, an die ich denke, ist absolut nonverbal, eine schematische Ansicht der beiden Hauptprotagonisten von einem Standpunkt, der außerhalb der beiden liegt. Tatsächlich liefert die Drittkraft-Ansicht von Augenblick zu Augenblick ein nichtsprachliches Erzähldokument dessen, was diesen Protagonisten zustößt. Ohne Sprache kommt die Erzählung aus, weil sie sich der elementaren Repräsentationswerkzeuge des sensorischen und motorischen Systems in Raum und Zeit bedienen kann. Ich sehe keinen Grund, warum nicht auch Tiere zu solchen Erzählungen ohne Sprache in der Lage sein sollten.

Menschen verfügen über narrative Kompetenz zweiter Ordnung, das heißt sprachlicher Natur. Denn die Sprache kann verbale Erzählungen aus nonverbalen entwickeln. Die verfeinerte Form von Subjektivität, über die wir verfügen, erwächst nach meiner Ansicht aus diesem zweiten Prozeß. Sprache ist vielleicht nicht der Ursprung des Selbst, aber ganz gewiß der des »Ich«.

Meines Wissens gibt es keine andere Hypothese, die sich speziell mit der neuronalen Basis der Subjektivität beschäftigt, aber da Subjektivität eine wesentliche Eigenschaft des Bewußtseins ist, muß ich meinen Vorschlag wohl ganz kurz gegen andere Überlegungen auf diesem allgemeineren Gebiet abgrenzen.

Francis Crick konzentriert sich in seiner Hypothese über das Bewußtsein auf das Problem der Vorstellungsentstehung und läßt die Subjektivität vollkommen außer acht. Dabei hat Crick das Problem der Subjektivität nicht übersehen, sondern nur beschlossen, es zum gegenwärtigen Zeitpunkt nicht zu berücksichtigen, weil er bezweifelt, daß ihm experimentell beizukommen ist. Seine Entscheidung und seine Vorsicht sind absolut legitim, aber ich fürchte, daß wir, solange wir die Subjektivität ausklammern, nicht in der Lage sind, die empirischen Daten über die Entstehung und Wahrnehmung von Vorstellungen richtig zu interpretieren.

Dagegen befaßt sich Daniel Dennett in seiner Hypothese mit der höchsten Ebene des Bewußtseins, den geistigen Endprodukten. Zwar ist er der Meinung, daß es ein Selbst gibt, aber er beschäftigt sich nicht mit seiner neuronalen Basis, sondern statt dessen mit den Mechanismen, die für unsere Erfahrung des Bewußtseinsstroms verantwortlich sein könnten. Interessanterweise geht er auf dieser Ebene des Prozesses von einer sequentiellen Konstruktionsart (seiner virtuellen Joyce-Maschine) aus, die dem Begriff der Vorstellungskonstruktion, wie ich ihn für tiefere und frühere Ebenen annehme, nicht unähnlich ist. Allerdings bin ich mir ziemlich sicher, daß mein Apparat zur Erzeugung von Subjektivität nicht Dennetts virtuelle Maschine ist.

Große Ähnlichkeit in einem wichtigen Aspekt hat meine Hypothese mit Gerald Edelmans Ansichten über die neuronale Grundlage des Bewußtseins, nämlich in der Auffassung, daß es ein biologisches Selbst gibt, das von Wertorientierungen durchdrungen ist. (Mit der Bedeutung, die Edelman den angeborenen Werten in biologischen Systemen zuschreibt, ist er unter zeitgenössischen Theoretikern praktisch ein Einzelgänger.) Allerdings schränkt Edelman das biologische Selbst auf subkortikale homöostatische Systeme ein (während ich es in konkrete, kortikale Systeme verlege und die Auffassung vertrete, daß aus den Ergebnissen ihrer Aktivität Empfindungen erwachsen.) Folglich habe ich andere Prozesse im Sinn und schlage als ihr Substrat auch andere Strukturen vor. Im übrigen bin ich mir nicht sicher, inwieweit mein Subjektivitätsbegriff und Edelmans Konzept des primären Bewußtseins miteinander zu vergleichen sind.

William James, der der Meinung war, keine vernünftige Psychologie könne die Existenz des »personalen Selbst« in Frage stellen, und der glaubte, das Schlimmste, was die Psychologie tun könne, bestehe darin, diesem Selbst seine Bedeutung abzusprechen, nähme wahrscheinlich mit Freude zur Kenntnis, daß es plausible, wenn auch noch nicht bewiesene Hypothesen für die neuronalen Grundlagen des Selbst gibt.

11. KAPITEL

Eine Leidenschaft für das Denken

Am Anfang dieses Buches habe ich die Ansicht geäußert, daß Empfindungen die Vernunft nachhaltig beeinflussen, daß die Gehirnsysteme, auf die erstere angewiesen sind, mit den Systemen vernetzt sind, die letztere braucht, und daß diese spezifischen Systeme wiederum mit denen verwoben sind, die den Körper regulieren.

Die Daten, die ich angeführt habe, belegen diese Hypothesen weitgehend, trotzdem sind es nur Hypothesen, vorgelegt in der Hoffnung, daß sie weitere Forschungsarbeiten anregen und daß sie revidiert werden, wenn neue Daten verfügbar werden. Empfindungen scheinen von einem eigenen, aus vielen Komponenten bestehenden System abhängig zu sein, das untrennbar mit der biologischen Regulation verknüpft ist. Die Vernunft scheint auf spezifischen Gehirnsystemen zu beruhen, von denen einige auch Empfindungen verarbeiten. Mithin scheint es, anatomisch und funktional, einen Verbindungsstrang zwischen Vernunft, Empfindung und Körper zu geben. So sind wir gewissermaßen von einer Leidenschaft für die Vernunft besessen, einem Trieb, der im Kernbereich des Gehirns entspringt, andere Ebenen des Nervensystems überschwemmt und schließlich in Gestalt von Empfindungen oder unbewußten Tendenzen die Entscheidungsfindung leitet. Wahrscheinlich wird die Vernunft – von ihrer praktischen bis zu ihrer theoretischen Form – durch einen Prozeß, der dem Erlernen einer Fertigkeit oder Kunst gleicht, auf diesem inhärenten Trieb aufgebaut. Fällt der Trieb aus, werden Sie es nicht zur Meisterschaft bringen. Andererseits macht Sie der Besitz dieses Triebs noch nicht automatisch zu einem Meister.

Wenn sich diese Hypothesen bestätigen sollten, hätte dann die Erkenntnis, daß die Vernunft nirgends rein ist, soziokulturelle Konsequenzen? Ich glaube ja, und ich glaube, daß sie im großen und ganzen positiv sind.

Wenn wir die Bedeutung von Empfindungen in den Vernunftsprozessen anerkennen, so folgt daraus *nicht*, daß die Vernunft weniger wichtig als die Empfindung wäre, daß sie ihnen gegenüber in den Hintergrund zu treten hätte oder daß wir uns weniger um sie bemühen müßten. Im Gegenteil, wenn wir die allgegenwärtige Rolle der Empfindungen nutzen, dann haben wir vielleicht die Möglichkeit, ihre positive Wirkung zu verstärken und ihren möglichen Schaden zu verringern. Ohne den Orientierungswert normaler Empfindungen zu schmälern, könnte man vor allen Dingen versuchen, die Vernunft vor den Mängeln abnormer Empfindungen zu schützen oder sie vor der Manipulation zu bewahren, denen Planungs- und Entscheidungsprozesse durch normale Empfindungen unterworfen werden können.

Ich glaube nicht, daß das Wissen um die Empfindungen den Wunsch nach empirischer Verifizierung beeinträchtigen muß. Vielmehr denke ich, daß mehr Wissen über die Physiologie der Gefühle und Empfindungen unsere Sinne für die Fallstricke wissenschaftlicher Beobachtung schärft. Die Hypothesen, die ich vorgelegt habe, sollten unsere Entschlossenheit nicht untergraben, die äußeren Bedingungen zum Vorteil der Menschen und der Gesellschaft zu kontrollieren, die kulturellen Instrumente zu entwickeln, zu erfinden oder zu vervollkommnen, mit denen wir eine bessere Welt schaffen können: Moral, Gesetz, Kunst, Wissenschaft, Technik. Mit anderen Worten, meine Hypothese zwingt uns keinesfalls, die Dinge so hinzunehmen, wie sie sind. Mir liegt dieser Punkt am Herzen, weil die Erwähnung von Empfindungen häufig die Vorstellung von selbstsüchtigem Handeln weckt, von Rücksichtslosigkeit gegenüber der Welt um uns herum und Gleichgültigkeit gegenüber dem Verfall von Maßstäben für intellektuelle Leistungen. Doch das steht ganz im Gegensatz zu meiner Auffassung. Es gibt also keinen Grund zur Beunruhigung für Leute, die, wie der Molekularbiologe Gunther Stent, zu Recht besorgt sind, die Überbewertung von Empfindungen könnte die Menschen dazu bewegen, den faustischen Vertrag in Frage zu stellen, dem sie ihren Fortschritt verdanken.[1]

Mir macht Sorge, daß man die Bedeutung von Empfindungen akzeptiert, ohne daß man sich bemüht, ihre komplexen biologischen und soziokulturellen Mechanismen zu verstehen. Die besten Beispiele für diese Einstellung sind die Versuche, verletzte Gefühle oder irrationales Verhalten zu erklären, indem man sich auf oberflächliche soziale Ursachen oder die Wirkung von Neurotransmittern beruft, zwei Erklärungen, die die öffentliche Diskussion in Fernsehen und Presse beherrschen, und der Versuch, persönliche und gesellschaftliche Probleme durch Medikamente und Drogen zu bewältigen. Vor allem dieses mangelnde Verständnis für das Wesen von Empfindung und Vernunft (ein Charakteristikum der »Klagekultur«[2]) gibt Anlaß zur Besorgnis.

Das Bild, das ich in diesem Buch vom menschlichen Organismus entworfen habe, und die Beziehung zwischen Empfindungen und Vernunft, die sich aus den hier erörterten Daten ergibt, lassen jedoch darauf schließen, daß wir, um die Rationalität zu stärken, die Verletzlichkeit unserer Innenwelt wahrscheinlich stärker berücksichtigen müssen.

Die Rolle, die ich den Empfindungen bei der Entwicklung von Rationalität zuschreibe, hat konkrete und praktische Bedeutung für einige Probleme, denen sich unsere Gesellschaft heute gegenübersieht – zum Beispiel Erziehung und Gewaltbereitschaft. Hier ist nicht der Ort, um diese Probleme erschöpfend zu behandeln, aber lassen Sie mich doch soviel sagen, daß sich unsere Erziehungssysteme mit großem Gewinn die eindeutigen Zusammenhänge zwischen aktuellen Empfindungen und vorhersagbaren künftigen Ergebnissen zunutze machen könnten und daß für Kinder, die im wirklichen Leben, in den Nachrichten oder in Spielfilmen zuviel Gewalt erleben, Gefühle und Empfindungen beim Erwerb und der Anwendung adaptiven Sozialverhaltens ihren Wert verlieren. Der Umstand, daß soviel anonyme Gewalt ohne moralisches Bezugssystem dargeboten wird, verstärkt ihre desensibilisierende Wirkung nur noch.

Descartes' Irrtum

Natürlich kann ich meinen Standpunkt in diesem Gespräch nicht darlegen, ohne auf Descartes einzugehen, diese Galionsfigur für zahlreiche Ideen über Körper, Gehirn und Geist, die auf die eine oder andere Weise noch heute ihren Einfluß auf die westliche Natur- und Geisteswissenschaft ausüben. Wie Sie gesehen haben, gilt meine Besorgnis dabei einerseits dem dualistischen Begriff, mit dem Descartes den Geist von Gehirn und Körper trennt (in seiner extremen Spielart ist dieser Begriff kaum noch wirksam), und andererseits den modernen Varianten dieses Begriffs: der Vorstellung beispielsweise, daß Geist und Gehirn miteinander verwandt sind, aber nur insofern, als der Geist das Softwareprogramm ist, das in einer Computerhardware namens Gehirn abläuft, oder daß Gehirn und Körper zwar in Beziehung zueinander stehen, aber nur insofern, als ersteres nicht ohne die vitalen Lebensprozesse des letzteren überleben kann.

Worin bestand also Descartes' Irrtum? Oder noch besser, *welchen* von Descartes' Irrtümern greife ich hier unfreundlich und undankbar heraus? Man könnte mit einer Beschwerde beginnen und ihm vorwerfen, daß er die Biologen bis auf den heutigen Tag dazu bewogen hat, die Mechanik des Uhrwerks als Modell für Lebensprozesse zu übernehmen. Doch das wäre vielleicht nicht ganz gerecht, und so könnte man mit dem Satz »Ich denke, also bin ich« fortfahren. Dieser Satz, vielleicht der berühmteste in der Philosophiegeschichte, findet sich erstmals im vierten Abschnitt des *Discours de la Méthode* (1637) in französischer Sprache (*»Je pense donc je suis«)* und dann im ersten Teil der *Prinzipien der Philosophie* (1644) auf lateinisch (*»Cogito ergo sum«).*[3] Nimmt man ihn wörtlich, so beschreibt dieser Satz das Gegenteil meiner Ansicht von den Ursprüngen des Geistes und von der Beziehung zwischen Geist und Körper. Er besagt nämlich, daß Denken und das Bewußtsein vom Denken die eigentlichen Substrate des Seins sind. Und da Descartes das Denken bekanntlich für eine Tätigkeit hielt, die sich völlig losgelöst vom Körper vollzieht, behauptet er in dieser Äußerung die radikale Trennung von Geist, der »denkenden Substanz« *(res cogitans),* und dem nichtdenkenden Körper, der Ausdehnung besitzt und über mechanische Teile verfügt *(res extensa).*

Doch lange bevor die Menschheit auf der Bildfläche erschien, gab es schon Lebewesen. An irgendeinem Punkt der Evolution hat ein elementares Bewußtsein seinen Anfang genommen. Mit diesem elementaren Bewußtsein kam auch ein einfacher Geist in die Welt. Als der Geist komplexer wurde, entwickelte sich die Möglichkeit des Denkens und noch später der Sprachverwendung zum Zwecke der Kommunikation und der besseren Organisation des Denkens. Für uns gab es also zuerst das Sein und erst später das Denken. Und auch heute noch beginnen wir, wenn wir auf die Welt kommen und uns entwickeln, zunächst mit dem Sein und fangen erst später mit dem Denken an. Wir sind, und dann erst denken wir, und wir denken nur insofern, als wir sind, da das Denken nun einmal durch die Strukturen und Funktionen des Seins verursacht wird.

Wenn wir Descartes' Satz in den Zusammenhang stellen, in den er gehört, so können wir uns fragen, ob er nicht möglicherweise anders gemeint war, als er gemeinhin verstanden wird. Läßt sich nicht auch herauslesen, daß er damit die Überlegenheit bewußter Empfindungen und Gedanken anerkennt, ohne sich auf eine feste Aussage über ihren Ursprung, ihre Beschaffenheit oder ihre Dauer festzulegen? Ist diese Äußerung vielleicht nur ein kluges Manöver zum Arrangement mit den religiösen Zwängen, die Descartes empfindlich spürte? Das läßt sich heute nicht mehr mit Sicherheit entscheiden. (Die Inschrift, die Descartes für seinen Grabstein wählte, war ein Zitat aus Ovids *Tristia* 3.4.25, das er offenbar häufig verwendete: »*Bene qui latuit, bene vixit.*« Übersetzung: »Wer sich gut verborgen hat, hat gut gelebt.« Vielleicht ein versteckter Widerruf des Dualismus?) Was nun seinen berühmtesten Satz angeht, so meine ich alles in allem, daß Descartes ihn *auch* genauso gemeint hat, wie er ihn niedergeschrieben hat. Als das berühmte Wort das erstemal erschien, freute sich Descartes über die Entdeckung eines Satzes, der so unwiderlegbar wahr war, daß er auch durch größte Skepsis nicht zu erschüttern war. Er habe bemerkt, so schreibt er, »daß diese Wahrheit ›ich denke, also bin ich‹ so fest und sicher wäre, daß auch die überspanntesten Annahmen der Skeptiker sie nicht zu erschüttern vermöchten, so konnte ich sie meinem Dafürhalten nach als das erste Prinzip der Philosophie, die ich suchte, annehmen«.[4]

Descartes ging es hier um eine logische Begründung seiner Philosophie, und sein Satz war dem des Augustinus gar nicht so unähnlich: »*Fallor ergo sum.*« (»Ich werde getäuscht, also bin ich.«)[5] Doch nur ein paar Zeilen weiter macht Descartes unmißverständlich klar, was er mit diesem Satz meint: »Ich erkannte daraus, daß ich eine Substanz sei, deren ganze Wesenheit oder Natur bloß im Denken bestehe und die zu ihrem Dasein weder eines Ortes bedürfe noch von einem materiellen Dinge abhänge, so daß dieses *Ich*, das heißt die *Seele*, wodurch ich bin, was ich bin, vom Körper völlig verschieden und selbst leichter zu erkennen ist als dieser und auch ohne Körper nicht aufhören werde, alles zu sein, was sie ist.«[6]

Darin liegt Descartes' Irrtum: in der abgrundtiefen Trennung von Körper und Geist, von greifbarem, ausgedehntem, mechanisch arbeitendem, unendlich teilbarem Körperstoff auf der einen Seite und dem ungreifbaren, ausdehnungslosen, nicht zu stoßenden und zu ziehenden, unteilbaren Geiststoff auf der anderen; in der Behauptung, daß Denken, moralisches Urteil, das Leiden, das aus körperlichem Schmerz oder seelischer Pein entsteht, unabhängig vom Körper existieren. Vor allem: in der Trennung der höchsten geistigen Tätigkeiten vom Aufbau und der Arbeitsweise des biologischen Organismus.

Nun läßt sich natürlich fragen, warum ich mit Descartes und nicht mit Platon abrechne, dessen Ansichten über Körper und Geist noch viel ärgerlicher waren, denken wir beispielsweise an *Phaidon*. Warum rege ich mich gerade über diesen Irrtum von Descartes so auf? Schließlich gibt es in seinem Werk Irrtümer, die viel spektakulärer sind. Beispielsweise glaubte er, daß die Wärme für die Zirkulation des Blutes verantwortlich sei und daß sich winzige, äußerst feine Teilchen des Blutes zu »animalischen Geistern« verflüchtigen und dann in die Muskeln gelangen könnten. Ist ihm nicht viel eher eine dieser beiden Ansichten vorzuhalten? Der Grund liegt auf der Hand: Wir wissen seit langem, daß er sich in diesen beiden Punkten geirrt hat, und die Frage, wie und warum das Blut zirkuliert, ist zu unserer vollständigen Zufriedenheit beantwortet. Das gilt jedoch nicht für die Beziehung zwischen Geist, Gehirn und Körper, denn hier übt Descartes' Irrtum noch heute seinen Einfluß aus. Für viele Menschen ist Descartes' Ansicht selbstverständlich und bedarf keiner Überprüfung.

Die cartesianische Vorstellung von einem körperlosen Geist ist wohl die Grundlage gewesen, auf der man Mitte des 20. Jahrhunderts die Metapher vom Geist als Softwareprogramm entwickelt hat. Ließe sich der Geist tatsächlich vom Körper trennen, dann könnte man ihn wohl auch ohne Rückgriff auf die Neurobiologie verstehen, dann käme man ohne die Hilfe von neuroanatomischen, neurophysiologischen und neurochemischen Erkenntnissen aus. Interessanter- und paradoxerweise weisen viele kognitive Wissenschaftler, die meinen, sie könnten den Geist ohne Rekurs auf die Neurobiologie erforschen, die Vorstellung, sie seien Dualisten, weit von sich.

Die cartesianische Vorstellung eines körperlosen Geistes liegt möglicherweise auch der Auffassung jener Neurowissenschaftler zugrunde, die behaupten, Geist lasse sich ausschließlich durch Gehirnereignisse erklären, so daß man den Rest des Organismus sowie die physische und soziale Umwelt getrost ausklammern könne – einschließlich des Umstands, daß ein Teil der Umwelt das Ergebnis vorausgehender Handlungen des Organismus ist. Ich wehre mich gegen diese Einschränkung, nicht weil der Geist nicht in direkter Beziehung zur Hirnaktivität stünde – denn daran besteht kein Zweifel –, sondern weil diese restriktive Formulierung offenkundig unvollständig und menschlich unbefriedigend ist. Die Feststellung, daß der Geist aus dem Gehirn erwächst, ist unbestreitbar, doch würde ich diese Aussage gerne noch ergänzen und nach den Gründen fragen, warum sich die Hirnneuronen so vernünftig verhalten. Denn genau hier liegt, soweit ich erkennen kann, das entscheidende Problem.

Die Vorstellung von einem körperlosen Geist scheint auch für die besondere Weise verantwortlich zu sein, in der die westliche Medizin sich der Untersuchung und Behandlung von Krankheiten zugewandt hat (siehe Postskript). Die cartesianische Spaltung zieht sich durch Forschung und Praxis. Infolgedessen werden die psychischen Folgen von Erkrankungen des Körpers im eigentlichen Sinne, den sogenannten echten Krankheiten, gewöhnlich außer acht gelassen und nur in zweiter Linie berücksichtigt. Noch stärkere Vernachlässigung erfährt der umgekehrte Fall, die körperlichen Auswirkungen psychischer Konflikte. Ein interessanter Gedanke: Möglicherweise ist Descartes mitverantwortlich für den Weg, den die Medizin eingeschlagen hat, fort von dem organischen Geist-im-Körper-Ansatz, der von Hippokrates bis zur Renaissance vorherrschend war. Wie ärgerlich wäre Aristoteles wohl auf Descartes gewesen, hätte er ihn gekannt.

Verschiedene Spielarten des cartesianischen Irrtums verstellen uns den Blick auf die Wurzeln des menschlichen Geistes in einem biologisch komplexen, aber anfälligen, endlichen und singulären Organismus. Sie verstellen den Blick auf die Tragik, die dem Wissen um diese Anfälligkeit, Endlichkeit und Einzigartigkeit innewohnt. Und wo Menschen die ihrer bewußten Existenz innewohnende Tragik nicht mehr sehen, fühlen sie sich auch nicht mehr aufgerufen, etwas zur Linderung dieser Tragik zu tun, und vielleicht sind sie dann nicht mehr in der Lage, genügend Achtung für den Wert des Lebens zu empfinden.

Die Fakten, die ich zu Empfinden und Vernunft vorgelegt habe, und andere Daten, die ich in bezug auf die Verbindung zwischen Gehirn und Körper erörtert habe, sprechen für die Richtigkeit der höchst allgemeinen Idee, die ich zu Beginn des vorliegenden Buches dargelegt habe: daß zum umfassenden Verständnis des menschlichen Geistes eine organische Perspektive erforderlich ist, daß der Geist nicht nur aus einem körperlosen Cogitum in das Reich von Körpergeweben verlegt, sondern auch zu einem ganzen Organismus in Beziehung gesetzt werden muß, der aus den vielfältig miteinander verflochtenen Teilen des Körpers im engeren Sinn und des Gehirns besteht und der mit einer physischen und sozialen Umwelt interagiert.

Allerdings gibt der wahrhaft verkörperte Geist, den ich im Sinn habe, keineswegs seine höchsten Funktionsebenen preis, jene Ebenen, die wir unter dem Begriff Seele zusammenfassen. Aus meiner Sicht sind Seele und Geist, in ihrer ganzen Würde und mit allen ihren menschlichen Dimensionen, jetzt komplexe und singuläre Zustände eines Organismus. Vielleicht ist das Wichtigste, was wir an jedem Tag unseres Lebens tun können, uns und andere an unsere Vielschichtigkeit, Anfälligkeit, Endlichkeit und Einzigartigkeit zu erinnern. Natürlich ist das eine schwierige Aufgabe, bedeutet sie doch: den Geist von seinem Podest im Nirgendwo an einen bestimmten Ort zu verlegen, ohne dabei seine Würde und Bedeutung zu beschädigen; seine niedrige Herkunft und Verletzlichkeit anzuerkennen und sich doch seiner Führung anzuvertrauen. Eine Aufgabe, die in der Tat so schwierig wie unabdingbar ist, aber ohne die wir weit besser daran täten, Descartes' Irrtum unberichtigt zu lassen.

Postskript

Das menschliche Herz im Konflikt

»Die Stimme des Dichters muß nicht nur das Protokoll des Menschen sein, sie kann auch einer der Pfeiler und Stützen sein, die ihm helfen, zu überdauern und sich zu behaupten.«[1] William Faulkner hat diese Worte um 1950 geschrieben, aber sie haben nichts von ihrer Aktualität eingebüßt. Die Zuhörer, die er mit ihnen ansprach, waren seine Schriftstellerkollegen, aber er hätte damit genausogut uns ermahnen können, die wir Gehirn und Geist erforschen: Die Stimme des Wissenschaftlers muß nicht nur das Leben protokollieren, wie es ist, wissenschaftliche Erkenntnis kann auch eine Stütze sein, die den Menschen hilft, zu überdauern und sich zu behaupten. Dieses Buch habe ich in der Überzeugung geschrieben, daß Wissen im allgemeinen und neurobiologisches Wissen im besonderen eine wichtige Rolle für die Geschicke der Menschen spielen können, daß uns, wenn wir es nur wollen, eingehendere Erkenntnisse über Gehirn und Geist helfen werden, jenes Glück zu erlangen, das als Sehnsucht vor zwei Jahrhunderten zum Motor des Fortschritts wurde, und uns jene wunderbare Freiheit erhalten werden, die Paul Élouard in seinem Gedicht »Liberté« besungen hat.[2]

Im gleichen Text erklärt Faulkner seinen Schriftstellerkollegen, sie hätten die Probleme vergessen, die »das menschliche Herz im Konflikt mit sich selber hat und denen allein gute Bücher zu verdanken sind, weil nur sie das Schreiben wert sind, die Qual und den Schweiß«. Und er legt ihnen ans Herz, in ihrer Arbeit nichts gelten zu lassen »als die alten Wahrheiten und Werte des Herzens, die alten, ewig gültigen Wahrheiten, ohne die jede Geschichte vergänglich und zum Scheitern verurteilt ist – Liebe und Ehre, Erbarmen und Stolz, Mitgefühl und Opfermut«.

Verlockend und ermutigend ist der Gedanke – der vielleicht über die Bedeutung von Faulkners Worten hinausgeht –, daß die Neurobiologie uns nicht nur helfen kann, Verständnis und Mitgefühl für die Situation des Menschen aufzubringen, sondern uns dadurch auch Einblick in die Ursachen sozialer Konflikte verschafft und uns Mittel zu ihrer Entschärfung an die Hand gibt. Das soll nicht heißen, daß die Neurobiologie die Welt retten kann, sondern einfach, daß der allmähliche Erwerb von Erkenntnissen über den Menschen dazu beitragen kann, bessere Instrumente zur Regelung menschlicher Angelegenheiten zu entwickeln.

Seit geraumer Zeit befinden sich die Menschen nun schon in einer neuen, bewußten Phase ihrer Evolution, in der ihr Geist und ihr Gehirn sowohl Diener wie Herr ihres Körpers und der menschlichen Gesellschaft sein können. Natürlich ergeben sich Gefahren, wenn ein Gehirn und ein Geist, von der Natur geschaffen, beschließen, den Zauberlehrling zu spielen und die Natur selbst zu beeinflussen. Doch auch die Entscheidung, sich der Herausforderung nicht zu stellen und auf den Versuch zu einer Linderung des Leidens zu verzichten, birgt Gefahren. Tatsächlich wäre es außerordentlich gefährlich, nichts zu tun. Nur das zu tun, was sich natürlich ergibt, kann nur den Menschen gefallen, die unfähig sind, sich bessere Welten und bessere Verhältnisse vorzustellen, die glauben, wir lebten bereits in der besten aller möglichen Welten.[3]

Postskript

Moderne Neurobiologie und die Idee der Medizin

Es ist etwas Paradoxes um die begrifflichen Grundlagen der Medizin und ihre Adepten in unserer Kultur. Zahlreiche Ärzte interessieren sich für die schönen Künste, von der Malerei über die Literatur bis hin zur Philosophie. Überraschend viele von ihnen haben es als Dichter, Romanciers und Dramatiker zu Rang und Ansehen gebracht, darunter einige, die gründlich über die Situation des Menschen nachgedacht haben und zu bemerkenswerten Ergebnissen in bezug auf ihre psychologischen, sozialen und politischen Dimensionen gekommen sind. Doch die medizinischen Hochschulen, von denen sie kommen, lassen diese menschlichen Dimensionen weitgehend außer acht und konzentrieren sich statt dessen auf die Physiologie und Pathologie des Körpers im engeren Sinne. Die westliche Medizin, insbesondere die Medizin in den Vereinigten Staaten, verdankt ihren Ruhm der Entwicklung der inneren Medizin und der chirurgischen Spezialgebiete, die sich beide die Diagnose und Behandlung erkrankter Organe und Organsysteme zum Ziel gesetzt haben. Das Gehirn (genauer: das zentrale und das periphere Nervensystem) wurde in diese Bemühungen einbezogen, weil es eines dieser Organsysteme ist. Doch für das wertvollste Produkt des Gehirns, den Geist, brachte die Schulmedizin wenig Interesse auf. Noch nicht einmal auf dem Spezialgebiet, das sich aus der Beschäftigung mit den Gehirnerkrankungen ergab – der Neurologie –, fand der Geist besondere Aufmerksamkeit. So ist es vielleicht kein Zufall, daß die amerikanische Neurologie als Teilgebiet der inneren Medizin begann und erst im 20. Jahrhundert zu einer unabhängigen Disziplin wurde.

Ergebnis dieser Tradition ist eine bemerkenswerte Vernachlässigung des Geistes als einer Funktion des Organismus. Bis auf den heutigen Tag bieten nur wenige medizinische Hochschulen ihren Studenten im Rahmen des normalen Studiengangs Lehrveranstaltungen über den normalen Geist an, Lehrveranstaltungen, die unbedingt auf ein Curriculum mit Schwerpunkten in der allgemeinen Psychologie, Neuropsychologie und

Neurowissenschaft angewiesen wären. Weit häufiger berücksichtigen medizinische Hochschulen dafür den kranken Geist, wie er bei Geisteskrankheiten zu beobachten ist. Es ist schon ein erstaunlicher Tatbestand, daß Studenten in Psychopathologie unterrichtet werden, ohne je etwas über die Psychologie der Normalität erfahren zu haben.

Für diesen Stand der Dinge sind verschiedene Gründe verantwortlich, und ich nehme an, daß die meisten von ihnen auf ein cartesianisches Menschenbild zurückzuführen sind. Während der letzten dreihundert Jahre haben sich die Biologie und die Medizin das Ziel gesetzt, die Physiologie und Pathologie des Körpers im engeren Sinne zu verstehen. Der Geist blieb außen vor und wurde weitgehend der Obhut von Religion und Philosophie anvertraut. Und auch als er später zum Gegenstand einer Spezialdisziplin, der Psychologie, wurde, dauerte es noch lange, bis in jüngste Zeit, bevor er Eingang in die Biologie und Medizin fand. Ich weiß, daß es löbliche Ausnahmen gab, aber sie unterstreichen nur das Bild, das ich von der allgemeinen Situation gezeichnet habe.

All das hat dazu geführt, daß die Medizin heute von einem verstümmelten Humanitätsverständnis geprägt ist. Da kann es nicht überraschen, daß die Folgen von Erkrankungen des Körpers für den Geist nur in zweiter Linie oder gar nicht berücksichtigt werden. Nur langsam wird der Medizin klar, daß das Behandlungsergebnis entscheidend davon abhängt, wie Patienten ihren Gesundheitszustand empfinden. Noch immer wissen wir sehr wenig über den Placebo-Effekt, der bewirkt, daß Patienten günstiger auf eine Intervention reagieren, als medizinisch zu erwarten wäre. (Bewerten läßt sich der Placebo-Effekt, indem man die Wirkung von Tabletten oder Injektionen untersucht, die, ohne Wissen des Patienten, keinen pharmakologischen Wirkstoff enthalten und bei denen man deshalb davon ausgeht, daß sie keine Wirkung haben, weder eine positive noch eine negative.) Beispielsweise wissen wir nicht, welche Menschen eher auf Placebo-Effekte reagieren oder ob wir es alle tun. Auch wissen wir nicht, wie weit der Placebo-Effekt gehen und wie nah er dem Effekt der echten Wirkstoffe kommen kann. Wir wissen kaum, wie sich der Placebo-Effekt verstärken läßt. Und keine Ahnung haben wir, wie groß die Fehler sind, die der Placebo-Effekt in den sogenannten Doppelblindversuchen hervorgerufen hat.

Erst allmählich beginnt man einzusehen, daß psychische Störungen leichter oder schwerer Art Erkrankungen des Körpers im engeren Sinne hervorrufen können, doch die Umstände, unter denen das geschieht, und das Ausmaß, das sie annehmen können, werden noch immer nicht untersucht. Unsere Großmütter haben genau Bescheid gewußt: Sie konnten uns sagen, wie sich Trauer, drückende Sorgen, übermäßige Wut zu Herzschäden, Magengeschwüren, schlechtem Aussehen und Infektionsneigung auswachsen. Doch das war der Wissenschaft zu »volkstümlich«, zu »weich«. Lange hat es gedauert, bevor die Medizin allmählich entdeckte, daß die Grundlagen solcher menschlichen Weisheit durchaus einer näheren Untersuchung wert sind.

Die auf Descartes zurückgehende Vernachlässigung des Geistes in der westlichen Biologie und Medizin hat zwei sehr wichtige nachteilige Folgen. Die erste betrifft den Bereich der Wissenschaft. Das Bemühen, den Geist in allgemeinen biologischen Begriffen zu verstehen, hat sich um mehrere Jahrzehnte verzögert, ja, man darf sagen, daß es noch kaum begonnen hat. Gewiß, besser spät als nie, aber die Verzögerung bedeutet auch, daß die potentielle Wirkung, die ein tiefergehendes biologisches Verständnis des Geistes möglicherweise für die Lebensverhältnisse der Menschen gezeitigt hätte, bis auf den heutigen Tag ungenutzt geblieben ist.

Die zweite negative Folge betrifft die effektive Diagnose und Behandlung menschlicher Krankheiten. Zweifellos waren alle großen Ärzte und Ärztinnen Männer und Frauen, die sich nicht nur in der etablierten Pathophysiologie ihrer Zeit auskannten, sondern die auch, meist durch eigene Einsicht und Erfahrung, mit den Konflikten des menschlichen Herzens vertraut waren. Dank einer *Mischung* aus Wissen und Begabung waren sie hervorragende Diagnostiker und wahre Wundertäter. Doch wir würden uns täuschen, wenn wir glaubten, daß diese bemerkenswerten Ärzte, die wir alle kennen, repräsentativ für den Stand der medizinischen Praxis in der westlichen Welt wären. Ein verzerrtes Bild vom menschlichen Organismus, gepaart mit einem explosiven Anwachsen des medizinischen Wissens und der Notwendigkeit immer weiter gehender Spezialisierung, verstärkt die Unzulänglichkeiten der Medizin noch, statt sie zu verringern. So hätte die Medizin wahrlich auf die Probleme verzichten können, die ihr aus ihren wirtschaftlichen Rahmenbedingungen erwachsen, aber sie sind unübersehbar vorhanden und tragen sicherlich nicht dazu bei, die Leistungen unseres medizinischen Systems zu verbessern.

Das Problem, das sich aus der Trennung von Körper und Geist in der westlichen Medizin ergibt, hat noch keinen großen Einfluß auf die öffentliche Diskussion, obwohl es auch dort offenbar bereits entdeckt worden ist. Ich vermute sogar, daß der Erfolg einiger Sparten der »alternativen« Medizin, besonders jener, die sich aus der traditionellen Medizin nichtwestlicher Länder herleiten, eine kompensatorische Reaktion auf das Problem darstellt. Es gibt bewundernswerte und sehr lehrreiche Elemente in diesen alternativen Formen der Medizin, doch leider reicht das, was sie zu bieten haben, sosehr es auch den menschlichen Aspekt des Heilens berücksichtigen mag, nicht aus, um die Krankheiten des Menschen wirksam zu bekämpfen. Gerechterweise müssen wir anerkennen, daß selbst eine mittelmäßige westliche Medizin eine Vielzahl von gesundheitlichen Problemen eindeutig beseitigt. Doch die alternative Medizin macht eine eklatante Schwäche in der medizinischen Tradition des Westens sichtbar, die wissenschaftlich behoben werden muß, das heißt im Rahmen der wissenschaftlichen Medizin selbst. Falls, wie ich glaube, der gegenwärtige Erfolg der alternativen Medizin ein Symptom für die öffentliche Unzufriedenheit mit der Unfähigkeit der wissenschaftlichen Medizin ist, den Menschen als Ganzheit zu erfassen, dann wird diese Unzufriedenheit in den kommenden Jahren in dem Maße wachsen, wie sich die spirituelle Krise der westlichen Gesellschaft vertieft.

Die Proklamation verletzter Gefühle, die verzweifelte Bitte um Beseitigung individueller Qual und individuellen Leidens, die anhebende Klage über den Verlust eines nie empfundenen inneren Gleichgewichts, jenes Glücks, nach dem sich die meisten Menschen sehnen – sie werden nicht so bald verstummen.[4] Es wäre töricht, von der Medizin allein zu verlangen, eine kranke Kultur zu heilen, doch ebenso töricht ist es, diesen Aspekt menschlicher Krankheit zu vernachlässigen.

Eine Anmerkung zu den Grenzen der gegenwärtigen Neurobiologie

Überall in diesem Buch habe ich über anerkannte Fakten, umstrittene Fakten und Interpretationen von Fakten berichtet, über Ideen, die von vielen meiner Kollegen in den Hirn-Geist-Wissenschaften geteilt oder nicht geteilt werden, über Dinge, die sind, wie ich sie dargestellt habe, und Dinge, die vielleicht sind, wie ich sie dargestellt habe. Möglicherweise hat es den Leser überrascht, daß ich so beharrlich von »Fakten« berichtet habe, die keineswegs erwiesen sind, und daß so vieles von dem, was sich über das Gehirn sagen läßt, bestenfalls in Form von Arbeitshypothesen dargestellt werden kann. Natürlich wünschte ich, ich könnte sagen, daß wir mit Gewißheit wissen, wie das Gehirn es anstellt, den Geist hervorzubringen, aber das kann ich nicht – und ich fürchte, niemand kann es.

Allerdings möchte ich sogleich hinzufügen, daß der Mangel an definitiven Antworten in Sachen Gehirn und Geist kein Grund zur Verzweiflung ist und nicht als Indiz für ein Versagen der wissenschaftlichen Disziplinen anzusehen ist, die sich um eine Klärung dieser Fragen bemühen. Der Mangel an genauen und umfassenden Erklärungen bedeutet nicht, daß wir uns in einer Sackgasse befinden. Es gibt Grund zu der Annahme, daß wir zu befriedigenden Erklärungen gelangen werden, obwohl es unsinnig wäre, irgendeine Frist zu nennen, und noch unsinniger zu behaupten, daß eine solche Erklärung demnächst zu erwarten ist. Wenn es überhaupt einen Anlaß zur Sorge gibt, dann besteht er nicht in einem Mangel an Fortschritt, sondern in der Flut neuer Daten, mit der uns die Neurowissenschaft überschwemmt, und der Gefahr, daß sie uns die Möglichkeit nimmt, noch einen klaren Gedanken zu fassen.

Wenn es eine solche Fülle neuer Fakten gibt, so fragen Sie sich vielleicht, warum sind dann noch keine endgültigen Antworten gefunden worden? Warum können wir nicht exakt und umfassend erklären, wie wir sehen und, noch wichtiger, wieso es ein Selbst gibt, das diesen Akt des Sehens vornimmt?

Der Hauptgrund für die Verzögerung – um nicht zu sagen, der einzige Grund – ist die ungeheure Komplexität der Probleme, auf die wir eine Antwort suchen. Ganz offensichtlich hängt das, was wir verstehen möchten, weitgehend von der Operation der Neuronen ab, über deren Struktur und Funktion wir einiges wissen – bis hin zu den Molekülen, aus denen sie bestehen und die sie zu dem veranlassen, was sie am besten können: zu feuern oder Erregungsmuster zu erzeugen. Wir wissen sogar etwas über die Gene, die dafür verantwortlich sind, daß diese Neuronen entstehen und in einer bestimmten Weise arbeiten. Aber natürlich hängt der menschliche Geist von den übergreifenden Aktivitätsmustern dieser Neuronen ab, den komplizierten Netzen, die sie bilden, von der mikroskopischen Ebene der lokalen Schaltkreise bis zur makroskopischen der Systeme, die sich über mehrere Zentimeter erstrecken. In den Schaltkreisen eines menschlichen Gehirns gibt es mehrere Milliarden Neuronen. Die Zahl der Synapsen, die zwischen diesen Neuronen gebildet werden, beträgt mindestens zehn Billionen, und die Gesamtlänge der Fortsätze (Axonen), die sich zu Neuronenschaltkreisen zusammenschließen, liegt in der Größenordnung von mehreren hunderttausend Kilometern. (Diese aufschlußreiche Schätzung verdanke ich Charles Stevens, einem Neurobiologen am Salk Institute.) Die Aktivität in den Schaltkreisen erzeugt ein Erregungsmuster, das auf einen anderen Schaltkreis übertragen wird. Dieser Schaltkreis kann feuern oder nicht, was von vielen Einflüssen abhängt, die zum Teil lokal, wenn andere Neuronen in der Nachbarschaft endigen, und zum Teil global sind, wenn sie durch chemische Verbindungen, wie etwa Hormone, in der Blutbahn übertragen werden. Die Zeitspanne der Aktivierung ist außerordentlich kurz, in der Größenordnung von einigen Hundertstelsekunden – woraus folgt, daß das Gehirn in einer Sekunde unseres geistigen Lebens Millionen Erregungsmuster in einer großen Zahl von Schaltkreisen der verschiedensten Hirnregionen erzeugt.

Folglich dürfte klargeworden sein, daß sich die Geheimnisse, welche die neuronale Grundlage des Geistes noch birgt, nicht lüften lassen, indem man alle Geheimnisse eines einzigen Neurons löst – und mag dieses noch so typisch sein – oder indem man all die komplizierten lokalen Aktivitätsmuster eines typischen Neuronenschaltkreises entschlüsselt. In einer ersten Annäherung läßt sich sagen, daß die elementaren Geheimnisse des Geistes in der Wechselwirkung von Erregungsmustern zu suchen sind, die durch viele lokale und globale Neuronenschaltkreise von Augenblick zu Augenblick im Gehirn eines lebenden Organismus erzeugt werden.

Auf das Rätsel, das uns Gehirn und Geist aufgeben, läßt sich nicht eine einfache Antwort finden, sondern nur eine Vielzahl von Antworten, die in den unzähligen Teilelementen auf den vielen Strukturebenen des Nervensystems verschlüsselt sind. Wenn wir diese Ebenen verstehen wollen, müssen wir verschiedene Techniken und Verfahren anwenden, die unterschiedlich viel Zeit erfordern. Teilweise können wir auf Tierexperimente zurückgreifen, durch die man zu relativ raschen Ergebnissen gelangt. Andere Untersuchungen lassen sich nur am Menschen durchführen. Dort gilt es dann entsprechende ethische Grundsätze und Vorsichtsmaßregeln zu beachten, wodurch sich das Forschungstempo entsprechend verringert.

Man hat gefragt, warum die Neurowissenschaften noch keine Ergebnisse vorzuweisen haben, wie sie die Molekularbiologie in den letzten vierzig Jahren erzielt hat. Es ist sogar die Frage gestellt worden, ob die Neurowissenschaft mit einem Erfolg aufzuwarten habe, der mit der Entdeckung der DNS-Struktur zu vergleichen wäre, ob man, mit anderen Worten, einen entsprechenden neurowissenschaftlichen Tatbestand ermittelt habe. Man muß einräumen, daß es in unserer Disziplin kein einzelnes Forschungsergebnis gibt, das sich mit dieser Entdeckung messen könnte, obschon einige Resultate auf verschiedenen Ebenen des Nervensystems zusammengenommen einen praktischen Wert darstellen dürften, der mit der Entschlüsselung der DNS-Struktur durchaus vergleichbar ist – zum Beispiel die Erkenntnis, wie ein Aktionspotential funktioniert. Doch das Äquivalent wäre, bezogen auf das geisterzeugende Gehirn, eine *umfassende Beschreibung der Schaltkreise und Systeme sowohl auf mikro- wie auf makrostruktureller Ebene.*

Für den Fall, daß der Leser die oben erwähnten Rechtfertigungen für die Grenzen unseres heutigen Wissens als unbefriedigend empfindet, möchte ich noch zwei weitere nachliefern. Erstens wird, wie an früherer Stelle erläutert, nur ein Teil der Schaltungen in unserem Gehirn durch Gene festgelegt. Das menschliche Genom schreibt den Aufbau unseres Körpers in allen Einzelheiten vor, und dazu gehört auch der Gesamtplan des Gehirns. Doch nicht alle Schaltkreise entwickeln sich und funktionieren nach Maßgabe von Genen. Ein großer Teil der Schaltkreise ist in jedem Gehirn und in jedem Augenblick des Erwachsenenlebens individuell und singulär – er spiegelt Geschichte und Lebensumstände dieses besonderen Organismus wider. Das macht die Lösung der neuronalen Geheimnisse natürlich nicht gerade leichter. Zweitens, jeder menschliche Organismus agiert in Kollektiven, die sich aus ähnlichen Geschöpfen zusammensetzen. Der Geist und das Verhalten von Individuen, die zu solchen Kollektiven gehören und sich in bestimmten kulturellen und physischen Umwelten bewegen, werden nicht nur durch die oben erwähnten Schaltkreise und ihre Aktivitätsmuster geprägt – und noch weniger durch ihre Gene allein. Befriedigend läßt sich das Gehirn, das den menschlichen Geist und das menschliche Verhalten hervorbringt, nur verstehen, wenn wir seinen sozialen und kulturellen Kontext in Betracht ziehen. Und das läßt unsere Aufgabe wahrhaft gigantische Ausmaße annehmen.

Eine Überlebensstrategie

Bei einigen Arten – nichtmenschlichen oder sogar Nichtprimaten –, bei denen Gedächtnis, Denken und Kreativität begrenzt sind, gibt es dennoch Ausprägungen komplexen Sozialverhaltens, dessen neuronale Steuerung angeboren sein muß. Insekten – vor allem Ameisen und Bienen – liefern eindrucksvolle Beispiele für soziale Kooperation, welche die Vollversammlung der Vereinten Nationen eigentlich sehr beschämen müßten. Uns ähnlicher, zeigen Säugetiere eine Fülle solcher Manifestationen, und das Verhalten von Wölfen, Delphinen und Fledermäusen, um nur einige Arten zu nennen, läßt sogar eine ethische Struktur vermuten. Offenbar besitzt der Mensch etliche dieser angeborenen Mechanismen, von denen einige wahrscheinlich die Grundlage für manche der vom Menschen verwendeten ethischen Strukturen sind. Allerdings müssen die komplexeren sozialen Konventionen und ethischen Strukturen, nach denen wir leben, kulturell entstanden und entsprechend weitergegeben worden sein.

Wenn dies der Fall ist, stellt sich die Frage, was der Anlaß zur kulturellen Entwicklung solcher Strategien war. Wahrscheinlich sind sie von Individuen entwickelt worden, deren Fähigkeit, die Vergangenheit zu erinnern und die Zukunft zu antizipieren, einen bemerkenswerten Entwicklungsstand erreicht hatte und die deshalb nach einem Mittel suchten, ihr Leiden zu verringern. Mit anderen Worten, die Strategien entstanden in Individuen, die erkennen konnten, daß ihr Überleben bedroht war oder daß die Qualität eines Lebens, von dem sie diese Gefahr abgewendet hatten, verbessert werden konnte. Solche Strategien konnten sich nur bei den wenigen Arten entwickeln, deren Gehirnstruktur folgende Voraussetzungen aufwies: Erstens, eine nennenswerte Fähigkeit zur Erinnerung von Kategorien von Objekten und Ereignissen sowie zur Erinnerung von besonderen Objekten und Ereignissen, das heißt zur Herstellung von dispositionellen Repräsentationen von Objekten und Ereignissen auf der Ebene von Kategorien und auf der Ebene des Besonderen. Zweitens eine nennenswerte Fähigkeit, diese abgespeicherten Repräsentationen zu handhaben und aus ihnen neue Kombinationen herzustellen. Von unmittelbarem Nutzen waren diese Neuschöpfungen, wenn sie vorgestellte Szenarien abbildeten, die Resultate von Handlungen antizipierten, künftige Pläne entwarfen und neue Zielsetzungen entwickelten, die dem Überleben dienten. Drittens, eine beträchtliche Fähigkeit, die oben beschriebenen Neuschöpfungen zu erinnern – die antizipierten Resultate, die neuen Pläne und die neuen Zielsetzungen. Solche dem Gedächtnis einverleibten Neuschöpfungen nenne ich »Erinnerungen an die Zukunft«[5].

Wenn besseres Wissen um die erlebte Vergangenheit und die antizipierte Zukunft der Grund war, warum soziale Strategien zur Bewältigung des Leidens entwickelt werden mußten, dann müssen wir aber noch erklären, warum Leiden überhaupt entstanden ist. Und dazu müssen wir das biologisch vorgegebene Schmerzempfinden sowie sein Gegenteil, die Lust, betrachten. Merkwürdig daran ist natürlich, daß der biologische Mechanismus, der dem zugrunde liegt, was wir heute Schmerz und Lust nennen, auch ein wichtiger Grund dafür war, daß die angeborenen Überlebensinstrumente zu einem Zeitpunkt der Evolution selektiert und zusammengestellt wurden, als es noch kein individuelles Leiden und keine Vernunft gab. Möglicherweise folgt daraus, daß der gleiche einfache Mechanismus, auf Systeme von unterschiedlichen Komplexitätsgraden und Existenzbedingungen angewandt, zwar verschiedene, aber doch verwandte Ergebnisse hervorbringt. Das Immunsystem, der Hypothalamus, die ventromediale Stirnhirnregion und die Menschenrechte haben den gleichen Ursprung.

Schmerz und Lust sind die Druckmittel, die der Organismus braucht, um seine instinktiven und erworbenen Strategien effektiv einzusetzen. Aller Wahrscheinlichkeit nach sind sie auch die Faktoren gewesen, welche die Entwicklung von Strategien zur sozialen Entscheidungsfindung gesteuert haben. Als viele Individuen in sozialen Gruppen die schmerzhaften Konsequenzen von psychologischen, sozialen und natürlichen Phänomenen erfuhren, wurde es möglich, intellektuelle und kulturelle Strategien zur Bewältigung der Schmerzerfahrung zu entwickeln und sie unter Umständen zu lindern.

Schmerz und Lust treten auf, wenn uns Körperzustandsprofile bewußt werden, die deutlich vom Grundzustand abweichen. Die Konfigurationen von Reizen und von Hirnaktivitätsmustern, die wir als Schmerz oder Lust wahrnehmen, sind a priori in die Gehirnstruktur eingeschrieben. Sie treten auf, weil Schaltkreise in bestimmter Weise feuern, und diese Schaltkreise gibt es, weil sie genetisch angewiesen wurden, sich in einer ganz bestimmten Weise auszuformen. Obwohl unsere Reaktionen auf Schmerz und Lust durch Erziehung abgeändert werden können, sind sie ein Musterbeispiel für geistige Phänomene, die von der Aktivierung angeborener Dispositionen abhängen.

Bei Schmerz und Lust sollten wir zumindest zwei Elemente unterscheiden. Im ersten Fall erzeugt das Gehirn die Repräsentation einer lokalen Körperzustandsveränderung, die einem Teil des Körpers zugeschrieben wird. Hier haben wir es mit einer somatosensiblen Wahrnehmung im engeren Sinn des Wortes zu tun. Sie rührt von der Haut, einer Schleimhaut oder vom Teil eines Organs her. Das zweite Element von Schmerz und Lust ergibt sich aus einer allgemeineren Veränderung des Körperzustands – einem Gefühl. Was wir Schmerz oder Lust nennen, ist der Name für den Begriff einer bestimmten Körperlandschaft, die unsere Gehirne wahrnehmen. Im Gehirn wird die Wahrnehmung dieser Landschaft durch Neurotransmitter und Neuromodulatoren beeinflußt, die auf die Signalübertragung und die Funktionen des für die Körperrepräsentation zuständigen Gehirnabschnitts einwirken. Die Ausschüttung von Endorphinen (den körpereigenen Morphinen), die an Opiatrezeptoren binden (ähnlich jenen, auf die das Morphin einwirkt), ist ein wichtiger Faktor bei der Wahrnehmung einer »Lustlandschaft« und kann die Wahrnehmung einer »Schmerzlandschaft« auslöschen oder dämpfen.

Diesen Gedanken möchte ich durch ein Beispiel für Schmerzverarbeitung etwas näher erläutern. Nach meiner Auffassung geschieht dabei folgendes: Aus der Reizung von Nervenendigungen in einem Körperbereich, in dem eine Gewebsschädigung vorliegt (sagen wir, in einem Wurzelkanal), konstruiert das Gehirn eine flüchtige Repräsentation einer Körperveränderung, die sich von der vorangehenden Repräsentation dieses Bereichs unterscheidet. Die Aktivitätsmuster, die Schmerzsignalen entsprechen, und die Wahrnehmungsmerkmale der resultierenden Repräsentation werden vom Gehirn vollständig vorgeschrieben, unterscheiden sich aber ansonsten überhaupt nicht von anderen Formen der Körperwahrnehmung. Doch wenn das alles wäre, würden Sie, so denke ich, lediglich ein bestimmtes Vorstellungsbild einer Körperveränderung wahrnehmen, ohne irgendwelche unangenehmen Folgen. Es wäre weder erfreulich noch unerfreulich. Ich bin jedoch der Überzeugung, daß *der Prozeß damit noch nicht zu Ende ist*. Die unschuldige Verarbeitung der Körperveränderung löst eine rasche Folge von weiteren Körperzustandsveränderungen aus, die den allgemeinen Körperzustand noch weiter von seiner Grundverfassung entfernen. *Der Zustand, der sich daraus ergibt, ist ein Gefühl mit bestimmtem Profil.* Aus den nachfolgenden Körperzustandsabweichungen bildet sich die unangenehme *Empfindung* von Leiden. Vielleicht fragen Sie sich, warum sie als Leiden empfunden werden. Weil der Organismus es so will. Wir werden mit einem präorganisierten Mechanismus geboren, dessen Aufgabe es ist, uns die Erfahrung von Lust und Schmerz zu vermitteln. Zwar kann unsere kulturelle und individuelle Geschichte die Schwelle verändern, bei der dieser Mechanismus ausgelöst wird, sie kann die Intensität der Erfahrung beeinflussen oder uns mit Mitteln ausstatten, sie zu dämpfen, doch das ändert nichts an den Grundgegebenheiten des Mechanismus.

Welchen Nutzen hat ein derartiger präorganisierter Mechanismus? Warum gibt es noch zusätzlich diesen lästigen Zustand, statt nur die Schmerzvorstellung allein? Zwar sind wir hier auf Vermutungen angewiesen, aber der Grund muß etwas damit zu tun haben, daß Leiden unsere Aufmerksamkeit weckt. Leiden bietet die besten Überlebenschancen, weil es die Wahrscheinlichkeit erhöht, daß das Individuum auf die Schmerzsignale achtet und versucht, durch sein Handeln die Quelle zu vermeiden oder die Folgen zu beseitigen.

Wenn Schmerz ein Mittel zur geeigneten Entfaltung von Trieben und Instinkten und zur Entwicklung von entsprechenden Strategien der Entscheidungsfindung ist, dann folgt daraus, daß Veränderungen der Schmerzwahrnehmung von Beeinträchtigungen des Verhaltens begleitet sein sollten. Das scheint der Fall zu sein. Menschen, die unter angeborener Schmerzunempfindlichkeit leiden, können keine normalen Verhaltensstrategien erwerben. Viele scheinen ständig zum Kichern aufgelegt und bei bester Laune zu sein, dabei führt ihre Krankheit zu Gelenkschäden (ohne Schmerzempfinden bewegen sie ihre Gelenke über die mechanischen Belastungsgrenzen hinaus, so daß Bänder und Kapseln reißen), zu schweren Verbrennungen und Schnittwunden (sie zucken nicht zurück, wenn sie eine heiße Platte oder ein scharfes Messer berühren, das ihre Haut zerstört).[6] Da sie Lust durchaus empfinden und insofern von positiven Gefühlen beeinflußt werden können, ist es äußerst interessant, daß ihr Verhalten solche Beeinträchtigungen zeigt. Doch noch interessanter ist die Hypothese, daß diese notwendigen Mechanismen nicht nur für die Entwicklung, sondern auch für die Aktivierung erworbener Entscheidungsstrategien eine Rolle spielen. Patienten mit präfrontaler Schädigung zeigen merkwürdig veränderte Schmerzreaktionen. Beispielsweise ist ihre lokalisierbare Schmerzvorstellung intakt, doch die emotionalen Reaktionen, die ein entscheidender Bestandteil des Schmerzprozesses sind, bleiben aus, oder zumindest ist das aus dem Schmerz resultierende Empfinden nicht normal. Im Hinblick auf diese Dissoziation sind noch andere Daten zu berücksichtigen, und zwar von Patienten, bei denen man zur Behandlung von chronischem Schmerz chirurgische Hirnläsionen setzt.

Einige neurologische Erkrankungen verursachen heftige und häufige Schmerzen – so zum Beispiel die Trigeminusneuralgie, auch *Tic douloureux* genannt. Der Terminus Neuralgie bedeutet einen Schmerz neuralen Ursprungs, und mit Trigeminus ist der Trigeminusnerv gemeint, der die Gesichtsmuskulatur innerviert und sensible Reize vom Gesicht zum Gehirn transportiert. Eine Trigeminusneuralgie manifestiert sich im Gesicht, meist einseitig und partiell, beispielsweise im Bereich einer Wange. Ein harmloser Vorgang wie die Berührung der Haut oder, noch harmloser, ein Luftzug, der über diese Hautpartie streicht, kann einen plötzlichen und unerträglichen Schmerz auslösen. Betroffene berichten, sie hätten das Empfinden, daß man ihnen das Fleisch mit Dolchen durchsteche oder Nadeln in Haut und Knochen bohre. Der Schmerz wird zum Mittelpunkt ihres Lebens. Solange das Stechen anhält, können sie nichts anderes denken oder tun, und das Stechen kann häufig auftreten. Ihr Körper schließt sich zu einem verkrampften, defensiven Knäuel zusammen.

Wenn alle verfügbaren Medikamente nichts gegen die Neuralgie ausrichten, wird sie als unbehandelbar oder refraktär eingestuft. In solchen Fällen kann nur noch die Neurochirurgie helfen und durch einen Eingriff Erleichterung schaffen. Eine Behandlungsmöglichkeit, die man früher versuchte, war die präfrontale Leukotomie (wie im vierten Kapitel beschrieben). Besser als jeder andere Tatbestand belegen die Ergebnisse dieses Eingriffs den Unterschied zwischen dem Schmerz an sich, das heißt der Wahrnehmung einer bestimmten Klasse von sensorischen Signalen, und dem Leiden, das heißt der Empfindung, die aus der Wahrnehmung der emotionalen Reaktion auf diese Wahrnehmung erwächst.

Betrachten wir die folgende Episode, die ich selbst miterlebt habe, als ich bei Almeida Lima in der Ausbildung war, dem Neurochirurgen, der Egas Moniz geholfen hatte, die zerebrale Angiographie und die präfrontale Leukotomie zu entwickeln, und der auch die erste Operation dieser Art durchgeführt hatte. Lima, der nicht nur ein geschickter Chirurg, sondern auch ein mitfühlender Mensch war, hatte zur Linderung unbehandelbarer Schmerzen eine modifizierte Form der Leukotomie entwickelt und war überzeugt davon, daß das Verfahren in verzweifelten Fällen zu rechtfertigen sei. Er wollte, daß ich einen solchen Fall von Anfang an miterlebte.

Lebhaft erinnere ich mich an einen Patienten, der im Bett saß und auf die Operation wartete. Sein schweres Leiden veranlaßte ihn, fast unbeweglich dazuhocken, voller Angst, weitere Schmerzen auszulösen. Als Lima und ich ihn zwei Tage später bei der Visite aufsuchten, war er ein anderer Mensch. Er sah entspannt und völlig normal aus, während er unbeschwert mit einem anderen Patienten aus seinem Krankenzimmer Karten spielte. Lima fragte ihn nach den Schmerzen. Fröhlich sah der Mann auf und sagte: »Oh, die Schmerzen sind unverändert, aber ich fühle mich jetzt gut, vielen Dank.« Offenbar hatte die Operation also die emotionale Reaktion unterbunden, die ein Teil dessen ist, was wir Schmerz nennen. Sie hatte das Leiden des Mannes beendet. Sein Gesichtsausdruck, seine Stimme und sein Benehmen ließen auf angenehme Zustände, nicht Schmerzen schließen. Dagegen schien die Operation die Vorstellung der lokalen Veränderung in der vom Trigeminusnerv versorgten Körperregion kaum verändert zu haben, und deshalb beschrieb der Patient die Schmerzen auch als unverändert. Zwar konnte das Gehirn kein Leiden mehr erzeugen, aber es produzierte noch »Schmerzvorstellungen«, das heißt, es war zur normalen Verarbeitung der somatosensiblen Kartierung einer Schmerzlandschaft in der Lage.[7] Dieses Beispiel ist nicht nur höchst aufschlußreich für die Funktionen der Schmerzmechanismen, sondern offenbart auch die Trennung zwischen der Vorstellung eines Objektes oder Ereignisses (dem Zustand eines biologischen Gewebes, was der Schmerzvorstellung entspricht) und der Vorstellung eines Körperzustands, die die Objektvorstellung durch Juxtaposition in der Zeit charakterisiert.

Ich denke, die Neurobiologie und die Medizin müßten höchste Anstrengungen unternehmen, um Leiden der oben beschriebenen Art zu lindern. Ein ebenso wichtiges Anliegen der biomedizinischen Bemühungen müßten die Leiden bei Geisteskrankheiten sein. Doch was man gegen das Leid tun kann, das aus persönlichen und sozialen Konflikten außerhalb des medizinischen Sektors erwächst, ist eine ganz andere und völlig offene Frage. Gegenwärtig ist der Trend zu beobachten, überhaupt keinen Unterschied zu machen und jeglichem Unbehagen mit medizinischen Mitteln zu Leibe zu rücken. Die Vertreter dieser Richtung führen ein bestechend klingendes Argument ins Feld. Wenn beispielsweise ein Anstieg der Serotoninkonzentration nicht nur Depressionen lindert, sondern auch Aggressionen dämpft, die Schüchternheit reduziert und das Selbstbewußtsein stärkt, warum soll man sich dann diesen Umstand nicht zunutze machen? Muß man nicht ein schlimmer Spielverderber und Puritaner sein, um einem Mitmenschen die Vorzüge aller dieser Wundermittel vorzuenthalten? Das Problem liegt natürlich darin, daß die Situation aus vielen Gründen nicht so eindeutig ist. Erstens sind die langfristigen biologischen Wirkungen der Medikamente unbekannt. Zweitens wissen wir nicht, welche Folgen eine gesellschaftlich so verbreitete Medikamentenverwendung hätte. Drittens und vielleicht am wichtigsten: Wenn die vorgeschlagene Lösung für individuelles und soziales Leiden die Ursachen für individuellen und sozialen Konflikt außer acht läßt, dann dürfte sie nicht lange Bestand haben. Vielleicht behandelt sie ein Symptom, aber an den Wurzeln der Krankheit verändert sie nichts.

Von der Lust war wenig die Rede. Schmerz und Lust sind keine Zwillinge oder Spiegelbilder, jedenfalls nicht in ihrer Funktion für Überlebensstrategien. Meist warnt uns das Schmerzsignal vor Schwierigkeiten, die im Augenblick oder in der antizipierten Zukunft drohen. Es ist kaum denkbar, daß Individuen und Gesellschaften, die von dem Streben nach Lustgewinn genauso oder stärker bestimmt werden als vom Streben nach Schmerzvermeidung, überleben können. Einige neuere gesellschaftliche Entwicklungen, aus denen zunehmend hedonistische Kulturen erwachsen, sprechen für diese Auffassung, und Forschungsarbeiten, die meine Kollegen und ich gegenwärtig zu den neuronalen Korrelaten verschiedener Gefühle durchführen, liefern weitere Bestätigungen. Negative Gefühle scheinen weit mehr Spielarten zu kennen als positive Gefühle, und augenscheinlich handhabt unser Gehirn die positiven und die negativen Spielarten von Gefühlen mit unterschiedlichen Systemen. Vielleicht hatte Tolstoi ähnliches im Sinn, als er zu Beginn des Romans *Anna Karenina* schrieb: »Alle glücklichen Familien sind sich ähnlich, aber jede unglückliche Familie ist auf ihre eigene Weise unglücklich.«

Anmerkungen und Literatur

Einleitung

1. Ich habe mich bemüht, die Begriffe »Vernunft« *(reason)*, »Rationalität« *(rationality)* und »Entscheidungsfindung« *(decision making)* so eindeutig wie möglich zu verwenden, muß aber darauf hinweisen, daß ihre Bedeutung häufig problematisch ist, wie zu Beginn des achten Kapitels erörtert. Doch das ist nicht nur mein Problem oder das des Lesers. In einem zeitgenössischen Wörterbuch der Philosophie heißt es zum Stichwort *reason*: »Im Englischen hatte und hat das Wort *reason* eine große Vielzahl und Vielfalt von Bedeutungen und Verwendungsweisen, die häufig in einer komplizierten und nicht ganz klaren Beziehung zueinander stehen ...« (P. Edwards [Hg.]: *Encyclopedia of Philosophy*. New York, 1967. Im Deutschen hört es sich nicht viel besser an: »*Vernunft*, philosophischer Begriff, gleichbedeutend mit Einsicht, Besonnenheit. Bezeichnet das gesamte geistige Vermögen im Unterschied zum sinnlichen.« W. Arnold u. a. [Hg.]:*Lexikon der Psychologie*, Bd. III/2. Freiburg, 1976. A. d. Ü.)
Wie dem auch sei, der Leser wird wahrscheinlich das Gefühl haben, daß ich die Begriffe »Vernunft« und »Rationalität« ganz konventionell verwende. In der Regel bezeichne ich mit dem Wort »Vernunft« die Fähigkeit, zu denken und Schlußfolgerungen auf geordnete, logische Weise zu ziehen, während ich unter »Rationalität« ein Denken und Verhalten verstehe, das aus der Anwendung der Vernunft auf einen persönlichen und sozialen Kontext resultiert. Denken *(reasoning)* und Entscheidungsfindung sind für mich keine austauschbaren Begriffe, weil nicht alle Denkprozesse mit einer Entscheidung enden.
Wie der Leser noch feststellen wird, unterscheide ich auch zwischen Gefühl *(emotion)* und Empfindung *(feeling)*. In der Regel meine ich mit »Gefühl« eine Reihe von Veränderungen, die in Hirn und Körper stattfinden und gewöhnlich durch einen bestimmten geistigen In-

halt ausgelöst werden. Eine Empfindung ist die Wahrnehmung dieser Veränderungen. Eine Erörterung dieser Unterscheidung folgt im siebten Kapitel.
2. C. Darwin: *Die Abstammung des Menschen.* Stuttgart, 1966.
3. N. Chomsky: *Modular Approaches to the Study of the Mind.* San Diego, 1984.
4. O. Flanagan: *The Science of the Mind.* Cambridge, USA, 1991.

1. Kapitel

1. J. M. Harlow: »Recovery from the passage of an iron bar through the head« in: *Publications of the Massachussetts Medical Society*, 2, 1848/49, S. 327–347; »Passage of an iron rod through the head« in: *Boston Medical and Surgical Journal*, 39, 1868, S. 389.
2. Vgl. Anm. 1.
3. E. Williams, zitiert bei: H. J. Bigelow: »Dr. Harlow's case of recovery from the passage of an iron bar through the head« in: *American Journal for the Medical Sciences*, 19, 1850, S. 13–22.
4. Vgl. Anm. 3 (Bigelow).
5. Vgl. Anm. 1 (1868).
6. N. West: *Tag der Heuschrecken*, Kapitel eins. Zürich, 1964.
7. Typisch für diese Einstellung ist E. Dupuy: *Examen de quelques points de la physiologie du cerveau.* Paris, 1873.
8. D. Ferrier: »The Goulstonian Lectures on the localisation of cerebral disease« in: *British Medical Journal*, 1, 1878, S. 399–447.
9. Zu einer außergewöhnlich unvoreingenommenen Würdigung der Gallschen Beiträge vgl. J. Marshall: »The new organology« in: *The Behavioral and Brain Sciences*, 3, 1980, S. 23–25.
10. M. B. MacMillan: »A wonderful journey through skull and brains« in: *Brain and Cognition*, 5, 1986, S. 67–107.
11. N. Sizer: *Forty Years in Phrenology; Embracing Recollections of History, Anecdote and Experience.* New York, 1882.
12. Vgl. Anm. 1 (1868).

2. Kapitel

1. P. Broca: »Sur la faculté du langage articulé« in: *Bull. Soc. Anthropol., Paris*, 6, 1865, S. 337–393.

C. Wernicke: *Der aphasische Symptomencomplex*. Breslau, 1874. Zu Einzelheiten über die Broca- und Wernicke-Aphasien vgl. A. Damasio in: *The New England Journal of Medicine*, 326, 1992, S. 531–539; zu einer neueren Auffassung über die Neuroanatomie der Sprache vgl. A. Damasio und H. Damasio: »Sprache und Gehirn« in: *Spektrum der Wissenschaft*, 1992, November, S. 80.
2. Zu einer allgemeinen Darstellung der Neuroanatomie vgl. J. H. Martin: *Neuroanatomy Text and Atlas*. New York, 1989. Einen modernen Atlas des menschlichen Gehirns findet der Leser in: H. Damasio: *Human Neuroanatomy from Computerized Images*. New York, 1995. Zur Bedeutung der Neuroanatomie für die Zukunft der Neurobiologie vgl. F. Crick und E. Jones: »The backwardness of human neuroanatomy« in: *Nature*, 361, 1993, S. 109–110.
3. H. Damasio und R. Frank: »Three-dimensional *in vivo* mapping of brain lesions in humans« in: *Archives of Neurology*, 49, 1992, S. 137–143.
4. Vgl. E. Kandel, J. Schwartz, T. Jessell: *Principles of Neuroscience*. Amsterdam, 1991.
P. S. Churchland und T. J. Sejnowski: *The Computational Brain: Models and Methods on the Frontiers of Computational Neuroscience*. Boston, 1992.
5. H. Damasio, T. Grabowski, R. Frank, A. M. Galaburda und A. R. Damasio: »The return of Phineas Gage: The skull of a famous patient yields clues about the brain« in: *Science*, 264, 1994, S. 1102–1105.

3. Kaptiel

1. Mit Ausnahme von Phineas Gage wird die Privatsphäre aller im Text erwähnten Patienten durch verschlüsselte Anfangsbuchstaben, Pseudonyme und Auslassung entlarvender biographischer Details gewahrt.
2. Viele der neuropsychologischen Tests, auf die ich mich in diesem Abschnitt beziehe, werden beschrieben in: M. D. Lezak: *Neuropsychological Assessment*, New York, 3. Auflage 1995, und in: A. L. Benton: *Contributions to Neuropsychological Assessment*, New York, 1983.
3. B. Milner: »Some effects of frontal lobectomy in man« in: J. M. Warren und K. Akert (Hg.): *The Frontal Granular Cortex and Behavior*. New York, 1964.

4. T. Shallice und M.E. Evans: »The involvement of the frontal lobes in cognitive estimation« in: *Cortex*, 14, 1978, S. 294–303.
5. S.R. Hathaway und J.C. McKinley: *The Minnesota Multiphasic Personality Inventory Manual* (rev. Aufl.). New York, 1951.
6. L. Kohlberg: *The Measurement of Moral Judgment*. Cambridge, USA, 1987.
7. J.L. Saver und A.R. Damasio: »Preserved access and processing of social knowledge in a patient with acquired sociopathy due to ventromedial frontal damage« in: *Neuropsychologia*, 29, 1991, S. 1241–1249.

4. *Kapitel*

1. B.J. MacNeil, S.G. Pauker, H.C. Sox und A. Tversky: »On the elicitation of preferences for alternative therapies« in: *New England Journal of Medicine*, 306, 1982, S. 1259–1269.
2. Zu Einzelheiten über neuropsychologische Forschungsstrategien vgl. H. Damasio und A.R. Damasio: *Lesion Analysis in Neuropsychology*. New York, 1989.
3. R.M. Brickner: »An interpretation of frontal lobe function based upon the study of a case of partial bilateral frontal lobectomy« in: *Research Publications of the Association for Research in Nervous and Mental Disease*, 13, 1934, S. 259–351; und: *The intellectual functions of the frontal lobectomy*. New York, 1936. Zu anderen Untersuchungen über Stirnhirnschädigungen vgl. ferner D.T. Stuss und F.T. Benson: *The Frontal Lobes*. New York, 1986.
4. D.O. Hebb und W. Penfield: »Human behavior after extensive bilateral removals from the frontal lobes« in: *Archives of Neurology and Psychiatry*, 44, 1940, S. 421–438.
5. S.S. Ackerly und A.L. Benton: »Report of a case of bilateral frontal lobe defect« in: *Research Publications of the Association for Research in Nervous and Mental Diseases*, 27, 1948, S. 479–504.
6. Zu den wenigen Falldokumentationen, die mit der über Ackerlys und Bentons Patienten zu vergleichen sind, gehören:
B.H. Price, K.R. Daffner, R.M. Stowe und M.M. Mesulam: »The comportmental learning disabilities of early frontal lobe damage« in: *Brain*, 113, 1990, S. 1383–1393.
L.M. Grattan und P.J. Eslinger: »Long-term psychological consequences of childhood frontal lobe lesion in patient DT« in: *Brain and Cognition*, 20, 1992, S. 185–195.

7. E. Moniz: *Tentatives opératoires dans le traitement de certaines psychoses*. Paris, 1936.
8. Zu einer Erörterung dieser und anderer aggressiver Behandlungsformen vgl. E.S. Valenstein: *Great and Desperate Cures: The Rise and Decline of Psychosurgery and Other Radical Treatment for Mental Illness*. New York, 1986.
9. J. Babinski: »Contributions à l'étude des troubles mentaux dans l'hémiplégie organique cérébrale (anosognosie)« in: *Revue neurologique*, 27, 1914). S. 845–847.
10. A. Marcel: »Slippage in the unity of consciousness« in: *Experimental and theoretical studies of consciousness* (Ciba Foundation Symposium 174). New York, 1993, S. 168–186.
11. S.W. Anderson und D. Tranel: »Awareness of disease states following cerebral infarction, dementia and head trauma: Standardized assessment« in: *The Clinical Neuropsychologist*, 3, 1989, S. 327–339.
12. R.W. Sperry: »Cerebral organization and behavior« in: *Science*, 133, 1981, S. 1749–1757.
J.E. Bogen und G.M. Bogen: »The other side of the brain, III: The corpus callosum and creativity« in: *Bull. Los Angeles Neurol. Soc.*, 3, 1969, S. 191–220.
E. De Renzi: *Disorders of Space Exploration and Cognition*. New York, 1982.
D. Bowers, R.M. Bauer und K.M. Heilman: »The nonverbal affect lexicon: Theoretical perspectives from neuropsychological studies of affect perception« in: *Neuropsychologia*, 7, 1993, S. 433–444.
M.M. Mesulam: »A cortical network for directed attention and unilateral neglect« in: *Ann. Neurol.*, 10, 1981, S. 309–325.
E.D. Ross und M.M. Mesulam: »Dominant language functions of the right hemisphere« in: *Arch. Neurol.*, 36, 1979, S. 144–148.
13. B. Woodward und S. Armstrong: *The Brethren*. New York, 1979.
14. D. Tranel und B.T. Hyman: »Neuropsychological correlates of bilateral amygdala damage« in: *Archives of Neurology*, 47, 1990, S. 349–355.
F.K.D. Nahm, H. Damasio, D. Tranel und A. Damasio: »Cross-modal associations and the human amygdala« in: *Neuropsychologia*, 31, 1993, S. 727–744.
R. Adolphs, D. Tranel und A. Damasio: »Impaired recognition of emotion in facial expressions following bilateral damage to the human amygdala« in: *Nature*, 372, 1994, S. 669–672.

15. L. Weiskrantz: »Behavioral changes associated with ablations of the amygdaloid complex in monkeys« in: *Journal of Comparative and Physiological Psychology*, 49, 1956, S. 381–391.
J.P. Aggleton und R.E. Passingham: »Syndrome produced by lesions of the amygdala in monkeys *(Macaca mulatta)*« in: *Journal of Comparative and Physiological Psychology*, 95, 1981, S. 961–977.
Zu Untersuchungen an Ratten vgl. J.E. LeDoux: »Emotion and the amygdala« in: J.P. Aggleton (Hg.): *The Amygdala: Neurobiological Aspects of Emotion, Mystery and Mental Dysfunction*. New York, 1992, S. 339–351.
16. R.J. Morecraft und G.W. Van Hoesen: »Frontal granular cortex input to the cingulate (M_3), supplementary (M_2), and primary (M_1) motor cortices in the rhesus monkey« in: *Journal of Comparative Neurology*, 337, 1993, S. 669–689.
17. A.R. Damasio und G.W. Van Hoesen: »Emotional disturbances associated with focal lesions of the limbic frontal lobe« in: K.M. Heilman und P. Satz (Hg.): *Neuropsychology of Human Emotion*. New York, 1983.
M.I. Posner und S.E. Petersen: »The attention system of the human brain« in: *Annual Review of Neuroscience*, 13, 1990, S. 25–42.
18. F. Crick: *Was die Seele wirklich ist*. München, 1994.
19. J.F. Fulton und C.F. Jacobsen: »The functions of the fronta lobes: A comparative study in monkeys, chimpanzees and man« in: *Advances in Modern Biology* (Moskau), 4, 1935, S. 113–123.
J.F. Fulton: *Frontal Lobotomy and Affective Behavior*. New York, 1951.
20. D.F. Jacobsen: »Functions of the frontal association area in primates« in: *Archives of Neurology and Psychiatry*, 33, 1935, S. 558–569.
21. R.E. Myers: »Neurology of social behavior and affect in primates: A study of prefrontal and anterior temporal cortex« in: K.J. Zülch, O. Creutzfeldt und G.C. Galbraith (Hg.): *Cerebral Localizations*. New York, 1975, S. 161–170.
E.A. Franzen und R.E. Myers: »Neural control of social behavior: Prefrontal and anterior temporal cortex« in: *Neuropsychologia*, 11, 1973, S. 141–157.
22. S.J. Suomi: »Genetic and maternal contributions to individual differences in rhesus monkey biobehavioral development« in: *Perinatal Development: A Psychobiological Perspective*. New York, 1987, S. 397–419.

23. Zu einem Überblick über die neurophysiologischen Forschungsergebnisse in dieser Frage vgl. L. Brothers: »Neurophysiology of social interaction« in: M. Gazzaniga (Hg.): *The Cognitive Neurosciences*, Boston, 1994.
24. P. Goldman-Rakic: »Circuitry of primate prefrontal cortex and regulation of behavior by representational memory« in: F. Plum und V. Mountcastle (Hg.): *Handbook of Physiology: The Nervous System*, Bd. 5. Bethesda, 1987, S. 373–417.
J. M. Fuster: *The Prefrontal Cortex: Anatomy, Physiology, and Neuropsychology of the Frontal Lobe* (2. Aufl.). New York, 1989.
25. M. J. Raleigh und G. L. Brammer: »Individual differences in serotonin-2 receptors and social behavior in monkeys« in: *Society for Neuroscience Abstracts*, 19, 1993, S. 592.

5. Kapitel

1. E. G. Jones und T. P. S. Powell: »An anatomical study of converging sensory pathways within the cerebral cortex of the monkey« in: *Brain*, 93, 1970, S. 793–820. Die Arbeiten der Neuroanatomen D. Pandya, K. Rockland, G. W. Van Hoesen, P. Goldman-Rakic und D. Van Essen haben dieses Vernetzungsprinzip wiederholt bestätigt und gezeigt, wie komplex es ist.
2. D. C. Dennett: *Philosophie des menschlichen Bewußtseins*. Hamburg, 1994.
3. A. R. Damasio: »The brain binds entities and events by multiregional activation from convergence zones« in: *Neural Computation*, 1, 1989, S. 123–132.
A. R. Damasio: »Time-locked multiregional retrocaptivation: A systems level proposal for the neural substrates of recall and recognition« in: *Cognition*, 33, 1989, S. 25–62.
A. R. Damasio und H. Damasio: »Cortical systems underlying knowledge retrieval: Evidence from human lesion studies« in: *Exploring Brain Functions: Models in Neuroscience*. New York, 1993, S. 223–248.
A. R. Damasio und H. Damasio: »Cortical systems for retrieval of concrete knowledge: The convergence zone framework« in: C. Koch und J. L. Davis (Hg.): *Large-Scale Neuronal Theories of the Brain*. Cambridge, USA, 1994.
4. Vgl. unter anderen:

C. von Malsburg: »Synaptic plasticity as basis of brain organization« in: P.-P. Changeux und M. Konishi (Hg.): *The Neural and Molecular Bases of Learning* (Dahlem Workshop Report 38). Chichester, Großbritannien, 1987, S. 411–431.
G. Edelman: *Neural Darwinismus: The Theory of Neuronal Group Selection.* New York, 1987.
R. Llinas: »Coherent 40-Hz oscillation characterizes dream state in humans« in: *Proceedings of the National Academy of Sciences*, 90, 1993, S. 2078–2081.
F. H. Crick und C. Koch: »Towards a neurobiological theory of consciousness« in: *Seminars in Neurosciences*, 2, 1990, S. 263–275.
W. Singer, A. Artola, A. K. Engel, P. Koenig, A. K. Kreiter, S. Lowel und T. B. Schillen: »Neuronal representations and temporal codes« in: T. A. Poggio und D. A. Glaser (Hg.): *Exploring Brain Functions: Models in Neuroscience*. Chichester, 1993, S. 179–184.
R. Eckhorn, R. Bauer, W. Jordan, M. Brosch, W. Kruse, M. Munk und H. J. Reitboeck: »Coherent oscillations: A mechanism for feature linking in the visual cortex« in: *Biologica Cybernetica*, 60, 1988, S. 121–130.
S. Zeki: *A Vision of the Brain*. London, 1993.
S. Bressler, R. Coppola und R. Nakamura: »Episodic multiregional cortical coherence at multiple frequencies during visual task performance« in: *Nature*, 366, 1993, S. 153–156.
5. Vgl. die Erörterung im vierten Kapitel dieses Buchs und: M. I. Posner und S. E. Petersen: »The attention system of the human brain« in: *Annual Review of Neuroscience*, 13, 1990, S. 25–42; P. S. Goldman-Rakic: »Circuitry of primate prefrontal cortex and regulation of behavior by representational memory« in: F. Plum und V. Mountcastle (Hg.): *Handbook of Physiology: The Nervous System*, Bd. 5. Bethesda, 1987.
J. M. Fuster: *The Prefrontal Cortex: Anatomy, Physiology, and Neuropsychology of the Frontal Lobe*, 2. Aufl. New York, 1989.
6. Zu neuroanatomischen, neurophysiologischen und psychophysischen Studien über den Gesichtssinn vgl.: J. Allman, F. Miezin und E. McGuiness: »Stimulus specific responses from beyond the classical receptive field: Neuropsychological mechanisms for local-global comparisons in visual neurons« in: *Annual Review of Neuroscience*, 8, 1985, S. 407–430.
W. Singer, C. Gray, A. Engel, P. Koenig, A. Artola und S. Brocher: »Formation of cortical cell assemblies« in: *Symposia on Quantitative Biology*, 55, 1990, S. 939–952.

G. Tononi, O. Sporns und G. Edelman: »Reentry and the problem of integrating multiple cortical areas: Simulation of dynamic integration in the visual system« in: *Cerebral Cortex*, 2, 1992, S. 310–335.
S. Zeki: »Das geistige Abbild der Welt« in: *Spektrum der Wissenschaft*, November 1992, S. 54.
Zu somatosensiblen und akustischen Studien vgl.:
R. Adolphs: »Bilateral inhibition generates neuronal responses tuned to interaaural level differences in the auditory brainstem of the barn owl« in: *The Journal of Neuroscience*, 13, 1993, S. 3647–3668.
M. Konishi, T. Takahashi, H. Wagner, W. E. Sullivan und C. E. Carr: »Neurophysiological and anatomical substrates of sound localization in the owl« in: G. Edelman, W. Fall und W. Cowan (Hg.): *Auditory Function*. New York, S. 721–746.
M. M. Merzenich und J. H. Kaas: »Principles of organization of sensory-perceptual systems in mammals« in: J. M. Sprague und A. N. Epstein (Hg.): *Progress in Psychobiology and Physiological Psychology*. New York, S. 1–42.
Zu Studien über kortikale Plastizität vgl.:
C. D. Gilbert, J. A. Hirsch und T. N. Wiesel: »Lateral interactions in visual cortex« in: *Symposia on Quantitative Biology*, Bd. 55, Cold Spring Harbor, S. 663–677.
M. M. Merzenich, J. H. Kaas, J. Wall, R. J. Nelson, M. Sur und D. Felleman: »Topographic reorganization of somatosensory cortical areas $_3$B and 1 in adult monkeys following restructured deafferation« in: *Neuroscience*, 8, 1983, S. 33–55.
V. S. Ramachandran: »Behavioral and magnetoencephalographic correlates of plasticity in the adult human brain« in: *Proceedings of the National Academy of Science*, 90, 1993, S. 10413–10420.
7. F. C. Bartlett: *Remembering: A Study in Experimental and Social Psychology*. Cambridge, 1964.
8. S. M. Kosslyn, N. M. Alpert, W. L. Thompson, V. Maljkovic, S. B. Weise, C. F. Chabris, S. E. Hamilton, S. L. Rauch und F. S. Buonanno: »Visual mental imagery activates topographically organized visual cortex: PET investigations« in: *Journal of Cognitive Neuroscience*, 5, 1993, S. 263–287.
H. Damasio, T. J. Grabowski, A. Damasio, D. Tranel, L. Boles-Ponto, G. L. Watkins und R. D. Hichwa: »Visual recall with eyes closed and covered activates early visual cortices« in: *Society for Neuroscience Abstracts*, 19, 1993, S. 1603.
9. Allmählich verstehen wir die Wege der zurücklaufenden Erre-

gungsmuster. Vgl.: G. W. Van Hoesen: »The parahippocampal gyrus: New observations regarding its cortical connections in the monkey« in: *Trends in Neurosciences*, 5, 1982, S. 345–350.
M. S. Livingstone und D. H. Hubel: »Anatomy and physiology of a color system in the primate visual cortex« in: *The Journal of Neuroscience*, 4, 1984, S. 309–356.
D. H. Hubel und M. S. Livingstone: »Segregation of form, color, and stereopsis in primate area 18« in: *The Journal of Neuroscience*, 7, 1987, S. 3378–3415.
M. S. Livingstone und D. H. Hubel: »Connections between layer $_4$B of area 17 and thick cytochrome oxidase stripes of area 18 in the squirrel monkey« in: *The Journal of Neuroscience*, 7, 1987, S. 3371–3377.
K. S. Rockland und A. Virga: »Terminal arbors of individual ›feedback‹ axons projecting from area V_2 to V_1 in the macaque monkey: A study using immunohistochemistry of anterogradely transported *Phasolus vulgaris* leucoagglutinin« in: *Journal of Comparative Neurology*, 285, 1989, S. 54–72.
D. J. Felleman und D. C. Van Essen: »Distributed hierarchical processing in the primate cerebral cortex« in: *Cerebral Cortex*, 1, 1991, S. 1–47.
10. R. B. H. Tootell, E. Switkes, M. S. Silverman und S. L. Hamilton: »Functional anatomy of macaque striate cortex, II, Retinotopic organization« in: *The Journal of Neuroscience*, 8, 1988, S. 1531–1568.
11. M. M. Merzenich, Anm. 3.
12. Die wissenschaftliche Literatur über Lernen und Plastizität läßt sich hier auch nicht annähernd wiedergeben. Der interessierte Leser möge ausgewählte Kapitel in den beiden folgenden Büchern zu Rate ziehen:
E. Kandel, J. Schwartz und T. Jessell: *Principles of Neuroscience*. Amsterdam, 1991.
P. S. Churchland und T. J. Sejnowski: *The Computational Brain: Models and Methods on the Frontiers of Computational Neuroscience*. Cambridge, USA, 1992.
13. Die Bedeutung, die Vorstellungsbildern eingeräumt wird, ist eine jüngere Entwicklung, Teil der kognitiven Revolution, die auf die lange Nacht des Reiz-Reaktions-Behaviorismus folgte. Großenteils verdanken wir sie der Arbeit von Roger Shepard und Stephe Kosslyn. Vgl.: R. N. Shepard und L. A. Cooper: *Mental Images and Their Transformations*. Cambridge, USA, 1982.

S.M. Kosslyn: *Image and Mind.* Cambridge, USA.
Zu einem historischen Überblick vgl. auch: H. Gardner: *The Mind's New Science.* New York, 1985 (dt. *Dem Denken auf der Spur.* Stuttgart, 1992).
14. B. Mandelbrot, persönliche Mitteilung.
15. A. Einstein, zit. nach J. Hadamard: *The Psychology of Invention in the Mathematical Field.* Princeton, 1945.
16. Es folgen einige Veröffentlichungen von zentraler Bedeutung für dieses Thema: D.H. Hubel und T.N. Wiesel: »Binocular interaction in striate cortex of kittens reared with artificial squint« in: *Journal of Neurophysiology*, 28, 1965, S. 1041–1059.
D.H. Hubel, T.N. Wiesel und S. LeVay: »Plasticity of ocular dominance columns in monkey striate cortex« in: *Philosophical Transactions of the Research Society of London*, Reihe B, 278, 1977, S. 377–409.
L.C. Katz und M. Constantine-Paton: »Relationship between segregated afferents and post-synaptic neurons in the optic tectum of three-eyed frogs« in: *The Journal of Neuroscience,* 8, 1988, S. 3160–3180.
G. Edelman: *Topobiology.* New York, 1988.
M. Constantine-Paton, H.T. Cline und E. Debski: »Patterned activity, synaptic convergence, and the NMDA receptor in developing visual pathways« in: *Annual Review of Neuroscience*, 13, 1990, S. 129–154.
C. Shatz: »Das sich entwickelnde Gehirn« in: *Spektrum der Wissenschaft*, November 1992, S. 44.
17. Zu entsprechendem Hintergrundwissen vgl.: R.C. Lewontin: *Biology as Ideology.* New York, 1992; Stuart A. Kaufmann: *The Origins of Order, Self-Organization and Selection in Evolution.* New York, 1993.
18. Zum Substrat der raschen und einschneidenden Veränderungen der Schaltkreis-Konstruktion, die stattzufinden scheinen, gehört die erwähnte Fülle von Synapsen, ergänzt durch die Vielfalt von Neurotransmittern und Rezeptoren, die an jeder Synapse zur Verfügung stehen. Die Plastizität dieses Prozesses eingehend zu schildern würde den Rahmen dieses Buches sprengen, doch die hier vorgelegte Erklärung verträgt sich mit der Vorstellung, daß er sich weitgehend durch Selektion von Schaltkreisen auf synaptischer Ebene vollzieht. Die Anwendung des Selektionsbegriffs auf das Nervensystem wurde erstmals von Niels Jerne und J.Z. Young vorgeschlagen und dann von Jean Pierre Changeux verwendet.

Gerald Edelman hat den Gedanken aufgegriffen und auf seiner Grundlage eine umfassende Geist- und Gehirntheorie entwickelt.

6. Kapitel

1. C.B. Pert, M.R. Ruff, R.J. Weber und M. Herkenham: »Neuropeptides and their receptors. A psychosomatic network« in: *The Journal of Immunology*, 135, 1985, S. 820s–26s.
F. Bloom: »Neuropeptides and other mediators in the central nervous system« in: *The Journal of Immunology*, 135, 1985, S. 743s–45s.
J. Roth, D. LeRoith, E.S. Collier, N.R. Weaver, A. Watkinson, C.F. Cleland und S.M. Glick: »Evolutionary origins of neuropeptides, hormones and receptors: Possible applications to immunology« in: *The Journal of Immunology*, 135, 1985, S. 816s–19s.
B.S. McEwan: »Non genomic and genomic effects of steroids on neural activity« in: *Trends in Pharmacological Sciences*, 4, 12. April 1991, S. 141–147.
A. Herzog: »Temporal epilepsy: An extrahypothalamic pathogenesis for polycystic ovarian syndrome?« in: *Neurology*, 34, 1984, S. 1389–1393.
2. J. Hosoi, G.F. Murphy und C.L. Egan: »Regulation of Langerhans cell function by nerves containing calcitonin gene-related peptide« in: *Nature*, 363, 1993, S. 159–163.
3. J.R. Calabrese, M.A. Kling und P. Gold: »Alterations in immunocompetence during stress, bereavement and depression: Focus on neuroendocrine regulation« in: *American Journal of Psychiatry*, 144, 1987, S. 1123–1134.
4. E. Marder (Hg.): »Neuromodulation in circuits underlying behavior« in: *Seminars in the Neurosciences*, 1, 1989, S. 3–4.
C.B. Saper: »Diffuse cortical projection systems: anatomical organization and role in cortical function« in: V.B. Mountcastle (Hg.): *Handbook of Physiology*. Bethesda, 1987, S. 169–210.
5. C.S. Carter: »Oxytocin and sexual behavior« in: *Neuroscience Biobehavioral Review*, 16, 1992, S. 131.
T.R. Insel: »Oxytocin, a neuropeptide for affiliation: Evidence from behavioral, receptor autoradiographic, and comparative studies« in: *Psychoneuroendocrinology*, 17, 1992, S. 3.
6. R. Descartes: *Die Leidenschaften der Seele* (hg. und übers. von Klaus Hammacher), Hamburg, 1984.

7. S. Freud: »Das Unbehagen in der Kultur« in: *Gesammelte Werke*, Bd. 14. Frankfurt, 1960.

7. Kapitel

1. J.M. Allman, T.M. McLaughlin und A. Hakeem: »Brain weight and life-span in primate species« in: *Proceedings of the National Academy of Science*, 90, 1993, S. 118–122.
2. J.M. Allman, T.M. McLaughlin und A. Hakeem: »Brain structures and life-span in primate species« in: *Proceedings of the National Academy of Science*, 90, 1993, S. 3559–3563.
3. W. James,: *Psychologie*, 2. Aufl., 1920.
4. Als Einführung zu der umfangreichen Literatur zu diesem Thema empfehle ich die folgenden Schriften:
P. Ekman: »Facial expressions of emotion: New findings, new questions« in: *Psychological Science*, 3, 1992, S. 34–38.
R.S. Lazarus: »On the primacy of cognition« in: *American Psychologist*, 39, 1984, S. 124–129.
G. Mandler: *Mind and Body: Psychology of Emotion and Stress*. New York, 1984.
R.B. Zajonc: »On the primacy of affect« in: *American Psychologist*, 39, 1984, S. 117–123.
5. M.H. Bagshaw, D.P. Kimble und K.H. Pribram: »The GSR of monkeys during orienting and habituation and after ablation of the amygdala, hippocampus and inferotemporal cortex« in: *Neuropsychologia*, 3, 1965, S. 111–119.
L. Weiskrantz: »Behavioral changes associated with ablations of the amygdaloid complex in monkeys« in: *Journal of Comparative and Physiological Psychology*, 49, 1956, S. 381–391.
J.P. Aggleton und R.E. Passingham: »Syndrome produced by lesions of the amygdala in monkeys *(Macaca mulatta)*« in: *Journal of Comparative and Physiological Psychology*, 95, 1981, S. 961–977.
J.E. LeDoux: »Emotion and the amygdala« in: J.P. Aggleton (Hg.): *The Amygdala: Neurobiological Aspects of Emotion, Memory, and Mental Dysfunction*. New York, 1992, S. 339–351.
6. M. Davis: »The role of the amygdala in conditioned fear« in: J.P. Aggleton (Hg.): *The Amygdala: Neurobiological Aspects of Emotion, Memory, and Mental Dysfunction*. New York, 1992, S. 255–305.
S. Zola-Morgan, L.R. Squire, P. Alvarez-Royo und R.P. Clower: »In-

dependence of memory functions and emotional behavior: Separate contributions of the hippocampal formation and the amygdala« in: *Hippocampus*, 1, 1991, S. 207–220.
7. P. Gloor, A. Olivier und L. F. Quesney: »The role of the amygdala in the expression of psychic phenomena in temporal lobe seizures« in: Y. Ben-Air (Hg.): *The Amygdaloid Complex* (INSERM-Symposium 20). Amsterdam, 1981, S. 489–498; W. Penfield und W. Jasper: *Epilepsy and the Functional Anatomy of the Human Brain*. Boston, 1954.
8. H. Kluver und P. C. Bucy: »›Psychic blindness‹ and other symptoms following bilateral temporal lobe lobectomy in rhesus monkeys« in: *American Journal of Physiology*, 119, 1937, S. 352–353.
9. D. Laplane, J. D. Degos, M. Baulac und F. Gray: »Bilateral infarction of the anterior cingulate gyri of the fornices« in: *Journal of the Neurological Sciences*, 51, 1981, S. 289–300; A. R. Damasio und G. W. Van Hoesen: »Emotional disturbances associated with focal lesions of the limbic frontal lobe« in: K. M. Heilman und P. Satz (Hg.): *Neuropsychology of Human Emotion*. New York, 1983.
10. R. W. Sperry, M. S. Gazzaniga und J. E. Bogen: »Interhemispheric relationships: The neocortical commissures; syndromes of their disconnections« in: P. J. Vinken und G. W. Bruyn (Hg.): *Handbook of Clinical Neurology*, Bd. 4, Amsterdam; R. Sperry, E. Zaidel und D. Zaidel: »Self recognition and social awareness in the deconnected minor hemisphere« in: *Neuropsychologia*, 17, 1979, S. 153–166.
11. G. Gainotti: »Emotional behavior and hemispheric side of the lesion« in: *Cortex*, 8, 1972, S. 41–55.
H. Gardner, H. H. Brownell, W. Wapner und D. Michelow: »Missing the point: The role of the right hemisphere in the processing of complex linguistic materials« in: E. Pericman (Hg.): *Cognitive Processes and the Right Hemisphere*. New York, 1983.
K. Heilman, R. T. Watson und D. Bowers: »Affective disorders associated with hemispheric disease« in: K. Heilman und P. Satz (Hg.): *Neuropsychology of Human Emotion*. New York, 1983, S. 45–64.
J. C. Borod: »Interhemispheric and intrahemispheric control of emotion: A focus on unilateral brain damage« in: *Journal of Consulting and Clinical Psychology*, 60, 1992, S. 339–348.
R. Davidson: »Prolegomenon to emotion: Gleanings from neuropsychology« in: *Cognition and Emotion*, 6, 1992, S. 245–268.
12. C. Darwin: *Der Ausdruck der Gemütsbewegungen bei den Menschen und Thieren*. Nördlingen, 1986.

13. G.-B. Duchenne: *The Mechanism of Human Facial Expression, or An Electro-Physiological Analysis of the Expression of the Emotions* (ins Engl. übers. v. R. A. Cuthberton). New York, 1990.
14. P. Ekman: »Facial expressions of emotion: New findings, new questions« in: *Psychological Science*, 3, 1992, S. 34–38.
P. Ekman und R. J. Davidson: »Voluntary smiling changes regional brain activity« in: *Psychological Science*, 4, 1993, S. 342–345.
P. Ekman, R. W. Lebenson und W. V. Friesen: »Autonomic nervous system activity distinguishes among emotions« in: *Science*, 221, 1993, S. 1208–1210.
15. P. Ekman und R. J. Davidson: »Voluntary smiling changes regional brain activity« in: *Psychological Science*, 4, 1993, S. 342–345.
16. Während die Regungen, die ich als primäre Gefühle bezeichnet habe, eine starke biologische Komponente zu besitzen scheinen, hängt unsere Auffassung sekundärer Gefühle von bestimmten Kulturen ab (zur Frage, wie die Kultur zu unserer Kategorisierung von Gefühlen beiträgt, vgl. J. A. Russell: »Culture and the Categorization of Emotions« in: *Psychological Bulletin*, 110, 1991, S. 426–450).
17. O. Sacks: *Der Mann, der seine Frau mit einem Hut verwechselte*. Reinbek, 1987 (Teil eins, Kapitel drei, S. 69 ff.).
18. Wiederum ist auf William Styrons Erinnerungen zu verweisen; mit großer Einsicht belegen sie die vielen Wirkungsweisen. Einige Anhaltspunkte für das Bild, das ich hier entwerfe, lassen sich aus den Untersuchungen zum begrifflichen Stil von Schriftstellern entnehmen: N. J. Andreasen und P. S. Powers: »Creativity and psychosis: An examination of conceptual style« in: *Archives of General Psychiatry*, 32, 1974, S. 70–73.

8. Kapitel

1. B. Pascal: *Pensées* (als Quelle dient die »neue Ausgabe« von Mercure de France, Paris 1976. Der auf Seite 227 zitierte Abschnitt findet sich in Sektion 80):
»Que chacun examine ses pensées, il les trouvera toutes occupées au passé ou à l'avenir. Nous ne pensons presque point au présent, et si nous y pensons, ce n'est que pour en prendre la lumière pour disposer de l'avenir.« (Deutsch: B. Pascal: *Gedanken. Eine Auswahl*, Stuttgart, S. 53 f.).

Der auf Seite 272 zitierte Abschnitt steht in Sektion 680:
»Le cœur a ses raisons, que la raison ne connaît point.« (Deutsch: B. Pascal, a.a.O., S. 128.).
2. P.N. Johnson-Laird und E. Shafir: »The interaction between reasoning and decision-making: an introduction« in: *Cognition*, 49, 1993, S. 109.
3. H. Gardner: *Abschied vom I.Q. Die Rahmen-Theorie der vielfachen Intelligenzen.* Stuttgart, 1991.
4. A. Tversky und D. Kahnemann: »Availability: A heuristic for judging frequency and probability« in: *Cognitive Psychology*, 2, 1973, S. 207–232.
5. S. Sutherland: *Irrationality: The Enemy Within.* London, 1992.
6. L. Cosmides: »The logic of social exchange: Has natural selection shaped how humans reason? Studies with the Wason selection task« in: *Cognition*, 33, 1989, S. 187–276.
Jerome H. Barkow, L. Cosmides und J. Tooby (Hg.): *The Adapted Mind: Evolutionary Psychology and the Generation of Culture.* New York, 1992.
L. Brothers, 4. Kap., Anm. 23, und Suomi, 4. Kap, Anm. 22.
7. Zur Stirnhirnanatomie vgl. F. Sanides: »The cytomyeloarchitecture of the human frontal lobe and its relation to phylogenetic differentiation of the cerebral cortex« in: *Journal für Hirnforschung*, 6, 1964, S. 269–282.
P. Goldman-Rakic: »Circuitry of primate prefrontal cortex and regulation of behavior by representational memory« in: F. Plum und V. Mountcastle (Hg.): *Handbook of Physiology: The Nervous System*, Bd. 5. Bethesda, 1987, S. 373–401.
D. N. Pandya und E.H. Yeterian: »Prefrontal cortex in relation to other cortical areas in rhesus monkey: architecture and connections« in: H.B.M. Uylings (Hg.): *The Prefrontal Cortex: Its Structure, Functions and Pathology*. Amsterdam, S. 63–94.
H. Barbas und D.N. Pandya: »Architecture and intrinsic connections of the prefrontal cortex in the rhesus monkey« in: *The Journal of Comparative Neurology*, 286, 1989, S. 353–375.
8. M. Petrides und B. Milner: »Deficits on subject-ordered tasks after frontal and temporal lobe lesion in man« in: *Neuropsychologia*, 20, 1982, S. 249–262.
J.M. Fuster: *The Prefrontal Cortex: Anatomy, Physiology, and Neuropsychology of the Frontal Lobe,* 2. Aufl. New York, 1989.

P. Goldman-Racik: »Das Arbeitsgedächtnis« in: *Spektrum der Wissenschaft*, November 1992, S. 94.
9. R.J. Morecraft und G.W. Van Hoesen: »Frontal granular cortex input to the cingulate (M_3), supplementary (M_2) and primary (M_1) motor cortices in the rhesus monkey« in: *Journal of Comparative Neurology*, 337, 1993, S. 669–689.
10. L.A. Real: »Animal choice behavior and the evolution of cognitive architecture« in: *Science*, 253, 1991, S. 980–986.
11. P.R. Montague, P. Dayan und T.J. Sejnowski: »Foraging in an uncertain world using predictive hebbian learning« in: *Society for Neuroscience Abstracts*, 19, 1993, S. 1609.
12. H. Poincaré: »Le raisonnement mathématique« in: *Science et méthode*, 1908; ins Englische übersetzt von George Bruce Halsted in: B. Chiselin: *The Creative Process*. Los Angeles, 1955.
13. L. Szilard in: W. Lanouette: *Genius in the Shadows*. New York, 1992.
14. J. Salk: *The Anatomy of Reality*. New York, 1985.
15. T. Shallice und P.W. Burgess: »Supervisory control of action and thought selection« in: A. Baddeley und L. Weiskrantz (Hg.): *Attention: Selection, Awareness, and Control: A Tribute to Donald Broadbent*. Oxford, S. 171–187.
16. Vgl. Anm. 4.
17. Vgl. Anm. 5.
18. G. Harrer und H. Harrer: »Music, emotion and autonomic function« in: M. Critchley und R.A. Henson (Hg.): *Music and the Brain*. London, 1977, S. 202–215.
19. S. Dehaene und J.-P. Changeux: »The Wisconsin Card Sorting Rest: Theoretical analysis and modeling in a neuronal network« in: *Cerebral Cortex*, 1, 1991, S. 62–79.
20. Vgl. Posner und Petersen, 4. Kap., Anm. 17.
21. Vgl. Goldman-Rakic: *Das Arbeitsgedächtnis*, 4. Kap., Anm. 7.
22. K.S. Lashley: »The problem of serial order in behavior« in: L.A. Jeffress (Hg.): *Cerebral Mechanisms in Behavior*. New York, 1951.
23. C.D. Salzman und W.T. Newsome: »Neural mechanisms for forming a perceptual decision« in: *Science*, 264, 1994, S. 231–237.
24. B. Pascal: *Pensées*, 1970; vgl. Anm. 1.
25. J.St.B.T. Evans, D.E. Over und K.I. Manktelow: »Reasoning, decision-making and rationality« in: *Cognition*, 49, 1993, S. 165–187.
R. De Sousa: *The Rationality of Emotion*. Cambridge, 1991.

P. N. Johnson-Laird und K. Oatley: »Basic emotions, rationality, and folk theory« in: *Cognition and Emotion*, 6, 1992, S. 201–223.

9. Kapitel

1. A. R. Damasio, D. Tranel und H. Damasio: »Somatic markers and the guidance of behavior: Theory and preliminary testing« in: H. S. Levin, H. M. Eisenberg und A. L. Benton (Hg.): *Frontal Lobe Function and Dysfunction.* New York, S. 217–229.
Interessant ist in diesem Zusammenhang, daß sich in durchaus vergleichbaren Experimenten Individuen, bei denen eine entwicklungsbedingte Psychopathie festgestellt wurde und die ein Vorstrafenregister aufwiesen, ganz ähnlich verhielten; vgl. R. D. Hare und M. J. Quinn: »Psychopathy and autonomic conditioning« in: *Journal of Abnormal Psychology*, 77, 1971, S. 223–235.
2. A. Bechara, A. R. Damasio, H. Damasio und S. Anderson: »Intensivity to future consequences following damage to human prefrontal cortes« in: *Cognition*, 50, 1994, S. 7–12.
3. C. M. Steele und R. A. Josephs: »Alcohol myopia« in: *American Psychologist*, 45, 1990, S. 921–933.
4. A. Bechara, D. Tranel, H. Damasio und A. R. Damasio: »Failure to respond autonomically in anticipation of future outcomes following damage to human prefrontal cortex« in: *Society for Neuroscience Abstracts*, 19, 1993, S. 791. (Kompletter Artikel für 1994 in Vorbereitung.)

10. Kapitel

1. G. Lakoff: *Women, Fire, and Dangerous Things: What Categories Reveal about the Mind.* Chicago, 1987.
M. Johnson: *The Body in the Mind: The Bodily Basis of Meaning, Imagination, and Reason.* Chicago, 1987.
2. G. W. Hohmann: »Some effects of spinal cord lesions on experienced emotional feelings« in: *Psychophysiology*, 3, 1966, S. 143–156.
3. H. Putnam: *Reason, Truth, and History.* Cambridge, 1981. (Dt. Frankfurt, 1982.)
4. Zu einem Überblick über viszerale Aspekte somatosensibler Repräsentation vgl.: M. M. Mesulam und E. J. Mufson: »The insula of

Reil in man and monkey« in: A. Peters und E. G. Jones (Hg.): *Cerebral Cortex*, Bd. 5, New York, 1985, S. 179–226; vgl. ferner: J. R. Jennings: »Is it important that the mind in the body? Inhibition and the heart« in: *Psychophysiology*, 29, 1992, S. 369–383; und: S. M. Oppenheimer, A. Gelb, J. P. Girvin und V. C. Hachinski: »Cardiovascular effects of human insular cortex stimulation« in: *Neurology*, 42, 1992, S. 1727–1732.

5. N. Humphrey: *A History of the Mind*. New York, 1992.
6. Vgl. Anm. 1 und:

F. Varela, E. Thompson und E. Rosch: *The Embodied Mind*. Cambridge, USA, 1992.

G. Edelman: *Bright Air, Brillant Fire*. New York, 1992. (Dt. München, 1995.)

7. J. Searle: *The Rediscovery of the Mind*. Cambridge, USA, 1992. (Dt. *Die Wiederentdeckung des Geistes*. München, 1993.)

P. S. Churchland: *Neurophilosophy: Toward a Unified Science of the Mind-Brain*. Cambridge, USA, 1986.

P. M. Churchland: *Matter and Consciousness*. Cambridge, USA, 1984.

F. Crick: *Was die Seele wirklich ist*. München, 1994.

D. C. Dennett: *Philosophie des menschlichen Bewußtseins*. Hamburg, 1994.

G. Edelman, vgl. Anm. 6.

R. Llinás: »Commentary of dreaming and wakefulness« in: *Neuroscience*, 44, 1991, S. 521–535.

8. F. Plum und J. Posner: *The Diagnosis of Stupor and Coma*, Contemporary Neurology Series, 3. Aufl. Philadelphia, 1980.
9. J. Kagan: *Unstable Ideas: Temperament, Cognition, and Self*. Cambridge, USA.

11. Kapitel

1. G. S. Stent: *The Coming of the Golden Age: A View of the End of Progress*. New York, 1969.
2. Eine ausführliche Beschreibung dieser Situation findet der Leser in: Robert Hughes: *The Culture of Complaint*. New York, 1992.
3. R. Descartes: *Abhandlung über die Methode des richtigen Vernunftgebrauchs und der wissenschaftlichen Wahrheitsforschung*. Stuttgart, 1961, S. 31.
4. R. Descartes, vgl. Anm. 3.

5. R. Cottingham: *A Descartes Dictionary*. Oxford, 1992, S. 36; Platon: *Sämtliche Werke*, Bd. 3. Reinbek, 1977.
6. R. Descartes: *Abhandlung über die Methode*, S. 31–32.

Postskript

1. W. Faulkner: »Rede anläßlich der Verleihung des Nobelpreises«, 1949; Faulkner hat zwar von der wachsenden nuklearen Bedrohung gesprochen, doch seine Botschaft ist zeitlos.
2. P. Élouard: »Liberté« in: G. Pompidou (Hg.): *Anthologie de la poésie française*. Paris, 1961.
3. Die Schriften von Jonas Salk und Richard Lewontin (oben zitiert), die mit diesen Worten beschworen werden, sind durchdrungen von dem Optimismus und der Entschlossenheit, die für eine umfassende Biologie des Menschen unentbehrlich sind.
4. Vgl. Anm. 2, S. 371.
5. Mit genau der gleichen Bedeutung hat David Ingvar den Ausdruck »Erinnerungen an die Zukunft« benutzt.
6. H. Fields: *Pain*. New York, 1987.
7. Seit Limas Zeiten sind in der Chirurgie neue, weniger aggressive Techniken zur Schmerzlinderung entwickelt worden. Obwohl die präfrontale Leukotomie nicht so tiefgehende Schädigungen wie andere sogenannte psychochirurgische Verfahren verursachte und obwohl sie die positive Wirkung hatte, daß sie unbehandelbaren Schmerz beseitigte, hatte sie auch negative Resultate: die Abstumpfung von Gefühl und Empfinden, deren langfristige Folgen wir jetzt erst allmählich verstehen.

Zur Lektüre empfohlen

Es folgt eine kurze Liste von Büchern, die sich mit den erörterten Themen befassen. Natürlich ist diese Liste nicht vollständig. Zwar sind die Titel nach Sachgebieten geordnet, aber der Leser sollte sich klarmachen, daß viele von ihnen in mehr als eine Kategorie gehören.

Klassische Schriften

Darwin, C.: *Der Ausdruck der Gemütsbewegung bei den Menschen und Thieren*. Nördlingen, 1986.

Geschwind, N.: *Selected Papers on Language and Brain*. Boston, Studies in the Philosophy of Science, Bd. XVI, Niederlande, D. Reidel, 1974.

Hebb, D. O.: *The Organization of Behavior*. New York, 1949.

James, J.: *Psychologie*, Quelle und Meyer, 2. Aufl., 1920.

Aktuelle wissenschaftliche Schriften

Churchland, P. S., und T. J. Sejnowski: *The Computational Brain: Models and Methods on the Frontiers of Computational Neuroscience*. Cambridge, USA, MIT Press.

Damasio, H., und A. R. Damasio: *Lesion Analysis in Neuropsychology*. New York, 1989.

Damasio, H.: *Human Brain Anatomy on Computerized Images*. New York, 1995.

Kandel, E. R., J. H. Schwartz und T. M. Jessell (Hg.): *Principles of Neural Science*, 3. Aufl. Norwalk, 1991.

Gefühl

De Sousa, R.: *The Rationality of Emotion.* Cambridge, 1991.
Izard, C.E., J.Kagan und R.B. Zajonc: *Emotion, Cognition and Behavior.* New York.
Kagan, J.: *Unstable Ideas: Temperament, Cognition, and Self.* Cambridge, 1989.
Mandler, G.: *Mind and Body: Psychology of Emotion and Stress.* New York, 1984.

Denken und Urteilen

Fuster, J. M.: *The Prefrontal Cortex: Anatomy, Physiology, and Neuropsychology of the Frontal Lobe*, 2. Aufl. New York, 1989.
Gardner, H.: *Abschied vom I. Q. Die Rahmen-Theorie der vielfachen Intelligenzen.* Stuttgart, 1991.
Johnson-Laird, P.: *Der Computer im Kopf.* München, 1995.
Pribram, K.H., und A.R. Luria (Hg.): *Psychophysiology of the Frontal Lobe.* New York.
Sutherland, S.: *Irrationality: The Enemy Within.* London, 1992.

Von der Philosophie des Geistes zur kognitiven Neurowissenschaft

Churchland, P.S.: *Neurophilosophy: Toward A Unified Science of the Mind-Brain.* Cambridge, 1986.
Churchland, P.M.: *Matter and Consciousness.* Cambridge, 1984.
Churchland, P.M.: *The Engine of Reason, The Seat of the Soul: A Philosophical Journey into the Brain.* Cambridge, 1994.
Dennett, D.C.: *Philosophie des menschlichen Bewußtseins.* Hamburg, 1994.
Dudai, Y.: *The Neurobiology of Memory: Concepts, Findings, Trends.* New York.
Flanagan, O.: *Consciousness Reconsidered.* Cambridge, USA, 1992.
Gazzaniga, M.S., und J.E. LeDoux: *Neuropsychologische Integration kognitiver Prozesse.* Stuttgart, 1983.
Hinde, R.A.: The Interdependence of the Behavioral Sciences, in: *Phil. Trans. of the Royal Society.* London, 1990, S. 217–227.

Hubel, D.H.: *Eye, Brain and Vision.* Scientific American Library, 1987.
Humphrey, N.: *A History of the Mind: Evolution and the Birth of Consciousness.* Norwalk, 1992.
Johnson, M.: *The Body in the Mind: The Bodily Basis of Meaning, Imagination, and Reason.* Chicago, 1987.
Kosslyn, S.M., und O. Koenig: *Wet Mind: The New Cognitive Neuroscience.* New York, 1992.
Lakoff, G.: *Women, Fire, and Dangerous Things: What Categories Reveal About the Mind.* Chicago, 1987.
Magnusson, C.: *Individual Development in an Interactional Perspective: A Longitudinal Study.* Hillsdale, 1988.
Miller, J.: *States of Mind.* New York, 1983.
Ornstein, R.: *The Nature of Human Consciousness.* San Francisco, 1973.
Rose, S.: *The Conscious Brain.* New York, 1973.
Rutter M.: *Developing Minds: Challenge and Continuity Across the Lifespan.* New York, 1993.
Searle, J.R.: *Die Wiederentdeckung des Geistes.* München, 1993.
Squire, L.R.: *Memory and Brain.* New York, 1987.
Zeki, S.: *A Vision of the Brain.* Cambridge, USA, 1993.

Allgemeine Biologie

Barkow, J.H., L. Cosmides und J. Tooby (Hg.): *The Adapted Mind: Evolutionary Psychology and the Generation of Culture.* New York, 1992.
Bateson, P.: *The Development and Integration of Behavior: Essays in Honor of Robert Hinde.* New York, 1991.
Edelman, G.: *Topobiology.* New York, 1988.
Finch, C.E.: *Longevity, Senescence and the Genome.* Chicago, 1990.
Gould, S.J.: *The Individual in Darwin's World.* Edinburgh, 1990.
Jacob, F.: *The Possible and the Actual.* New York, 1982.
Kauffman, S.A.: *The Origins of Order: Self-Organization and Selection in Evolution.* New York, 1993.
Lewontin, R.C.: *Biology as Ideology: The Doctrine of DNA.* New York, 1991.
Medaware, P.B., und J.S. Medawar: *Aristotle to Zoos: A Philosophical Dictionary of Biology.* Cambridge, USA, 1983.

Purves, D.: *Body and Brain: A Trophic Theory of Neural Connections.* Cambridge, USA, 1988.
Salk, J.: *Survival of the Wisest.* New York, 1973.
Salk, J.: *The Anatomy of Reality.* New York.
Stent, G.S. (Hg.): *Morality as a Biological Phenomenon.* Berkeley, 1978.

Theoretische Neurobiologie

Changeux, J.-P.: *Der neuronale Mensch.* Reinbek, 1984.
Crick, F.: *Was die Seele wirklich ist.* München, 1994.
Edelman, G.M.: *Bright Air, Brilliant Fire.* New York, 1992.
Koch, C., und J.L. Davis (Hg.): *Large-Scale Neuronal Theories of the Brain.* Cambridge, USA, 1994.

Von allgemeinem Interesse

Blakemore, C.: *The Mind Machine.* New York, 1988.
Johnson, G.: *In den Palästen der Erinnerung.* München, 1993.
Ornstein, R., und P. Ehrlich: *New World New Mind: Moving Toward Conscious Evolution.* Norwalk, 1989.
Restak, R.M.: *Geheimnisse des menschlichen Gehirns.* München, 1989.
Scientific American, Sonderausgabe »Mind and Brain«, November 1992.

Danksagung

Bei der Vorbereitung des Manuskripts war ich in der glücklichen Lage, mich auf den Rat mehrerer Kollegen stützen zu können, die erste Entwürfe lasen und ihre Vorschläge unterbreiteten. Das waren Ralph Adolphs, Ursula Bellugi, Patricia Churchland, Paul Churchland, Francis Crick, Victoria Fromkin, Edward Klima, Frederick Nahm, Charles Rockland, Kathleen Rockland, Daniel Tranel, Gary Van Hoesen, Jonathan Winson, Richard Caplan, Steven Anderson und Arthur Benton. Die freundschaftlichen Auseinandersetzungen, die ihre Kommentare häufig auslösten, waren äußerst lehrreich für mich, besonders wenn sich, was gelegentlich der Fall war, keine Übereinstimmung erzielen ließ. Ihnen allen bin ich verpflichtet für die Zeit, die Kenntnisse und die Gedankenarbeit, die sie investiert haben. Allerdings gibt es keine Worte, um Ralph, Dan, Mrs. Lundy und Charles gebührend dafür zu danken, daß sie verschiedene Versionen mehrerer Kapitel gelesen und mir geholfen haben, sie zu verbessern.

Die Erfahrungen, über die ich hier schreibe, habe ich in fünfundzwanzig Jahren Berufstätigkeit gesammelt, von denen ich siebzehn an der University of Iowa verbracht habe. Den Kollegen im Fachbereich Neurologie, besonders den Mitgliedern in der Abteilung kognitive Neurowissenschaft (Hanna Damasio, Daniel Tranel, Gary Van Hoesen, Arthur Benton, Kathleen Rockland, Matthew Rizzo, Thomas Grabowski, Steven Anderson, Ralph Adolphs, Antoine Bechara, Robert Jones, Joseph Barrash, Julie Fiez, Ekaterin Semendeferi, Ching-Chiang Chu, Joan Brandt und Mark Nawrot) schulde ich Dank für die vielen Dinge, die sie mich im Laufe der Jahre gelehrt haben, für das Engagement und den Sachverstand, mit denen sie eine einzigartige Umgebung für die Untersuchung von Gehirn und Geist geschaffen haben. Nicht weniger dankbar bin ich den neurologischen Patienten, die in meinem Institut untersucht wurden (mittlerweile sind es mehr als 1800) und die mir die Möglichkeit gegeben haben, ihre Probleme zu verstehen.

Danksagung

Ich wünschte, ich könnte John Harlow für die Unterlagen zum Fall Phineas Gage danken. Auf seine Berichte stützen sich die ersten Kapitel des vorliegenden Buches. Im Licht unseres heutigen Wissens erlauben sie eine Reihe interessanter Schlußfolgerungen und Vermutungen; sie sind aber nicht die Quelle für meine Beschreibung von Mr. Adams oder dem Wetter am Unfalltag – hier handelt es sich um reine literarische Erfindungen.

Betty Redecker hat das Manuskript so sorgfältig, professionell und fröhlich vorbereitet, wie wir es von ihr gewöhnt sind. Tüchtig wie immer, haben mir Jon Spradling und Denise Krutzfeldt bei den bibliographischen Recherchen geholfen. Timothy Meyer war der sachkundige Lektor.

Ohne den tiefreichenden Einfluß und den kundigen Rat zweier Freunde – Michael Carlisle und Jane Isay –, deren Engagement und Loyalität von unschätzbarem Wert sind, wäre dieses Buch nie entstanden.

Hanna Damasios Ideen, Forschungsergebnisse, Kritikpunkte, Vorschläge und Anregungen gehören so untrennbar zu diesem Buch, daß ich noch nicht einmal den Versuch machen werde, ihr für ihre Beiträge zu danken.

Register